发展中国家的农业外资：趋势及影响
——来自案例研究的证据

编　著　联合国粮食及农业组织

翻　译　刘武兵　李　婷　邓　飞　马建蕾　徐锐钊　黄　飞
　　　　赵学尽　梁　晓　江月朋　邓妙嫦　刘艺卓

审　校　刘武兵　刘艺卓　李　婷

中国农业出版社
联合国粮食及农业组织
2017·北京

04—CPP14/15

本出版物原版为英文，即 *Trends and Impacts of Foreign Investment in Developing Country Agriculture：Evidence from Case Studies*，由联合国粮食及农业组织（粮农组织）于 2012 年出版。此中文翻译由中国农业部农业贸易促进中心安排并对翻译的准确性及质量负全部责任。如有出入，应以英文原版为准。

本信息产品中使用的名称和介绍的材料，并不意味着联合国粮食及农业组织（粮农组织）对任何国家、领地、城市、地区或其当局的法律或发展状态，或对其国界或边界的划分表示任何意见。提及具体的公司或厂商产品，无论是否含有专利，并不意味着这些公司或产品得到粮农组织的认可或推荐，优于未提及的其他类似公司或产品。

ISBN 978-92-5-507401-1（粮农组织）
ISBN 978-7-109-22529-9（中国农业出版社）

粮农组织信息产品可在粮农组织网站（www. fao. org/publications）获得并通过 publications-sales@fao. org 购买。

联合国粮食及农业组织（FAO）
中文出版计划丛书
译审委员会

致　谢

本书由联合国粮农组织（FAO）贸易和市场部农业国际投资、可持续贸易标准和伙伴关系小组①撰写。

本研究由日本政府和 FAO 共同出资的"支持研究提高农业投资和刺激食物生产的合适的政策措施"信托基金资助。

本书的编者有 Pedro Arias、David Hallam、Suffyan Koroma 和 Pascal Liu（按姓氏字母排序）。编者对 Massimo Iafrate 的数据和图表处理，对 Rita Ashton、Daniela Piergentili 和 Ettore Vecchione 的排版，对 Jesper Karlsson 的校稿表示由衷感谢！

编者对 FAO 其他部门同事的支持和投入表示感谢，特别感谢以下同事：Mafa Chipeta、Sarah Lowder、Paul Mathieu、Masahiro Miyazako、Jakob Skoet、Saifullah Syed 和 Diana Tempelman。

编者对国际环境和发展研究所（IIED）表示由衷感谢，特别是对 Lorenzo Cotula 在加纳、马里和赞比亚的案例研究中给予的支持表示感谢！对下列进行了原始田野调查和撰写初稿的国家案例研究人员和咨询人员表示特别感谢：

——Fison Mujenja（赞比亚的案例研究）

——Alice K. Gowa（乌干达的案例研究）

——Waleerat Suphannachart 和 Nipawan Thirawat（泰国的案例研究）

——Bede Lyimo（坦桑尼亚的案例研究）

---

① 本小组人员包括：Pedro Arias、Maria Arnal、Gianluca Gondolini、David Hallam、Massimo Iafrate、Jesper Karlsson、Suffyan Koroma、Pascal Liu、Daniela Piergentili 和 Manitra Rakotoarisoa。

——Adama Ekberg Coulibaly（塞内加尔的案例研究）

——Moussa Djiré、Amadou Kéita 和 Alfousseyni Diawara（马里的案例研究）

——John Bugri 和 Adama Ekberg Coulibaly（加纳的案例研究）

——Saing Chan Hang、Hem Socheth、Ouch Chandarany、Phann Dalis 和 Pon Dorina（柬埔寨发展资源研究所，对柬埔寨的案例研究）

——Jose Rente Nascimento（巴西的案例研究）

缩 略 语

ABRAF	巴西人工林生产商协会
ADB	非洲发展银行
ADB	亚洲发展银行
ADM	阿彻尔丹尼斯米德兰公司
ADRA	安泽国际救援协会
AGOA	非洲增长机会法案
AGRA	非洲绿色革命联盟
ANRM	马里国民议会
APEC	亚太经济合作组织
APEP	美国国际开发署的农业生产率提高项目
APEX	巴西出口和投资促进局
APIX	塞内加尔投资促进局
ASDP	农业部门发展计划
ASEAN	东盟
BCB	巴西央行
BDS	商业发展服务局
BEST	坦桑尼亚商业环境优化项目
BFS	巴西森林服务局
BIT	双边投资协定
BNDES	巴西发展银行
BOI	投资委员会
BOT	泰国银行
BPF	商业和产权规范化
CAADP	非洲农业综合发展计划
CC	执行森林投资商业环境改善进程（PROMECIF）的协调委员会

CCG	公司治理规范
CCROs	习惯性占有权证
CCSR	公司社会责任规范
CDC	英联邦发展公司
CDC	柬埔寨发展理事会
CDF	马里财产及土地法
CDRI	柬埔寨发展资源研究所
CDTF	棉花发展信托基金
CEA	柬埔寨经济协会
CEDAC	柬埔寨农业发展研究中心
CERFLOR	巴西森林认证计划
CFA	非洲金融共同体
CGI	全球竞争力指数
CIB	柬埔寨投资委员会
CIBRAZEM	巴西仓储有限公司
CICOL	民间社会土地联盟
CILSS	萨赫勒州永久抗旱委员会
COMESA	东部和南部非洲共同市场
CPI	清廉指数
CROs	占有权证
CSO	中央统计局
CSR	公司社会责任
CT	地方政权
CTSP	儿童上学支持计划
DANIDA	丹麦国际开发署
DEP	（泰国）出口促进厅
DFI	开发金融机构
DFID	（英国）国际开发署
DGID	（塞内加尔）税务和土地总局
DISEZ	（塞内加尔）达喀尔综合经济特区
DN	国家遗产
DNCN	马里自然保护局
DNEF	马里水利和林业局
DNH	马里液压部

DNP	马里渔业局
DNPIA	马里畜牧生产和工业局
DNSV	兽医服务局
DRA	地方农业厅
DRC	刚果民主共和国
DRPIA	地方畜牧生产和工业厅
DSIP	发展战略和投资计划
DTAs	双重征税协定
EAC	东非共同体
EC	执行委员会
ECOWAP	西非经济共同体的农业政策
ECOWAS	西非经济共同体
EFE	出口免税区
EGF	马里土地所有制代表大会
EIA	环境影响评价
ELC	经济土地特许经营权
EMBRAPA	巴西农业研究公司
EMBRATER	巴西技术援助和农村推广公司
EPA	环境保护署
EPZ	出口加工区
ERR	预期回报率
ESIA	环境和社会影响评价
ESMP	环境和社会管理计划
EU	欧盟
FAO	联合国粮食及农业组织
FAQ	良好平均品质
FASDEP	食品和农业发展政策
FBG	农民企业集团
FBOs	农场组织
FCC	公平竞争委员会
FDI	外国直接投资
FFA	游离脂肪酸
FGD	专题小组讨论
FIAS	外国投资咨询服务

FINAME	工业融资专门局，巴西社会经济发展银行的一个分支机构
FIPA	外资保护协定
FISP	农民投入支持项目
FSC	森林管理委员会
FSP	肥料支持项目
FTA	自由贸易协定
FVL	森林度假地
GCF	资本形成总额
GDP	国内生产总值
GDS	塞内加尔 Grands Domaines 公司
GEPC	加纳出口促进委员会
GERSDA	社会学和应用法研究小组
GFC	加纳森林委员会
GFZB	加纳自由贸易区委员会
GHC	加纳塞地（货币）
GIF	加纳投资基金
GIPC	加纳投资促进中心
GLOBALGAP	全球良好农业规范
GMO	转基因组织
GNP	国民生产总值
GOANA	"丰粮足食大会战"项目
GoB	巴西政府
GOPDC	加纳棕榈油发展公司
GPS	地理定位系统
GRZ	赞比亚政府
GSE	加纳股票交易所
GTC	绿色贸易公司
GTZ	德国技术合作公司
GVC	全球价值链
HACCP	危害分析与关键控制点
HDI	人类发展指数
HIV/AIDS	艾滋病毒
HS	国际商品统一分类制度

IBRD	国际复兴开发银行（世界银行）
ICSID	国际投资争端解决中心
ICT	信息和通讯技术
IDB	泛美开发银行
IDEA	美国国际开发署对外向型农业发展的投资
IFAD	国际农业发展基金
IFC	国际金融公司
IFPRI	国际食品政策研究所
IICA	美洲农业合作研究所
IIA	国际投资协议
IIED	国际环境和发展研究所
ILO	国际劳工组织
IMF	国际货币基金组织
IOSCO	国际证监会组织
IPCC	政府间气候变化专门委员会
IPPA	投资保护协议
ISO	国际标准组织
ITFC	（加纳）塔马利水果综合公司
IUCN	国际自然保护联盟
JV	合资企业
Kascol	卡利亚小农有限公司
KHR	柬埔寨瑞尔（货币）
LAC	拉美和加勒比
LDC	最不发达国家
LGA	当地政府机关
LICUS	压力下的低收入国家
LOA	农业法律框架
M&A	并购
M&E	监督和评价
MAAIF	农牧渔业部
MAFF	农林渔业部
MAFSC	农业、粮食安全和合作部
MCC	千年挑战公司
MDC	姆彭戈韦县发展公司

MDGs	千年发展目标
MDRE	马里农村发展和环境部
MEDIZON	国务卿（隶属于总理办公室，负责尼日尔地区的综合开发）
MEF	经济和财政部
METASIP	中期农业投资计划
MFC	马里财政和贸易部
MFEZ	多功能经济区
MFPED	财政、规划和经济发展部
MiDA	千年发展局
MIGA	多边投资担保局
MLAFU	马里住房、土地和城镇规划部
MLHHSD	土地住房部和人居环境发展部
MMA	巴西环境部
MMEE	矿产、能源和水利部
MNEs	跨国公司
MoE	环境部
MoFA	食品和农业部
MoP	规划部
MoU	谅解备忘录
MoWRaM	水资源和气象部
MSME	中小微企业
Mt	百万吨
NAADS	全国农业咨询服务局
NAMBOARD	全国农产品销售委员会
NAROS	全国农业研究组织
NEPAD	非洲发展新型经济伙伴关系
NESBD	全国经济和社会发展委员会
nFVL	非森林度假地
NGFSRP	加纳北部的粮食安全项目
NGO	非政府组织
NIC	新型工业化国家
NSDP	国家战略发展计划
NSTDA	全国科技发展局

OAE	农业经济办公室
OAPI	非洲知识产权保护组织
ODS	臭氧层破坏物质
OECD	经济合作与发展组织
OMOA	有机杧果种植者协会
ON	尼日尔办公室
ONFH	国家土地和住房情报站
PAP	受项目影响的人
PEAP	消除贫困行动计划
PICS	生产力和投资环境普查
PIV	乡村灌溉计划
PKC	棕榈仁粕
PKO	棕榈仁油
PMA	农业现代化计划
PMO‐RALG	总理办公室、地区政府和地方政府
PND	全国发展计划
POME	棕榈油工厂废水
PPP	公私合作政策
PPRA	政府采购监管局
PPTA	项目前期技术支持
P‐RM	马里共和国总统
PROMECIF	森林投资商业环境改善进程
PRONAF	全国家庭农业强化计划
PRSC	半国营部门改革委员会
PRSP	减贫战略文件
PSM	马卡拉糖业公司项目
PSOM	荷兰政府项目
PTF	私有化的信托基金
PTS	杀虫剂和有毒物质
R&D	研发
RAI	负责任的农业投资
REDD	减少发展中国家砍伐森林和森林退化产生的排放
ROI	投资收益率
RPKO	精炼棕榈仁油

SAGCOT	坦桑尼亚南部农业发展走廊
SAGF	可持续农业担保基金
SDC	瑞士发展合作署
SDDZON	尼日尔地区发展总体规划
SEDIZON	国务卿，附属于总理办公室，负责尼日尔地区的综合发展
SEAFMD	东南亚口蹄疫控制行动
SEKAB	瑞典乙醇化学公司
SEZ	经济特区
SIDA	瑞典国际开发署
SIF	森林研究学会
SLC	社会土地许可
SLPIA	当地畜牧生产和工业服务
SME	中小企业
SOCAS	塞内加尔罐头食品公司
SOSUMAR	梅尔凯莱食糖公司
SPILL	实施《土地法》的战略计划
SSA	撒哈拉以南非洲
SSNIT	社会保障和国家保险信托基金
TAFTA	泰国—澳大利亚自由贸易协定
TECHNOSERVE	人类技术
TIC	坦桑尼亚投资中心
TNC	跨国公司
TRIMs	WTO《与贸易相关的投资措施协议》
UBR	乌干达商业登记
UBS	乌干达统计局
UCDA	乌干达咖啡发展局
UEMOA	西非经济与货币联盟
UEPB	乌干达出口促进委员会
UFEA	乌干达花卉出口联盟
UFPA	乌干达鱼类加工商协会
UFV	联邦维索萨大学
UIA	乌干达投资局
UK	英国

UN	联合国
UNCTAD	联合国贸发会议
UNDP	联合国开发计划署
URA	乌干达税务局
USA	美国
USAID	美国国际发展署
USDA	美国农业部
US$	美元
VAT	增值税
WARDA	西非大米发展协会
WB	世界银行
WCGA	（坦桑尼亚）西部棉花种植区
WEF	世界经济论坛
WFP	世界粮食计划署
WFS	世界粮食首脑会议
WIPO	世界知识产权组织
WIR	世界投资报告
WTO	世界贸易组织
ZDA	赞比亚发展署
ZMK	赞比亚克瓦查（货币）
ZEMA	赞比亚环境管理局
ZSC	赞比亚糖业公司

前言
Foreword

发展中国家农业大规模国际投资，尤其是对农业用地的收购，引起了国际社会的持续担忧。可以确定的是，与粮食安全、减贫、农村发展、技术、土地和水资源的可获得性相关的复杂和备受争议的问题已经出现，包括经济问题、政治问题、体制问题、法律以及道德问题。但与此同时，一些发展中国家正大力争取吸引外资投入本国农业部门。这些国家认为，这类投资对于弥补由于官方发展援助减少和本国预算限制导致的资金缺口、创造就业、增加收入和促进技术转移方面具有重要作用。农业领域需要更多的投资是确定无疑的，根据FAO的分析，全球每年需要再增加超过800亿美元的投资。但外国直接投资（FDI）能同时满足当地利益相关方和国际投资者的需求吗？这些投资能产生更多一般性的发展利益吗？

分析FDI对发展中国家农业的影响，甚至了解投资的规模和投资性质都非常困难，因为可获得的信息和综合的统计数据非常缺乏。对许多现象的讨论都是基于媒体报道，但这些报道除非经过仔细核实，否则可能会误导民众。缺乏可靠的详细信息意味着严肃的分析不得不依赖案例研究。本书汇编了FAO对9个不同国家的案例研究。并加入了大量来自其他国际组织所做的类似案例研究的证据。

只要国际投资是致力于双赢而不是新殖民主义，它都将给资金接收国带来技术转移、就业创造和增强上下游产业联系等发展利益，这一点非常重要。这些有益的资金不会自动流入：必须认真制定投资合同和选择商业模式。合适的法律和政策框架必须到位。本书的案例研究描述了国际投资的规模、性质和影响，并且考察了政策和法律框架的效果。非常明显，要概括外国投资的影响和找到最好的监管方法是非常困难的，但是本研究提供了许多对东道国和外国投资者有价值的真知灼见。研究结论对大量问题进行了清晰阐述，包括对除购买土地之外的哪种投资方式（如订单农业、农业产出计划和其他合资）更可能对东道国产生发展利益。研究强调了东道国强化管理的重要性，并为国际社会关注的致力于建立负责任农业投资指导原则的优先领域提供了一些指引。

David Hallam

贸易和市场处处长

目
Contents
录

第一章

引　言

1. 全球现状和问题

在发展中国家农业经历了几十年的投资不足之后，21 世纪前 10 年的后半段，初级农产品生产领域的外国直接投资（FDI）飙升。其原因多样而复杂，但其主要驱动力是 2007—2008 年商品价格暴涨，人们意识到在下一个 40 年对有限自然资源的需求将持续大幅增长。食品价格暴涨促使那些严重依赖食物进口的国家，到土地和其他自然资源（特别是水资源）丰富的国家进行投资，以保障食物供给。它们认为，在海外进行生产，然后把收获的产品出口到本国，比依赖国际市场保障粮食安全更加可靠。此外，能源价格高企引发了对生物质燃料原料作物生产的国际投资。除了与目前市场状况相关的原因，其他一些因素表明在长期中这种趋势可能会持续。这些因素包括价格上升预期、人口增长、不断增长的消费率和对食物、生物质燃料、原材料和碳封存的市场需求。

对土地和其他自然资源的价格上升预期已经引发了金融投机。对土地和其他自然资源的投机，反过来又受到更加传统的资本市场，如股票市场和债券市场，在 2007 年开始的金融危机以来表现糟糕的刺激。根据 2010 年经济合作与发展组织（OECD）对 25 个大型投资公司的调查，投资农场和农业基础设施已成为一个新兴的投资类别，其吸引力如下：长期走强的宏观经济基本面、具有吸引力的土地投资历史回报、当前收入和资本升值的共同作用、收益与股市表现无关以及对通货膨胀具有很强的规避作用。

尽管农业中的外国投资不是一个全新的趋势，但目前的状况不同于国际投资在农业和食品领域的传统形式。传统上，外资进入农业主要目的是更好地进入当地市场或者获得廉价劳动力。通过新的投资形式，投资者寻求获得自然资源，特别是土地和水资源。另一个特点是新形式的投资包含土地收购和进行实际生产，而不是和当地生产者保持松散联系。新投资者强调基本食物（包括动物饲料）的生产，然后出口到投资国，而不是生产更广泛用作商业出口的热带作物（Hallam，2011）。根据 OECD（2010）的调查，购买农场或者长期租赁的农场中，83％的农场用于生产主要的行栽作物（软油籽即出油率高的油籽、玉米、小麦和饲用谷物），13％的农场用于畜牧生产（最典型是猪、牛、羊的牧草），4％用于永久性作物如甘蔗、葡萄栽培和农业基础设施等。

2. 评估农业中的外资规模

尽管有充足的证据表明发展中国家的农业投资不断增长，但由于缺乏可靠的数据，因此很难量化当前的投资规模。我们只能获得 2007 年和 2008 年 27 个国家所有领域的 FDI 总额的可比数据。在这两年中，这 27 个国家平均每年的 FDI 流入总量估计为 9 224 亿美元（UNCTAD，2011）。其中，流入农业（包括狩猎、林业和渔业）的 FDI 只有 0.4％，流入食品烟酒领域的份额相对较大，为 5.6％，主要是流入了高收入国家。

FDI 随着时间的变化趋势难于监测，因为许多国家可获得的数据年际间变化较大。就农业 FDI 而言，可获得 44 个国家的可比数据。2007—2008 年，流入这些国家的 FDI 超过了 2005—2006 年的两倍。但是，大部分资金都流入了中上收入和高收入国家（Lowder and Carisma，2011）。这些数字可能低估了农业领域的实际外资流入量，因为许多国家的数据都缺失。此外，大型私人机构投资者，如互助基金、银行、养老基金、对冲基金和私募股权基金的投资不包含在 FDI 的估计中。最近，一个对发展中地区（不含东亚和太平洋地区）农业投资基金的大范围（但不是全面）调查发现，上述基金的数量和金额都有所增长（Miller et al，2010）。本报告的第二部分对发展中地区和国家的农业 FDI 流入进行了更多的评估。

尽管外国资本投资于多种农业资产，但最近的国际争论和研究集中于外国投资对大规模农业土地的控制。这可以用土地的多功能特点来做出部分解释。在许多国家，除经济价值外，土地也具有社会、文化和宗教价值。大规模的土地收购引发了多方面的复杂问题：法律问题、经济问题、社会问题、环境问题、道德问题和文化问题。研究表明，外资通过购买或者长期租赁对土地进行投资。在外国投资中，对农业用地的长期租赁是比购买更常见的安排，原因是由于一些国家进行管制，禁止将土地卖给外国人。但是，长期租赁的经济和社会意义可能与直接出售土地相似，因为租赁合同中的期限都很长（最典型的是50 年，有的高达 99 年）。在一些土地购买案例中，外国投资者的本地同行也参与其中，便利了外资的进入。

近年来，一些组织使用不同的来源，试图估计大规模交易的土地面积。非政府组织 GRAIN 主要依据媒体报道，2011 年建立了一个在线土地并购数据库 www. farmlandgrab. org。完全依赖收集媒体报道来进行估计可能会产生误导，因为有很大比例已经宣布的项目因为多种原因（包含投资者不准备继续推进该项目）并没有实际成交。基于官方政府记录和第三方交叉检查的系统性的土地交易账目，可能会产生更可靠的估计。从这些国家的账目中汇总的数字通常低于媒体报道的数字。例如，媒体报道，莫桑比克在 2008—2010 年被并购的土地为 1 000 万公顷，而莫桑比克国家账目记载的 2004—2009 年累计被并购的土地仅接近 270 万公顷（Cotula and Polack，2012）。单笔土地交易的平均规模也低于媒体报道。世界银行估计，在 2008 年 10 月至 2009 年 8 月期间，被并购的土地为 466 万公顷（Deininger and Beyerlee，2011）。

瑞士伯尔尼大学发展和环境中心（CDE）、法国国际农业研究中心（CIRAD）、德国全球与区域研究所（GIGA）、德国国际合作机构（GIZ）和国际土地联盟（ILC）合作的土地矩阵项目，系统性地搜集和尽量核实了大规模土地并购的信息。该项目搜集的数据来源于媒体报道、国际组织、非政府组织以及学术机构。该项目已经收集了 2000—2012 年发展中国家的 1 217 条农业土地交易报道，报道的土地交易面积超过 8 300 万公顷（Anseeuw et al，2012）。但是，据估计，被认为是"可靠"（通过其他来源交叉核查）的交易面积仅为上述面积的 39.3%（3 270 万公顷）。

不同估计的差异主要来源于计算方法的差异。其差异主要包括选择的时期（一些调查覆盖整个 10 年，一些调查只包含最近几年）、投资类型（例如一些调查不包含用于植树造林的交易）、项目状态（一些数据库包含了媒体宣布的交易，而其他一些数据库只包含了批准的交易）以及记录的最小交易面积（例如，土地矩阵只记录 200 公顷以上的交易）。

非常明显，媒体报道的一些数字高估了交易规模，但也有证据表明不是所有的土地交易媒体都进行了报道。投资者可能有多种原因不愿进行报道，包括商业机密和担心他们的公司形象。与此相似，政府也可能出于多种原因不愿意公开某项交易。因此，没有报道的土地交易或多或少可以抵消一些宣布了但最终未成交的交易。最后，应当注意到即使签订了协议，实际发生了交易，但现实中耕种的土地面积也通常远低于投资者宣布的土地面积。

就 FDI 的目的地而言，非洲是主要的目标区域：土地矩阵估计，非洲发生了 754 宗土地交易，交易的面积为 5 620 万公顷。而亚洲和拉美分别为 1 770 万公顷和 700 万公顷。报道的非洲土地交易面积等于非洲全部农业用地的 4.8%，相当于津巴布韦的国土面积（Anseeuw et al，2012）。报道的土地并购主要集中于少数几个国家。报道显示，许多国家（84 个）都是外国投资者的目标国，但其中 70% 报道的目标国家仅为 11 个国家。其中，非洲有 7 个，分别是苏丹、埃塞俄比亚、莫桑比克、坦桑尼亚、马达加斯加、赞比亚和刚果（金）。在东南亚，主要是菲律宾、印度尼西亚和老挝。

总之，即使外资投资于农业用地的实际规模可能小于媒体报道的规模，从可获得的证据表明，这一规模也已经很大。

很容易理解为什么对大规模土地并购的争论主要集中于外国投资。外国投资带来了一系列与国家主权和民族独立相关的复杂问题，这对于许多具有殖民史的国家来说更加敏感。此外，外国投资的土地规模巨大，有些超过了 1 万公顷，有的甚至超过了 50 万公顷（Hallam，2011）。相比本国公司，外国公司的投资倾向于覆盖更大的土地面积。例如，在马里和尼日尔，外国投资者并购的土地均高于 500 公顷的，而本国投资者并购的土地面积则要小得多。

然而，对外国投资的国际关注不应隐瞒这样一个事实：在大多数国家，本国投资者获得了比外国投资者更多的农业用地。世界银行（2011）估计，在它所调查的发展中国家，80% 的并购土地交易由本国投资者完成。即使本国投资者交易的平均土地面积小于外国投资者，但本国投资者仍然获得了总面积的60%。案例研究已经表明，本国精英在土地并购中发挥着关键作用。在下列国家中，本国投资者并购获得的土地面积比例如下：尼日利亚为 97%、柬埔寨为 70%、莫桑比克为 53%、苏丹和埃塞俄比亚约为 50%。但是，在一些案例中，本国公司成为了外国投资者的切入点，便利了外国投资者获得本国的农业资产（Burnod et al，2011）。

3. 农业 FDI 的来源

在农业 FDI 的新趋势中，包含了来源于私人部门和公共部门的多种投资者。私人部门的投资者包括投资基金、养老金基金、对冲基金、农业和农工企业，在某些情况下也包含能源公司。公共部门的投资者包含政府、主权财富基金和其他国有企业。越来越多的政府宁愿支持本国公司的投资而不是直接投资于发展中国家的农业用地。这一结果部分是源于降低风险战略，如财务风险和媒体负面报道损坏国家声誉的风险。这种支持可以通过公私合伙的形式，如政府提供贷款或担保贷款、退税、技术援助或其他援助。最近的调查表明，2012年公私合伙企业投资的土地面积达到了 60 多万公顷（Anseeuw et al，2012）。

就 FDI 的地域来源看，土地矩阵最近公开的数据表明，投资来源于三组国家：一是东亚和南美的新兴经济体；二是海湾国家；三是北美及欧洲国家（Anseeuw et al，2012）。国际媒体强调了中东和东亚国家所发挥的作用，特别是中国的作用。但世界银行发现，只有苏丹的农业外国投资中东国家才是主要投资者（Deininger et Byerlee，2011）。至于中国，Cotula 和 Polack（2012）认为在东南亚国家的农业外国投资中，中国是主要投资者，而中国对非洲农业用地的投资并不大。有证据表明，来自东南亚的公司对非洲农业进行了大量投资。东南亚已经集外国农业投资的目的地和来源地于一身。南美的情况也与此类似。尽管北美和欧洲投资者吸引的媒体关注较少，有证据表明它们在发展中国家的农业投资中占有非常重要的份额。根据 OECD（2010）的调查，绝大多数投资于全球农业的投资基金总部都在欧洲或北美。Schoneveld（2011）认为，欧洲企业和北美企业分别占非洲土地并购总面积的 40% 和 13%。特别是欧洲和北美企业主导了非洲生物质燃料生产的投资。

4. FDI 的流动模式

在亚洲和南美，区域内农业投资趋势强劲，因为当地公司希望把本国的成功经验复制到本地区的其他国家。在非洲，南非公司已经成功地投资于非洲其他国家。在一些案例中，他们把总部位于其他大洲公司的投资转移到非洲的其他国家，如莫桑比克、坦桑尼亚或赞比亚，以利用他们的非洲农业专长（Cotula and Polack，2012）。合伙经营对投资者非常重要，因为这有助于减少应对当地政府所产生的成本，有时还可规避当地法律限制。例如，土地矩阵项目收集的案例中，有 12% 都涉及外国投资者与本国企业进行和合伙经营。外国投资者之间通常也相互合伙。美国、英国和南非的投资者在它们所涉及的土地交易中，大约 1/3 的交易进行了合伙经营（Anseeuw et al，2012）。

至于区域间投资，是随着文化、政治和商业联系的建立以及对投资基金的地域限制而出现的一种特定的双边投资流动模式。例如，海湾国家喜欢投资于苏丹和其他国家，主要是非洲国家，以及伊斯兰组织成员国。中国喜欢投资于东南亚，在非洲主要是赞比亚、安哥拉和莫桑比克（von Braun and Meinzen-Dick，2009）。

5. 对粮食安全的影响

多个研究表明，投资者的目标国是土地权利保护较差的国家，尽管投资者也同时希望目标国能够提供相对高水平的投资者保护（Anseeuw et al，2011；Deininger and Byerlee，2011）。土地矩阵数据显示的趋势是，投资者集中于到最贫穷的国家投资，这些国家也很少在世界市场上参与食物交换。投资者的目标国是最贫穷的国家，融入世界经济一体化程度很低的国家，这些国家饥饿发生率很高，土地制度很不健全。土地矩阵报告的交易中，66% 的交易发生在饥饿极为普遍的国家。

当我们考虑获得土地的类型时（主要指外资并购土地），更重要的是它对粮食安全的影响。在大多数情况下，被并购的土地质量好，很肥沃，可灌溉。投资者倾向于投资于产量高、交通好和人口密度大的地方的土地。土地交易的空间分析表明，投资者倾向于将目标定位于产量差距相对较大，额外投入（水、肥料、种子、基础设施和专门技术）可能产生更大收益的耕地。例如，马里和塞内加尔的土地并购主要集中于可灌溉的马里塞古地区和塞内加尔河谷（Cotula and Polack，2012）。交通便利是选择目标地区的另一个标准：大部分交易的土地到邻近城市的距离不超过 3 小时。目标土地位于道路和市场附近。所有交易的土地中，超过 60％的区域人口密度每平方公里超过 25 人（Anseeuw et al，2012）。土地矩阵数据库中大约 45％的交易的土地是耕地或者是农作物和植被混合的土地。因此，可能会与当地社区在耕地上产生激烈的竞争。即使国家土地指数表明有大量可耕地储备，我们经常发现交易的仍然是已经耕作的土地和农场。这一发现对投资主要集中于没有使用的土地，并用这些土地来进行生产的假定提出了质疑。这对粮食安全具有重要影响，特别是当并购的土地用于生产出口作物时。

除了当地减少了食物可获得性的直接风险外，大规模的土地并购还有其他风险，特别是在那些土地权利没有明确界定和土地管理乏力的国家。这些风险包括替代当地小农，牧民失去牧草，当地社区失去收入，更简单地说，由于减少了可获得的资源，将对农民生计产生负面影响，这可能导致社会分裂。例如，尽管农村社区经常从森林中采集木材和非木材的林产品获得收入，但是林区也受到土地并购的严重影响。土地矩阵项目调查的土地交易表明，24％的土地并购交易位于林区，占土地并购总面积的 31％。

上述负面影响可能引起许多冲突。不利的环境影响风险也很重要。所有这些风险已被许多机构强调过，这些机构包括农场主组织、研究机构、地区农场组织、政府、媒体、发展机构、非政府组织和多边组织。它们引起了许多担忧和国际争论。在一定程度上，对大规模土地并购及其风险的关注容易掩盖发展中国家的农业有巨大投资需求的事实。农业投资问题远比土地并购宽泛，事实上许多投资项目并不涉及土地控制权的转移。

6. 发展中国家对农业投资的迫切需求

农业投资是农村地区最重要和最有效的减贫战略，世界上绝大多数最贫困人口生活在农村地区（世界银行，2008）。农业投资可以通过多种途径减少贫困和饥饿。农场主的投资可以提高他们的生产力和收入。从社会角度看，这将反过来产生对其他农村产品和服务的需求，为那些提供这些农村产品和服务的人——通常是那些没有土地的农村穷人，创造就业和提高他们的收入。这些好处将从乡村溢出到更广泛的经济中。农业投资对根除饥饿也很关键，因为它可以全方位提供食品和营养保障。农场主或者公共部门的农业投资提高了农场生产力，也能提高市场上食物的可获得性，有助于维持较低的消费价格，使城乡消费者更容易获得食品（Alston et al，2000）。主食价格较低使得消费者可以消费更加多样化的食物，如蔬菜、水果、鸡蛋和牛奶，这将提高他们日常饮食的营养水平（Bouis，Graham and Welch，2000）。最后，农业投资也能降低食物供给受外部影响的脆弱性，促进消费的稳定性。

但是，过去 30 多年里发展中国家农业投资不足已经导致了农业生产率低下，农业生产停滞不前。最近的粮食危机暴露了这些问题，因为农业生产对价格上升的反映相对较慢。但是，在下一个 40 年，农业部门仍将面临极大的挑战。预计 2050 年世界人口将达 90 亿，农业必须养活这些人口，这比当前人口多出 25 亿。绝大多数的人口增长将发生在饥饿和自然资源退化已经非常严重的国家。为了满足日益增长的需求，农作物和畜牧生产系统必须更为集约，但它们也必须更加可持续（FAO，2011）。可持续的集约生产系统是资本密集型的；它们需要投入更多的人力物力、知识和社会资本，以便维持和复原以土地和水资源为代表的自然资本。为了实现减贫和降低营养不良人口数量的目标，农业投资每年至少还需额外增加 830 亿美元（Schmidhuber，Bruinsma and Boedeker，2009）。若以可持续的方式（既保护自然资源，又对长期发展有益）实现上述目标，甚至需要更多的资金。发展中国家的公共部门必须加大对农业的投资力度，这意味着要逆转过去几十年他们投资下降的趋势。发展中国家的农业在公共投资中的份额已经降至大约 7%，非洲国家甚至更低（Hallam，2011）。在饥饿严重盛行的地区，农业投资都停滞不前或者下降（FAO，2012）。较高和波动性较大的食物价格已经使政策制定者意识到了农业的重要性，他们已经承诺提高对农业的投资。对农业的重新关注为农业应对挑战提供了机会。在创造必要的条件、营造农民能够致富的环境、催化和引导私人投资使其产生对社会有利的结果方面，政府公共投资起着至关重要的作用。公共部门也提供对社会有利但私人部门缺乏投资意愿的公共产品。但仅有公共部门的投资是不够的。私人部门的投资也必须增加，特别是农民自己的投资要增加，他们是农业投资的主要力量。最近的研究表明，到目前为止，农民是农业的最大投资者（Lowder，Carisma and Skoet，2012）。在农场的农业资本存量中，每年农民自己投资与政府投资相比超过 3∶1，与其他投资相比比例更大。农场主自己投资的重要性超过其他所有投资资金总和的 2 倍。要对小农（大多数是妇女）给予特别的关注，要确保他们能够对自己的农场进行投资，而且能够从其他公共和私人投资中受益。这要求存在小农能够投资的环境和公共商品方面的规定，如研究和推广、市场制度、基础设施、培训和教育以及风险管理工具等公共商品的规定。

尽管给予农业投资新的优先权，但是许多发展中国家财力有限，难以弥补投资缺口。在撒哈拉以南非洲，商业银行贷给农业的资金低于10%，而小额贷款通常金额太小不利于农业资本形成（Da Silva and Mhlanga，2009）。国际捐赠也不可能成为解决方案，因为对农业的官方发展援助的份额已经从10%下降到5%（Hallam，2011）。最近的G8峰会和G20会议做出了强有力的承诺：提高对发展中国家的农业投资以实现粮食安全。这是非常积极的发展势头。然而，鉴于主要工业化国家经济危机蔓延，大的新兴经济体增速放缓，在中短期，国际援助不可能增加到足以满足投资需求的程度。

考虑到备选资源的限制，FDI可以为弥补发展中国家农业投资的缺口做出贡献。可获得的数据表明农业FDI远小于本国农业投资。此外，在大多数发展中国家，流入农业部门的FDI占总FDI的比例非常小。对撒哈拉以南非洲的案例研究表明，流入农业的FDI占比低于5%（Gerlach and Liu，2010）。如果更多的资金能够直接投资于农业，农业FDI的占比还有增长潜力。虽然不能指望FDI成为主要的资金来源，但它能对东道国的农业产生多种潜在的好处，如创造就业、技术转移、更好地获得资金和进入市场。但不能指望这些好处会自动出现，前文讨论FDI的风险也是现实存在的。因此，政策制定者、发展机构和当地社区面临的挑战就是要最大化农业FDI的好处，最小化其风险。这要求具有引导外资流入正确的项目类型的能力。这一目标能否实现依赖于许多因素，其中东道国和当地社区的法律和制度框架至关重要。

7. 包容性商业模式的发展潜力

鉴于大规模土地并购的风险和大量重大项目的失败，这就要求发展其他商业模式，使当地社区能更加积极主动地融入其中。包容性商业模式即把小农包含于生产和/或其他相关的活动中，无疑具有最小化风险和最大化利益的潜力。2009年，FAO、国际农业发展基金（IFAD）和瑞士发展合作署（SDC）与国际环境和发展研究所（IIED）签订合同，让其准备一篇关于农业土地投资的包容性商业模式的概念性论文，研究可以提高农业生产率和促进农业生产的农业投资模式。IIED回顾了相关文献、自己以前的实地调查和相关知识，以识别与各种农业投资商业模式相关的主要因素以及这些模式中土地所有制的影响。研究发现，在所回顾的不同的商业模式中，没有哪一个单独的商业模式在所有环境下都是小农的最佳选择。模式的适应性密切依赖于当地情况，取决于土地所有制、政策、文化、历史和生物物理因素和人口因素。没有一个模式能够成为农村发展的终极解决方案。此外，研究还表明项目的实际安排可能比模式的类型更加重要（Vermeulen and Cotula，2010）。结果就是要通过对实地的具体经验的详细分析，对包容性商业模式才能有一个更深层次的理解。

8. 研究目标、研究范围和研究方法

　　尽管对国际投资的潜在收益与风险有许多争论，但并没有对东道国实际影响的系统性证据。特别是缺乏详细和可靠的数据。也需要通过对实地执行的项目的详细分析，获得更多包容性商业模式的运作和影响的证据。为了获得对农业投资和更加有益于发展的商业模式的潜在收益、限制和成本的深度理解，FAO 贸易和市场部已对国际农业投资的影响进行了研究。这一研究致力于提供 FDI 在当地社区和东道国的趋势及其影响的知识，收集包容性商业模式的证据，识别好的实践和对东道国政府提供指导。为了实现这一目的，FAO 设计和指导了几个选定的发展中国家的案例研究。这些研究有的是与一些研究机构合作完成的（如与 IIED 合作研究加纳、马里和赞比亚；与柬埔寨发展资源研究所合作研究柬埔寨），有的是通过直接招募当地研究人员和咨询人员完成的。

　　这些研究覆盖了过去 6 年外资在初级农业生产比较集中的 3 个地区，即非洲、亚洲和拉丁美洲。在这 3 个地区中，特别关注了对非洲的研究，因为非洲可以说是大规模土地并购带来的问题最紧迫的地区。本书中对非洲研究更加侧重于对撒哈拉以南非洲的关注，因为 FAO 地区办公室 2009—2010 年对近东地区的分析中已经一定程度上覆盖了北部非洲（Tanyeri-Abur and Hag El-amin，2011）。

　　这些研究考察了农业 FDI 的趋势及其对东道国经济、社会和环境的影响。它们分析了选定国家的大规模农业投资和土地并购最近的趋势和当前状况，对各种商业模式的类型给予特别的关注，区分了包含土地并购和不包含土地并购的情况。它们分析了影响的决定因素和各种因素的相对重要性。主要进行了两类案例研究。第一类研究关注了吸引 FDI 流入农业的国家政策以及这些政策对国家经济发展的影响，案例国包括巴西、坦桑尼亚、泰国和乌干达。第二类研究也分析了 5 个发展中国家的政策框架，但随后考察了农业投资的商业模式，以及评估了这些模式对当地（在可能的情况下，也评估了对东道国）经济、环境和社会的影响。案例国包括柬埔寨、加纳、马里、塞内加尔和赞比亚。尽管研究的主要目标是外国投资，但也考察了一些与之相关的由本国投资

者投资的大规模农业投资项目。

更加具体地说，这些研究分析了各国农业投资的驱动因素、主要的投资者（国际和国内投资者）、制度演变、国家治理环境所形成的决策程序导致的投资和土地分配（与之相关的没有土地并购的情形也进行了分析）。这些研究考察了对投资项目、大型投资项目的商业模式中对当地小农的经济包容性以及与之相关的妇女参与程度具有影响的政策措施。在可能的情况下，研究考察了投资前的土地所有制模式（土地所有权、使用权和控制权）、与教育、培训、推广、职业教育和可获得的就业机会（农场和非农场就业机会，以及不同年龄和性别的工作状况）相关的人力资本状况。研究分析了各国不同商业模式（包括基于土地和不基于土地投资的商业模式）的设计和执行情况，导致选择特定商业模式的程序，影响程序的政策措施（刺激、支持和限制措施），成功因素、限制因素以及采取的解决方案。这些研究也分析了所选择研究的商业模式的实际经济、社会和环境影响。特别是以性别和公平的视角（如收入增加、福利改善、农场和非农场就业/工作状况、价值增值、知识扩散/外溢、技术转移、技能发展、上下游产业的联系、市场进入状态的改善/贸易能力和组织如农民组织的参与状况）评估了农业投资对小农和当地社区的影响。

最后，研究还识别了最好的实践，从那些东道国、当地社区和投资者都能从投资中获益的成功项目中，学到了有助于项目成功的政策措施方面的经验。

9. 本书的主要内容

本书考察了发展中国家农业 FDI 的趋势及其影响，特别是通过案例研究的方式提供了主要的结论。在引言之后，第二章使用多种来源的统计数据，对发展中地区的农业外国投资的全球趋势进行了回顾。第三章是对非洲、亚洲和拉丁美洲部分选定国家的案例研究，研究了它们农业吸引 FDI 的政策以及农业 FDI 对这些国家经济发展的影响。第四章考察了 5 个发展中国家使用的农业投资模式。评估了这些模式对当地经济、环境和社会影响，以及这些模式是如何受到东道国政策的影响。第五章为对研究结论的综合梳理。最后是第六章，为结论和评价。

▊ 参考文献

Anseeuw，W.，Boche，M.，Breu，T.，Giger，M.，Lay，J.，Messerli，P. & Nolte，K. 2012. *The State of Large-Scale Land Acquisitions in the 'Global South' Analytical*

Report based on the Land Matrix Database. By The Land Matrix Partnership (ILC，CDE，CIRAD，GIGA，GIZ).

Burnod，P. et al. 2011. *From international land deals to local informal agreements：regulations of and local reactions to agricultural investments in Madagascar.* Paper presented at the International Conference on Global Land Grabbing，April 2011，UK.

Cotula，L. & Polack，E. 2012. *The global land rush：what the evidence reveals about scale and geography.* IIED Briefing. April 2012. London，UK.

Da Silva，C.，& Mhlanga，N. 2009. *Models for investment in the agricultural sector.* Paper presented at the FAO Expert Meeting on Foreign Investment in Developing Country Agriculture，30-31 July 2009，Rome. Rome，Italy：Food and Agriculture Organization of the United Nations.

Deininger，K & Byerlee，D. 2011. *Rising Global Interest in Farmland-can it yield sustainable and equitable benefits?* The World Bank. Washington D. C.

FAO. 2011. *Save and grow：A policy-maker's guide to the sustainable intensification of smallholder crop production.* Rome.

FAO. 2012. *The State of Food and Agriculture 2012；Investing in agriculture for a better future.* Rome.

Gerlach，A. & Liu，P. 2010. *Resource-seeking foreign direct investments in Africa：A review of country case studies.* Trade policy research working paper. Rome：Food and Agriculture Organization of the United Nations.

GRAIN. 2011. www. farmlandgrab. org.

Hallam，D. 2011. *International investment in developing country agriculture-issues and challenges.* Food Security Journal，3 (Suppl 1)：S91-S98.

Lowder & Carisma. 2011. *Financial resources flows to agriculture：A review of data on government spending，official development assistance and foreign direct investment；* FAO – ESA Working Paper No 11 – 19；December 2011. Rome，Italy：Food and Agriculture Organization of the United Nations.

Lowder，S.，Carisma，B. & Skoet，J. 2012. *Who invests in agriculture and how much? An empirical review of the relative size of various investments in agriculture in low-and middle-income countries.* Agricultural Development Economics Division，Working Paper No. 12 – XX，Rome，FAO.

Miller，C.，Richter，S.，McNellis，P. & Mhlanga，N. 2010. *Agricultural investment funds for developing countries.* Rome：Food and Agriculture Organization of the United Nations.

OECD. 2010. *Private Financial Sector Investment in Farmland and Agricultural Infrastructure.* Working Party on Agricultural Policies and Markets Report. OECD，Paris.

Schmidhuber，J.，Bruinsma，J.，& Boedeker，G. 2009. *Capital requirements for agricul-*

ture in developing countries to 2050. Paper presented 12 at the FAO Expert Meeting on How to Feed the World in 2050, 24 - 26 June 2009, Rome.

Schoneveld, G. C. 2011. *The Anatomy of Large-Scale Farmland Acquisitions in Sub-Saharan Africa*. Working Paper 85. CIFOR, Bogor. See: www. cifor. org/nc/online-library/browse/view-publication/publication/3732.

Tanyeri-Abur, A. & Hag Elamin, N. 2011. *International Investments in Agriculture in the Near East: Evidence from Egypt, Morocco and Sudan*. Edited by Aysen Tanyeri-Abur and Nasredin Hag Elamin, FAO Regional Office for the Near East, Cairo, Egypt.

UNCTAD. 2011. *World Investment Report 2011*. Vermeulen, S. , & Cotula, L. (2010) . *Making the most of agricultural investment: A survey of business models that provide opportunities for smallholders*. Rome: Food and Agriculture Organization of the United Nations. London, UK: International Institute for Economic Development. Rome. International Fund for Agricultural Development. Bern. Swiss Development Cooperation.

Von Braun, J. & Meinzen-Dick, R. 2009. *"Land grabbing" by foreign investors in developing countries: Risks and opportunities*. IFPRI Policy Brief 13.

World Bank. 2008. *World Development Report 2008*. Washington, D. C. , United States.

第二章
FDI 趋势综述①

1. 简介

在过去的 30 年间，FDI 极大地促进了许多发展中国家的经济增长和发展，但同时也存在着收益未能公平分配的问题。一些国家（如巴西、马来西亚、韩国等）受益最大，因为这些国家更具备利用外资的条件，且投资商和国家的决策者充分了解目前和未来市场发展中面临的机遇和风险。这些机遇和风险包括：政治稳定性、投资友好型的监管和政策框架、熟练的或易培训的劳动力、足够大的市场规模、邻近大的市场且贸易壁垒或地理障碍小等。然而，在其他一些发展中国家，即便没有上述这些国家所具有的有利的发展条件，FDI 也促进了这些国家 GDP 的高速增长。在这些国家（如尼日利亚、赞比亚等），外国投资大多投向回报率高的资源开采行业，即便是开发效益还尚待确定。

在许多发展中国家，农业部门的 FDI 大部分集中在食品加工、饮料制造和相关联合部门等行业。然而在许多发展中国家，由于粮食危机和金融危机持续不断，对大片土地的投资激增，用于种植粮食和生物质燃料作物，并向投资国出口。

出现这种发展中国家其国内的私人投资和外国投资对农业青睐有加的现象，主要有以下几个原因。首先，新兴国家经济快速增长，人口规模不断扩大，个人收入明显提升，他们在食品上的消费更多。而且，人们越来越偏向于营养更丰富的饮食搭配，如消费更多的肉、鱼、乳制品。为了满足这样的需求，这些新兴国家开始进口其中的部分食品，因此就为投资者提供了在发展中

---

① 本章节由 FAO 贸易和市场部的 Suffyan Koroma 和 Massimo Iafrate 编写。

国家投资农业加以出口的机会。由于许多发达国家对农业用地有政策限制，如今此类投资正部分在新兴国家之间开展——"南南投资"。还有一个因素是全球生物燃料计划越来越多，特别是巴西、美国和欧盟。这些因素共同导致对发展中国家的农作物投资增加，如甘蔗、谷物和油料作物。除此之外，像沙特阿拉伯、韩国和阿联酋这样的国家，耕地面积有限，灌溉用水不足，都在土地充足的发展中国家购买了大片土地，以抵御出口限制可能带来的风险。最后，投机活动和投资组合的多样化也是关键因素。

本章用联合国贸发会议（UNCTAD）[①]、联合国粮农组织（FAO）[②] 和FDI市场数据库[③]的资料，研究 FDI（流量和存量）的总体趋势，尽可能分析在发展中地区（非洲、亚洲、拉丁美洲和加勒比地区）和九大国家农业 FDI 的整体趋势，随后的章节会对这些国家的农业 FDI 投资结构、概况、鼓励政策、商业模式等进行评估。这些国家包括：巴西、柬埔寨、加纳、马里、塞内加尔、坦桑尼亚、泰国、乌干达和赞比亚。

2. FDI 对经济增长的贡献

虽然 FDI 已经对许多发展中国家的经济增长做出了突出贡献，但在很多国家，发展效益尚未完全实现。不管怎样，我们都需大力搜集与 FDI 相关的数据，并完善维护数据库，用连续一致的方法来分析长期的发展效益。

众所周知，FDI 在推动发展中国家的经济增长、提高国家科技水平、创造就业方面扮演了重要角色（Borenzstein，De Gregorio and Lee，1998）[④]。事实表明，FDI 还能让发展中国家融入全球市场，增加可用于投资的资本储备。这样一来，就可以实现经济增长，减少贫困、提高人民生活水平。与此同时，许多国家已经了解 FDI 的重要性，他们也在采取措施消除投资壁垒。例如，20世纪 90 年代共有 1 000 条关于 FDI 的法律法规被修订，大体上讲，其中 94％是为吸引 FDI 而修订的（UNCTAD，2010）[⑤]。为了吸引 FDI，许多国家都采取了刺激政策，包括免税、政府承诺、设备和机械进口的关税减让以及补贴等。后面章节关于 9 个国家的案例研究会对这些问题做更详细的阐释。

[①] UNCTAD 的 FDI 数据来源：http：//unctadstat. unctad. org/ReportFolders/reportFolders. aspx。

[②] 农业资本存量相关的 FAO 数据来源：http：//faostat3. fao. org/home/index. html＃DOWN-LOAD。

[③] FDI 市场数据库获取来源：http：//www. fdimarkets. com/。

[④] Borenzstein Eduardo；Jose De Gregorio and JongWha Lee：FDI 如何影响经济增长？国际经济学杂志，45：115－135（1998）。

[⑤] UNCTAD（2010）：2010 年世界投资报告，联合国，纽约。

值得说明的是，对于投资流量和存量的相关数据一开始就没有一致、统一的搜集方法，受到了一些因素的制约，包括国家的管辖范围如何界定、部门的分类和归类不一致等。关于这一点，Lowder 和 Carisma[1] 在 2011 年的观察和研究表明，一个国家 FDI 的长期增长更取决于它自己的扩张，而不是取决于 FDI 整体的变化趋势。本书的分析尽可能多地使用国家层面的数据，可能会避免出现以上提到的问题。

从 20 世纪 90 年代开始的近 20 年间，非洲、亚洲和拉丁美洲这 3 个区域 FDI 流入量年均增长率分别为 15.3%、16.8%和 14.3%，如图 2-1 所示。

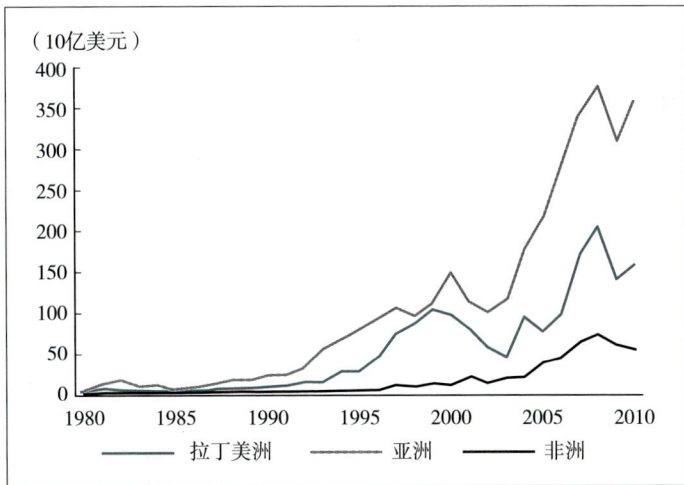

图 2-1　1980—2010 年非洲、亚洲、拉丁美洲 FDI 流入量变化趋势
来源：根据 UNCTAD 的 2009 年世界投资报告整理。

非洲国家在 20 世纪 90 年代中期之后，FDI 流入量全部呈上升趋势（图 2-2）。赞比亚、加纳、坦桑尼亚和乌干达全部呈现急剧上升的趋势，塞内加尔和马里的趋势增长较为平稳。从流入量看，加纳在 2010 年超过赞比亚成为 6 国中吸引 FDI 最多的国家，主要原因是加纳发现了石油。亚洲 2 个案例研究国（图 2-3）和巴西（图 2-4）的 FDI 流入量变化趋势，也表明 FDI 的显著增长始于 20 世纪 90 年代。

1980—2010 年，FDI 已经为许多发展中国家的经济增长做出了突出贡献。以我们案例研究国为例（表 2-1、图 2-5），FDI 对赞比亚 GDP 增长的长期

---

①　关于全球 FDI 数据的详细信息，可参考 Sarah K. Lowder 和 Brian Carisma 于 2011 年 12 月在 FAO-ESA11-19 期工作报告上发表的文章，《农业上的金融资源流动，对政府支出、政府开发援助和外国直接投资的回顾》，www.fao.org/economic/esa. 这份报告详细分析了已有各种 FDI 数据的优缺点。

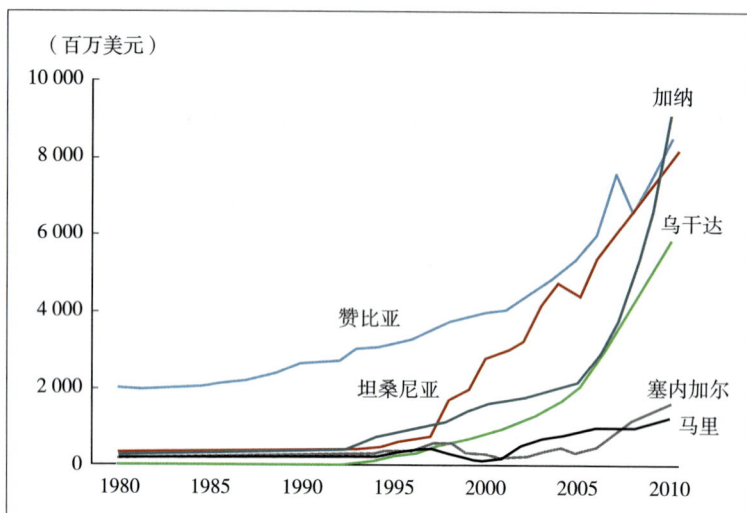

图 2 - 2　1980—2010 年非洲案例研究国的 FDI 变化趋势

来源：根据 UNCTAD 的 2009 年世界投资报告整理。

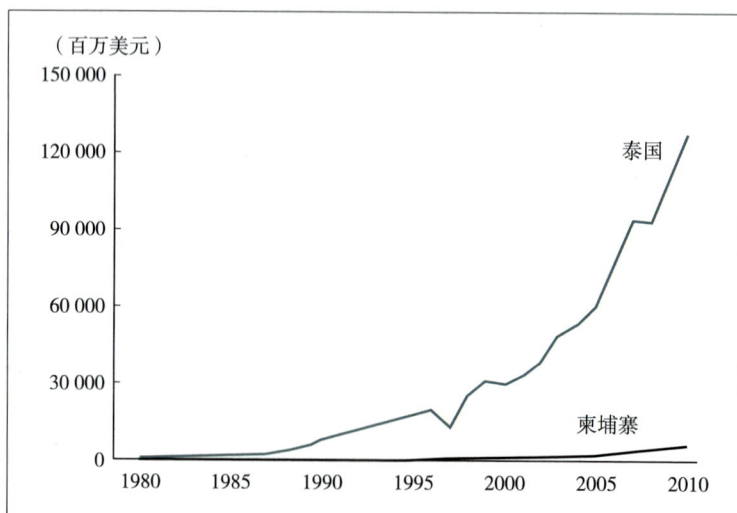

图 2 - 3　1980—2010 年亚洲案例研究国的 FDI 变化趋势

来源：根据 UNCTAD 的 2009 年世界投资报告整理。

（百万美元）

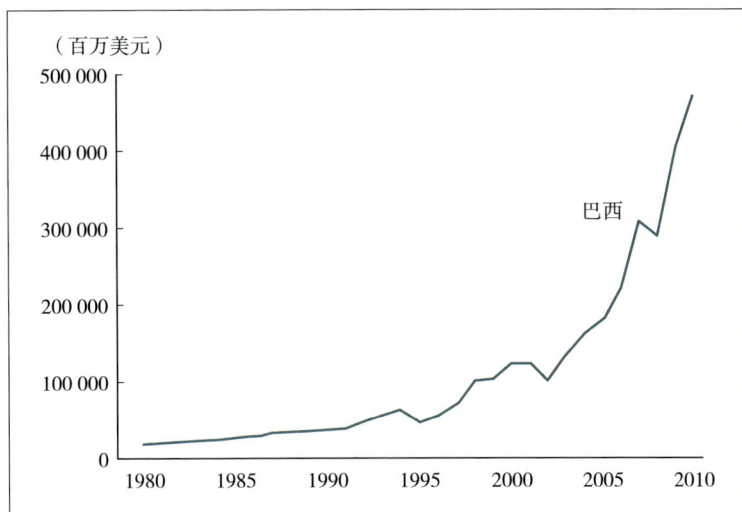

图2-4　1980—2010年巴西FDI变化趋势

来源：根据UNCTAD的2009年世界投资报告整理。

贡献率高达83.8%。全球来看，FDI对GDP增长贡献率低于10%的只有8个国家，包括我们所研究的塞内加尔（6.4%）和乌干达（8.9%）。

2000—2010年，FDI对GDP增长贡献率超过20%的国家有：巴西（22%）、柬埔寨（43%）、加纳（30%）、坦桑尼亚（32%）、泰国（34%）和乌干达（22%）。赞比亚比较特殊，虽然流入该国的FDI总量与世界上其他国家相比不算很高，但FDI对该国GDP增长的贡献极大。作为非洲最大的铜生产国，2010年上半年赞比亚FDI流入量为创纪录的24亿美元，而2009年只有9.59亿美元。这主要是因为采矿业和制造业的发展预计能创造的33140个工作岗位。2010年1～6月，赞比亚制造业的FDI流入量为7.68亿美元，大部分来自中国；之后是采矿业的5.93亿美元和能源部门的5.65亿美元。

表2-1　FDI存量对GDP的贡献

国家	1980—1990	1990—2000	2000—2010	1980—2010
	（%）			
巴西	11.0	11.5	21.7	14.7
柬埔寨	4.3	18.9	43.4	22.2
加纳	6.6	13.2	30.2	16.7
马里	14.5	10.3	12.9	12.6

（续）

国家	1980—1990	1990—2000	2000—2010	1980—2010
		（％）		
塞内加尔	5.5	7.1	6.6	6.4
坦桑尼亚	5.6	11.8	31.9	16.4
泰国	5.3	14.2	34.2	17.9
乌干达	0.3	4.7	21.8	8.9
赞比亚	72.6	96.6	82.3	83.8

来源：根据 UNCTAD 的 2009 年世界投资报告整理。

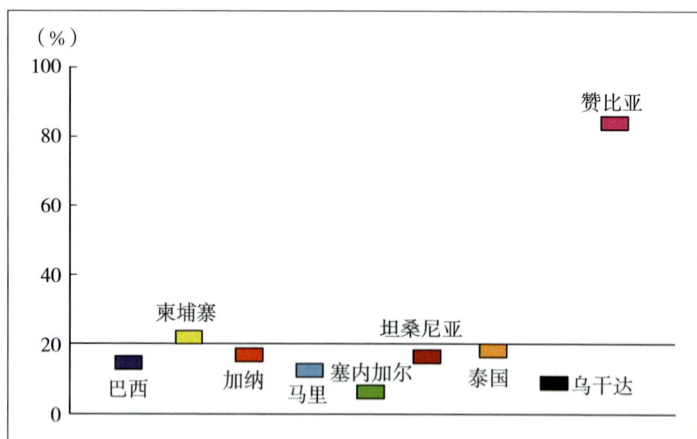

图 2-5　1980—2020 年案例研究国 FDI 存量对 GDP 的贡献

来源：根据 UNCTAD 的 2009 年世界投资报告整理。

拉丁美洲案例研究的国家是巴西，它往往被称为世界上最吸引 FDI 的目的国之一。由于巴西巨大的市场规模、日益增长的中产阶级数量和已被证实较高的投资回报率，容易产生溢出效应，许多跨国公司都努力寻求投资机会，或积极扩大现有 FDI 项目。事实上，根据 UNCTAD 的全球投资趋势监测报告显示，巴西是 2010 年第十大 FDI 目的国，新增 FDI 项目金额超过 300 亿美元，而 10 年前为 220 亿美元，排名第十三①。

1980—2010 年，柬埔寨的 FDI 对 GDP 增长的贡献率为 22.2％。由于柬埔寨在 2000—2010 年进行了重大改革，2011 年改革后对 FDI 和地方投资的审批量增加了 160％，目前仍在吸引新的投资，如日本投资商（日本投资商获得的 3 个固定资产 FDI 项目的审批额为 640 万美元，而 2010 年为零）。目前，柬

① http://blogs.worldbank.org/psd/brazil-s-new-fdi-frontiernorth-and-northeast-regions。

埔寨FDI的五大来源国分别是英国、中国、越南、马来西亚和韩国。

2001年，柬埔寨发展理事会批准了87个投资项目，总价值达56亿美元。大多数投资针对的都是诸如建筑业、旅游业、房地产、银行业和产品出口等关键部门。由于劳动密集型产业从中国转移到像柬埔寨这样的低薪国家，如服装出口，柬埔寨服装厂的新增投资增加了18％。除此之外，柬埔寨大米的出口也在大规模扩张。据统计，2011年出口18万吨，比上年增长250％。尽管柬埔寨有洪涝灾害，但两季（雨季、旱季）的水稻产量都有所增加，而且种植面积扩大，产量预期还会增加。而且由于大米加工厂获得了新的投资，大米产量增加，推动了大米出口增长。

在正常的市场条件下，吸引FDI的最关键因素是一个国家农业可用资本存量的水平和发展状况。它往往被称为资本形成，传统上定义为由境内企业持有或使用达一年以上的有形、耐用的固定资产存量。它包括工厂、机械、车辆和设备、装置和实体基础设施、土地开发价值以及建筑。从统计学上看，它评估了政府、企业、个体家庭等新获取的或现存的固定资产价值。目前，FAO关于206个国家农业资本形成或存量的估计数已经对公众开放[①]。这将为分析1975—2007年案例研究国的资本存量以及它的两个组成要素土地资产价值及机械设备价值的长期年均增长率提供数据来源。1975—2007年，9个案例研究国的资本存量年均增长率（图2-6），其中柬埔寨年均增长最快为3.6％，其次

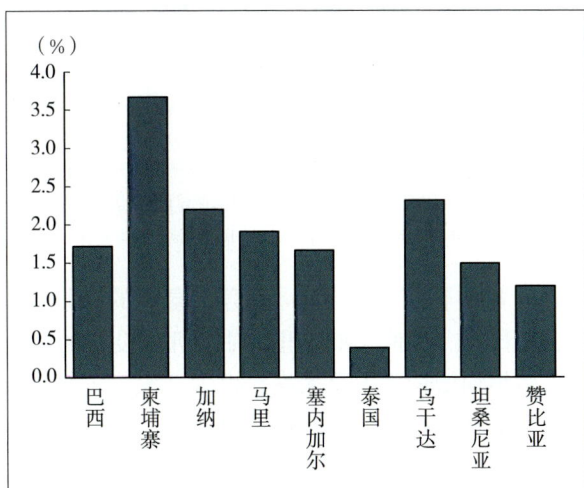

图 2-6　1975—2007年案例研究国资本存量年均增长率

来源：根据UNCTAD的2009年世界投资报告整理。

---

① http://faostat3.fao.org/home/index.html。

是乌干达的 2.2％、加纳的 2.1％。其余 6 个国家资本存量年均增长率均小于 2％。对于农业生产效率极高的巴西和泰国而言，其资本存量年均增长率较低，这可能说明经过高速增长一段时期后，如今农业资本积累的速度正在放缓。

就土地开发而言（图 2-7），除了塞内加尔和泰国的土地资产价值长期为负增长，其他 7 个国家在 1975—2007 年，土地资产价值长期年均增长率从最低的 0.3％到最高的 4.1％。对泰国来说，土地开发率可能已经达到饱和状态，有下降的趋势，这主要是受更加严格的环境保护政策和土地退化的影响。对于塞内加尔来说，土地开发的减缓趋势则表明，土地开发投资有更大的空间。

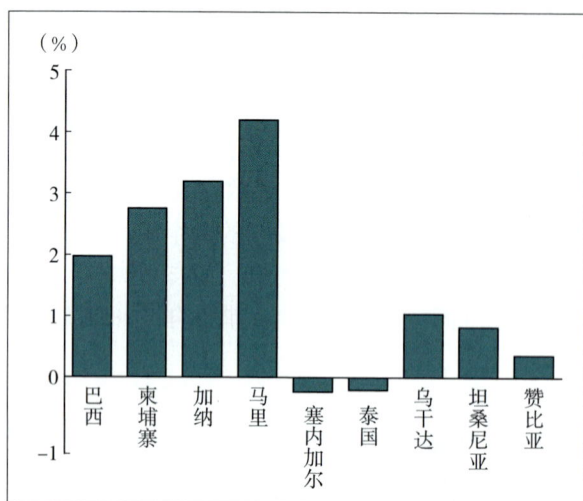

图 2-7　1975—2007 年案例研究国土地资产价值年均增长率
来源：根据 UNCTAD 的 2009 年世界投资报告整理。

就机械设备的投资增长（图 2-8）而言，泰国的长期年均增长率最高，约为 4％，其次是乌干达、柬埔寨和马里。对于机械设备的主要使用国兼生产国巴西而言，其长期年均增长率不算太高，仅为 2％。这表明从长远看，农业机械设备的新增投资日趋稳定，或达饱和状态。

3. 农业 FDI 相较于其他经济部门仍然相对较低

虽然农业 FDI 增长速度较快，但农业 FDI 的绝对数量相较于其他经济部门仍然相对较低。在农业部门，FDI 主要集中在下游活动（加工、制造、贸易、零售等领域），进入初级农业领域的资金较少。从进入时机看，农业 FDI

（%）

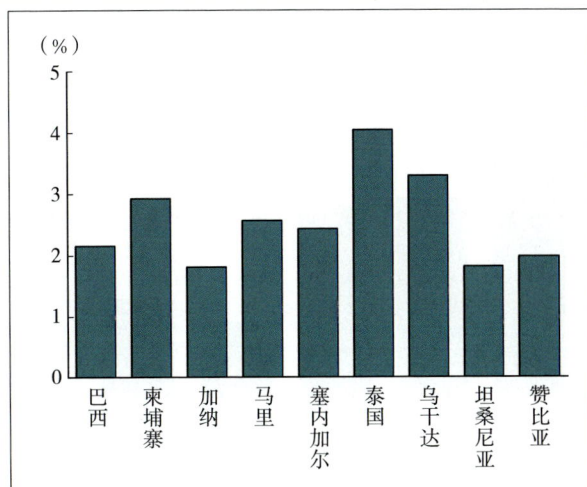

图2-8　1975—2007年案例研究国机械设备存量年均增长率
来源：根据UNCTAD的2009年世界投资报告整理。

进入往往选择物价极高和极低的两个极端时期。

由于大部分投资都很敏感，需要保密，使得难以收集和传播相关信息，导致报告质量低下，因此可获得的全球农业FDI数据是不完整的。后面的分析使用的是UNCTAD和FDI市场数据库中的数据。UNCTAD的数据将农业FDI分为与种植业、畜牧业、渔业、林业和狩猎相关的几大类。这些又被进一步细分为初级产品和加工业（食品、饮料、烟草等）。UNCTAD收录了1980—2008年的全部数据。FDI市场数据库将农业FDI的范围定义为包括食品、饮料、烟草在内的所有活动。但该数据库仅统计了绿地投资[①]项目从2003—2011年的数据[②]。

农业FDI在FDI总量中的占比变化趋势很重要，但20世纪80年代以来农业FDI占FDI总量的占比从来没有超过8%，其中1996—2000年最低，不足2%（图2-9）。虽然2000年之后，占比有所上升，但仍不到5%。2006—2008年，该占比为4.6%。

农业FDI中的大头一直是制造部门和精深加工部门，包括食品零售部门，

[①]　绿地投资是外国在目的国新建营运设施，开始一个新的合资公司的一种形式。与之相对，当一个公司或政府实体购买或租赁现有生产设施，推出了新的生产活动或扩大现有的活动时可以被称为"棕地投资"。

[②]　虽然数据库管理人员会尽最大努力统计所有的投资，但有些投资可能尚未可知，因此这些数字应被视为估计值。

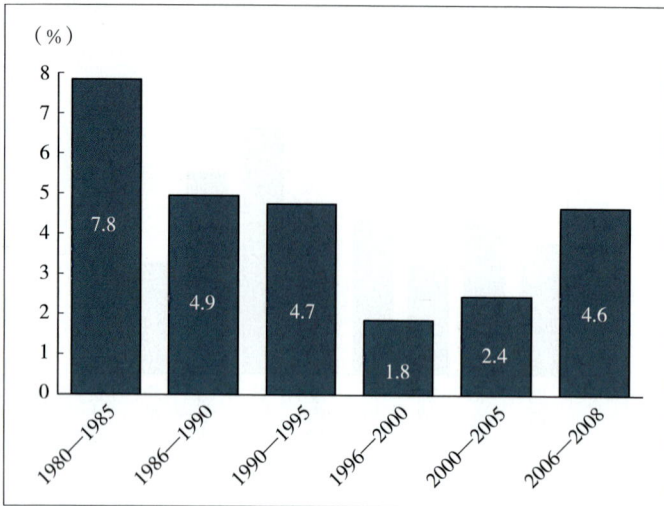

图 2-9 1980—2008 年农业 FDI 占 FDI 总量的比重变化

来源：根据 UNCTAD 的 2009 年世界投资报告整理。

流入初级农业 FDI 的比重低于 15%（图 2-10）。但应该指出的是，在此分析中使用的两个数据库的数据，都只记录了投资的最终活动。例如，一个公司投资土地用来种植农作物，并加工生物燃料或果汁，那么只会统计为对加工领域的投资。在这种情况下，除了分析公司或企业层面非常详细的微观数据外，实在是难以从广义上准确把握趋势。

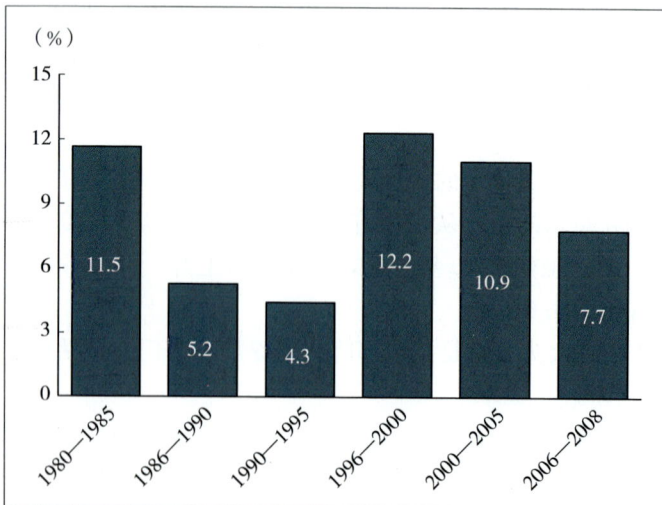

图 2-10 1980—2008 年初级农业 FDI 占 FDI 的比重变化

来源：根据 UNCTAD 的 2009 年世界投资报告整理。

观察图 2-9 和图 2-10，可以发现图 2-9 中 1996—2000 年农业 FDI 占 FDI 总量的比重处于最低水平，图 2-10 显示该阶段初级农业 FDI 占农业 FDI 的比重最大，为 12.2%，几乎是上一阶段的 3 倍。值得注意的是，1996—2000 年正好是全球大宗农产品的价格持续走低的时候。同时，在前几年大宗商品价格相对高的时期，我们也看到了类似的趋势（图 2-11）。因此，可以得出结论，在大宗农产品价格非常高和非常低的时期，农业 FDI 都会显著增长。

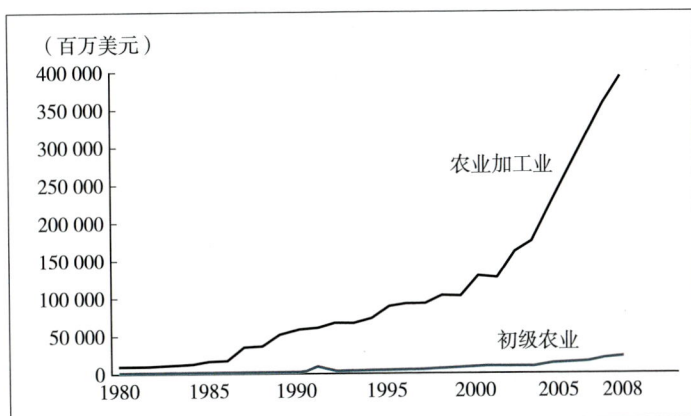

（百万美元）

农业加工业

初级农业

图 2-11　1980—2008 年初级农业和农业加工业 FDI 变化趋势

来源：根据 UNCTAD 的 2009 年世界投资报告整理。

全球范围内农业 FDI 的最新数据（图 2-12）①。2008—2009 年，全球粮食危机期间农业 FDI 数额最大，约为 250 亿美元，与 2003 年相比几乎翻了一倍。UNCTAD 的数据则进一步支持这种结论，农业 FDI 在 2009 年时达到了顶峰。2011 年农业 FDI 水平要高于 2003—2011 年的平均值。虽然近期迅速增长的 FDI 已重新将重心调整到了对发展中国家私营部门的投资，用来应对粮食不安全和贫困等因素，但这种趋势在 2009 年后就已经开始出现，也是对早前全球粮食和经济危机时已经采取过的类似措施的重复。

---

① 在本节中使用的数据来自 FDI 市场数据库——www.fdimarkets.com。根据该数据库，农业 FDI 被定义为流入食品、饮料和烟草行业的投资。

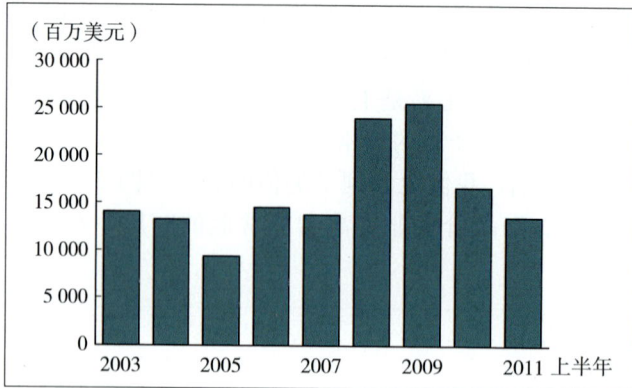

图 2 - 12　2003—2011 年农业 FDI 流量变化趋势

来源：根据 FDI 市场数据库的数据计算（www.fdimarkets.com）。

4. 农业 FDI 的来源地和目的地

如果从来源地和目的地来分析农业 FDI，除了非洲的大部分投资来自非洲之外，FDI 的大部分来源地都是和目的国同一大洲的。

据 FDI 市场数据库统计，从全球范围内来看，2003—2011 年上半年，农业 FDI 总额达到 1 433 亿美元。农业 FDI 从 2007 年的 136 亿美元到 2009 年的 254 亿美元，几乎增长了一倍，主要是因为来自亚洲、美洲和欧洲的 FDI 大幅增加。

9 个案例研究国，其 FDI 来源地的地区分布差异较大（表 2 - 2）。巴西吸引 FDI 投资最多，除了非洲之外，其他大洲都对巴西进行投资。马里是唯一一个只有一个地区（欧洲）对其投资的国家。在非洲国家中，加纳吸引了大部分投资，其次是乌干达、赞比亚、坦桑尼亚、马里和塞内加尔。

表 2 - 2　2003—2011 年案例研究国的农业 FDI 总量

单位：美元

目的国	来源地和投资数量			
巴西	美洲 42 亿	亚洲 33 亿	欧洲 20 亿	大洋洲 6 530 万
柬埔寨	亚洲 1.597 亿	欧洲 5 000 万		
加纳	美洲 2.035 亿	亚洲 3 150 万	欧洲 11 亿	
马里	欧洲 4 740 万			
塞内加尔	美洲 2 500 万	欧洲 1 040 万		
坦桑尼亚	非洲 2 180 万	美洲 620 万	欧洲 1.364 亿	
泰国	美洲 1.438 亿	亚洲 10 亿	欧洲 4.6 亿	大洋洲 4 970 万
乌干达	非洲 1.578 亿	亚洲 9 000 万	欧洲 5 300 万	
赞比亚	美洲 5 200 万	亚洲 1.55 亿	欧洲 4 740 万	

来源：根据 FDI 市场数据库的数据计算（www.fdimarkets.com）。

欧洲是农业 FDI 最大的来源地和目的地。2003—2011 年总计 1 430 亿美元的农业 FDI 中，来自欧洲的占了 48%，投向欧洲的占 37%。美洲（包括北美、南美和加勒比海地区）是第二位的来源地和第三位的目的地。亚洲是第三位的来源地和第二位的目的地。以非洲为来源地的仅占 0.7%，但以非洲为目的地的占 8%，超过了大洋洲的 2.2%。如图 2-13 所示。

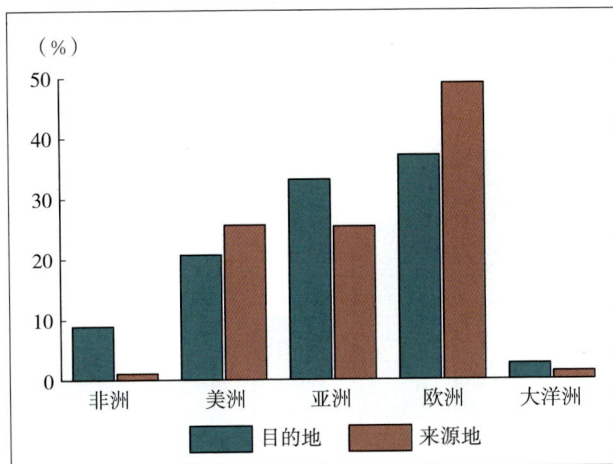

图 2-13　2003—2011 年农业投资总量的来源地和目的地结构

来源：根据 FDI 市场数据库的数据计算（www.fdimarkets.com）。

非洲国家（图 2-14）中，最大的目的地是尼日利亚（主要是英国和荷兰对其投资），之后依次是南非（主要是瑞士和荷兰对其投资）、加纳（主要是英国和美国对其投资）、埃及（主要是沙特阿拉伯和瑞士对其投资）和安哥拉（主要是美国和英国对其投资）。

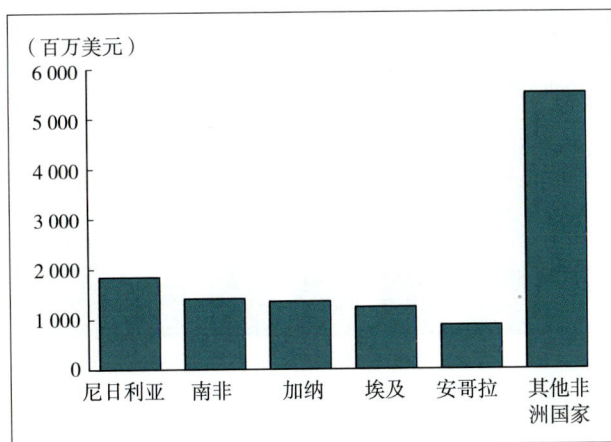

图 2-14　2003—2011 年流入非洲的农业投资

来源：根据 FDI 市场数据库的数据计算（www.fdimarkets.com）。

对于非洲的农业对外投资来说（图 2 - 15），主要的对外投资国是南非，其向非洲投资了 2.114 亿美元。埃及的投资是多元化的，在苏丹投资 3 亿美元，在约旦投资 1 400 万美元。肯尼亚在乌干达投资 1.07 亿美元，在坦桑尼亚投资 2 200 万美元，在德国投资 3 440 万美元。坦桑尼亚在莫桑比克投资 3 040 万美元，在乌干达投资 3 000 万美元。

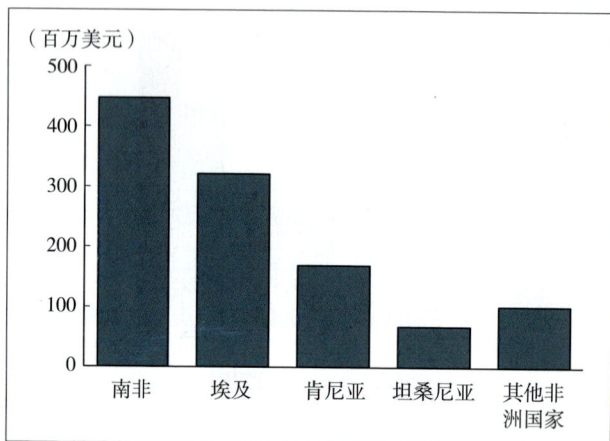

图 2 - 15　2003—2011 年非洲国家的对外农业投资

来源：根据 FDI 市场数据库的数据计算（www.fdimarkets.com）。

流入美洲的农业 FDI（图 2 - 16）主要来自于美洲大陆。前两位来源国是巴西和美国，之后依次是阿根廷、加拿大和墨西哥。美洲之外的主要投资来源

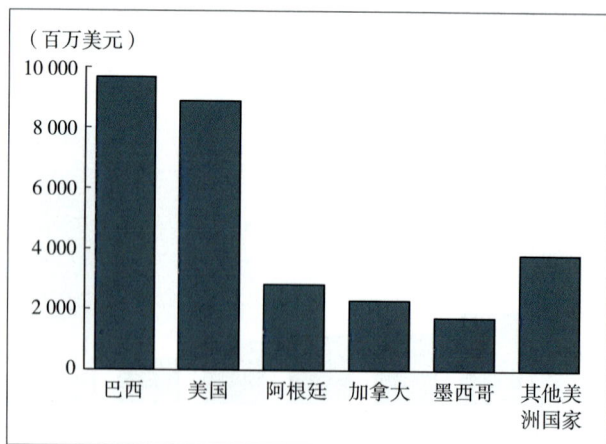

图 2 - 16　2003—2011 年流入美洲的农业投资

来源：根据 FDI 市场数据库的数据计算（www.fdimarkets.com）。

国有中国（投资 41 亿美元）、瑞士（37 亿美元）、英国（21 亿美元），法国（12 亿美元）和日本（11 亿美元）。美洲也是一个非常重要的 FDI（图 2 - 17）来源地，2003—2011 年，约四分之一的投资都来源于美洲。美国是全球范围内迄今为止最大的投资国，投资额超过 290 亿美元。巴西、加拿大和墨西哥也有超过 10 亿美元的投资。

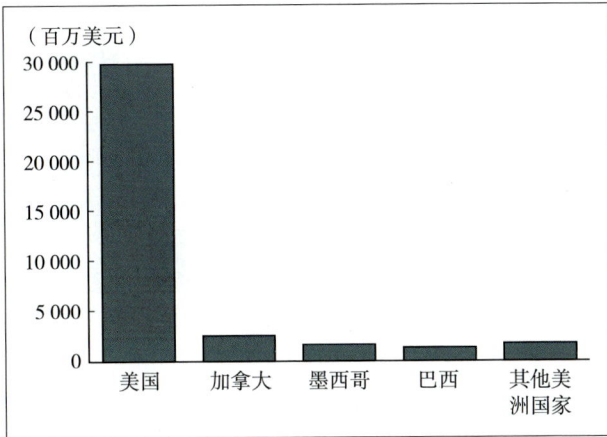

图 2 - 17　2003—2011 年美洲国家的对外农业投资

来源：根据 FDI 市场数据库的数据计算（www.fdimarkets.com）。

对于亚洲（图 2 - 18）来说，2003—2011 年农业 FDI 主要的目的地为中国（142 亿美元）、印度（58 亿美元）、越南（41 亿美元）、土耳其（40 亿美元）和印度尼西亚（36 亿美元）。

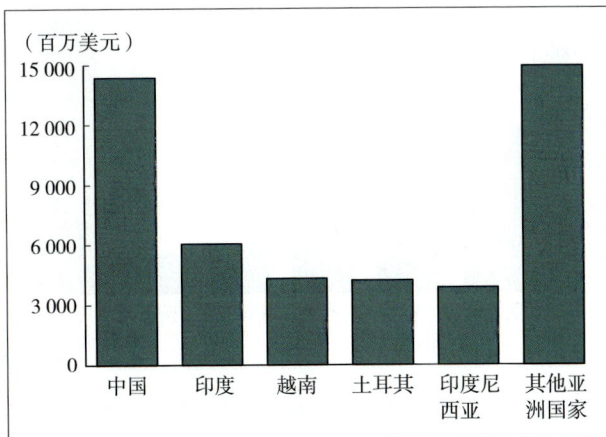

图 2 - 18　2003—2011 年流入亚洲的农业投资

来源：根据 FDI 市场数据库的数据计算（www.fdimarkets.com）。

2003—2011 年，源自亚洲的农业 FDI 总计为 355 亿美元（图 2-19）。主要来自日本（63 亿美元）、中国（47 亿美元）、沙特阿拉伯（45 亿美元）和泰国（40 亿美元），以上投资大部分都投向了中国。

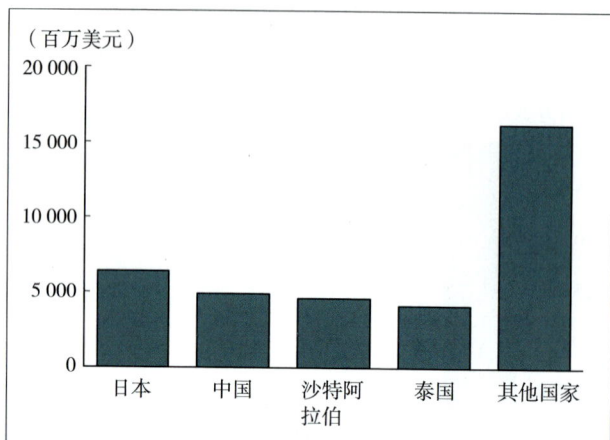

图 2-19　2003—2011 年亚洲国家的对外农业投资
来源：根据 FDI 市场数据库的数据计算（www.fdimarkets.com）。

对于欧洲来说，2003—2011 年农业 FDI 流入总额为 526 亿美元，主要流向俄罗斯、波兰、英国、罗马尼亚和西班牙，如图 2-20 所示。

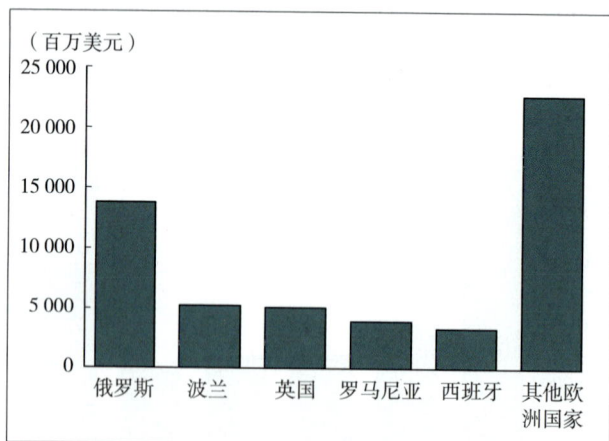

图 2-20　2003—2011 年流入欧洲的农业投资
来源：根据 FDI 市场数据库的数据计算（www.fdimarkets.com）。

2003—2011年，欧洲对外FDI总额为694亿美元，英国居第一，为141亿美元，之后依次是瑞士、德国、荷兰和法国，如图2－21所示。

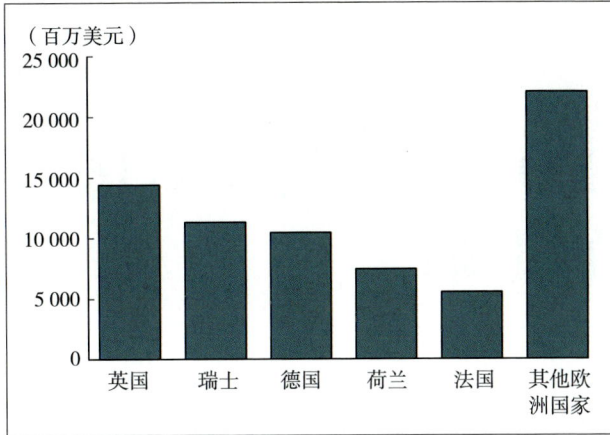

图2－21 2003—2011年欧洲国家的对外农业投资

来源：根据FDI市场数据库的数据计算（www.fdimarkets.com）。

第三章

吸引 FDI 的政策及对国民经济发展的影响

（一） 巴西：改善 FDI 投资环境

1. 导论

本节以巴西为例，探讨一国吸引外资的决策和改进吸引外资方法的有效性。本部分介绍总体结构，第二部分量化并描述了巴西的 FDI 状况，FDI 对于农业部门融资的贡献，以及跨国公司（Transnational Corporations，简称 TNCs）的重要性。第三部分回顾了促进巴西农业发展的关键政策和行动计划，概述了从塞拉多（Cerrados）发展中学到的经验。第四部分通过各种指标描述了巴西投资环境的特征，并以林业部门为例演示了一个识别主要因素的模型的用法。第五部分介绍了各国从泛美开发银行（IDB）获取支持以改善其投资环境的程序。最后一部分给出了主要结论和政策建议。

2. 巴西 FDI

本部分描述并量化了巴西 FDI 状况，FDI 在为农业领域投资提供资金方面的贡献，以及跨国公司作为一种 FDI 来源所发挥的作用。内容使用的是来自联合国贸发会议（UNCTAD）和巴西央行（BCB）的二手资料。

2.1 巴西 FDI 的相对重要性

巴西是接受 FDI 较多的国家。截至 2008 年，巴西国民经济各部门的 FDI 存量为 2 880 亿美元，相当于南美国家 FDI 总量的 45%，拉美和加勒比地区 FDI 总量的 1/4，见表 3-1。

表 3-1　拉丁美洲和加勒比各地区/经济体 FDI 存量

单位：百万美元

	1999 年	2000 年	2008 年
拉丁美洲和加勒比	110 547	502 487	1 181 615
中南美洲	101 977	424 180	978 056
南美洲	73 481	309 057	633 517
阿根廷	7 751*	67 601	76 091
玻利维亚（多民族玻利维亚国）	1 026	5 188	5 998
巴西	37 143	122 250	287 697
智利	16 107*	45 753	100 989
哥伦比亚	3 500	11 157	67 229
厄瓜多尔	1 626	6 337	11 300
马尔维纳斯群岛	*	58*	
圭亚那	45*	756*	1 422*
巴拉圭	418*	1 372	2 398
秘鲁	1 330	11 062	30 232
乌拉圭	671*	2 088	8 788
委内瑞拉（委内瑞拉玻利瓦尔共和国）	3 865	35 480	41 375

来源：根据联合国贸发会议资料整理，2009 年。

　　FDI 在资本形成方面发挥了重要作用，但巴西 FDI 净流入各年变化较大。如图 3-1 所示，至少在 1980 年至 1990 年代初期，巴西 FDI 流出大于流入。大约从 1995 年开始，FDI 流入日益增加，尽管年度间有明显的随机变化（插文 3-1）。

　　到 2009 年，巴西 FDI 存量已达 3 720 亿美元。尽管这些 FDI 主要流向了服务部门（图 3-2），但农业尤其是近年来为吸收 FDI 的重要部门。根据 UNCTAD（2009），在 2005—2007 年，巴西农业部门吸收了 4.21 亿美元的 FDI，农业部门吸引 FDI 数量在全世界排第三位，仅次于中国和马来西亚。根据巴西央行的报道，截至 2009 年巴西农业领域 FDI 存量已达 350 亿美元。

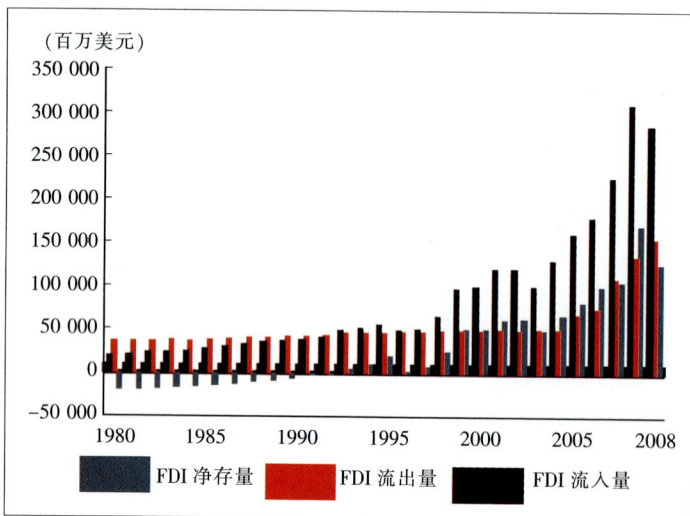

图 3-1　巴西 FDI 流入量、流出量及净存量

来源：作者在联合国贸发会议数据基础上整理而得，2009 年。

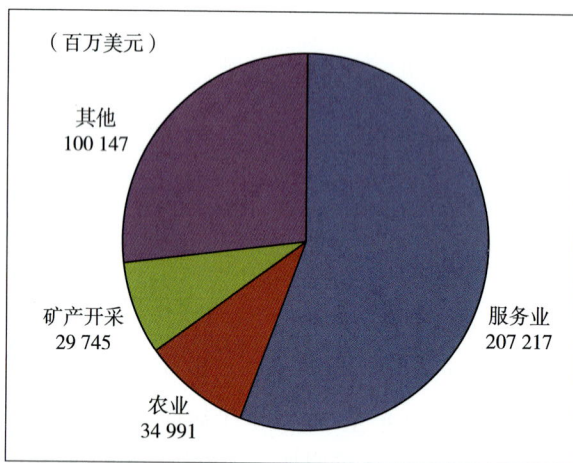

图 3-2　2009 年巴西 FDI 存量

来源：作者在巴西央行数据基础上整理而得，2010 年。

插文 3-1　巴西 FDI 简史

巴西经济的一个基本特征是高度的国际化，外国公司在许多部门中发挥引领作用。这并不是一个新现象。从巴西工业化进程开始之时，FDI 的流入以及跨国公司在最具活力的部门中居主导地位一直是其重要特征。特别是在战后初期至 20 世纪 70 年代，在国家行政计划下跨国公司与巴西国有企业、私人企业紧密相连，为形成多样化的产业结构发挥了基础作用，至少在产出结构方面缩小了与高收入国家的差距。

然而，在 20 世纪 80 年代，外债危机结束了巴西经济的长期增长周期。巴西开始经历波动较大的 GDP 增速以及慢性通胀。由于跨国公司及其子公司不再开展大规模扩张的项目，FDI 停滞在较低的水平。

20 世纪 90 年代 FDI 出现复苏，这主要是由于跨国公司及其子公司恢复积极扩张战略。随着巴西经济政策和经济状况的变化——如经济政策的自由化、私有化，宏观经济的稳定，以及耐用消费品需求的增长，跨国公司再次开始在巴西经济中扩张。在 20 世纪 80 年代和 90 年代早期，每年 FDI 流入量大约只有 15 亿美元，在 1995—2000 年年均流入量增长到 240 亿美元。值得注意的是，尽管期间发生了 1997 年亚洲金融危机、1998 年俄罗斯金融危机，在 2000 年之前 FDI 流入量是持续增长的，即使在 1999 年巴西金融风暴期间也是如此。从 2001 年开始，世界经济放缓导致贸易和投资明显下降，流向巴西的 FDI 也出现下降，在 2003 年降为 101 亿美元，是这一阶段的最低点。到 2004 年，FDI 数量再次上升，到 2005 年再次小幅下滑。

FDI 的部门构成也发生了重要变化。直到 1995 年，制造业大约占巴西 FDI 存量的 67%，但在随后 5 年中服务业吸收的 FDI 明显增加，电力、燃气、水、邮政服务、通信、金融服务、批发零售等部门吸收了相当多的 FDI。这些部门 FDI 的很大一部分是与私有化进程联系在一起的。到 2000 年，尽管食品饮料、汽车、化工、冶金、通信设备制造等部门仍然吸收了大量的 FDI，但服务业 FDI 的份额增长到 64%，制造业下降为 33.7%。

在 2001—2006 年，尽管服务业部门 FDI 的份额比前期有所下降，但仍然占一半以上，制造业占 38.5%。农业和采矿业 FDI 的比重也有所上升，占 FDI 总量的 7.1%（Hiratuka，2008）。

农业是巴西经济中的重要部门，但 FDI 存量中只有 10% 流向了初级生产环节。绝大部分（90%）流向了涉农工业，包括烟草、纺织、食品饮料、皮革制鞋以及木材、纸浆和造纸工业。其中，食品饮料行业吸收了 61% 的 FDI，截至 2009 年其 FDI 存量为 213 亿美元。林业相关产业次之，同期 FDI 存量为 65 亿美元，如图 3-3 所示。

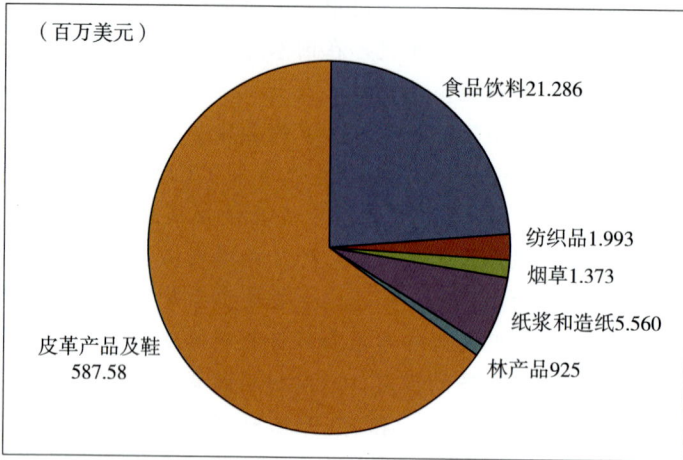

（百万美元）

食品饮料21.286

纺织品1.993

烟草1.373

纸浆和造纸5.560

林产品925

皮革产品及鞋
587.58

图 3-3   截至 2009 年巴西农业相关产业 FDI 存量
来源：作者在巴西央行数据基础上整理而得，2010 年。

在初级生产环节，种养业及相关服务业是 FDI 存量最多的部门，其次是森林培育开发及相关服务业，渔业、水产业及相关服务业的 FDI 较少，几乎可以忽略不计，如图 3-4 所示。

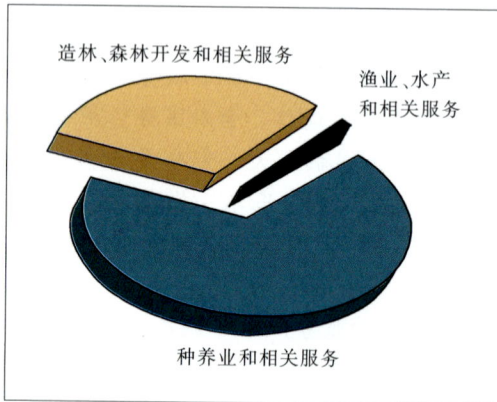

造林、森林开发和相关服务

渔业、水产
和相关服务

种养业和相关服务

图 3-4   2009 年农业领域 FDI 存量
来源：作者在巴西央行数据基础上整理而得，2010 年。

插文 3-1 以工业部门为例展示了 20 世纪 40 年代以来跨国公司在巴西经济中的发展历史。农业部门跨国公司的例子更是随手可得。特别是 20 世纪 90 年代以来，农业部门中的跨国公司快速增长（插文 3-2）。例如孟山都、玉米制品公司、杜邦、陶氏化学、邦吉等跨国公司已在巴西活跃了几十年，有的公

司甚至已活跃了一个多世纪。全世界前 25 大农业投入品跨国公司供应商（表
3-2），除了 5 家（特拉工业公司、布赫工业集团、克拉斯农机公司、阿科特
利斯卡贝特·斯豪公司和斯科茨奇迹格罗公司）之外，其余均在巴西设立了公
司，这也证明了跨国公司在巴西经济中的重要性。

　　在巴西，产品价值链各个环节均有跨国公司的存在：从农业和林业投入品
供应商，到农机装备的制造商、农林产品生产者，到农产品加工企业及工业企
业，再到批发商、零售商及出口商。例如，孟山都（插文 3-3）为农业生产
提供种子和除草剂；路易达孚巴西商品公司（插文 3-4）生产、加工、储存、
运输并销售涉农产品（大豆、大米、玉米、棉花、咖啡、食糖、乙醇、柑橘属
水果、化肥）；ADM 公司收购、运输、储存、加工、销售农产品，并且生产
肥料和生物燃料。世界上最大的两家制浆造纸业公司——国际纸业（插文 3-
5）和斯道拉·恩索，是林业领域跨国公司在巴西投资的很好例子。

插文 3-2　跨国公司与巴西农业食品部门

　　过去 20 年中，巴西农业与食品系统由传统发展模式演变为日益全球
化和产业化的发展模式。20 世纪 90 年代，在收入增长、城镇化和经济自
由化的推动下，再加上可以获得有竞争力的原材料，跨国食品制造商和零
售商进入或增加了对巴西市场的投资。大型私有涉农企业集团日益增加的
FDI 取代了巴西国内的竞争者，提高了产业集中度，导致许多中小企业破
产倒闭，结果跨国公司在巴西国内食品市场的市场份额上升。例如，在
2000 年，跨国农业与食品集团的巴西附属公司提供了 13.7 万个就业岗
位，出口额将近 50 亿美元，销售额高达 170 亿美元，而巴西食品产业的
总产值为 580 亿美元，外国公司总的市场份额达到 30%。在巴西前 10 家
食品加工商中，有 8 家是总部在国外的跨国公司。官方数据显示，在
2001—2004 年，流入巴西农业与食品加工业的 FDI 合计 82 亿美元。巴西
前三大食品零售商分别受控于两家法国连锁超市（卡西诺和家乐福）和一
家美国公司（沃尔玛），它们的市场份额合计达 39%。

　　随着农业产后环节的这些结构变化，农业生产也开始现代化，日益资
本集约化，与供应链上下游的整合不断增强。为满足日益差异化的国内和
出口市场，私人部门特别是大型跨国食品加工商、快餐连锁和零售商加强
了对供应链的整合，形成了紧密协调的食品供应链。巴西农民越来越多地
面对这样的市场：对食品质量和安全性要求更高，市场集中度更高，纵向
整合程度更高，对国际竞争的开放度更高（Chaddad 和 Jank，2006）。

表 3-2　2007 年世界前 25 大农业投入品跨国公司（按照海外资产排序）

单位：百万美元、人

排名	公司名称	资产		销售额			雇员总计
		宗主国	海外	总计	海外	总计	
1	巴斯夫[a]	德国	44 633	68 897	49 520	85 310	95 175
2	拜耳[a]	德国	24 573	75 634	24 746	47 674	106 200
3	陶氏化学[a]	美国	23 071	48 801	35 242	53 513	45 900
4	迪尔公司	美国	13 160	37 176	7 894	23 999	52 000
5	杜邦	美国	9 938	34 131	18 101	29 378	60 000
6	先正达	瑞士	9 065	12 585	9 281	9 794	21 200
7	雅苒国际	挪威	8 009	8 541	9 939	10 430	8 173
8	萨省钾肥公司	加拿大	6 079	9 766	3 698	5 632	5 003
9	久保田	日本	5 575	12 691	4 146	9 549	23 727
10	孟山都	美国	4 040	12 253	3 718	8 563	18 800
11	爱科集团	美国	4 034	4 699	5 654	6 828	13 720
12	美盛公司	美国	3 881	9 164	3 859	5 774	7 100
13	以色列化工	以色列	2 066	4 617	2 092	4 351	
14	普乐维美	法国	1 962	2 237	2 523	2 805	8 608
15	布赫工业	瑞士	1 648	1 850	2 058	2 172	7 261
16	纽发姆	澳大利亚	1 191	2 010	925	1 512	
17	克拉斯农机	德国	1 000	2 619	2 884	3 781	8 425
18	萨派克农业公司（Sapec AC）	比利时	826	826	837	837	692
19	特拉工业	美国	735	1 888	389	2 360	871
20	阿科特利斯卡贝特·斯豪	丹麦	695	2 016	1 350	1 598	3 541
21	吉那斯（Genus）公司	英国	652	851	394	469	2 124
22	斯科茨奇迹格罗公司	美国	591	2 277	470	2 872	6 120
23	格兰集团（Kverneland ASA）	挪威	367	487	649	741	2 717
24	坂田种苗公司	日本	331	843	140	383	1 711
25	敖戈（Auriga）工业	丹麦	319	849	624	856	1 615

来源：联合国贸发会议，2009 年。

注：a 该公司为一般性化工或医药公司，业务范围较多涉及农业投入品特别是植保、种子、植物科学、动物健康和害虫防治。

部分公司数据存在缺失。在某些公司，外国投资者、国内投资者或者控股公司可能持有超过 10% 的少数股权。若公司业务涉及不止一个农食产业，则根据其核心业务进行分类。

插文 3-3　孟山都公司

孟山都 1951 年进入巴西，总部位于圣保罗，1976 年在圣保罗州的圣若泽杜斯坎普斯市建立了第一家工厂。孟山都公司及其子公司的业务主要是为美国和全球的农民提供农用产品。主要分为两个部门，一是种子和基因业务部，另一个是农业生产力业务部。种子和基因业务部生产玉米、大豆、双低油菜和棉花种子，以及番茄、辣椒、茄子、甜瓜、黄瓜、南瓜、西葫芦、豆类、西兰花、洋葱、莴苣等蔬菜水果种子。该业务部也研发帮助农民控虫控草的生物技术性状材料，并向其他育种公司提供基因材料和生物技术性状材料。农业生产力业务部提供用于农业、工业、观赏植物和草皮的草甘膦除草剂，用于居家草坪园艺的草坪园艺除草剂，以及用于控制玉米和其他作物中一年生杂草和小籽阔叶杂草的除草剂。该公司提供的产品主要包括：草甘膦、保铃棉、保铃棉二代、保丰抗虫玉米、保丰抗虫耐除草剂玉米、草甘膦二代、智积多性状抗虫抗除草剂玉米；迪卡、阿思格罗、岱字棉、维斯蒂夫等品牌的行播作物种子；圣尼斯、德瑞特品牌的蔬菜种子；草甘膦除草剂；禾耐斯品牌的玉米和棉花种子。孟山都也向制种公司出售种子和基因的专利许可权。在产品销售方面，孟山都通过代理商、零售商、经销商、农业合作社、育种人、中介等多种渠道销售其产品，同时也会向农民直接销售。此外，孟山都与嘉吉合资成立了一个公司，以商业化其名为"Extrax"的谷物加工专利技术。孟山都也和巴斯夫（BASF）签署了合作协议，集中在高产作物、耐恶劣条件作物等生物技术方面开展合作。该合资公司成立于 2000 年，位于密苏里州圣路易斯市。

资料来源：http：//finance. yahoo. com/q/pr? s＝MON＋Profile。
http：//www. monsanto. com. br/institucional/monsanto-no-brasil/
monsanto-no-brasil. asp

插文 3-4　路易达孚（巴西）大宗商品公司

路易达孚（巴西）大宗商品公司是路易达孚大宗商品公司的子公司。路易达孚大宗商品公司已在世界大宗农产品市场上活跃了 160 多年，其机构战略性地分布在 50 多个国家。

从 20 世纪 40 年代开始，路易达孚在巴西从事大宗商品的生产、加工、储存、运输和分销，在大豆、大米、玉米、棉花、咖啡、食糖、酒精、橙子、化肥等产品市场上均有其存在。

路易达孚（巴西）大宗商品公司在巴西出口商中位列前十，在巴西主产区均有业务，设有南部、东南、东北、中西业务部。该公司总部位于圣保罗，运营4个油脂加工厂、3个橙汁加工厂、5个海港码头、2个河运码头、13个食糖压榨和乙醇生产厂（LDC-SEV）以及30多个粮库，管理超过34万公顷的土地。

2009年12月，路易达孚（巴西）大宗商品公司销售收入将近34亿美元，提供了2万个就业岗位，在收获季节就业岗位达到3万个。除了对经济做出的巨大贡献，该公司一直努力和合作伙伴及社区保持紧密联系并以此帮助农民，同时持续致力于环境保护。LDC-SEV是甘蔗加工和可再生能源生产领域世界第二大生产商，成立于2009年10月，由路易达孚生物能源公司（路易达孚大宗商品公司酒精和乙醇分部）和巴西Santelisa公司联合创立。LDC-SEV公司在巴西主产区分布有13家分支机构，每年甘蔗加工能力4 000万吨，直接创造大约2万个就业岗位。

主要数据：

在巴西的机构：在圣保罗设有区域总部，其他机构分布在全国各地；7个加工厂；7个港口码头；大约3万公顷的橙子种植园；巴西最大的棉花贸易商。

加工资产：在巴西有4个植物油压榨厂，用大豆和棉籽生产食用油、饼粕和卵磷脂，分别位于蓬塔格罗萨市、帕拉瓜苏保利斯塔、雅塔伊和上阿拉瓜亚；有3个橙汁加工厂，年加工能力合计6 000万箱，分别位于贝贝多鲁、马唐和恩吉赫伊柯艾略。

物流资产：港口和河运码头：圣保罗州的桑托斯有3个用于出口的深水码头；巴拉那州的巴拉那瓜有1个用于出口的深水码头；戈亚斯州的韶西马港有1个河运驳船码头；保罗州的佩德内拉斯有1个河运驳船码头。在巴西海岸7个主要的出口港口开展转运等物流运作。对油籽（30多个仓库）、柑橘、棉花、咖啡等产品拥有强大的存储能力。

资料来源：http://www.ldcommodities.com

插文 3-5 国际纸业公司

国际纸业公司是一家造纸和包装行业的全球跨国公司，业务营运遍及北美、欧洲、拉丁美洲、俄罗斯、亚洲和北非。它的工业包装部门生产箱板纸，产品包括牛卡纸、中号印刷纸、白纸、可回收的牛卡纸、可回收的中号印刷纸、湿水牛皮纸等。该公司的印刷纸部门生产无涂层不含磨木浆的印刷纸，包括非涂布纸、商品浆、涂布纸和无涂层绘图用纸板。消费品包装部提供用于各类包装和商业印刷的涂层纸板。分销业务部向各种消费者市场分销产品和服务，为商业印刷厂供应印刷纸以及印前设计、印刷机和印后处理设备，为建筑服务商和旅店业提供设施，为制造商提供包装服务和设备以及仓储和运输服务。它的森林产品部拥有并管理着大约 20 万公顷的林地和开发资产，主要分布在美国。该公司创建于 1898 年，总部在田纳西州的孟菲斯。

国际纸业（巴西）的生产系统包括分别位于茂木瓜苏、路易斯安东尼奥的两个制浆造纸厂以及一个位于特雷斯拉瓜斯的造纸厂。除了珊博瑞（Chambril）生产线上的产品用于转化和印刷之外，上述 3 个工厂共同为巴西和出口市场供应纸张。位于圣保罗州茂木瓜苏的工厂是国际纸业在巴西开设的第一个工厂，年产能为 44 万吨纸。路易斯安东尼奥的工厂位于圣保罗州的里比罗帕利托附近，年产能为 36 万吨纸，该工厂于 2007 年合并入国际纸业。位于南马托格罗索州的特雷斯拉瓜斯工厂 2009 年投入运营，拥有全自动的精整作业线，每分钟能生产的佳美牌纸张高达 140 令，无涂层纸年产能为 20 万吨，运用的一些技术是业内最先进的。目前该工厂已投入了 3 亿美元。国际纸业（巴西）新建的企业是国际纸业在美国本土之外设立的第一个工厂。

国际纸业拥有 7.2 万公顷可再生的桉树林用于制浆造纸。此外它还有 2.4 万公顷的保护区，以保护本土植被的原生特质。这些区域分布在圣保罗州的茂木瓜苏市、布罗塔市和路易斯安东尼奥市。为保证可再生森林的生产能力必须采取的措施包括研发改良桉树品种、开发新技术。该公司每年生产 1 600 万株插条用于桉树种植。此外，该公司一向注重对防火和森林运营生态效率的投资。国际纸业有一个研究中心，其实验室和研究人员分布在不同地区，他们共同致力于更加可持续的工艺流程的研发。

订单林业与合伙经营。除了自有森林，国际纸业通过育林和合伙的方式获取原材料。在圣保罗州和米纳斯吉拉斯州，该公司大约有 9 500 公顷的订单森林。国际纸业公司向当地生产者提供插条、技术支持、森林调查、土壤分析和造林规划，并对化肥施用提出建议，当地生产者将林木以市场价格出售给公司。目前为止，该公司已向林农提供了 1.227 亿株插条，扦插在 1.25 万公顷的种植园里。在合伙关系中，国际纸业负责再生林培育和维护的费用，并据此获得一定数量的林木。

资料来源：http://www.internationalpaper.com/BRAZIL/EN/index.html。

3. 巴西农业发展的经验与教训

追溯巴西农业投资环境方面的政策和影响因素的变化是一个很大的挑战，现有研究仅仅完成了一部分。本部分试图增加这方面的知识，并从中总结出一些经验教训。第一部分追溯了过去 40 年中影响整个国家的主要政策措施和有关因素。第二部分描述了巴西农业的发展历程，特别是巴西萨凡纳稀树草原的开发和利用——经过大量的投资，该地区已成为世界上最重要的食物生产区之一。

3.1 农业投资环境的演变

多年来，巴西在农业和宏观经济方面出台了一系列的政策措施，如修改法律框架，实施宏观经济稳定计划，设立有关机构等，这对农业部门产生直接的影响。巴西政府出台的政策措施不胜枚举，但作者相信其中有一些政策对于增加投资水平、提高农业生产发挥了至关重要的作用。这些政策主要包括：解除经济管制、开放市场、提供农村信贷、增加研发投入和在收获季节实施最低保护价。

回顾刚刚过去的 20 世纪，巴西经济很大程度上依赖少数农产品的出口，特别是咖啡和食糖。政府为促进工业化发展做出了一些努力，例如，在 20 世纪 30 年代实行进口替代政策，但是作用有限（Abreu and Bevilaqua，2000）。在 1960—1972 年，政府实施了各种对农业部门不利的政策，如高估币值、对进口工业品实行高关税、对农产品出口实行数量限制、歧视原材料出口、鼓励农产品加工增值后出口，以及为使成长中的城市能够承受国内食品价格而采取的政策。

为补偿上述政策给农业造成的不利影响，巴西政府在 20 世纪 60 年代中期创设了高度补贴的农村信贷系统，对营运资本、投资（设备、牲口等）和营销提供信贷。根据一些研究人员的估计，20 世纪 70 年代农业增产的 66％直接来源于这种补贴信贷（Lucena and Souza，年份不详）。正是在这个时期，巴西农业研究公司（EMBRAPA）成立了，该研发机构已成为巴西农业技术进步的关键。

1972—1974 年的农产品价格高涨触发了歧视性农业政策的复活。例如，对农产品实行出口禁运和价格管制，这些政策使得农业经营环境十分不利，导致巴西农业生产和出口出现长达 10 年的显著下滑（Abreu，2004）（Lopes，Lopes and Barcelos，2007）。不断增长的财政赤字、外债问题、1979 年的二次石油危机以及猖獗的通货膨胀侵蚀了对农村信贷系统的补贴，使得原则上含有补贴的农村信贷变得缺乏吸引力。农村信贷贷款率逐渐变得对投资者不利，最终于 1984—1985 年实际利率变成正数。

在农业信贷补贴受到侵蚀的同时，农产品价格波动加剧。为应对这种不确定性，巴西政府重新实行收获季节的最低收购价制度。生产者可以将其产品直接出售给政府，也可以将产品存储起来推迟到青黄不接、价格较高时出售以获取较高的收入，短期存储的成本费用可通过融资支付。直到 20 世纪 80 年代的恶性通货膨胀爆发之前，这项政策运行得相当好，对生产起到了激励作用。

20 世纪 80 年代后期是巴西经济的转折点，这个时期开始改变此前抑制国内农产品价格、降低农业投资水平的政策。20 世纪 90 年代中期，对进口替代支持力度的显著下降、贸易自由化改革以及灵活的汇率政策提高了农产品价格，改善了农业部门的获利水平（Abreu，2004）（Lopes，Lopes and Barcelos，2007）。巴西的经验提供了一个允许国际价格向国内市场传导（前提是公平贸易，没有倾销和对国外生产者的补贴）如何为农业部门注入活力的案例。

除了贸易自由化，巴西政府推进了增强农业和农村信贷发展的"全国家庭农业强化计划"（PRONAF），该计划主要针对中小农场。该计划的实施是第一和第二个"国家发展规划"的组成部分。"国家发展规划"是一个基础设施投资项目，在这个项目下修建了庞大的公路网，使得萨凡纳偏远地区的农产品能够运输出来。该项目也安装了电力线路、通信设施，引入了投入品代理商和拖拉机等农用设备的生产商。综合性的农技推广服务由"国家农技推广服务体系"拓展而来，该体系最初成立于 1954 年，主要面向米纳斯吉拉斯州，在 20 世纪 70 年代扩展至所有的州。农技推广服务主要由巴西技术援助和农村推广公司（EMBRATER）提供。另外，为收购、存储、分销农产品，在主产区建立了庞大的存储设施网络，由巴西仓储有限公司（CIBRAZEM）管理。最后重要的是，巴西政府成立了巴西农业研究公司（EMBRAPA），这个机构非常成功，在成立后的几年里，其对于农业技术的研究开始产出重要成果。

巴西农业研究公司隶属农牧食品部，是国有企业，但法律性质与私有企业相似。巴西农业研究公司负责组织协调"全国农业研究体系"，该体系成立于1992 年，由全国农业研发方面的国有和私人机构组成。今天，巴西农业研究公司的机构遍及所有的州，将 38 个研究中心、3 个服务中心和 13 个核心部门组成一个庞大的网络。在 2008 年，它有 8 275 名员工，其中包括 2 113 名研究人员，25％的拥有硕士学位，75％的拥有博士学位。2010 年年末，巴西农业研究公司的职工达到 9 248 人，营业收入超过 11.5 亿美元，创历史纪录。据该机构估计，2010 年其研发投入回报率达到 39％。

巴西农业研究公司开发并推出了 9 000 多项技术，降低了农业生产成本，帮助巴西农业在增产的同时保护自然资源环境，降低对国外技术、基础产品和基因材料的依赖。在巴西稀树草原（萨凡纳）发展成为世界上最丰饶的农产品生产区的过程中，巴西农业研究公司做出了重要贡献。

3.2 巴西萨凡纳农业发展

从历史的角度看，巴西萨凡纳对于农业生产无足轻重，但却发展成为世界重要的农业产区，引起了研究者的关注。近年来，人们针对热带草原地区的农业发展历程做了一些研究。笔者选取了其中两项，将其纳入到本节。第一项研究开发了一个模型（图3-5），识别了影响国内生产成本的因素，并分析了国内、出口和进口的物流成本如何影响农产品的竞争力。清晰地阐明了适应和采用高产技术的重要性，也强调了培训对于提高劳动生产率的重要性。作者们证明了物流成本如何影响农产品的竞争力，以及物流成本如何在本国市场、区域市场、全球市场等各个层面的市场链中累积变大，从而在价格中占有较大份额。作者总结认为，需要政府干预的关键领域包括技术的采用、培训以及降低物流成本。

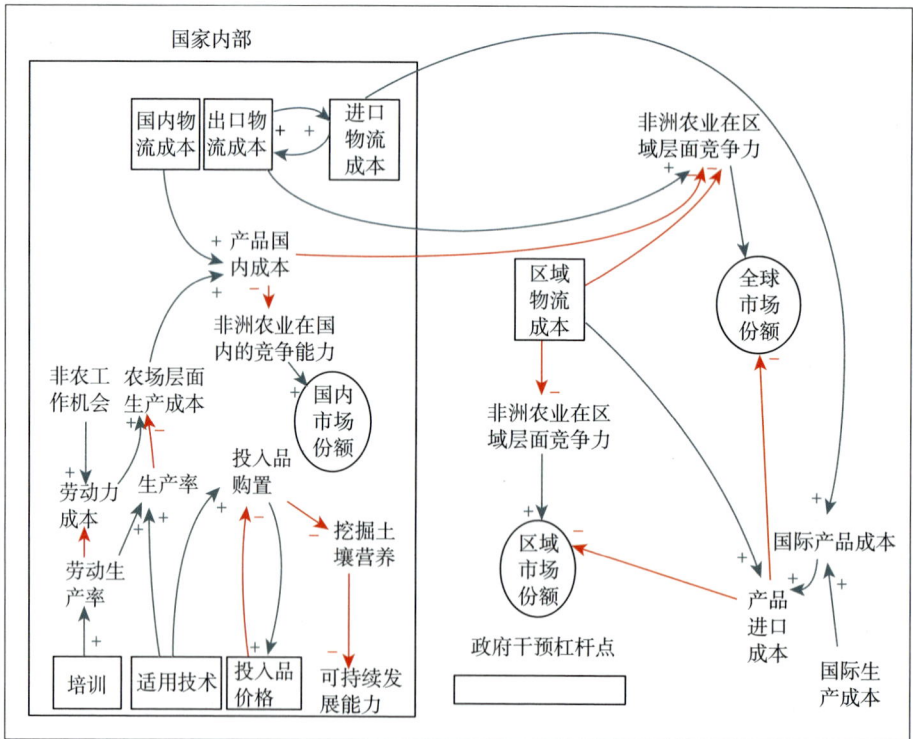

图3-5　影响发展中国家农业竞争力的因素

来源：J. R. Nascimento（2009）。

　　第二项研究是 Tollini（荷兰）完成的，该研究集中解释了促进巴西萨凡纳地区农业生产取得引人注目成就的主要因素（图 3 - 6），作者的解释有助于找出对该地区发展演变发挥重要作用的关键问题和政府干预策略。作者将其分为两类，一类是影响农产品供给的，一类是影响农产品需求的。此外，作者描述了日益增长的需求对价格形成和通货膨胀压力的现实和潜在影响。该研究认为，除了受市场开放和弹性汇率驱动而持续增长的出口需求，巴西国内特别是城市地区人口和收入增长所导致的需求增长也是推动巴西农产品价格上涨的重要因素。城市地区收入的增长提高了贫困人口的购买力，使其能够购买更多、更好的食品。在持续存在的需求压力的激励下，农民加大了对农业生产的投资。政府也意识到，控制农产品导致的通货膨胀压力的问题可以通过增加这些产品的供给得以解决。农业生产的增长可以提供就业机会、收入、外汇，有助于减少贫困，此外还有许多显著的正外部性。

　　战略的核心是提高农业投资的收益率，只有这样农产品供给才能够得以持续。政府的干预主要是为了降低成本和风险，这样一来生产者和投资者不依赖高价格也能获利。尽管 Tollini 在研究中没有详细阐述，仍然可以看出政府当局非常注重私有部门的重要作用。

　　Tollini 强调的政府干预措施主要包括[①]：

　　（1）加大对该地区基础设施的投入力度，改善交通、能源、通信等基础设施。

　　（2）采取措施改善土地市场。

　　（3）动员国有和私营银行向农业生产提供贷款。

　　（4）增加并保持对研发的投入，以克服热带草原地区土壤的局限性，提高生产力。

　　（5）为涉农服务提供者创造市场机会，使其直接或间接在农业生产的某些环节发挥作用。

　　（6）动员南部的农业生产者（高乔人，gauchos[②]）向稀树草原带去经验、知识、企业家精神和资本。

　　（7）支持对农业劳动者和专业技术人员开展培训和教育的有关措施。

　　需要注意的一点是，巴西在促进制度发展中得到了双边和多边机构的支

---

　　① 在图 3 - 6 的"供给"部分，影响巴西热带草原地区农业发展的因素包括政府农业农村主管机构方面的变量和因素。政府也采取了一些非农的政策工具，并使之与农业政策相互协调。

　　② 高乔人是 19 世纪晚期和 20 世纪初期移民到巴西南部的欧洲人的后裔。他们在巴西热带草原的发展中发挥了关键作用。

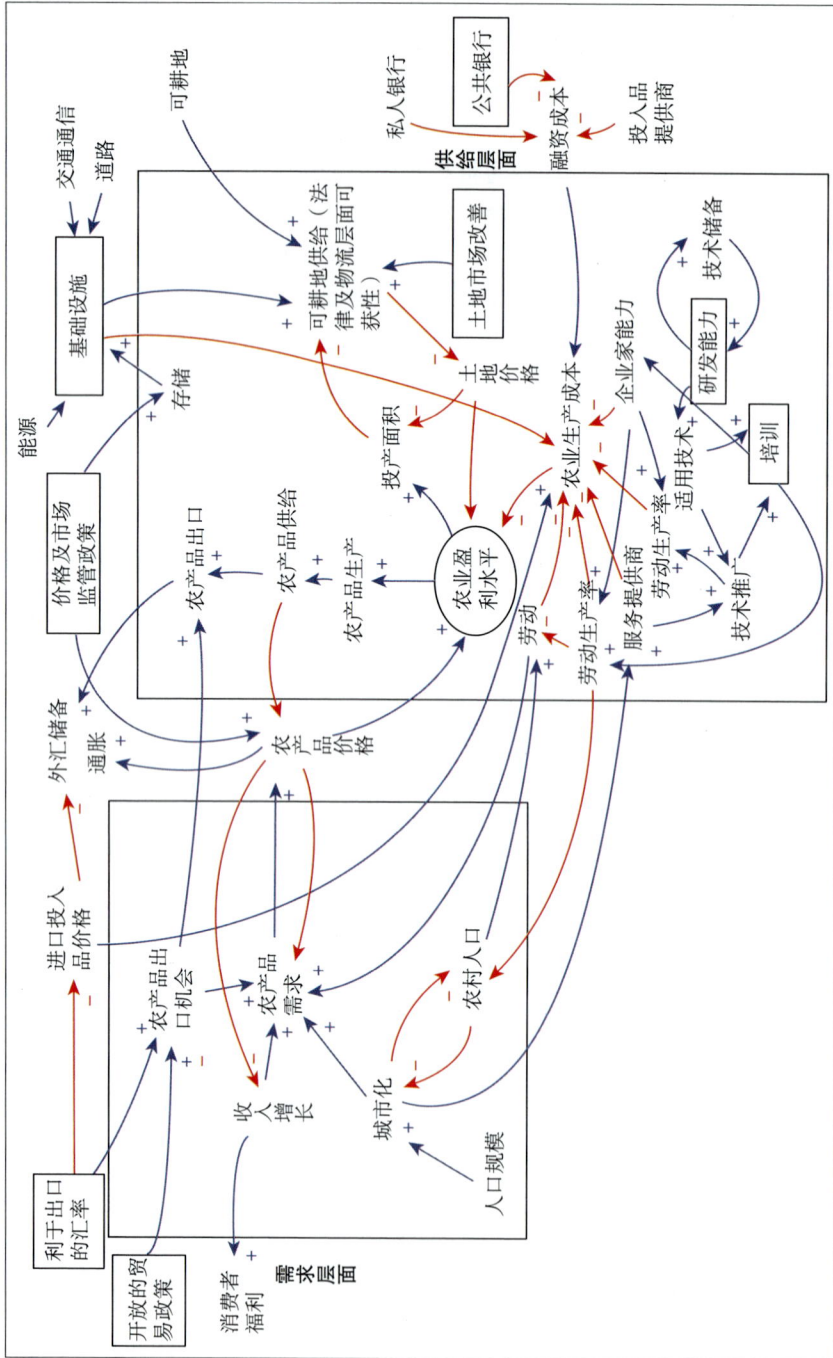

图3-6 巴西热带草原地区农业发展的影响因素

来源：J.R. Nascimento（2009）。

持。例如，巴西农业研究公司从世界银行和泛美开发银行部资助的一些项目中获益；在巴西农业研究公司成立初期，美洲农业合作研究所（the Inter-American Institute for Cooperation on Agriculture，IICA）向其派遣了专家，帮助其完成员工就职，制订最初的研究计划和方案。巴西农业研究公司被公认为是这些项目资源的优秀管理者。随着研究方案的实施，这些项目又增加了新的目标，巴西农业研究公司也得以从一些后续项目中获益。

应该看到，根据形势的变化，政府在不同阶段相继出台了大量的政策措施以改善经营环境。这些干预措施的效果也许并不总是及时的、成功的，但经过40 多年一贯的政策努力，最终取得了成效。发展的过程最初是缓慢的，但逐步积累了动力。时至今日，巴西萨凡纳已成为世界上最具影响力的食物主产区。

4. 巴西农业 FDI 投资环境

企业所在的经营环境在很大程度上决定了其利润状况。单个的公司通常很难控制外部因素，如游戏规则（法律、法规、税赋及其执行情况），投入品和产出品市场，或者其他直接影响其成本、销售额和利润的因素。企业能否取得成功取决于一国向投资者提供的商业环境（OECD，2003）。

本节共分为两部分。第一部分介绍了不同机构对巴西投资环境的评价。第二部分介绍了一个用以识别决定投资巴西农业成败的影响因素的模型。这个模型介绍了一个可以帮助政府制订改善投资环境战略的分析框架，并以林业部门为例介绍了模型的应用。

4.1　巴西 FDI 的有利环境

把衡量外国投资环境的各种指数综合起来可以看出巴西外商投资环境状况以及与其他国家的相对排名（表 3 - 3）。需要强调的是，这些指数相互之间并不是完全独立的，因为它们有时使用相似的变量。不过，在这些指数上，巴西的得分相对较低，各项指数的排名大多处于中间位置。这张表不仅有助于提示投资者在巴西可能需要面对的挑战，而且有助于突出那些可以采取措施以改善投资环境的领域。

表3-3 巴西在所选指标方面的得分

指标名称	巴西得分和排名	简要描述
营商便利程度排名	排名：127/183	营商便利程度排名由为发展中国家提供资金援助的世界银行提供，每年报告一次。该排名通过衡量企业在营商过程中遇到的具体规制障碍，提供营商管制措施及其在各国实施情况的资料，如投资者保护，产权保护，雇工议题，合同执行能力等。在全球排名越靠前的国家表明该国营商环境越好 数据收集年份：2010 年 来源：世界银行，http://www.doingbusiness.org/data/exploreeconomies/brazil
全球竞争力报告	得分：4.23，满分为7 排名：56/133	全球竞争力报告是由世界经济论坛编制的一个年度性报告。世界经济论坛总部位于瑞士日内瓦，是一个独立的国际机构。该排名基于 12 类核心竞争力因素对处于不同发展阶段国家的经济竞争力状况进行了描述。一些指标来自公开数据，但大部分来自世界经济论坛向全球 11 000 多位企业高管发送到调查问卷。排名越靠前的国家竞争力越强 数据收集年份：2009 年 来源：http://www.weforum.org/pdf/GCR09/GCR 20092010fullreport.pdf
人类发展指数	得分：0.699，满分为1 排名：73/182	人类发展指数从超出 GDP 的更广的视角来衡量人们的福利。该指数基于人类发展的 3 个层面进行综合评估：健康长寿（用预期寿命衡量），接受教育（用成年人识字率以及初中高级学校入学率衡量），生活体面（用购买力评价及收入衡量）。它绝非衡量人类发展的综合性指标，例如，它并未包括性别平等、收入平等以及更难衡量的尊重人权、政治自由等重要指标。它所提供的是看待人类发展的更广的视角，以及收入与福利之间的复杂关系 数据年份：2010 年 来源：联合国开发计划署，http://hdrstats.undp.org/en/countries/profiles/BRA.html
经济自由度指数	得分：55.6，满分100 排名：113/179	经济自由度指数由传统基金会每年发布。传统基金会是一个研究和教育机构。经济自由度指数在对包括贸易壁垒、腐败、政府支出、产权、税负等在内的广泛议题进行分析的基础上对经济自由度进行总体排名。对企业经营限制和约束越少的国家排名越靠前 数据收集年份：2010 年 来源：http://www.heritage.org/Index/Ranking.aspx

（续）

指标名称	巴西得分和排名	简要描述
世界经济自由度	得分：6.0，满分为 10.0 排名：111/141	世界经济自由度方面的指数衡量一国政策及机构对经济自由的支持程度。经济自由的核心要素包括 4 个方面：个人选择，自愿交易，参与竞争的自由程度，私人财产安全。该综合指数由 42 个变量组成，从 5 个主要方面来衡量经济自由度：政府规模；法律架构及产权安全；稳健的货币；开展跨境贸易的自由；信贷、劳工及营业法规 数据收集年份：2007 年 来源：菲莎研究所（Fraser Institute），http：//www.fraserinstitute.org/research-news/research/display.aspx? id＝13006
腐败感知指数（CPI）	得分：3.7，满分为 10 排名：69/178	腐败感知指数（CPI）年度报告由国际公民社会组织"透明国际"提供。该指数对各国公共事务官员及政治家滥用公共权力以获取私利的腐败程度进行排名。CPI 指数是一个由专家评估及民意调查组成的复合指数。一国排名越靠前表明人们对该国感知到的腐败越少。指数得分为 10 表明最清廉，得分为 0 表明最腐败 数据收集年份：2010 年 来源：http：//www.transparency.org/policy_research/surveys_indices/cpi/2010/results

4.2　农业投资环境模型

这里介绍的模型，主要是为那些打算投资农业或者林业可持续经营业务的投资者更好地理解他们普遍关心的投资环境。假设一国对农业或者林业可持续经营业务投资越具有吸引力，投资越可能更盈利，而这些投资的盈利水平取决于投资者需要支付的成本以及投资行为的预期收益。作为背景资料，读者可参阅 OECD 列出的一个经济体吸引 FDI 的因素清单（插文 3 - 6）。

插文 3 - 6　FDI 激励政策清单

意在吸引 FDI 的政策应该为投资者创造一个经营活动能够盈利且不会导致额外风险的经营环境。经验表明，投资者在决定投资目的地时考虑的最重要的因素包括：可预见、非歧视的管理环境；以及从更一般的意义来说，不给经营活动造成过多的行政障碍。稳定的宏观经济环境，包括能够参与开展国际贸易。充足和可获得的资源，包括相关基础设施和人力资本。

FDI 企业所追求的投资条件，在很大程度上也就是一般意义上的健康的经营环境。不同的是，跨国流动的投资者对于经营环境的变化也许能够做出更加迅速的反应。东道国有关机构的下列行动在满足投资者预期方面最为有效：第一，确保公共部门的透明度，包括司法系统的公平公正。第二，确保规则的制定及其实施对内外商一视同仁，且符合国际法。第三，赋予投资活动自由转移的权利，且保护其免于被随意征用。第四，采用合适的组织架构，为国内经济部门创造健康的竞争环境。第五，消除开展国际贸易的障碍。第六，清除税收系统中对 FDI 构成障碍的部分。第七，确保公共支出充足且有意义。

为吸引 FDI 而设置的税收激励、财政补贴以及监管豁免等措施并不能代替适合经济发展的一般性政策措施（也不能为了鼓励投资而不分来源）。在某些情况下，激励政策可以作为投资环境已经较为完善、较有吸引力情况下的补充，或者作为对已经证实的、无法以其他途径解决的市场不完善的补偿。然而，负责激励政策的当局面临着一个重要任务：评估这些政策措施的意义、适宜性以及相对于预算及其他成本（包括长期中对国内资源配置效率的影响）的收益情况（OECD，2003）。

模型（图 3-7）认为，投资者需要支付的成本以及投资行为的预期收益

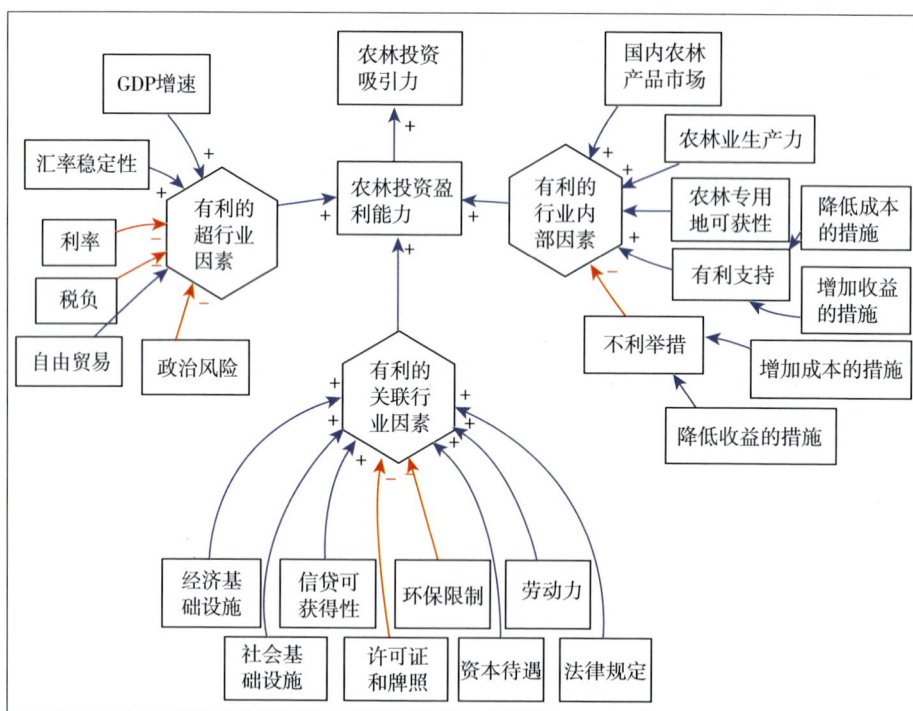

图 3-7　农业及林业领域 FDI 吸引力的影响因素

来源：基于 Nascimento 和 Tomaselli（2007）整理而得。

受三类因素的影响：超行业因素，关联行业因素以及行业内部因素。超行业因素和关联行业因素又称作行业外部条件，因为这些因素并不属于农业和林业部门的范畴。

4.2.1　超行业因素

超行业因素包含了宏观经济状况和政治风险，会对经济中各行各业公司的绩效表现产生影响。它包括以下几类因素：GDP 增速，汇率稳定性，利率，税负，贸易的自由程度，政治风险。

关于这些因素相互之间的联系，以及它们如何影响农林部门投资活动的盈利水平，存在两个假设。也就是说，模型认为，GDP 增速越快、汇率越稳定，农林部门投资活动的盈利能力越强；并且（或者），经济越开放，盈利能力越强（图中带"＋"的箭头）。同样的，利率越低、税负越轻，盈利能力越强；并且（或者），政治风险越小，盈利能力越强（图中带"－"的箭头）。

4.2.2　关联行业因素

关联行业因素是指由经济中其他部门掌控但对农林投资活动的成本和收益结构具有显著影响因素。该模型列出了 8 种：经济基础设施，社会基础设施，信贷可获得性，许可证和牌照，环境限制，资产处理，劳动力，法律规定，详情见表 3－4。

表 3－4　关联行业因素简介

因素	简要描述
1. 经济基础设施	质优价廉的经济基础设施服务的可获性，如道路、通讯、能源、港口、铁路、机场
2. 社会基础设施	以有竞争力的价格获得与人类发展有关的优质社会基础设施服务的可能性，如教育、健康、水、排污以及废弃物处理
3. 信贷可获得性	金融和资本市场的成熟度，信贷和其他资本市场工具的竞争性和可获性
4. 许可证和牌照	关于公司设立、运营乃至关闭的行政程序和法律要求，需要花费大量时间、精力和其他资源来应对
5. 环境限制	徒增公司成本且对环境无益的毫无根据或根本无用的环境限制
6. 资本待遇	对资本流入、流出或在国境内流动的壁垒和限制
7. 劳动力	劳工法导致的成本，劳动生产率水平，以有竞争力的价格获取熟练劳动力的可行性
8. 法律规定	良好的法规、实施及司法服务。包括对产权法规的清晰定义及保护，对合同的尊重，成本合理、时效性强的司法服务

来源：基于 Nascimento 和 Tomaselli（2007）整理而得。

在关联行业因素方面，带"＋"的箭头表示与盈利正相关的因素，包括经济基础设施，社会基础设施，信贷可获得性，有利的资产处理；价格有竞争力且生产率较高的劳动力；法律规定的有效性。带"—"的箭头表示盈利水平与这些因素负相关。

4.2.3 行业内部因素

行业内部因素是指由农林部门内部的公共或私有主体管理的因素。按照定义，这些因素处于部门内部利益相关者的掌控之下。该模型列出了属于行业内部因素的五大类：国内农林产品市场，农林业生产力，农/林专用地可获得性，有利支持和不利举措，见表3-5。

表3-5 行业内部因素简介

因素	简要描述
1. 国内农林产品市场	包括农林业投入品及产品的国内消费市场规模。也包括与该部门产品出口有关的国内消费
2. 农林业生产力	包括农业或林业的土地生产率。与该国生产所用的技术直接相关
3. 农/林专用地可获得性	包括该国可耕地或林业专用地的规模。在可耕地上，农业生产比林业更具竞争优势；对于林业专用地则相反
4. 有利支持	公共或私人部门采取的有助于降低投资者成本或增加其收益的政策或措施
5. 不利举措	公共或私人部门采取的增加投资者成本或降低其收益的政策或措施

来源：基于 Nascimento 和 Tomaselli（2007）整理而得。

除了"不利举措"类因素，其他所有的行业内部因素与投资活动的盈利能力均正相关。例如，农林产品的市场越大——包括那些用作出口产品原料的以及直接销往海外的产品——农林投资活动盈利的潜力越大（贸易一体化或者自由贸易协议可能会是比较有效的政策）。生产力提高也是一个关键因素。生产力主要取决于如下因素：适用技术的可获得性及其应用；种子、肥料、设备等生产投入品；熟练的劳动力及专业技术人员；服务支撑体系。科学研究、技术援助、技术的适应性改造以及其他创新对于提高生产力至关重要。农业和林业专用地[①]的可获性也是影响一个国家对投资者的吸引力的要素之一。可用于农业或林业生产的土地面积越大，行业内部状况越有利于农林投资活动的成功。

---

① 林业专用地是指由于土壤、地貌、降雨等自然条件方面的原因，只有被森林覆盖或以其他可持续的方式利用才能避免对土壤或水体产生不利影响的土地。林业专用地的划分并不取决于地表上实际的覆盖物类型，也不对土地是否用于农业、作物或森林生产做出要求。因此，如果土地的自然条件表明它属于林业专用地，即使其表面没有森林覆盖也会被划分为此类；而那些覆盖着森林的土地未必是林业专用地（J. R. Nascimento, 2005）。

尽管林业专用地的存在是一个积极因素，但更重要的是，要通过有保障的、灵活的机制安排使得投资者能够获得这些土地，并能够进行长期投资。

4.2.4　以林业部门为例

基于上述定义，下面将以林业部门为例找出那些影响林业经营环境的因素，以及它们影响投资获利水平的作用机制。使用的方法叫做"林业投资吸引力指数"法（下文简称 IAIF，是其西班牙语首字母的缩写），即计算出一个衡量林业投资活动经营环境的指数。IAIF 的目的是突出那些影响、促成以及吸引国外或国内私人部门直接投资的因素。IAIF 可以起到如下作用：比较同一年份不同国家的表现以及随时间的变化趋势；帮助投资者找出那些可持续林业经营活动更容易取得成功的国家；弄清楚哪些超行业因素、关联行业因素和行业内部因素影响经营环境。IAIF 方法共考虑 80 个变量，这些变量共组成 20 个指标。该方法已被应用于寻求从泛美开发银行获得支持的国家，使用的是 2004—2006 年的数据。2006 年对巴西计算 IAIF 指数时各变量及分项指标的具体结果见表 3-6。

表 3-6　巴西在"林业投资吸引力指数"方面的表现（2006 年）

指标/分项指标/IAIF	2006 年得分	最高可能得分	提升空间（%）
GDP 增速	75	100	34
实际存款利率	97	100	3
汇率稳定性	100	100	0
贸易开放度	58	100	72
政治风险	67	100	50
宏观税负	53	100	90
超行业层面分项指标	75	100	34
经济基础设施	62	100	61
社会基础设施	79	100	26
许可证与牌照	50	100	100
劳动力	39	100	156
资本市场	55	100	82
产权	50	100	100
资本与外国投资流量	50	100	100
农业政策	57	100	76
对种植或收获的限制	52	100	91

（续）

指标/分项指标/IAIF	2006 年得分	最高可能得分	提升空间（%）
关联行业层面分项指标	55	100	82
林业资源	40	95	138
支持政策	37	100	168
国内市场	95	100	5
林业专用地	80	100	25
不利举措	42	100	137
行业内部层面分项指标	59	99	68
IAIF	60	99	65

来源：附录 9。

　　根据该指数，巴西是拉丁美洲及加勒比地区对于林业投资经营活动最具吸引力的国家。然而，在 IAIF 指数满分 100 分的情况下其得分只有 60 分，这意味着还有改进的空间。通过比较各项指数的得分和理论上的可能得分（见表 3－6 最后一列），分析们可以很容易地识别出那些有最大的提升潜力的指标。例如，IAIF 结果显示，劳动力、许可证和牌照、产权、资本和 FDI 流入等关联行业因素的表现可以提升 1 倍多，而有利支持、森林资源和不利举措等行业内部因素的表现几乎可以提升 3 倍。

　　计算巴西最近在农业投资活动吸引力方面的得分超出了本研究的范围。为设计、监测和评估干预措施，应对此进行定期计算。此外，同时计算各国在这些指标上的得分可以在国家之间进行对比，这有助于投资者选出那些最适于投资的国家，最终促成一个各国间健康竞争的环境。

5. 改善商业环境吸引农业 FDI

　　通过 IAIF 方法，巴西参照其他国家找出了自身差距，弄清了各种因素如何促进或阻碍投资活动。分析表明，巴西自然资源丰富，在进一步提升投资环境方面存在空间。掌握了这个信息之后，巴西政府面临的挑战是如何改善投资环境，从而增加 FDI 的流入。本部分将介绍由泛美开发银行开发的、用以实现上述目标的方法——森林投资商业环境改善进程（简称 PROMECIF）。在流程的各个阶段，PROMECIF 都使用 IAIF 各变量和分项指标的结果，或者用作分析、干预设计和模拟的要素，或者用作监测和事后的评估。尽管 IAIF 和 PROMECIF 都是针对林业部门的投资设计的，它们也可以用于经济中的其他部门。

　　该方法试图通过实施一个系统性的、周期性的流程来帮助各国提升投资环境。首先，这个国家要确认其采取措施、做出必要的调整的意图，开展对形势的诊断，提出战略，然后设计、实施、监测并评估行动计划。

5.1　总体进程

　　PROMECIF 是一个周期性循环的流程，通过识别、设计、实施、监测和评估行动计划，来改善那些影响一国 FDI 吸引力的因素。该流程可划分为 3个相互依赖的阶段（图 3-8）。鉴于本部分的目的是说明如何运用该流程来了解巴西的状况，以下主要介绍第二阶段。

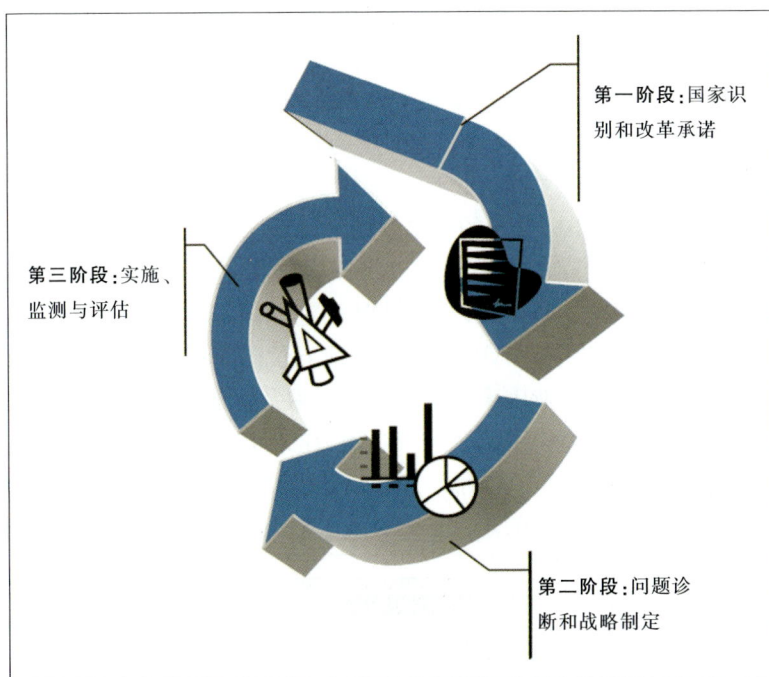

图 3-8　"林业投资商业环境改进流程"各阶段循环流程

5.1.1　第一阶段——国家识别和改革承诺

　　第一阶段包含 3 个步骤：动员，识别，建立协调委员会。在动员步骤，将 IAIF 评估结果交给利益相关方。这些结果显示了一国投资环境在绝对意义上的表现以及相对于其他国家或次区域的表现，并识别影响可持续林业投资环境的关键要素。正是在该步骤，在相关私人部门的推动下，政府部门有可能被说服，同意实施 PROMECIF 方法，并正式签署改革承诺（识别阶段）。最后一个步骤是组建协调委员会，由委员会组织实施 PROMECIF 第二和第三阶段。协调委员会的组成中应该有利益相关方，如果可能的话，应把委员会设置在促进国家竞争力提升的机构框架下。

5.1.2　第二阶段——问题诊断和战略制定

第二阶段的成果是制定出改善林业投资活动商业环境的战略，该阶段由问题诊断和行动计划组成。

5.1.2.1　问题诊断

问题诊断力图描述林业部门的当前趋势、发展形势以及利益相关方设想的其在未来的状况。它使用 IAIF 方法及其指标和模型分析各因素之间的因果关系。建议使用系统动态法来识别和检查因素之间的互动机制。如前文讲到的，IAIF 方法既显示一国各个变量的绝对值，也显示该国相对于其他国家的排名。由于其简单、明了、准确、可测、有效，IAIF 可以用作各种各样、不计其数的分析，这样就可以从不同的角度来理解林业部门的状况。与定义过程相比，IAIF 在识别该部门的未来理想状态方面更为有效。

5.1.2.2　问题分析

问题分析阶段从该国 IAIF 的结果开始。IAIF 可以识别出各国之间的趋同性，也可以突出相互之间的反差。可以将该国与相近 IAIF 得分的国家比较，可以与得分最高的国家比较，可以与 GDP 相近的国家比较，也可以与地理上相临近的国家比较。巴西与 IAIF 得分排名前五位国家的比较如图 3-9 所示。除了总体得分，对于超行业因素、关联行业因素及行业内部因素分类指标的分析有助于识别那些比较值得关注及有较高潜力的影响因素。对上述分类指标进行分析的简化示例如图 3-10 所示，通过对比各指标的当前得分及其最大潜力可以看出，有较大改进潜力的是行业内部及关联行业层次的因素。用于进一步

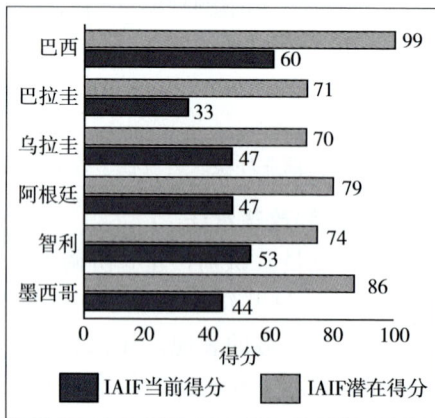

图 3-9　巴西与有关国家的 IAIF 得分比较

来源：IAIF 2006。

识别这些分类指标下需予以优先处理的下级指标如图 3-11 所示，并对各下级指标进行比较。

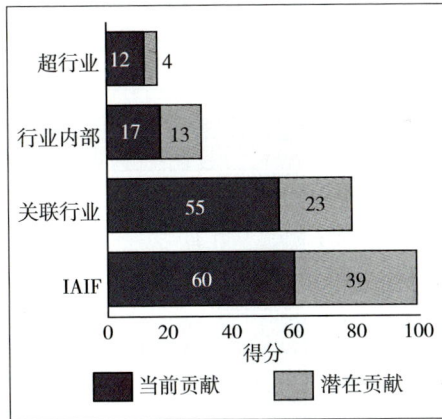

图 3-10　各分类指标对 2008 年巴西 IAIF 的贡献
来源：IAIF 2006。

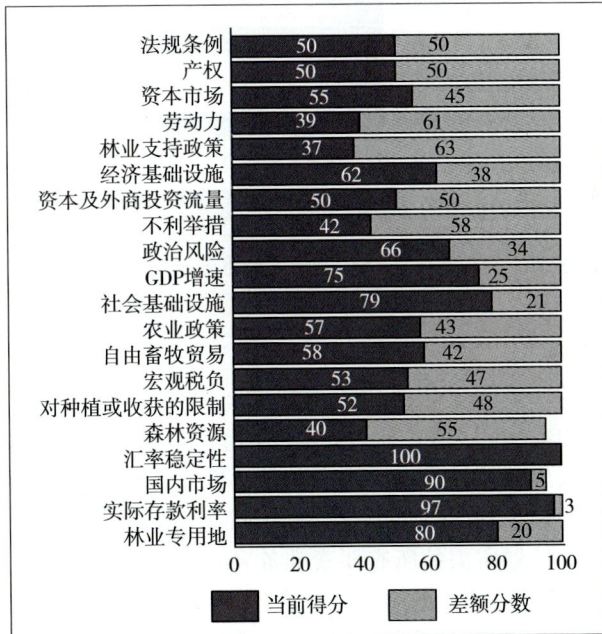

图 3-11　巴西 2008 年 IAIF 指标的当前得分及与最大潜力的差额分数
来源：IAIF 2006。

图 3-11 中的下级指标需要根据其所属分类指标对最终 IAIF 分数的影响

力大小进行加权。加权后的结果如图 3－12 所示，从中可以看出，需要加以改进的指标按照优先序排列依次为：林业支持政策、影响林业发展的不利举措、劳动力、森林资源、贸易许可及牌照和产权。全面介绍 PROMECIF 的应用①已超出本文的研究范围，故对该过程的后续步骤仅作简要描述。

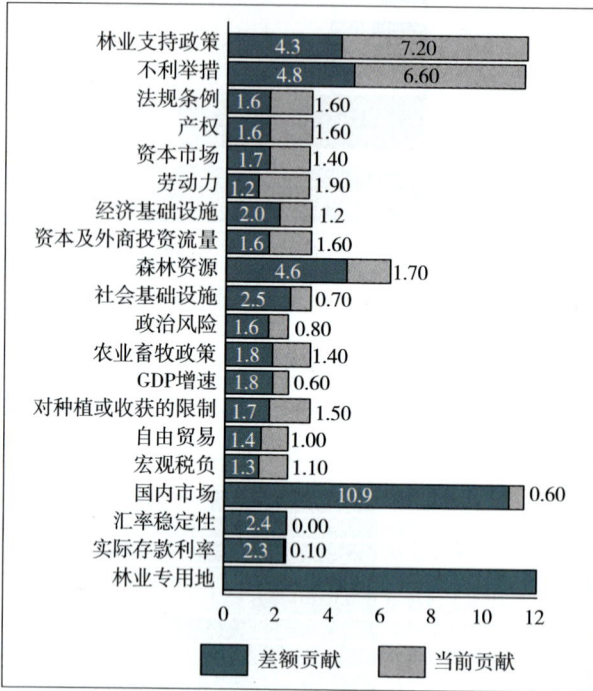

图 3－12　巴西 2008 年 IAIF 各指标的当前贡献及与最大潜力的差额贡献

来源：IAIF 2006。

5.1.2.3　补充分析

对于识别出的影响因素要予以充分研究，以便更好地理解投资环境的形成。对当前状况的前因后果要进行分析和解释，以找出妨碍或促进投资的举措。补充分析应找出并填补数据、信息和分析方面的空缺，以帮助协调委员会发现问题与机遇、未来状况以及为达到理想状态需要采取的战略和具体行动。当制定战略和行动计划所需的所有要素准备妥当，诊断阶段就完成了。

5.1.2.4　制定战略

基于对问题和机遇的诊断和识别，可以制定改进林业投资环境的干预战

---

①　在泛美发展银行的资金与技术支持下，巴拿马、巴拉圭和厄瓜多尔已全面应用 PROMECIF 方法。

略，供决策者选择。重要的是，协调委员会各成员在各自职能范围内采纳推荐的干预措施。他们可以直接采取行动，也可以将行动计划交由其他部门实施。

5.1.2.5　行动计划

行动计划是致力于改善跨行业、关联行业及行业内部因素以促进投资的一系列干预战略或行动。在准备和实施行动计划的方法论工具方面，推荐逻辑框架法。

5.1.3　第三阶段——实施、监测与评估

行动计划一经协调委员会确认，PROMECIF 的实施过程就开始了。该过程首先要为各个战略行动找出最合适的资助来源。一旦获得了资助，将开展对项目的详细分析和设计，在此过程中应考虑到资助方的要求。一经批准，实施机构、协调委员会以及其他独立实体即对行动计划予以实施、监测和评估。一旦执行完毕，即要对项目进行评估，为未来的项目提供经验教训。项目事后评价可以有助于决定要达到理想状态是否需要进一步的行动计划，这转而启动了一个新周期的 PROMECIF。

5.2　投资环境关键影响因素的改进

本部分将对影响农林领域 FDI 经营环境的主要问题和影响因素做一简要讨论（Chaddad and Jank，2006；OECD，2009）。在讨论的组织方式上，将像上文一样将影响因素划分为超行业因素、关联行业因素和行业内部因素。

5.2.1　超行业因素的改进

超行业因素是指那些影响整体经济的因素，故不太可能为适应特定部门需要而做出改变。然而，对超行业因素进行评估对于阐明这些因素对既定部门的影响以及开展政策讨论都很有必要。评估过程中可能涉及的超行业因素包括汇率、利率和税收。

汇率：巴西于 1986 年采用了弹性汇率制度，该汇率制度有助于提升巴西在国际市场的竞争力，促进了出口和农业领域 FDI 流量增加。

利率：1994 年"雷亚尔计划"的实施给通货膨胀率及利率注入了下行压力。由于风险溢价导致的利差，实际利率依然较高，但过去 10 年利率的持续下降刺激了农业投资。

税负：在过去 8 年间，国内公债几乎翻了一番，达到大约 1 万亿美元，税收也随之上升。税负已成为影响巴西营商环境的主要因素，使投资者望而却步。

5.2.2　关联行业因素的改进

关联行业因素中对农林领域投资影响最大，最为突出的包括经济基础设

施、社会基础设施和环境限制。

经济基础设施：交通和能源对投资具有重大意义。交通和能源领域需要前期相当大的投入才能使未来价格具有竞争力，总体而言巴西忽视了这些领域的发展。

社会基础设施：巴西在人类发展指数方面的表现相对较差，得分只有0.699分，在总共182个国家中排第73位。

环保限制：环境保护与为投资者创造良好经营环境之间的冲突导致了许多复杂的问题，这些问题超出了本节讨论的范围。

5.2.3　行业内部因素的改进

如前所述，行业内部因素是关于农林领域的，它们影响农林价值链各环节的成本、收益及盈利水平，处于农业主管机构职权范围之内。这些因素包括土地产权、统筹协调农林用途及环境保护需要。

产权：由于农业投资成长周期长，受国家和法律保护的土地产权对于农业投资者而言至关重要。对于外国投资者，政府出于地缘政治方面的原因有时不得不采取某些限制措施。巴西的例子见插文3-7。

插文 3-7　巴西对外国人获取土地所有权的限制

巴西国家安全理事会禁止外国人拥有距离边界线150千米之内区域的土地。此外，巴西众议院于2009年10月通过了一项法律，拟进一步限制外国人对巴西边界沿线及亚马逊地区土地的所有权。这项立法还需要经过巴西参议院和总统的批准，目前尚未生效。2010年8月，巴西总检察院发布了总统签署的一项法令，对允许外国人拥有的地产规模进行了限定。

统筹协调农林用途及环境保护需要：关于某块土地是否应用于农业或林业生产的决策总是有问题的。在一个高度竞争的商业层面，农业和林业通常是两个彼此相互排斥的选择。在许多情况下，覆盖着原始森林的土地被改造为农地，导致森林退化。传统上，森林退化是刀耕火种过程的第一步，而这个过程本身是温室气体的主要来源。土地滥用通常导致土壤侵蚀和水土流失，进而导致环境质量恶化，土壤的自然肥力降低，水体遭受污染。所有这些情况表明，必须制定明确的规则，才能使关于土地利用的决策兼顾私人投资主体利益和社会利益，如同插文3-8中的"林业专用地政策"一样。

插文 3 - 8　林业专用地政策

尽量降低农业发展和环境保护之间冲突的一个途径是实行林业专用地政策。在这种政策下，要找出那些较易遭受土壤侵蚀和水土流失的土地，了解想要使用这部分土地的土地所有者的要求，明确为保护土地和水所需采取的具体措施。那些不存在退化风险的土地，或者说非林业专用地，则可以用作包括林业在内的任何用途。林业专用地政策的设立与实施较为直观、简便，且成本不高。

6. 结论与政策建议

巴西是吸纳 FDI 较多的国家之一，其 FDI 数量约占南美的 45%，约占整个拉美和加勒比地区的 1/4。农业领域的 FDI 占巴西 FDI 流入总量的份额在年度间有所变化，在 1998—2007 年平均为 20%。到 2009 年，农业关联产业（农产品加工）FDI 占农业 FDI 的 90%，其中食品与饮料业的 FDI 占 61%（213 亿美元）。在初级农产品生产领域，吸引 FDI 最多的主要是种植业、畜牧业和林业。

跨国公司在巴西农业经济史上发挥了重要作用。孟山都、杜邦、陶氏化学、邦吉等跨国公司在巴西已经活跃了几十年。今天，世界前 25 家最大的农业跨国公司中只有 5 家没有进入巴西。跨国公司在巴西的运营范围覆盖了价值链的所有阶段，从包括机器设备制造在内的生产要素的供给，到初级产品的生产、加工、批发、零售和出口。

本节重点介绍了这些年来促进巴西农业投资和生产增长特别是巴西萨凡纳地区的重要政策和行动计划，主要包括：

（1）全国家庭农业计划。为大量中小型农场提供信贷支持的大型农业与农村信贷计划。

（2）巴西农业研究公司。通过采用新的研发模式，开发出了适合巴西主要农业生态系统的成套技术。

（3）充满活力的合作政策。例如，来自国际投资的支持对于内陆地区的发展，特别是在使中西部萨凡纳成为巴西最重要的农业产区的过程中发挥了重要作用。

（4）国家农技推广服务体系。这是一个综合性的农技推广服务体系，主要由巴西技术援助和农村推广公司（EMBRATER）实施。该服务体系在 1954 年创立于米纳斯吉拉斯州，在 20 世纪 70 年代后期扩展至所有的州。

（5）第一和第二个国家发展规划。在 20 世纪 70 年代实施的一个基础设施投资计划。在这个项目下修建了庞大的公路网，使得萨凡纳偏远地区的农产品能够运输出来。该项目也安装了电力线路、通信设施，引入了农业投入品、设备、拖拉机等生产资料的生产商和代理商。

（6）巴西仓储有限公司（CIBRAZEM）。这是一个庞大的存储设施网络，负责收购、存储和分销农产品。

近年来，部分上述公共计划已经被私营部门所接管，特别是在农业投入品和机器设备的生产方面。然而，其他公共计划依然非常强大，如国家农技推广服务体系和全国家庭农业计划。

此外，本节以 IAIF 方法为例展示了如何衡量一个国家的商业投资环境。IAIF 方法也可以用于解释林业领域的私人投资如何受到农林及农林之外各种因素的影响。IAIF 方法适用于专门针对林业的投资，可以用于各个国家投资环境的静态比较，也可以用于考察某个国家投资环境吸引力随时间的变化。该方法可以帮助投资者识别出那些可持续林业经营活动最容易取得成功的国家，找出影响经营环境的超行业因素、关联行业因素和行业内部因素。

本节介绍了一种各国用于改进其投资环境的流程——森林投资商业环境改善进程（简称 PROMECIF）。最后，对于那些需要引起投资环境改善机构注意的关键因素的改善进行了简要分析，并提出了建议。这些包括超行业层面的汇率、利率、税负，关联行业层面的经济及社会基础设施、环境限制，行业内部层面的宜林地的可获得性、对环境问题纠纷的处理。

▌参考文献

ABRAF. 2010. ABRAF *Statistical Yearbook-Base Year 2009*. Brasilia，Brazil：Brazilian Association of Forest Plantation Producers.

Abreu，M. P. 2004. *The Political Economy of High Protection in Brazil before 1987*. Working Paper SITI 08A，Buenos Aires：INTAL-ITD.

Abreu，M. P. 2004. *Trade Liberalization and the Political Economy of Protection in Brazil since 1987*. Working Paper-SITI 08B，Buenos Aires：IDB-INTAL.

Abreu，M. P. & **Bevilaqua**，A. S. 2000. Brazil as an Export Economy，1880 - 1930. In：*An Economic History of Twentieth-century Latin America*，by Enrique Cardenas，Jose Antonio Ocampo and Rosemary Thorp，32 - 54. New York：Palgrave.

Albuquerque，F. 2009. *Supermercados suspendem compra de carne de frigoríficos acusados de desmatamento na Amazônia*. http：//www. agenciabrasil. gov. br/noticias/2009/06/15/

materia. 2009 – 06 – 15. 3487571221/view (accessed 15 June 2009).

Almeida Togeiro，L. & dos Santos Rocha，S. 2008. Brazil：Are Foreign Firms Cleaner than Domestic Firms? In *Foreign Investment and Sutainable Development：Lessons from the A-mericas*，by Kevin P. Gallagher，Roberto Porzecanski，Andrés López，and Lyuba Zarsky Editors，36 – 39. Washington，DC：Heinrich Böll Foundation North America.

Batista，J. C. 2008. *The Transport Costs of Brazil's Exports：A Case Study of Agricultur-al Machinery and Soybeans*. Washington，DC：InterAmerican Development Bank.

Borregaard，N.，Dufey，A. & Winchester，L. 2008. Chile and Brazil：Does FDI Promote or Undermine Sustainable Forest Industries? In *Foreign Investment and Sustainable Develop-ment：Lessons from the Americas*，by Kevin P. Gallagher，Roberto Porzecanski，Andrés López，and Lyuba Zarsky Editors，28 – 31. Washington，DC：Heinrich Böll Foundation North America.

Braga Nonnenberg，M. J. & Cardoso de Mendonca，M. J. 2004. *Determinantes dos investim-entos diretos externos em paises em desenvolvimento*. Rio de Janeiro：IPEA.

Brazilian Central Bank. 2010. *Investimento estrangeiro direto*. http：//bcb. gov. br/? INVEDIR (accessed August 2010).

Brazilian Forest Service. 2009. *Florestas do Brasil em Resumo. Dados de 2005-2009*. Brasilia，DF：Brazilian Forest Service.

Chaddad，F. & Jank，M. 2006. The Evolution of Agricultural Policies and Agribusiness De-velopment in Brazil. *Choices*，2006：85 – 90.

Cristini，M. 2010. *Foreign Direct Investment (FDI) in MERCOSUR Agribusiness Sector*. NA：NA.

DCED. 2008. *Supporting Business Environment Reforms：Practical Guidance for Develop-ment Agencies*. NP：Donor Committee for Enterprise Development.

Dethier，J. – J. & Effenberger，A. 2011. *Agriculture and Development：A Brief Review of the Literature*. Policy Research Working Paper 5553，Washington，DC：The World Bank.

EMBRAPA. 2008. *About Us*. 20 October 2008. http：//www. embrapa. br/english/embrapa/about-us (accessed 24 August 2011)

——. 2010. *Balanco Social 2010*. 2010. http：// bs. sede. embrapa. br/2010/ (accessed 29 September 2011).

——. 2008. *Ciência，gestão e inovação：dimensões da agricultura tropical*. Brasilia，DF：EMBRAPA-Assessoria de Comunicação Social.

FAO. 2009. *The State of agricultural commodity markets 2009：high food prices and the food crisis-experiences and lessons learned*. Rome：FAO.

——. 2000. *World Soil Resources Report 90：land resource potential and constraints at regional and country levels. Rome*. Rome：FAO.

Fergie，J. A. & Satz，M. 2007. *Harvesting Latin America's Agribusiness Opportuni-*

ties. *The McKinsey Quartely*. Sao Paulo & Buenos Aires: Mckinsey & Company.

Getulio Vargas Foundation and INCAE Business School. 2008. *Forest Investment Atractiveness Index-2006 Report*. Inter-American Development Bank, Rio de Janeiro, Brazil and San Jose, Costa Rica: Getulio Vargas Foundation and INCAE.

Group of Fifteen. 2010. *A Survey Of Foreign Direct Investment In G − 15 Countries*. Working Papers Series, Volume 7, NA: G − 15.

Gwartney, J. D. & Lawson, R. 2009. *Economic Freedom of the World: 2009 Annual Report*. Vancouver, BC: Economic Freedom Network.

Hiratuka, C. 2008. *Foreign Direct Investment and Transnational Corporations in Brazil: Recent Trends and Impacts on Economic Development. Discussion Paper Number 10*. NA: Celio Hiratuka, 2008. Foreign Direct Investment and Transnational Corporations in Brazil: Recent Trends aThe Working Group on Development and Environment in the Americas.

Jaumotte, F. 2004. *Foreign Direct Investment and Regional Trade Agreements: The Market Size Effect Revisited. IMF Working Paper WP/04/206*. Washington DC: International Monetary Fund.

Josling, T. 2011. Agriculture. In *Preferential Trade Agreement Policies for Development: A Handbook*, by Jean-Pierre Chauffour and Jean-Christophe Maur, 143 − 159. Washington, DC: World Bank Publishing.

Lopes Vidigal, I. , Rezende Lopes, M. & Campos Barcelos, F. 2007. Da Substituição da Importação a Agricultura Moderna. *Conjuntura Economica*, November 2007: 56 − 66.

Lucena Batista, R. & Jesus Souza, N. 2000. Politicas agrícolas e desempenho da agricultura brasileira, 1950/2000. NA, NA: 14.

Meadows, D. 1999. *Leverage Points: places to intervene in a system*. Asheville, USA: Sustainability Institute.

Nascimento, J. R. 2005. *Forest Vocation Lands and Forest Policy: When Simpler is Better*. RUR − 05 − 03 . Washington, DC: Interamerican Development Bank, Sustainable Development Department.

Nascimento, J. R. 2009. *Framework for the Sustainable Development of African Savannah: The Case of Angola (Final Report)*. Brasilia, Brazil: FAO, TCAS.

Nascimento, J. R. & Mota − Villanueva, J. L. 2004. *Instrumentos para el desarrollo de dueños de pequeñas tierras forestales*. RE2 − 04 − 005. Washington, D. C: Inter-American Development Bank.

Nascimento, J. R. & Tomaselli, J. 2007. *Como Medir y Mejorar el Clima para Inversiones en Negocios Forestales Sostenibles*. RE2 − 05 − 004 Serie de Estudios Economicos y Sectoriales. Washington, DC: Inter-American Development Bank.

Nery, N. 2009. *Moratória da Soja na Amazônia é renovada e quer ampliar ações. 28/7/2009*. http: //www. estadao. com. br/noticias/geral, moratoria-da-soja-na-amazonia-e-renovada-e-quer-ampliar-acoes，409777，0. htm.

OECD. 2009. *Agricultural Policies In Emerging Economies* 2009：*Monitoring And Evalua-tion*. Paris：OECD.

OECD. 2005. *Agriculture Policy Reform in Brazil*. Policy Brief，Paris：OECD，2005.

——. *Checklist For Foreign Direct Investment Incentive Policies*. Paris：OECD，2003.

——. *Environment and the OECD Guidelines for Multinational Enterprises Corporate Tools and Approaches*. Paris：OECD.

——. 2005. *Environmental Requirements and Market Access*. Paris：OECD.

——. 1999. Foreign Direct Investment and the Environment. Paris：OECD.

OECD. 2008. *Rising agricultural prices：causes，consequences，and responses*. Policy Brief，Paris：OECD Observer.

Ramos，S. Y. 2009. *Panorama da politica agricola brasileira：a politica de garantia de precos minimos*. Documentos EMBRAPA Cerrados，Planaltina，DF：EMBRAPA Cerra-dos.

Rocha，S. & Togeiro，L. 2007. *Does Foreign Direct Investment Work For Sustainable De-velopment? A case study of the Brazilian pulp and paper industry*. Discussion Paper Number 8，NA：Working Group on Development and Environment in the Americas.

Silva Dias，G. L. & Moitinho Amaral，C. 2001. *Mudancas estruturais na agricultura brasil-eira：1980—1998. Serie desarrollo productivo 99，Santiago de Chile：CEPAL.

Spehar，C. R. *Opportunities and Challenges for the Development of African Savannahs U-sing the Brazilian Case as Reference. Consultancy Report for FAO. Mimeo.* Rome：FAO，SD.

STCP. 2005. *Índice de Atracción A la Inversión Forestal（IAIF）-Informe final（Rev. 01）para el Banco Interamericano de Desarrollo*. Washington，DC：Inter-American Develop-ment Bank.

World Bank. 2005. *World Development Report 2005：A Better Investment Climate for Eve-ryone*. Washington，DC：World Bank Publishing.

——. 2004. *World Development Report：A Better Investment Climate for Everyone*. Wash-ington，DC：World Bank Publishing.

Tollini，H. *Integrating Brazilian Savannahs to the Production Process：Lessons Learn-ed*. NP：FAO，ND.

UNCTAD. 2009. *World Investment Report 2009. Transnational Corporations，Agriculture Production and Development*. New York and Geneva：United Nations.

US State Department. 2010. 2010 Investment Climate Statement-Brazil. *US State Depart-ment. Diplomacy in Action.* 3 2010. http：//www. state. gov/e/eeb/rls/othr/ics/2010/1380 40. htm（accessed 8/3/2010）.

——. 2010. Background Note：Brazil. *US State Department. Diplomacy in Action.* 2 5，

2010. http：//www. state. gov/r/pa/ei/bgn/35640. htm (accessed 3 August 2010)．

World Bank. 2009. *Awakening Africa's Sleeping Giant：Prospects for Commercial Agriculture in the Guinea Savannah Zone and Beyond*. Washington，DC：FAO and The World Bank.

——. 2009. *Brazil at a Glance*. Washington，DC：The World Bank.

——. 2009. *Doing Business 2010*. Brazil. Washington，DC：The World Bank and the International Finance Corporation.

——. 2008. *World Development Report 2008：Agriculture for Development*. Washington，DC：World Bank.

World Economic Forum. 2009. *The Brazil Competitiveness Report* 2009. Geneva：World Economic Forum and Fundação Dom Cabral.

——. 2009. *The Global Competitiveness Report* 2009-2010. Geneva：World Economic Forum.

——. 2009. *World Economic Forum*. (*2009*). *The Brazil Competitiveness Report 2009*. *Geneva：World Economic Forum and Fundação Dom Cabral*. Geneva：World Economic Forum and Fundação Dom Cabral.

（二）　坦桑尼亚：坦桑尼亚
农业领域私人投资分析①

1. 导论

最近，外资在非洲大规模的土地并购对小农和粮食安全的影响引发了国际社会对担心。担心当地的关注没有在投资合同和国际投资协定中得到重视，而非洲国家的国内法又难以处理这些问题。但是，考虑到这些投资的性质和影响方面的信息有限，本节只探讨主要问题。本研究考察了坦桑尼亚农业部门中国际（私人）投资的程度、本质和影响。这是通过分析总体上影响国际投资的政策、法律和制度实现的。对农业和土地考察得更加详细。本节分析了投资政策的演变，突出了影响坦桑尼亚投资环境的主要实践和政策。分析了特定农产品领域投资状态，考察了那些对投资者更加具有吸引力的价值链。最后，为政策制定者和投资者提出了选择，以确保国家的粮食安全和资源贫乏的农民不会对大规模的土地投资妥协。

农业是坦桑尼亚经济的支柱，对食物生产、工业原材料生产、就业和外汇都做出了巨大贡献。2009 年，农业占 GDP 的 27%，仅次于服务业。考虑到农业的重要性，对其投资（无论公私投资）是刺激经济增长的重要方式。人们认识到了 FDI 在刺激生产、带来新技术和资本、实现收支平衡和创造就业中所起的作用。

20 世纪 80 年代中期以来，坦桑尼亚经济经历了渐进的和根本性的转型，重新定义了政府和私营部门的角色。目前，绝大多数生产、加工和营销功能都由私人部门承担，政府保留了监管和公共支持的功能。宏观层面改变对农业部门产生了而且还将继续产生深远的影响，如放开了农业投入和产出价格、取消了补贴、大幅减少了合作社和营销委员会的垄断。政府和农业部门的利益相关方，致力于 2025 年实现一个现代化的、商业化的、高产出水平的和能够获利的农业，农业以可持续的方式使用自然资源，并成为产业部门间联系的有效基础。

---

① 本节作者为 FAO 贸易和市场部经济学家 Suffyan Koroma 和坦桑尼亚国家顾问 Bede Lyimo。

2. 监管和激励框架回顾

在实施了让私营部门更大程度的参与经济发展，改善了监管和法律框架的战略之后，坦桑尼亚的投资环境已得到了大幅改善。特别是 1997 年《投资法》（为潜在投资者设定了清晰的标准、鼓励私营部门融资）和建立的一站式服务的坦桑尼亚投资中心大幅改善了坦桑尼亚的投资环境。半国营的改革致力于消除国有企业的独占和垄断，这是更大范围内的结构调整行动的一部分。改革也包括允许私营部门在日以自由的经济环境中参与经济作物的营销和加工。土地法的修改允许国内外投资者的土地租赁期限最高可达 99 年。

近年来，坦桑尼亚公共服务的供给发生了变化，再加上可预测性、连续性和透明度更高的投资环境吸引了积极的关注。例如，在 2005 年实施的公共采购法就是为了提高政府采购监管局（PPRA）的透明度，促进当地公司参与公共采购领域①。建立了半国营部门改革委员会（PRSC）负责监督产权从国有部门到私营部门的转移。移交后，政府要求各部委跟进政府和私人买家之间的合同执行情况。

金融改革改善了投资环境，使 26 个持有牌照的银行（包括本国和国外）可以在坦桑尼亚充分运作。此外，非银行金融机构（比如电话转账服务等）获准开展业务②。非坦桑尼亚居民一般不能直接从当地银行借款，但是如果外国投资者投入资本或进口资本品用于坦桑尼亚国内生产，则可以获得信贷。但如果按坦桑尼亚的银行业规定，几乎没有海外投资者会从当地银行借款，因为普通的借款人贷款利率高达 14%～24%（有些大公司可以协商获得较低的利率）③。预计 2012 年下半年信用征信局将会运营，这将有利于信贷向 MSMEs 企业（中小微企业）扩张。

私人银行的进入促进了利率自由化。1992 年的《外汇法》取消了外汇管制。该法大大缓解了外汇短缺。根据 1994 年资本市场和证券法（1997 年修订），用于支持生产或要素市场的资本可以自由交换。通过这一工具，达累斯萨拉姆证券交易所（Dar-es-Salaam）对外国投资者开放，但是外资比例最高不超过 60%④。该法目前正在修订，使之符合国际标准和国际证监会组织（IOSCO）的多边谅解备忘录的要求⑤。

---

① 坦桑尼亚投资环境报告 http：//www. state. gov/e/eeb/ifd/2006/62039. htm。

② 在非洲东部一个非常受欢迎的计划是 M-PESA；M 是手机的意思，PESA——在斯瓦希里语里是钱的意思（安装了转账服务的手机名称）。

③④ 坦桑尼亚投资环境 http：//www. state. gov/e/eeb/ifd/2006/62039. htm。

⑤ http：//www. cmsa-tz. org/lagislation/legisla _ pipeline. htm。

由于政府不能资助资本投资，在很多情况下也不能注入新股本以重振企业，因此这些改革将有助于资本市场的发展，使投资者/公司可以筹集资金并提升企业的公共责任①。

监管制度允许将净利润通过获得授权的银行通过可自由兑换的货币进行无条件转移；允许偿还国外贷款；允许购买外国技术等②。坦桑尼亚银行负责监管金融部门，1991 年的《银行和金融机构法》强化了坦桑尼亚银行的监管责任。

坦桑尼亚的竞争政策旨在减少限制性的商业行为，因为限制性的商业行为最终导致产品价高质低，限制了特定商品的可获得性。政策提倡自由贸易和市场准入，禁止反竞争行为和滥用市场支配地位③。竞争政策的目标是"解决市场不完善、经济活动中的垄断以及随之而来的限制性商业行为所导致的经济权力集中的问题"④。根据《1994 年公平贸易实践法》（2000 年修订）建立了公平竞争委员会，以监测是否符合公平竞争的标准。

坦桑尼亚的商业环境优化项目（BEST）旨在降低国内从事商业经营的难度、改善政府服务、重构监管框架。其他提升农业生产力的计划包括农业部门发展计划（ASDP）和综合道路工程（IRP），综合道路工程旨在开放包括关键农业地区在内的农村道路运输网络⑤。政府和坦桑尼亚银行合作设立了出口信贷保障计划（ECGS），坦桑尼亚银行负责管理这项计划⑥。出口加工区的投资者、农产品的购买者和出口商受益于此机制。

3. 坦桑尼亚的投资

2009 年，政府继续进行改革，目标是通过坦桑尼亚国家商务委员会以及坦桑尼亚商业环境优化项目（BEST）和商业和产权规范化（BPF）下的相关计划降低经营成本。根据世界银行《全球经商环境报告》，坦桑尼亚在商务合同和就业有关的指标上取得了进步。总的来看，在降低经商成本方面坦桑尼亚 2008 年在 181 个国家中居第 127 位，2009 年坦桑尼亚在 183 个国家居第 126

---

① http：//www. psrctz. com。

② Wetzel H，坦桑尼亚 2004 财年国家商业指南，国际市场研究报告，美国外交部、商务部和美国国务院。

③④ 国家贸易政策背景文件：竞争经济和出口导向型增长的贸易政策，工业和贸易部门，Dar-es-Salaam 2003，81 页。

⑤ 投资机会——坦桑尼亚：投资者指南，农业部门概况，坦桑尼亚投资中心，Dar-es-Salaam。

⑥ 南部非洲发展共同体 2006 年贸易行业和投资审查：国家概况——坦桑尼亚 http：//www. sadcreview. com/country _ profiles/frprofiles. htm。

位，排名略有上升。

2009 年，注册的项目共有 572 个，价值 29 707.301 亿坦桑尼亚先令，创造的潜在就业为 56 615 个，而 2008 年注册的项目为 871 个，价值 800 万坦桑尼亚先令，创造的潜在就业为 109 521 个。2009 年注册的项目中，有 407 个是新项目，其余的 165 个项目还在收尾和扩建。总共 284 个项目归国内投资者所有；149 个项目归外国投资者所有；139 个项目是合资项目。项目的分布见表 3-7。

表 3-7 2009 年坦桑尼亚私人投资项目的分布

部门	项目数量	投入资本（百万先令）	就业潜力
制造业	183	654 472	14 143
旅游业	151	519 259	7 302
建筑业	81	922 467	3 360
运输业	61	303 849	5 659
农业	27	45 626	15 114
人力资源	25	174 226	6 597
服务业	16	25 026	814
金融机构	8	65 662	665
经济基础设施	6	80 535	1 495
通信	5	39 000	88
广播	4	77 376	1 098
能源和自然资源	5	21 112	88

来源：经济研究，URT 2010。

3.1 FDI

FDI 作为外部资本的来源，是国内投资的重要补充。如坦桑尼亚这样的发展中国家，国内储蓄都很少。普遍认为 FDI 流入对国内教育、科技、基础设施和金融市场有正面的影响[①]。这就意味着政府必须出台综合性的政策，如出口促进计划，或者是提升当地科技能力的政策（如培训），以更好地利用 FDI

---

① Msuya E（2007），外商直接投资对坦桑尼亚农业生产力和减贫的影响，京都大学慕尼黑个人档案（MPRA）3671 号论文，http：// mpra. ub. uni-muenchen. de/ 3671/。

带来的技术转移。所有的 FDI 在坦桑尼亚都享受了国民待遇①。

作为提升投资环境努力的一部分，在实施任何一个大型投资项目之前，政府都要强化环境影响评估。2009 年，90％以上的项目在符合了环境影响评价的要求和标准后才获得了开工证书。

投资环境改善的显著成果就是 1995 年以来流入坦桑尼亚的 FDI 的增加了（图 3 - 13）。流入坦桑尼亚的 FDI 在 2007 年达到顶峰，为 7.44 亿美元，成为非洲 FDI 前几位的流入国。2009 年受全球金融和经济危机影响，FDI 下降了14.5％，为 6.5 亿美元。图 3 - 13 描绘了 1995—2009 年 FDI 的变化。尽管FDI 流入数量让人印象深刻，但坦桑尼亚投资中心的报告显示，其农业部门吸引 FDI 的比例并不大。但这可以解释为饮料等农产品加工项目（吸引了坦桑尼亚很大一部分投资）没有被计入到农业部门。

（百万美元）

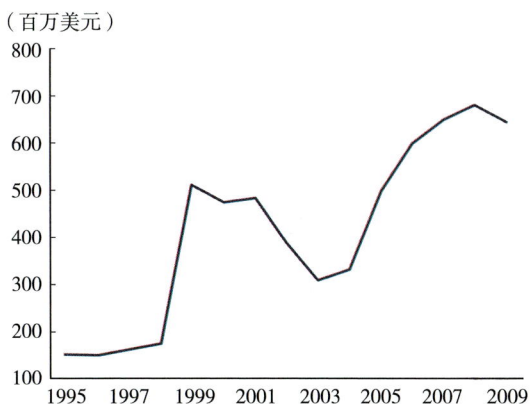

图 3 - 13　坦桑尼亚的 FDI 趋势
来源：坦桑尼亚投资中心（TIC）。

坦桑尼亚的农业由生产力水平低的小农主导，他们的教育、技能、经验有限，也难以获得充足的信贷和投入。他们的低效率、规模小以及薄弱的制度安排使得他们难以成为外国投资者合资经营的可行选择。

此外，只有很小一部分农户能够组织起来以适应外国投资（如食糖、大麦和剑麻部门）和商业企业，能吸引更大比例的 FDI。实证证据表明，与大企业和外资企业合作的小农会从提高的生产力和效益受益②。

---

① WTO 贸易政策审议-Doc WT/TPR/S/171/TZA，http：//www. wto. org/english/tratop＿e/tpr＿e/s171−02＿e. doc。

② Msuya E（2007），外商直接投资对坦桑尼亚农业生产力和减贫的影响，京都大学慕尼黑个人档案（MPRA）3671 号论文，http：// mpra. ub. uni-muenchen. de/ 3671/。

在坦桑尼亚的外资拥有的大型企业有来自英国的 Brooke Bond（茶企业）、来自南非的 Ilovo（食糖企业）和来自赞比亚的 Africa Plantations（咖啡）[①]。南非、肯尼亚、美国、英国、德国、印度、泰国、加拿大和意大利占到坦桑尼亚外国投资的 90％[②]。从投资数量来看南非是坦桑尼亚最大的投资国[③]，但是从就业人数、项目数量和投资额来看，英国是坦桑尼亚最大的投资国，见表 3-8。

表 3-8　前十名国外投资者*

外国投资者/投资国	投资价值（百万美元）	就业创造	项目
英国	1 115	232 030	595
肯尼亚	958.21	37 511	249
印度	825.88	—	—
南非	466.58	14 243	111
荷兰	426.58	—	—
中国	383.23	—	—
美国，德国，阿联酋，博茨瓦纳	696.3	—	—

*　ImaniLwinga，"英国、肯尼亚在坦桑尼亚的主要投资者"，观察家报，2007 年 6 月 3 日，http：//www.ippmedia.com/ipp/observer/2007/06/03/91766.html。

从资本形成的趋势来看，虽然公用部门和私人部门的投资都在增长，但是公共部门的资本形成比例从 2002 年的 39％下降到 2009 年的 26％[④]。同时期私人部门的资本形成增长了 8 倍。坦桑尼亚是撒哈拉以南非洲 FDI 的主要目标国之一，但是统计数据显示 FDI 主要投向了采矿和采石业，投入到农业的 FDI 则很少。针对农业的投资，包括私人企业的投资，可以分为"新"和"旧"两种类型（根据扩张和革新的潜力）。目前，农业投资只有农业 GDP 的 16％～

---

①　投资机会——坦桑尼亚：投资者指南，农业部门概况，坦桑尼亚投资中心，Dar-es-Salaam。

②　Wetzel H，坦桑尼亚 2004 财年国家商业指南，国际市场研究报告，美国外交部、商务部和美国国务院。

③　Mkomo N. 和 Wilms BJ，"坦桑尼亚外国投资的途径"，Mkono 和 Co Advocates，Dar-es-Salaam，http：//www.iflr.com/? Page=10＆PUBID=33＆ISS=20856＆SID=595031＆TYPE=20。

④　资本形成就是将家庭和政府的储蓄转移到商业部门中形成投资，以增加产出和促进经济扩张。

18％，而且主要是政府投资（表 3 - 9）[1]。传统上讲外国投资是资金的重要来源。资本投资、FDI 和合资项目呈现增长态势，但需要注意的是吸引 FDI 最多的行业是采矿、制造和旅游行业[2]。

表 3 - 9　公共部门和私人部门的资本形成（现价）

单位：百万坦桑尼亚先令

部门	2002	2003	2004	2005	2006	2007	2008	2009
中央政府	568 022	753 610	953 157	1 039 910	1 134 578	1 352 763	1 628 172	1 921 243
半国有机构	59 405	72 745	119 245	162 413	141 822	141 570	148 299	157 197
事业单位＋＋	72 900	89 624	120 042	138 362	141 822	144 659	152 971	163 067
总公共部门	700 327	915 979	1 192 444	1 340 685	1 418 222	1 638 992	1 929 442 214	2 241 506 986
私人部门	1 050 490	1 372 817	1 903 078	2 618 878	3 465 267	4 480 021	5 344 872	5 779 463
总固定资本	1 750 817	2 288 796	3 095 522	3 959 563	4 883 489	6 119 013	7 274 314	8 020 970
股票增加	44 596	43 387	57 845	64 405	74 292	90 728	106 943	152 252
总资本形成	1 795 413	2 332 183	3 153 367	4 023 968	4 957 681	6 209 741	7 381 257	8 173 221

＋＋包括非盈利组织。
来源：坦桑尼亚国家统计局。

越来越多的投资者瞄准了农业领域的生物质能源项目（表 3 - 10）。产品范围也扩大到包括供出口的产品。近年来吸引投资的非传统产品包括食糖、海藻、玉米、禽产品、蘑菇、蔬菜和鲜切花、牛肉、水果、芝麻、蜂蜜和辣木树。但近年来大部分投资都投向了生物质能源——麻疯树、油棕榈和甘蔗等。

表 3 - 10　在坦桑尼亚投资的部分来源国、部门和估计创造的就业

日期	来源国	投资	估计就业数	部门
6 月 11 日	英国	45 000 000	150	饮料
9 月 9 日	韩国	6 200 000	156	食品和烟草
5 月 9 日	英国	20 400 000	261	饮料

①　WTO 贸易政策审议——Doc WT/TPR/S/171/TZA，http：//www. wto. org/english/tratop _ e/tpr _ e//tpr _ e/s171-02 _ e. doc。

②　Wetzel H，坦桑尼亚 2004 财年国家商业指南，国际市场研究报告，美国外交部、商务部和美国国务院。

（续）

日期	来源国	投资	估计就业数	部门
4 月 9 日	英国	20 000 000	211	饮料
12 月 8 日	美国	12 000 000	126	饮料
8 月 8 日	肯尼亚	21 800 000	287	食品和烟草
6 月 8 日	英国	50 000 000	150	饮料
11 月 4 日	比利时	1 000 000	5	食品和烟草

来源：FDI 市场。

4. 剥离政策

人们主张通过更大程度的私有化来振兴政府控制下境况不佳的半国有企业，增加政府收入和就业，让更多的人持有企业股份和参与企业管理。私有化能够将企业的不良资产出售，提高产量（如坦桑尼亚食糖产量从 1988/89 年度的 96 227 吨增至 2004/05 年度的 229 617 吨）。在坦桑尼亚，由于政府集中于维持生产和偿债，新投资者很难抓住投资机会[①]。根据 1992 年公共企业法（1999 年修订），日益增加的私有化措施促进了私有部门对经济的参与，在新私有化过程中，政府将一定比例的国企股权销售给坦桑尼亚人，以鼓励国有企业的本国所有[②]。PRSC 协调政府对国有企业重组和私有化，以及协调政府在私营企业中的股份。

半国有企业资产剥离的目的在于通过提高农业企业的产量来刺激对它们的投资。坦桑尼亚针对半国有农业企业剥离政策的目标，是通过资本注入、新的和改进的管理和技术来提高效率、生产力和商品质量[③]。不幸的是，剥离过程中出现了许多问题。并购导致了大量的裁员；现有工人的福利削减意味着在他们的报酬没有清算之前，剥离的进程只能放慢[④]。法律保护不足以保障剥离的连续性削弱了投资者信心，因为在新私有化半国有企业的过程中的确缺乏保护当地专家的政策指导。事实上，对当地所有权的激励并不总是很充分；大多数当地人要么没有资本，要么难以获得信贷，这使他们无法参与剥离过程[⑤]。为

---

① http：//www. psrctz. com。

② Mkomo N. 和 Wilms BJ，"坦桑尼亚外国投资的途径"，Mkono 和 Co Advocates，Dar-es-Salaam，http：//www. iflr. com/？ Page＝10＆PUBID＝33＆ISS＝20856＆SID＝595031＆TYPE＝20。

③④⑤ 农业和畜牧业政策（1997），农业部，Dar-es-Salaam。

了克服这些问题使剥离更快、更加可持续，应采取以下政策[①]：农业、粮食安全和合作部 MAFSC 应将商业导向型的半国有企业的生产剥离出去。由于 MAFSC 的半国有企业土地面积大，应当考虑现实土地增值、促进就业和包括企业周边人员在内的公众更广泛地参与剥离过程。对于未能吸引投资者的战略领域，政府应继续投资。

1994 年，与农业相关的国有企业已受 PRSC 的管理。对外资参与新的私有化企业没有任何限制；评标标准发布在招标邀请和相关文件中[②]。此外，本着在监管中转变角色的理念，坦桑尼亚政府撤回了半国营国企的多数股权，转而专注于推进竞争性的经济环境、控制限制性贸易行为和建立适当的监管框架[③]。

对国有企业采取的具体剥离方法取决于企业的特点，如果该企业遭受严重损失，无法恢复生产，则很可能被清算。如果企业仍然可以运作，可能由新所有者进行重组。剥离方法的选择是根据特定的私有化目标进行选择的，评估的因素包括财务状况、行业性质和技术、一定程度的公众所有在经济上是否可取和企业的过去业绩。

这些考虑会影响投资力度和投资者类型。投资者可以通过以下剥离方法进入市场：贸易和合资（最常见的私有化的方法）、公开招股、公开拍卖、私人配售、管理层和（或）雇员收购、私募基金收购更多股权。在某些情况下，股权不太可能出售，要求保持所有权不变，比如会采用租赁和与管理层签订合同的方式。这些方法不利于投资，没有提供足够的激励使投资者对半国有企业进行创新性和长期的重组；在经理没有获得企业大量股权的情况下，事实证明这些方式在坦桑尼亚并没有希望的那样成功[④]。PRSC 自身认识到剥离过程的完成需要时间，但剥离过程本身不应成为投资者的障碍。

在剥离的执行阶段可以发现投资机会，政府出售股权的方式或谈判地位取决于剥离方式。政府可以通过坦桑尼亚投资中心网站列出以下方法吸引战略投资者：为目标投资者准备销售备忘录、招股说明书或其他合适的文件；市场营销，包括定向广告和搜索并识别买家；事先评价买家资格、邀请投标；根据预定的选择标准评估报价或提案。

为促成所有权更加分散的目标，股票可以卖给公众（本国和外国），也可以通过管理层和（或）雇员收购。通过折价或延期条款等政策，管理层和

---

① 农业和畜牧业政策（1997），农业部，Dar-es-Salaam。
② "坦桑尼亚的投资指南：机遇和条件"，联合国贸易和发展会议和国际商务会议（2005）。
③④ http://www.psrctz.com。

（或）雇员收购更受青睐①。政府寻求实现更广泛持股的具体策略，如折扣、费用税收减免、国内投资者低价购买、延期付款等。为了让国内企业家获得足够的信贷，创业发展基金与商业银行和金融机构正在共同努力，为新兴企业提供资金和咨询服务。

剥离作为刺激投资（特别是国外投资）有效途径是以合资/贸易将公司全部或部分股份出售给另一家公司（插文 3-9）。新投资有望通过注入资金和技术资源刺激生产、改善营销和管理。对农业公司的投资也可以通过在股票市场购买股份、拍卖或私募的方式进行②。

在坦桑尼亚，外国直接投资是最近才出现的现象。对传统商品，FDI 进入的一个相当常见的方法是并购，获得当地企业全部所有权或多数股份③。从历史上看，国企在传统商品上享受了垄断待遇，但改革后的经济环境，便利了并购，使得效率低下和管理不善的国企私有化给了跨国公司。通过并购，公司可以充分利用现有的本地网络和供应商以及现有的本地和区域市场。外国直接投资可以通过"绿地"投资的方式进入坦桑尼亚渔业、轧花等非传统领域；这些类型的投资使得外国母公司进入发展中国家，构建新的运营设施。此类投资在创造本地新就业机会方面作用显著。

插文 3-9　半国营部门改革的刺激措施

1. 促进更广泛的所有权

（1）安排新的本土业主在获利后再付款。

（2）员工持股打折计划。

（3）那些银行贷款有政府担保的股东或有证券抵押的股东可以延期付款的计划。

（4）通过私人信托，政府保留部分股票以便在未来进行更广泛的销售。

（5）要求核心私人买家在未来出售他们的部分股票，但对这类股票的定价需要事先商量好。

（6）相比那些在新业务中进入的投资者，对股票购买者的激励是根据具体情况而定的。

2. 促进国内投资

（1）在可行的情况下，组建结合核心投资者、合适的技术伙伴和本土

---

①② http：//www.psrctz.com。

③ Ngowi，"国外直接投资坦桑尼亚的进入模式"，坦桑尼亚期刊卷，2002，3（1）：1-2。

的投资者的联盟。

（2）预先评估投标人的资格，确保所有权不会过于集中；竞标的评标标准要透明，标准中要明确显示是更较偏好于扩大创业还是所有权基础，但必须强调保持竞争力。

（3）保护投资者、消费者和员工的利益。

（4）通过立法抑制限制性贸易行为和控制垄断权力的使用。

（5）无论是新企业还是剥离的业务都能平等的获取投资激励；公平的就业机会和就业立法保障。

3. 特别鼓励新企业

（1）帮助失业的员工试用创业启动的任何裁员补助。

（2）培训、技术支持和咨询服务。

（3）协助获得贷款、股权投资和搬迁的支持。

来源：PSRA 网站。

5. WTO《与贸易相关的投资措施协议》（TRIMs 协议）

WTO 贸易 TRIMs 协议的作用，就是为了取消商品贸易中的对投资的贸易限制和扭曲效应，在制定国家投资政策时应考虑此协定。作为 WTO 的成员国，坦桑尼亚禁止使用与《1994 年关税与贸易总协定》（GATT—1994）（以下简称关贸总）协定的规定相违背的投资措施，关贸总协定主要是为了消除数量限制和违反国民待遇原则的规定（关贸总第二条）。本地含量要求、贸易平衡、汇率要求、试用当地原材料和技术转移要求都是限制外国投资的例证。TRIMs 协议在附件中列举了与国民待遇原则相违背的投资措施类型。

TRIMs 协议与 1994 关贸总协定第三条第 4 段规定的国民待遇义务不相符的内容包括：包括强制服从国内法律或行政规定、必须符合能够获得优势的规定以及要求：购买或使用原产于国内或来自国内的产品，无论是否指定产品种类、数量、价值；或者规定使用当地生产产品的数量或价值比例；企业购买或使用进口的产品限制在一定数量，该数量与出口产品的出口数量或金额挂钩。

与此类似，TRIMs 与 1994 关贸总协定第六条第 1 段规定的消除数量限制义务不相符的内容包括：包括强制服从国内法律或行政规定、必须符合能够获得优势的规定以及限制：企业进口的产品或者用于当地生产，或与当地生产有关的，或与当地生产产品的出口数量或价值相关；限制企业外汇使用数量，该数量与企业外汇流入挂钩，以此限制企业用于当地生产或与当地生产相关的产品进口；限制企业的出口或用于出口的销售，无论是否指定产品类型、数量或价值，也论事是否规定了当地生产产品的数量或价值比例。

由于在投资计划中不得要求使用或者购买当地原材料的规定，这使许多发展中国家处于不利地位。使用当地原材料对于那些希望以此实现"鼓励本国经济从原材料中收受益、不鼓励外汇浪费、确保 FDI 与本国经济的联系，以及鼓励增强本国经济能力"[①] 的发展中国家非常有用。虽然坦桑尼亚没有使用当地原材料的强制性规定，但鼓励投资者尽量使用当地材料[②]。与此类似，法律没有要求投资者进行技术转让和培训当地技术人员，但实际上政府鼓励投资者这么做。

TRIMs 协议允许诸如坦桑尼亚等最不发达国家 7 年的过渡期，也就是在 2002 年他们才开始执行该协议。根据关贸总第八条的相关规定对关贸总收支平衡条款的理解，和为收支平衡目的的贸易措施宣言，允许发展中成员在收支平衡方面临时背离 TRIMs 协议[③]。

虽然政府的本意是想执行 TRIMs 协议中关于公平、当地含量、技术转移、出口业绩方面的要求，以增强社会经济的发展，但到目前为止还没有引入这些措施[④]。

6. 激励框架

坦桑尼亚的投资机会分为两类：在牵头部门，企业可以零关税进口资本品用于投资；在优先部门，企业可以以 5％的关税进口相关资本品。本研究中，牵头部门包括农业、畜牧业和出口加工区，优先部门包括渔业等自然资源相关的产业。这两个部门都可以在企业运营时才交增值税，直到业务开始运作，此外在第一个 5 年还可以 100％免税[⑤]。

要获得坦桑尼亚投资中心颁发的奖励证书，坦桑尼亚公民拥有的项目最低投资额为 10 万美元，对于外资独资企业或合资企业最低投资额是 300 000 美元[⑥]。外国人投资需要申请坦桑尼亚投资中心的许可，本国人不受此规定约束。申请投资认证需要缴纳 750 美元的手续费。

在桑给巴尔岛，适用的是不同的法律（1986 年投资法），不同部门的投

---

① 国家贸易政策背景文件：贸易政策竞争经济和出口导向型增长，工业和贸易部门，Dar-es-Salaam 2003，122。

② "坦桑尼亚的投资指南：机遇和条件"，联合国贸易和发展会议和国际商务会议（2005）。

③ 第 4 条。

④ 国家贸易政策背景文件：贸易政策竞争经济和出口导向型增长，工业和贸易部门，Dar-es-Salaam 2003，81。

⑤ WTO 贸易政策审议- Doc WT/TPR/S/171/TZA，http：//www.wto.org/english/tratop _ e/tpr _ e/s171—02 _ e.doc。

⑥ http：//www.tic.co.tz。

资最低水平不同。农业部门的投资获得奖励的最低金额对 FDI 和本国居民都是 50 万美元。而渔业部门这一金额外国人最低为 100 万美元，本国公民为 10 万美元。这些框架和结构差异符合东非共同体框架下的税收一体化要求①。

插文 3-10　申请程序

投资项目应该以产生外汇和储蓄、进口替代、创造就业机会、联动效益、技术转移、扩大商品生产等为目标。可行性研究应该包括：清晰地陈述投资成本（预期的资本支出）、如何融资、项目资金的特定来源、贷款条款和条件、技术来源、项目财务和经济分析、市场研究、项目能力、生产流程、环境影响评估、就业创造和执行计划。

(1) 三份完整的 TIC 申请表复印件（100 美元）。

(2) 如果要扩大业务，需复印一份过去 3 年的审计报告。

(3) 一份公司备忘录和章程的复印件。

(4) 注册公司的注册证明书的副本。

(5) 一个简短的投资者简介。

(6) 三份项目经营计划/可行性研究复印件。

(7) 充足的项目资金证明。

(8) 项目所在地土地所有权的证明。

(9) 项目执行计划。

(10) 申请书。

来源：TIC 网站。

6.1　税款豁免

政府进行税收减免优惠的背后原理是允许投资者弥补他们的初始支出，使他们在站稳脚跟之前不必纳税②。投资法案构建了税收激励和非财政收益的结构。根据该法案第 17 节，TIC 可将 TIC 奖励证书（赋予了诸如自动工作许可等优惠）授予 5 个外国公民③。虽然没有规定特定项目的外国人最大数量，但

---

① WTO 贸易政策审议-Doc WT/TPR/S/171/TZA，http：//www. wto. org/english/tratop _ e/tpr _ e/s171-02 _ e. doc。

② http：//www. tanzania-gov. it/modules. php? name=News&file=article&sid=44。

③ 应注意的是，虽然可以寻求额外的许可证，但批准通常是困难的。在坦桑尼亚有大量的非熟练和廉价的劳动力；但由于缺乏培训，当地的劳动力通常并不会占用管理或行政职位。

只有证明无法在本地找到所需的专业人员时外国人才会获得工作许可[1]。奖励证书也赋予了诸如易于获得居留、工作许可、工业和贸易许可证等好处。每亩商业性农场、牧场和森林土地的名义租金为 200 坦桑尼亚先令。此外，奖励证书还赋予了企业将利润、资本和外汇收入；专利费及类似费用；国外人员的报酬和其他福利转移出坦桑尼亚的权利[2]。需要注意的是，资本转移仍然需要坦桑尼亚银行批准[3]。

奖励证书为投资者提供税收减免，尤其是对项目、资本和被认为是资本品的关税和增值税的减免[4]；资本支出许可；将公司税定为 30％，股息预扣税率定为 10％，优先部门的贷款利息税为零[5]。投资法案提供了额外的优惠和激励，以促进超过 2 000 万美元的"战略或大宗"投资项目，因为部长认为超过 2 000 万美元的投资项目对国家经济具有战略意义。

2000 年税收收入上诉法案 12（3）部分是一个有问题的条款，该条款规定，对于纳税评估人，必须支付无争议部分的全部税收，或者有争议的话至少要缴纳评估的税负的三分之一。这增加了不可预测性，限制了现金流，故意使用未经证实的税收评估来满足收入目标，不能反映企业的收入状况[6]。因此，建议清晰和简化税务上诉程序即上述明确时间节点，避免有人通过不交税或者只交无争议部分的税来滥用上诉[7]。

在桑给巴尔，1986 年投资法对企业初始运营阶段的资本品征收零关税，对服务品征收 5％的关税。在运营的第一个 5 年，相关部委的部长可以授予企业免税的权利。

为了促进 FDI，坦桑尼亚已经与加拿大、丹麦、芬兰、印度、意大利、挪威、瑞典、英国和赞比亚签订了避免双重征税的协议，与肯尼亚、南非、韩国、乌干达和津巴布韦的避免双重征税的协议还有待双方批准。尽管 1997 年就签订了东非共同体避免双重征税协定，但乌干达一直没有批准，这阻碍了该区域内的贸易，因为税率提高了 50％[7]。

---

① "坦桑尼亚的投资指南：机遇和条件"，联合国贸易和发展会议和国际商务会议（2005）。

②④ http：//www. tic. co. tz.

③ 南部非洲发展共同体 2006 年贸易行业和投资审查：国家概况——坦桑尼亚，http：//www. sadcreview. com/country _ profiles/frprofiles. htm。

⑤ Mkomo N. Wilms BJ，"坦桑尼亚通往国外的投资"，Mkono 和公司倡导，Dar-es-Salaam，http：//www. iflr. com/? Page=10&PUBID=33&ISS=20856&SID=595031&TYPE=20。

⑥⑦ 投资促进和便利化最佳实践的蓝皮书——坦桑尼亚、联合国贸易和发展会议（UNCTAD）和日本国际合作银行（JBIC）2005。

插文 3-11　农业税收措施

1. 2014 年所得税法案

（1）第一年用于农业的厂房、机器、灌溉工具和设备获得 100％的资本津贴。这项政策的目的在于吸引农业技术投资。

（2）用在平整土地、开挖灌溉沟渠、种植多年生作物和树木以防止水土流失的资本支出可以 100％抵税。这些支出必须是正当的资本支出，单抵税的时间较长。

（3）在环境保护过程中，耕地、畜牧业、水产养殖或土地恢复的环保费用，在评估应纳税所得额中可以抵扣。

（4）农业企业的所得税不用按季度平均纳税，但必须在收获后的第三季和第四季度末纳税。

（5）在农业研发支出也可以在个人所得税中扣除。

2. 1997 年增值税法案

（1）未加工的农产品和畜产品，包括未经加工的肉类、鱼类及全部未加工农产品都免征增值税。

（2）为农业和渔业生产投入的农药、化肥等工业品增值税率为零，制造商可以在生产过程中收回所缴纳的所得税。这项措施旨在为生产农业投入品的生产商创造有利的投资环境。进口的投入品也实行增值税豁免。

（3）加工茶（红茶）和包装茶免征增值税，这样可以为当地茶叶生产者创造竞争优势。

（4）从事农产品出口的小规模农业生产者可以通过合作组织或行业协会获得增值税退税。

3. 1976 年海关关税法

（1）农业投入和农机具进口零关税。

（2）使用当地生产的葡萄加工的葡萄酒和白兰地酒免征消费税。这项措施旨在扩大葡萄酒的市场份额、提高葡萄酒的产量。

4. 印花税条例

（1）农业土地转让印花税税率降低至名义金额 500 坦桑尼亚先令，以减少土地所有权转让的成本。

（2）废除所有收益的印花税，包括出售农产品的印花税。

5. 职业教育与培训法案（VETA）

（1）免除农场雇佣劳动力的技能发展税。

6. 1982 年地方政府的财政法案

（1）在产区，农产品税率限制在农场价格的 5％。

（2）地方当局接受的农业生产项目自筹款仅限于由乡村社区提出，且该项目由一个或几个村庄实施。

来源：财政部 http：//www.mof.go.tz/mofdocs/news/taxationreg.htm。

6.2 出口加工区项目

通常情况下，出口加工区是为了吸引 FDI，但出口加工区（EPZ）的基础设施是一个挑战；而工业园区是为了鼓励国内生产。与上述两个区追求两个独立的目标不同，坦桑尼亚在全国范围内选择建立多功能经济区（MFEZs），同时将国内生产和出口导向型的产业结合在一起。通过与私营部门的分摊，实施 BEST 项目所设想的环境监管，并且与有效的管理相结合，MFEZs 可以在一个有限的区域内提供最佳的商业环境。此外，如果初始 MFEZs 证明是成功的，就可以确立 MFEZs 新的战略地位，并可以将其扩展到大规模经济活动的其他区域。

2006 年，全国出口加工管理局（EPZA）形成了两种类型的区域。首先是标准的 EPZ，这要求公司出口 80％的产品。第二是经济特区（SEZ），在 SEZ 中，没有对企业出口的要求，他们可以将产品卖给当地市场，也不必一定是制造业企业。2008 年 EPZA 制定了 5 年计划，合并出口加工区和经济特区，创造经济开发区（EDZs），以此来结合出口加工区和经济特区的优惠政策。

另一个计划正在制订，即建立"乡镇"经济开发区，这借鉴了中国产业组织的做法。

在出口加工区提供的优惠政策，并不是依赖于"区"的优惠政策，而是根据出口量进行优惠。与在那些服务本地市场的企业相比，那些将大部分产品出口的企业将获得更多的优惠政策。在一般情况下，EPZ 优惠政策与坦桑尼亚投资中心（TIC）相同，但是基础设施组件的差异会导致吸引投资的差异。EPZA 和 TIC 的一个重要差异是对他们的监管不同。2006 年 EPZ 法案明确了EPZA 吸引投资者的优惠政策，但 1997 年投资法案则没有明确。这可能意味着，相比 EPZA，TIC 在保证给投资者提供优惠政策上需要更长的时间。

在大多数情况下，现有的出口加工区，是由本地投资者、私人投资者和一些合资企业开发的。开发商负责出口加工区的基础设施建设，政府则负责出口加工区外的基础设施，使两者连接起来。像达雷萨拉姆港和姆特瓦拉走廊发展计划，因为缺乏公私合作政策（PPP）的政策和操作指引，EDZ 开发计划都被推迟了。

目前有三个 EPZ 和一个 SEZ 开始招租。对于出口加工区的企业来说，本地和外国公司几乎是同样数量。外国公司主要来自中国、丹麦、印度和日本。大多数公司都是工程类公司，其次是纺织品公司，农产品加工公司和矿业加工公司。此外还有 14 个地方被指定用于 EDZ 开发。姆特瓦拉和坦噶港口会优先被考虑，它们位于巴加莫约的海滨小镇（达累斯萨拉姆北面 50 千米）和处于阿鲁沙北部的一个内陆小镇。巴加莫约已完成了可行性研究和总体规划，将获得长远的发展是 EZPA 的重中之重。可以预见，这个 EDZ 面积将达 9 000 公顷，远大于其他 EDZ 标准的 2 000 公顷。巴加莫约经济开发区将成为第一个"乡镇"类型的经济开发区，里面包含一个新建港口和机场。

给 EPZ 的优惠就是给出口行业的优惠，但这种优惠不依赖于特定区域的地理位置。如果公司想从中获利，那么为了符合资格，它需要出口他们所生产商品的 70%，并且最低不少于 10 万美元[①]。有趣的是，以前的出口商不符合上述条件，把 EPZ 的优惠大礼包留给了新的出口公司[①]。如果一个国家除 EPZ 之外其他地方的基础设施都很缺乏，那么 EPZ 对出口加工业来说就非常有用。但 2002 年桑格巴尔出口加工区项目的运作受到了限制，原因是该加工区本身也没有足够的基础设施[③]。

实践表明，公共部门对出口加工区的大力投入，有利于出口加工区企业的成功。这包括增加公共和私人部门的投入和参与，改革立法和政府执法以协助 EPZ 的开发。应该注意的是，从根本上说，坦桑尼亚出口加工区的结构是与国际惯例是一致的，如由一个自治的公共法人监管（全国出口加工区管理局 EPZA），以及一个能使公共部门进行开发和管理的框架[④]。此外，监管框架清晰地设定了一般性规定，这些规定描述了设立 EPZ 企业的规则和对出口的监督和管理[⑤]。但许多方面还需要改进。具体来说，坦桑尼亚应着眼于改善基础设施，如电力和水的供应，在 EPZ 内设置海关办公室和管理办公室[⑥]。这些因素再加上安全性差、有限的交通网络、高昂租金费用，共同导致了出口加工区的企业入驻率低[⑦]。

7. 坦桑尼亚的土地政策和相关问题

1995 年土地政策及从该政策衍生出的法律，如 1999 年第 4 号土地法，为土地所有权和使用权的管理、除农村土地之外其他所有土地纠纷及相关问题的解决提供了法律依据。1999 年农村土地法专门为农村土地管理，土地争端解

---

①②　2006 坦桑尼亚投资环境 http://www.state.gov/e/eeb/ifd/2006/62039.htm。

③④⑤⑥⑦　诊断性贸易一体化研究——坦桑尼亚，卷 1，综合框架贸易有关的技术援助最不发达国家，2005。

决及其相关事宜做出了相关规定。这两个法律，如果得到有效实施，将为维护公共和个人的土地权力提供了一个有力的框架。

土地使用权植根于国家土地政策的基本原则之中，包括以下各项：

（1）所有的土地均是公共用地，并由总统作为受托人，代表全体公民管理这些土地。

（2）公民对于土地的权利是使用权，使用权就是长期占有土地，或者对土地的使用得到了法律的认可和保障。

（3）所有公民应该公平的分配和获取土地。

（4）管理任何一个人或法人团体可以占有或者使用的土地数量。

（5）承认这样一个事实，那就是对土地的兴趣是因为土地有价值，而且在影响那种兴趣的任何交易都考虑了这一价值。

（6）对于那些拥有土地占有权，或者被认可的对土地长期习惯性占有使用的人来说，如果这些权利被撤销或者遭到国家的干预，他们应获得完全、公正和及时的补偿……补偿主要基于以下因素：房地产的市场价值、获得标的土地的成本、开发标的土地的资本支出。

（7）提供高效、有效、经济和透明的土地管理制度。

（8）便利化土地市场的运营，加强对土地市场运营的监管，确保城乡小农和牧民利益不受损害。

1999 年第 4 号《土地法》规定了三种类型的土地资产：一般土地、储备土地和农村土地。土地法授权总统可以将任何区域的土地从一般土地转为储备土地或农村土地。1999 年第 5 号《农村土地法》以下简称土地法，定义了农村土地，并对农村土地进行管理。该法规定可以将农村土地转为一般土地。坦桑尼亚有四类土地使用权：一般土地、储备土地、农村土地和危险土地使用权。

一般土地。定义是不包括储备土地或农村土地之外的所有公共土地，在总统拥有所有土地的前提下，公共土地就是坦桑尼亚的所有土地。

储备土地。是在一系列的法律法规中 9 个单独的章节中定义的，这些法规包括土地森林条例（第 389 章）、国家公园条例（第 412 章）和 1967 年的土地收购法以及其他法律法规。

农村土地。定义为以下几方面但不局限于：

（1）在当地政府注册的村庄内的土地（地区当局）（1982 年第 7 号法案）。

（2）在土地权属下，被指定为农村土地的土地（1965 年第 27 号法案）。

（3）在《农村土地法》（1999 年第 5 号）实施前的任意时间里，根据任何法律或行政程序将边界土地指定为农村土地。

危险土地。定义为对这类土地的开发很可能危及生命或导致环境退化，包括连片土地如红树林沼泽，河岸或海岸 60 米区域内土地以及一些特殊的土地。

衍生权利。是在土地占有权和一些派生权利之下，提供公民、或公民团体或法人团体所占有的土地。根据坦桑尼亚投资法 1997 年的规定，非公民只能获得以投资为目的的占有权或派生权利。用于投资目的的土地已经确定了，刊登在国家公报上，并且将这些土地分配给能继续给投资者创造衍生权利的 TIC。衍生物权也称为居住许可，赋予了非危险土地的占有权许可，这包括授予城市和城郊地区一定时期的居住许可。

有效的实施土地法和农村土地法的前提是，采取合适的政策和颁布二级法令，对特定领域的具体操作进行指导，具体包括：土地利用的总体规划；测绘服务；土地估价及地产代理服务；土地并购和补偿；土地登记和土地抵押等。

除了 2007 年《土地使用规划法》和 2007 年的《土地并购和补偿法》，其余大部分二级政策和法律都是在 1995 年的《土地法》和 1999 年《农村土地法》实施前制定的。此外，坦桑尼亚之前从未有过地产代理方面的专门立法。特别是需要对现存的测绘、土地评估和土地登记进行大改革，以满足土地法和农村土地的目标。目前正在采取措施对上述法律进行改革。

7.1　法律执行的制度框架

法律执行的制度框架包含两个核心部委：土地住房部和人居环境发展部（MLHHSD），负责制定政策和监督它们 6 个分区办事处的土地管理。它们授权总理办公室、地区当局和当地政府执行政策并让它们监督当地政府部门（LGAs）的执行状况。LGAs 协调和监督村政府和村委会的土地政策执行，村政府和村委会拥有管理它们所在区域土地/农村土地的法律授权。2010 年，LGAs 的数量从 134 个增至 168 个，它们监管约 14 万个村庄。机构能力是人力资源的技术能力，是土地管理的制度、程序、设备和基础设施的总称，包含在从测绘设施到地区层面以现代信息和通信技术为基础的注册系统。

可获得的信息指出，在这两个部门中，土地管理所必需的技术员工的缺口为 75%。坦桑尼亚有大量潜在的土地管理专业人员，它们毕业于 Ardhi（土地）大学，致力于土地管理服务，2009/2010 年的学生有 2 866 人，而 2005/2006 年学生为 2 221 人[①]。大量潜在土地管理专业人员的存在并没有转化为较高的土地管理能力，是因为招聘方面的限制和有限的公共与私营伙伴关系。这些问题强化了由寻租导致的政策执行不力的问题，坦桑尼亚的中央土地登记在很大程度上是基于纸质系统缺乏透明度，这又进一步强化了寻租问题。

---

① 坦桑尼亚联合共和国财政部和经济部；2006—2009 年的经济调查。

8. 大规模土地投资在坦桑尼亚最近的趋势

可获得的信息表明，在坦桑尼亚用于农业投资的土地并购大部分处于要约阶段，可能还没有得到政府批准。据一位消息人士透露，在 2009 年，外国投资者对总共 400 万公顷土地发出了收购要约。据报道，最大的要约来自瑞典乙醇化学公司（SEKAB），它希望获得巴加莫约的大部分土地（可能高达 40 万公顷）和鲁菲吉地区 50 万公顷的土地，用于甘蔗生产。Sulle 和 Nelson（2009）支出，英国能源公司 CAMS 集团收购了 45 000 公顷的土地生产甜高粱，而另一家英国公司日光生物燃料公司在基萨拉威（Kisarawe）地区获得了8 000 公顷的土地[①]。虽然这些数字很大，但有证据表明这些公司实际获得的面积只有其中的一小部分。

但是，坦桑尼亚中小农民收购土地的趋势正日益增长，2004—2010 年调查和注册的农场数据清晰地显示了这一点。土地、住房和人居环境部 2009/2010 预算发言人公布的数据显示，在 2008 年 7 月至 2009 年 6 月期间，注册登记的农场有 623 个，目标是注册 800 个。此外，该部计划在 2009 年 7 月至2010 年 6 月期间注册 1 000 个。在 2008/2009 期间注册登记的 623 个农场中62％的农场——386 个位于 3 个地区：港湾（Coast）区（174 个），坦噶（Tanga）区（125 个）和莫洛哥罗（Morogoro）区（87 个），这 3 个区都是大型跨国公司（TNC）农业投资者的理想投资区域，因为耕地质量好、气候好、降雨充足，在需要的时候容易获得的用于灌溉的地表水。

在坦桑尼亚的中型商业农场主和小农之间、农民和传统牧民之间、牧民和旅游业投资者之间正面临日益增长的土地和水使用方面的冲突。牧民向常规雨季很长地区牧场的迁移，也凸显了非正式改变土地用途的问题，这也是造成冲突的根源。小农之间、小农与商业农场主之间、小农与牧民之间水权的冲突日益常见。对政府来说，在竞争性的国家目标面前分配水权也很困难，特别是在农业灌溉和水力发电方面。

在国家层面上，当局已认识到土地所有权和使用权的敏感性，需要谨慎应对的农业投资用地的要求。2011 年 1 月，坦桑尼亚政府发布了处理生物燃料生产用地分配的指令。这些指令处理了保护当地社区的土地权利、抓住机会与全球市场建立新的联系。它们提供了一个可以接受的农业生物燃料投资的综合性方案。除此之外，这个方案限制了土地收购的最大规模为 2 万公顷，还包括

---

① Sulle，E，F. Nelson F.（2009），生物燃料，土地使用权和农村生活在坦桑尼亚，在塞汀（Theting）和布雷克，土地投资还是抢地？从批判的观点看坦桑尼亚和莫桑比克联合共和国。

了强制种植计划的规定，为了应对粮食安全的威胁，将 25％的土地用于农作物种植。

正在进行筹备工作的坦桑尼亚南部农业发展走廊（SAGCOT）的经验教训，有助于领导者了解当前对农业投资的国际兴趣和土地并购的后果。政治声明和国际社会的反响揭示了对采用现存最好的实践、包容迄今为止那些并没有发出维权声音的农村社区利益的理解存在差异。

从"SAGCOT 投资者指南"的官方视角看，它将土地限制在 35 万公顷、投资期限为 20 年，投资额为为 25 亿美元。事实上，国际文献表明，放眼全球，大农场的规模也仅仅只有 5 万英亩[①]。

"2010 年 5 月，坦桑尼亚棉花利益相关方之一姆万扎（Mwanza）在西部棉花种植区（WCGA）实施订单农业，在种植季之初准备采用包含 50～90 个小农的农民企业集团（FBGs）的模式……加入订单农业的农民企业集团从 2008 年的 47 组 2 241 个农民增长到 2011 年的 587 组 37 951 农民。"

（公民星期天，专题报告，2011 年 1 月 16）。

姆万扎（Mwanza）棉花项目试点的结果显示，在试点区域内棉花单产每英亩从 341 千克增长到 487 千克。因此，项目的利益相关方坦桑尼亚棉花营销委员会（GATSBY 为其提供资金资助，TECHNOSERVE 为其提供技术服务）已同意扩大生产，包括建立 30 个轧花厂来加工处理这些棉花。这些轧花厂将通过农民企业集团与小农互动，根据订单农业的安排，每个农民企业集团包括 50～90 个农民。轧花厂为上游生产提供杀虫剂和肥料，棉花销售后从中扣除这些产品的钱。这一制度安排将农民和轧花厂联系起来，避免农民自行销售。受坦桑尼亚盖茨比（Gatsby）信托和坦桑尼亚棉花委员会支持的棉花发展信托基金（CDTF）支持轧花厂发挥的作用。

早前，对坦桑尼亚土地的收购或收购建议是容易引起问题的，就像其他大多数非洲国家一样。但由于很实际的原因，许多这样的建议都没有得到通过，甚至因为国内外日益提升的意识，以及有协调一致的反对这些建议的行动，使得这些建议不能纳上日程。坦桑尼亚过去 5 年重大的土地要约案例，见表 3-11。

---

① 英亩为非法定计量单位，1 英亩＝0.4 公顷。http://thegulfblog.com/2010/04/23/largest-dairy-farm-inworld。

表3-11　近期投资情况和商业模式

公司	地址	作物	土地需求（公顷）	以前的土地状况	状态	商业模式	备注
瑞典酒精化工集团（Sekab BT）（瑞典）	巴加莫约（Bagamoya）	甘蔗	24 200	官方牧场/TIC土地	土地并购过程中TIC授予的衍生权利	90%房地产，10%农业	只有一小部分用于耕作，斯堪堪纳维亚（Scandanavian）养老基金从该项目撤资，风险留给了当地社区
	如菲（Rufiji）	甘蔗	250 000~500 000	农村土地			
费利萨（FELISA）（比利时）	基戈马（Kigoma）1	棕榈油	10 000	TIC土地银行	土地正在谈判	房地产和农业	
	基戈马（Kigoma）2			农村土地			
太阳生物燃料（Sun Biofeuls）公司	基萨拉韦（Kisarawe）	麻疯树	50 000	12个村庄的村土地	农村转到一般土地	房地产和农业（未确定）	
迪利让（Diligent）（荷兰）	阿鲁沙（Arusha）	麻疯树	无	不可得	不可得	订单农业	
拜欧玛瑟福公司（BioMassive AB）（瑞典）	林迪（Lindi）	麻疯树		农村用地	与林迪（Lindi）区委会签订了66年租约		只支付耕种土地的而不是全部土地的租金，正在努力筹集项目资金
生物形态公司（BioShape）（荷兰）	基尔瓦（Kilwa）	麻疯树		农村用地	公司与村民签订了50年租赁协议		租赁面积是该地区面积的1/3

（续）

公司	地址	作物	土地需求 （公顷）	以前的 土地状况	状态	商业模式	备注
KRC（韩国）	如菲（Rufjii）	农产品 加工	325 117		KRC 通过如菲（Rufjii）盆地开发局和坦桑尼亚政府合资		一半的土地将用于开发和给当地农民使用，其余 KRC 将用来建立食品加工中心和技术转移（灌溉），处理焦化油酒和淀粉
阿戈里索（AgriSol）（美国）	姆潘达 和 基戈马（Mpanda & Kigoma）			卡通巴（Katumba）难民营：80 317公顷 米莎莫（Mishamo）：219 800公顷 鲁夫（Lgufu）：25 000 公顷	姆潘达（Mpanda）区政府 和阿戈里索（AgrSol）签订备忘录		美国持股 75%，坦桑尼亚高级内阁部长持股 25%，这与坦桑尼亚法律规定坦方必须持股 50%或以上的要求不符

来源：作者根据多种来源进行编辑。

9. 进行大规模土地投资在坦桑尼亚存在的问题及其影响

坦桑尼亚投资中心（TIC）在方便投资者进入土地市场方面发挥着关键作用，项目的正式批准需要得到 TIC（财务可行性）、农业部（农业可行性），土地和住房发展部（土地登记）、环境部（环境影响评估）的许可。投资过程中负责不同方面的政府机构之间协调和沟通较差，这部分是因为政府报喜不报忧。

坦桑尼亚必须对正在改革的投资环境采取新的和/或强化的措施。在坦桑尼亚轻松做生意的清晰图景见表 3-12，并指出了需要更加注意的方面。

表 3-12　在坦桑尼亚轻松做生意

	DB 2012 年排名	DB 2011 年排名	排名变化
业务启动	123	122	-1
施工许可证处理	176	177	1
获得电力	78	80	2
注册财产	158	155	-3
获得信贷	98	96	-2
投资者保护	97	93	-4
纳税	129	123	-6
跨境贸易	92	115	23
合同执行	36	33	-3
解决破产	122	120	-2

来源：http://www.doingbusiness.org/。

在投资者方面，私人投资者作为单一的法律实体，在土地租赁价格方面更有优势。投资者只能租赁和使用一般土地而不是农村土地。经过当地政府的许可，农村土地可以转变为一般土地。准投资者从国家层面的坦桑尼亚投资中心开始，该中心是坦桑尼亚投资便利化的一站式商店，为了获得奖励证书，该中心要求准投资者提供项目的财务可行性证明。从这里，TIC 会对他们提出建议并为他们到地区提供便利。最简单的情况就是他们获得以前确认并在 TIC "土地银行" 注册的土地，但如果这些土地全部或部分仍然是农村土地，就必须要与当地社区协商。投资者必须获得先后经过村委会（高级村民代表）、村民大会（包括该村所有成年居民）和区议会土地委员会三级通过的土地转换许可。原则上，土地转让必须经过土地住房和人居环境发展部的审批。

许多公司对获得不发达的一般土地表现出浓厚兴趣。如一家瑞典公司希望获得巴加莫约区瓦米河流域 40 万公顷的土地用于甘蔗产。证据表明，如果这笔交易继续向前推进，约 1 000 个小规模水稻种植户将需要搬迁，而且他们得不到补偿，因为这些土地是一般土地而不是农村土地。与农村土地的谈判进程将被放缓，这在很大程度上是由于缺乏先例和指导。例如，在其中一个案例中，投资者 FELISA 完成了谈判过程，获得了两个村民大会许可的 350 公顷土地，但后来收到一条消息，就是其中一个村庄撤销许可，因为该村的土地之前已经许可给了另外的投资者。当地政府按照有利于 FELISA 的方案解决了这一问题，FELISA 对该社区的基础设施进行投资并执行油棕外包种植计划，使村民相信了该项目投资对社区的价值。不过，没有正式文件将任何一方约束在这些协议上。

法律规定，当农村土地转变为一般土地时，村民应获得政府的公平补偿。然而在实践中，投资者本身往往倾向于直接支付补偿给村民。这两者之间存在实质性的差异，造成了补偿的金额和谁是有资格的受益者很混乱。由于坦桑尼亚缺乏活跃的土地市场，以市场为基础的每公顷土地的价格没有多大意义。一些公司按土地上的资源价值进行补偿，例如树木和牧场的价格，而非土地本身的价值。获得水资源（以及其他竞争性利益）对于村民和投资者来说都特别关注，在某些情况下这是冲突的来源之一，在缺乏政府对可持续取水的清晰规定或指导的情况下，冲突难以解决。

10. 大规模土地投资的现有商业模式

表 3-11 中所列的大部分大规模投资都是单一的简单模式，集中于生产一种产品，以最大化生产效率。但一种新型的趋势是投资者不仅通过提供就业、环境保护和社会投资为当地发展做贡献，而且直接涉足供应链中的当地农民和小规模企业，表 3-11 中的 KRC 就是如此。除了长期以来对农场规模效率争论的考虑，生产模式的选择可能对项目的利益分配影响更大。最大化当地利益可能需要形成合作的商业模式，合资企业与法律认可的社区组织进行协商，与小规模生产者签订农业订单。

坦桑尼亚政府正在采取的第一个步骤，以促进本地投资者和小农户的参与。政府正在制定生物燃料的投资标准，包括在一些变异的模式中让小规模生产者作为种植者的条款、合同条款或混合方案的条款。但是，大多数种植外包计划和其他包容性的生产模式都是基于自愿为了应对政府监管。投资者通过在项目之初就让当地参与，来建立起一种更稳健的商业模式，防止与当地发生冲突和国际社会的批评。坦桑尼亚混合商业模式的例子包括瑞典乙醇化学公司（SEKAB），该公司对如菲（Rufiji）地区 50 万公顷的甘蔗种植园实行了从单一所有权到特许经营的渐进式转型。生物柴油公司迪利让（Diligent）与当地小规模农户签订了宽松的合同条款，完全依赖他们提供麻疯树油。但是记录的绝大多数项目的土地都是基于政府授权或者租赁获得的，它们仍然以大型种植园的形式在继续运作。由于大面积的土地通常都是以非常优惠的条件提供的，这就激励了投资者建立公司管理的种植园而不是订单农业。即使要求优先雇佣当地劳动力的"本地成分"条款在采掘业中很常见，但在农业投资中这一条款罕有出现。这对政府来说，在大型投资者中形成促进更具包容性的商业模式系统，还有巨大的空间。

农产品的市场销路是另一个关键问题。为出口到投资者母国的作物生产是最近许多土地收购的一个主要驱动力，特别是那些担心粮食安全的外国政府主导的土地收购。一些东道国目前高度依赖食品进口，一些国家还是食品援助的接受国。坦桑尼亚依然对主要的食品出口实施禁令；如何发挥出这些投资对投资者母国粮食安全的作用需要继续观望。尽管这些投资在国内和国际媒体中受到了广泛的批评，但一种相反的观点是，农业投资将提高产量，这有利于东道国以及投资国的粮食安全。谨慎制定政策调节母国和东道国的粮食安全的要求。这个问题需要在合同中明确规定，但目前大多数坦桑尼亚的投资合同中没有提及此事。

国家法律框架对本地土地权利保护的程度各国之间差异很大，但保护程度通常都有限。当地人拥有对国有土地的使用权，但在农村地区对土地的所有权，无论是个人所有还是集体所有，都极为罕见。总之，目前的 FDI 和土地收购浪潮是发生在许多只有不安全的土地使用权背景下的——这使他们的权利很容易遭到剥夺。但是 1999 年坦桑尼亚土地法和 1999 年农村土地法已采取措施加强保护当地的土地权利（包括习惯性权利），如农村所有的土地进行登记，不管这些土地是国家赋予各州管理的土地还是国有土地。

但法律保护的可能也仅限于生产性用途的土地——例如在坦桑尼亚，缺乏对哪些是生产性用途的土地的清晰定义，以及考虑到要确保宽泛的行政自由裁量权，这些要求可能会打开权利滥用的大门，削弱了当地土地权利的安全。特别是在那些其资源使用通常不认为生产性足够的企业集团投资时尤其如此，在牧区、作为柴火来源的林区和中药产区也很常见。

11. FDI 对坦桑尼亚农业的影响

很难评估 FDI 对坦桑尼亚农业和粮食安全影响的数据或研究，特别是大规模土地并购的趋势时间太短，难以观察到它的全部影响。但现有证据表明，在 FDI 集中的产业中，FDI 对坦桑尼亚经济的影响非常显著。根据坦桑尼亚贸易委员会的数据，在采矿业中 FDI 是增长的引擎，帮助增加了黄金出口，2006 年坦桑尼亚黄金出口 70 370 万美元，约占全国出口总额的 42%。黄金出口在总的非传统产品出口中仍然占主导地位，其次是制成品和水产品。FDI 流入的增加也促进了多个行业的现代化。外国投资者已经重组了私有化企业，增强了它们的竞争力和有助于技术和技能转移。

然而，尽管 FDI 对 FDI 集中的行业的影响极为显著，但对整个经济的影响难以定论。但这种影响的规模仍然很小，许多预期的结果都没有产生（如提高当地的经济水平从而减贫，或加强当地科技能力）。在大多数情况下，FDI 目前对就业状况的影响不大，因为它流向了资本密集型行业。同样的，有大量的公众认为 FDI 对财政收入的影响很小，政府已经采取措施解决这个问题，与矿业公司协商收取更高的特许费和对上市公司实行公众持股。这些措施的结果之一是造成了达累斯萨拉姆股票交易所非洲巴瑞克（Barick）黄金（ABG）的交叉上市（ABG 在伦敦股票交易所正式上市）。因此，在起初进入的 FDI 成功后，坦桑尼亚现在的挑战就是将 FDI 推到新的领域，如农业，这对减贫非常重要。

坦桑尼亚经济受到生产力低下、物质和经济基础设施不足、依赖低附加值和生产标准化程度低的初级产品出口的制约。这些都是获得 FDI 全部利益的关键问题。在坦桑尼亚 2025 年展望中，目标是实现从农业生产力低下的经济转型到由现代化的和较高生产力的农业引领的半工业化经济，政府强调了工业在这一转型中的核心作用，具体参见 Kilimo Kwanza 框架。但是考虑到政府的财力有限，它希望 FDI 在这方面发挥核心作用。

坦桑尼亚农业由平均耕作面积 0.5～2 公顷的小农主导。与从事农业的房地产企业或大型商业农场（它们能够吸引大量的 FDI）相比，小农的生产力特别低。TIC 的记录显示，超过 90% 的 FDI 流向了作物的子行业（如甘蔗、麻疯树、油棕和剑麻），这些行业的小农组织得很好，进行了充分地整合，足以支持外国投资。

虽然已观察到了许多影响坦桑尼亚小农技术效率的因素（年龄、农民来源、教育水平和农场面积），但在一些投资中大型企业对小农的整合是主要因素（例如提布瓦食糖种植计划）中。此外，研究发现那些离加工厂或工厂更近的小农比更远的小农更有效率。其原因与远离工厂的小农运输成本较高紧密联系，在某些情况下，大型企业为附近的小农提供运输，而较远的小农被迫使用私人运输。

监管环境的改革是影响坦桑尼亚吸收和利用 FDI 的关键因素。对于 FDI 的监管，在过去 10 年的总趋势是逐步放松了对外国投资者及其他们的投资的监管规则。此外，从 20 世纪 90 年代初的私有化项目扩大了外国投资者的机遇。例如，正在进行的土地改革的目的是为了在银行贷款时用土地作抵押提供方便，并刺激农业的私人投资。投资推介已成为吸引 FDI 的一个重要政策工具。旨在吸引外国直接投资的政策已经从相对被动和一般的推介计划，扩展到更加精准定位于外国投资者的推介计划，并使用投资激励。

尽管付出了这些努力，农业部门近期也实现了增长，生产力和效率也日益提升，但流入坦桑尼亚农业部门的 FDI 仍然很小。人们普遍认为，在农业和畜牧业项目的投资是创造就业和解决贫困有关的问题最有效的方法。但是，落后的基础设施加上高昂的能源和运输成本，已使坦桑尼亚的商品没有竞争性。低水平的企业家精神和低质量的产品导致了市场份额的损失。有限的财务资金和不利的监管环境阻碍了大中型农业生产者的生产，导致了对小规模生产者生产的质量差、成本高的产品的高度依赖。

另一方面，由于坦桑尼亚农业部门继续依赖小生产者，根据小农特点建立的制度，将对农业部门的业绩以及农业吸引 FDI 的能力产生重要影响。坦桑尼亚小农受到的教育和经验有限，经常暴露在市场冲击之下，必须处理农业生产方面薄弱的制度安排。这导致了农业生产力只有轻微的提高，农产品质量只有略微的改进。当将坦桑尼亚小农的生产力与种植园、大型商业农场，甚至与东非地区其他国家的小农相比，这一点尤为明显。如上面所讨论的，生产力的差异导致了 90％以上的农业 FDI 流向了甘蔗、剑麻等作物部门，事实证明这些部门的小农能够组织起来，支持外国投资。这些发现表明，应当考虑能够吸引更对 FDI 流入和提升小农生产力的替代制度安排。

12. 结论和建议

坦桑尼亚过去 10 年农业投资的表现是喜忧参半。最早的交易反映了其决策是基于这样一种假定，即投资者会以某种方式将小农连接到他们的投资当中，后者将通过就业、技术获取和市场联系自动获益。但没有人思考将以什么样的方式使小农获益，也没有在政府与投资者之间的合同上写上这些条款。此外，当地社区的参与也主要局限于表面磋商，投资者给了很多口头承诺，很少有强制性承诺。

今天，对 FDI 的陷阱有了一个更清晰的理解，如在生物燃料指南、SAG-COT 项目的规划阶段的措施、在农业部门发展计划合同中采取的其他干预措施就是证明。正是在这种背景下，人们认为，根据文献回顾的发现所提出的具体政策建议，能够增加政府行动的价值，使政府对新机会积极响应，同时降低内部风险。

结论和建议从以下问题中得出：获得土地和土地权属的保障、粮食安全的担忧、获得水权和过水通道、商业环境改革、基础设施服务的战略发展、采取最好的政府政策干预手段、采取负责任的农业投资的原则及相关的商业模式、有效的 M&E（监督和评价）。

粮食安全：坦桑尼亚解决粮食不安全问题的挑战围绕着获取粮食展开——在需要粮食的时候不是在国内生产，就是从邻国进口。即使是在干旱和短缺的情况下，坦桑尼亚也能满足自身粮食安全的需求。但这是通过对交通、农村基础设施包括收获后的设施的投资，国内与地区市场的深度整合，改善了富饶农区（大部分位于南部高地）剩余农产品的可获得性之后实现的。如果采取适当的政策干预工具，较高的生产力很容易使谷物产量翻倍。例如，坦桑尼亚目前运行的通过补贴肥料来补贴粮食生产的大项目难以持续，因为目前的补贴基于肥料销售的收据，这产生了道德风险。需要记住的一个问题是是否使用诸如订单农业之类的工具，关键是看有没有更好的选择。通过改善的交通、废除区域间禁令和出口禁令来进入市场，也必然会鼓励农民更多地投资于他们的土地，提高产能过剩的水平。

对此问题的政策建议是，落实政策手段来刺激小农提高生产力、取消市场禁令。重新采用铁路运输改善了交通系统，降低了运输成本，也增加了农民利润，促进了对小型农业更高的投资。

土地管理和权属保障：坦桑尼亚有一个良好的土地政策和同样良好的政策工具，即 1999 年土地法和 1999 年农村土地法。其功效在于实际执行情况和二级执行手段，包括土地使用规划、测绘、土地估价、地产代理服务、土地并购和补偿及以土地为基础的抵押方面的二级立法和规定。公共土地控股模式信息的基本来源是农村土地法。实际上可获得的是那些编制了土地利用规划和颁发了农村土地证（CVLs）的村庄土地的信息。目前的挑战是大概 1 000 个村庄编制了土地利用规划，还有超过 1 万个村庄在等待编制规划，为了建立全国土地注册系统（将保障农村社区和小农的土地权利），必须进行土地测绘和裁决。映射和审判所必需的创建全国土地登记。因此，建议加快编制农村土地规划和农村土地确权颁证，以此作为保障当地社区土地权利的方式，这也将大幅提升对土地权利的保障。

获得水权和过水通道：与保障权利同样重要的是，在水资源短缺（由气候变化导致的）意识非常严重的地方获得水权。此外，过水通道也成为农村地区的一个问题，因为大型农场倾向于在它的土地和周围村庄之间建立缓冲池，这关闭了通过大农场的公共过水通道。现有公共过水通道的转移和获得水的限制来源于将土地转让给大型投资者后造成了土地之间的隔离——将成为与获得土地规模直接相关的一个大问题。到目前为止，所有已经完成的交易忽视了当地社区未来获得水的权利，在某些情况下，这将成为商业农民和当地社区冲突和紧张局势的根源。

在长期中，如果不处理这些问题，这样的交易是否可持续值得怀疑。建议在未来的交易中，考虑制订可接受的过水通道的替代方案，和当地社区与大型投资者平等共享过水通道。进一步限制土地租赁合同持续时间，比如是 33 年而不是 99 年，这将增加在中期重谈合同的灵活性，同时将生物燃料指南扩展应用到农业商品和食品生产，可以纠正投机性的土地并购问题。最后，未来的合同应该在那些确有必要的地方平衡水权，要求农业投资者有义务为授予他们的水权付费。

商业环境和投资环境：坦桑尼亚在实现经济转型中面临的主要挑战是商业环境和更宽泛意义的投资环境。就商业环境来说，当务之急是加强正在实施的政策和监管改革，启动对那些对营商成本有重大影响的部门的私有化改革：对企业进行注册以支持区域内贸易、进行土地登记以改善作为商业资产的土地使用权和所有权的保障、贸易便利化以促进区域市场一体化、税收制度和争议解决。更艰巨的挑战是提高基础设施的服务水平，特别是交通，能源和水利部门，以及农业和工业部门生产性基础设施的发展。

因此建议通过实行公私合作政策（PPP）的方法加强和加速监管改革并加速动员私人部门资源发展和管理基础设施，提高对社会和经济的服务。识别并明确优先发展那些对经济转型最有贡献的部门，在政策执行中这是一个基本的原则。解决电力和交通的供需矛盾尤为关键，因为这两者已经严重限制了私人部门的效率和阻碍了经济更快的增长。主要是确保电力和交通服务的可靠性和经济性。

农业和工业基础设施发展：提高生产力、实现自给自足的粮食安全、抓住新增粮食需求和有限耕地资源的机会，需要加大对农业基础设施（如灌溉设施）和工业基础设施（如工业园区、经济特区和出口加工区）的投资。优先对软基础设施投资，即信息通信技术和金融服务，是实现更快经济增长的关键因素。目前，主要政府机构如民事登记处，为支持高效服务所采取的改善金融获得性和 ICT 基础设施发展的措施，应当得到加强和加速。

采用 RAI 原则的相关领域：负责任的农业投资（RAI）原则、商业模式和融资工具为土地租赁合同的谈判和咨询提供了最好的实践框架，作为土地并购的替代工具，土地租赁不会剥夺当地社区和个人的权利。因此，建议采取以下措施处理农业投资：

（1）建立使用现存的商业模式和金融工具（主要的分析手段）的能力，开发考虑了农业投资者土地租赁合同要求和建议的决策制定选择模型。

（2）通过立法强制性的把生物燃料指南扩展应用到作物生产、处理水权问题和保障过水通道。确保公平的获得水权是未来实现社会可持续发展的一个关键因素。

计划和项目的有效实施、监督和评估：在许多撒哈拉以南非洲（SSA）国家，包括坦桑尼亚的政策执行失灵主要是有效监督和业绩评价的跟踪记录较差。即便记录不差，也有隐藏实际发展情况的倾向，在规划阶段就无法建立真实的监督和评价基准。非洲也不愿意采用其他经济体的最好实践作为一种规范来发展经济，在许多情况下，宁愿选择一些明知不会使经济变好但受本国支持的政策工具。此外，SSA 政府必须在经济战略的制定和战略计划的实施方面采用最好的实践。以当前问题很复杂为借口采用不合标准的政策措施是毫无意义的。

坦桑尼亚农业部门不仅给潜在投资者提供了一般商品的贸易机会，也提供了技术配套行业如灌溉网络和冷藏设施、农具和农业投入、渔业装备和加工厂、农产品加工等行业的投资机会。由于国家资源禀赋的巨大潜力，政府希望主要通过财政激励来增加投资。坦桑尼亚也具备其他吸引国外投资者的特点，比如进入东非共同体（EAC）及东部和南部非洲共同市场（COMESA）的潜在机会。

虽然许多影响投资预期的监管框架，在 20 世纪 90 年代通过自由化和商业化进行了改革，但是很多规定现在已经过时，需要修订。

许多立法修订案已酝酿了相当长的时间，但仍然没有结果。政府正在重新审查其贸易和投资立法，让利益相关方参与对法律草案的讨论。这些改革举措需要加快和深化。

税收制度（对本地产品和国际产品征收多种税）是显著制约生产的例子。建议协调不同作物和商品的税负价格，通过降低税负扩大税基来消除抑制生产的因素。

除了加强和巩固其现有投资吸引力的特点，坦桑尼亚也应努力发展其比较薄弱的方面。尽管拥有较大的人力资源库，但技术工人缺乏，在那些有足够技术能力的地区，政府可以推动私营部门参与的能力建设和培训计划。对技术转移的可能会转移到提供新技术信息，对利益相关方进行新技术使用、技术成本和技术适用性方面的培训。另一个问题，特别是对农业综合企业非常重要，是基础设施。在这方面，私营部门（包括外资）的参与特别有用，例如，在制定道路发展战略时就应该考虑让它们参与。因此，尽管坦桑尼亚将继续执行已经成功吸引 FDI 的政策作为了战略重点，但是为了吸引更高比例的 FDI 到农业部门，农业和相关行业的许多领域都需要改革、修订和完善。

附录　粮食部门的投资机会作物

作物	投资机会
咖啡	在鲁伏马，姆贝亚，伊林加，基戈马，阿鲁沙大规模种植。建立加工企业。
棉花	大规模种植，尤其在莫洛哥罗，沿海，辛吉达，坦噶，伊林加地区。建立棉纺企业。
烟草	在姆贝亚，辛吉达，欣延加，鲁克瓦，塔波拉大规模种植。收购烟草并建立规模加工厂。
剑麻	多多马，欣延加，辛吉达，基戈马，坦噶，沿海和莫洛哥罗地区的规模种植。投资新的种植区或者与私营种植合资。剑麻纺织和副产品生产，如酒，颗粒板，沼气和电能，柠檬酸，药品，饲料，有机肥，手工艺品，垫子和垫料，金属抛光布，车船和家具复合材料等。建立榨浆厂。
茶叶	姆贝亚，伊林加，玛拉和坦噶的规模种植，建立加工厂。
除虫菊	在高纬度地区建设规模化订单种植，如伊林加，姆贝亚和阿鲁沙。建设除虫菊原油提取和加工厂。
腰果	加工，规模种植和营销市场。
食糖	在沿海，鲁伏马，喀格拉，玛拉，姆贝亚和基戈马规模种植。建设蔗糖加工厂。
香料	在坦噶，沿海，姆特瓦拉，林迪，莫洛哥罗，姆贝亚，乞力马扎罗，喀格拉和基戈马等建立农场、加工厂和市场。
花卉	在坦噶-乌萨布拉，伊林加，姆贝亚，喀格拉，阿鲁沙，乞力马扎罗和莫洛哥罗建立规模生产。在坦噶、达累斯萨拉姆，穆特瓦拉赫林迪生产低地花卉。在阿鲁沙，姆贝亚，伊林加和乞力马扎罗生产花种。
水果蔬菜	在阿鲁沙，乞力马扎罗，坦噶，莫洛哥罗，达累斯萨拉姆，多多马，伊林加，姆贝亚，姆万扎和喀格拉等潜力地区发展种植业。加工和生产罐头供应国内外市场。
香蕉	扩大喀格拉，乞力马扎罗，莫洛哥罗，和姆贝亚地区香蕉生产。投资香蕉苗的生产和营销，如威廉姆斯，卡文迪什，中国品种等。
油料（芝麻、葵花子、棕榈油和大豆）	生产加工。
其他（木薯、白马铃薯、高粱、小米、豆类）	扩大生产加工供饲料用和食用。

来源：坦桑尼亚农业部门投资机会，农业和粮食安全部，http：//www.agriculture.go.tz/.

参考文献

Abbassian A. Global food chain stretched to the limit, in *The Citizen* (*Tanzania*) Thursday, 20 January 2011. United Republic of Tanzania, Dar-Es-Salaam.

AgriSol Energy. 2011. *Report to the Prime Minister of the United Republic of Tanzania regarding proposed development of Katumba, Mishamo and Lugufu former refugee hosting areas.* 7 January, 2011. Power Point Presentation. Dar-es-Salaam.

Deininger, K., & Byerlee, D. 2011. *The rise of large farms in land abundant countries: do they have a future?* Washington, DC. March 2011. World Bank Policy Research Working Paper No. 5588.

Deininger, K. & Byerlee, D. *with* Lindsay J., Norton A., Selod H. & Stickler M. 2011. *Rising global interest in farmland: can it yield sustainable and equitable benefits?* Washington, D C. World Bank.

FAO. 2009. *Rapid assessment of aid flows for agricultural development in sub-Saharan Africa.* Rome, FAO.

FAO, IFAD (International Fund for Agricultural Development), UNCTAD (United Nations Conference on Trade and Development) and the World Bank Group. 2010. *Principles for responsible agricultural investments that respect rights, livelihoods and resources.* Rome, FAO.

FAO, IIED (International Institute for Environment and Development) & IFAD. 2009. *Land grab or development opportunity? Agricultural investment and international land deals in Africa,* by L. Cotula, S. Vermeulen, R. Leonard & J. Keeley. Rome, FAO and IFAD. London, IIED (available at www. fao. org/ docrep/011/ak241e/ak241e00. htm).

Guardian The (Tanzania). Monday, 31 January 2011. *US to give $2million for farm project.* Dar-es-Salaam.

IIED, FAO, IFAD & SDC (Swiss Agency for Development and Cooperation). 2010. London/ Rome/Bern. 2010. *Making the most of agricultural investment: a survey of business models that provide opportunities for smallholders,* by Vermuelen, S. and Cotula, L. London, IIED. Rome, FAO and IFAD. Berne, Switzerland, SDC.

Land Report. 2011. 2010 *Land Report 100: America's Top 100 Landowners.* Saturday 13 August 2011. The Land Report: Magazine of the American Landowner.

Ministry of Energy and Minerals. November 2010. *Guidelines for sustainable liquid biofuels development in Tanzania.* Dar-es-Salaam.

Ministry of Lands, Housing and Human Settlements Development (MLHHSD). 2005. *Strategic plan for implementation of land laws.* Dar-es-Salaam.

Munissi et al. *Study for the MOFEA and the planning process on climate change.* Sokoine University of Agriculture, Morogoro, Tanzania.

Ness B. , Brogaard S. , Anderberg S. & Olsson L. *The African land grab: equitable governance strategies through codes of conduct and certification schemes.* 2009 Amsterdam Conference on the Human Dimensions of Global Environmental Change, Amsterdam, 2 – 4 December 2009 (available at www. earthsystemgovernance. org/ ac2009/? page=papers).

Oakland Institute. 2011. *Understanding land investment deals in Africa, AgriSol Energy and Pharos Global Agriculture Fund's land deal in Tanzania.* June 2011 (available at www. oaklandinstitute. org).

Oakland Institute. 11 December 2009. Memorandum of Understanding. *MOU for Conducting feasibility study between Mpanda District Council and AgriSol Energy Tanzania Limited.* June 2011. Oakland, California, USA, The Oakland Institute (available at: www. oaklandinstitute. org).

Sulle, E. & Nelson, F. 2009. Biofuels, land access and rural livelihoods in Tanzania, in *Theting & Brekke, Land investments or land grab? A critical view from Tanzania and Mozambique.*

Tanzania Investment Centre. 2008. *Tanzania Investment Guide* 2008: *Opportunities and Conditions.* Dar-es-Salaam.

Ministry of Agriculture, Food Security and Cooperatives. 2003. *Agricultural sector development program: support through basket fund.* Dar-es-Salaam.

UN General Assembly Human Rights Council. 2009. 13th Session, Agenda item 3. *Large-scale land acquisition and leases: a set of minimum principles and measures to address the human rights challenge.* December, 2009. New York.

UNCTAD & International Chamber of Commerce. 2005. *An investment guide to Tanzania: opportunities and conditions.* June 2005. New York and Geneva.

UNCTAD. 2009. *World Investment Report for 2009 and 2011. Transnational corporations, agricultural production and development.* New York and Geneva.

UNCTAD. 2009. Trade and Development Report 2009. *Responding to the global crisis: climate change mitigation and development.* New York and Geneva.

UNCTAD. 2010. The Least Developed Country Report 2010. *Towards a new international development architecture for LDCs.* New York and Geneva.

United Nations Press Release. 2009. World Population to exceed 9 billion by 2050 in Miller, Calvin; and Richter, Sylvia; 2009. *Agricultural Investment Funds For Developing Countries* Concap Connective Capital, Frankfurt.

United Republic of Tanzania. 1999. *The Land Act* (No. 4 of 1999). Dar-es-Salaam, Government Press.

United Republic of Tanzania. 2001. *The Land Regulations* 2001 *Subsidiary Legislation* (*Supplement No. 16 of 4 May 2001*). Dar-es-Salaam, Government Press.

United Republic of Tanzania. 1999. The Village Land Act（No. 5 of 1999）. Dar-es-Salaam，Government Press.

United Republic of Tanzania. 2008. President's Office，Planning Commission. *Economic Survey 2008*. Dar-es-Salaam，Government Press.

United Republic of Tanzania. 2005. President's Office. *Property and Business Formalization Project（PBFP or MUKUTABITA）: Diagnostic Study*. Dar-es-Salaam，Government Press.

United Republic of Tanzania. 1999. *The Village Land Regulations 2002 Subsidiary Legislation*. Tabora，Tanzania，Peramiho Printing Press.

United Republic of Tanzania. 2011. President's Office，Planning Commission. *Five Year Plan 2011/12 to 2015/16*. June 2011. Dar-es-Salaam，Government Press.

（三） 泰国：外国投资和泰国农业发展[①]

1. 简介

FDI 在泰国经济中起着至关重要的作用。在泰国，FDI 增长迅速，投资从进口替代型转向出口导向型，投资主要集中在制造业部门。实证研究一直集中于研究 FDI 在制造业中的作用。尽管泰国是一个以农业为基础的经济体，农产品中的外国投资已经存在了很长时间，然而农业部门中外国投资额很小，对FDI 在农业部门中所起作用的研究也很有限（Netayarak，2008；Sattaphon，2006）。本节主要有两个目的：一是分析农业部门中国际投资的范围、性质和影响；二是分析影响国际投资的政策、立法和制度。

本节包括第一部分简介在内的 6 个部分。第二部分简要回顾了泰国农业的背景，并解释本研究中 FDI 统计的定义。第三部分描述影响泰国 FDI 的政策、立法和制度。第四部分分析泰国农业中的 FDI，重点讨论 FDI 的范围和性质。第五部分分析 FDI 的影响，重点关注农业部门。最后一部分是小结和政策建议。

2. 泰国农业的背景和 FDI 数据

2.1 泰国农业发展概述

一直以来泰国都是一个以农业为基础的经济体，农业部门在整体经济中起着决定性作用。20 世纪六七十年代，农业曾经是经济的"增长引擎"[②]。这一主导地位在 20 世纪 80 年代被制造业取代。自那时起，农业占总体 GDP 的比重逐步下降。农业增长的下降主要是因为经济转向工业化的结构性转变，同时也由于很多外部因素，特别是全世界范围的大宗农产品价格不景气（Poapongsakorn，2006）。尽管农业在 GDP 中的比重下降，农业部门作为农村收入和出口创汇的重要来源，依然继续对整体经济发展做出贡献[③]。农业还为

---

① 本节基于两位学者为 FAO 做的原创性研究，一位是泰国农业大学经济学院的 Waleerat Su-phannachart，另一位是独立研究人员 Nipawan Thirawat。

② 主要驱动力是扩张土地以及大量的道路和灌溉设施的公共投资。

③ 泰国是一个主要的农产品净出口国，主要出口大米、橡胶、木薯、食糖和禽产品（Warr，2008）。在泰国，大多数穷人居住在农村地区并直接参与农业生产（Warr，2004）。

农业综合企业提供原材料，并确保家庭粮食安全。1970—2008 年，农业保持了接近 3％的年均增长率。

在农业部门内部，种植业产出长期占据农产品产出的最大部分，接下来分别是渔业、畜牧业、林业和农业服务。然而，从年均增长率来看，畜牧业在1970—2008 年增长速度最快，接下来是渔业和种植业。畜牧业的快速增长主要是因为禽产品的出口需求保持高位，尤其是欧洲市场（Poapongsakorn，2006）。作物生产主要是种植水稻、橡胶、木薯、甘蔗、玉米、洋麻等农作物。

如今，在泰国农业生产产品结构不断发生变化的同时，农产品的比较优势和需求模式也朝着高附加值和安全农产品的方向不断发生变化。现已发生从生产水稻、玉米等传统作物向生产高附加值作物，尤其是园艺产品的转移（Poapongsakorn，2006）。大宗农产品出口由主要农作物转向加工农产品，如冻鸡、虾、菠萝罐头，以及高附加值产品，如咖啡、辣椒、鲜切花、水果和蔬菜等多样化产品。尽管水稻依然是占用耕地和劳动力最多的作物，但水稻的出口额自 20 世纪 90 年代开始就排在橡胶之后，在 1991—1995 年和 2001—2002年排在虾之后。平均来看，食品加工部门[①]的增长速度要快于农业部门。食品加工部门在 1986—1990 年发展迅速，增长速度达到 8.95％的最高值，同期农业部门的增速仅有 3.17％。自那以后，两个部门的增长速度逐渐下降。总而言之，两部门依然保持强劲发展趋势，位于泰国最具竞争力和最重要的部门之列。

加工食品占泰国食品出口的 20％。（2007 年占 6.45％，2008 年占 19.16％）。加工食品出口，包括水产品罐头、加工水果和蔬菜等，涵盖了泰国出口产品结构的重要组成部分。此外，高附加值产品，如即食食品增速最快，尽管加工过程比其他产品更为复杂。这表明泰国食品加工业在产品生产能力和竞争力方面具有竞争优势。泰国在加工食品出口方面有很好的声誉，尤其是一些特定的类别，如加工金枪鱼产品（占 47％）、虾（占全球市场份额的 20％，2008 年全球最大的出口市场）、菠萝加工品（2008 年全球最大的出口市场）和加工鸡肉产品（占全球市场份额的 25％，2008 年全球最大的出口市场）等。

农业部门被认为是泰国竞争力的重要反映，在泰国国民经济发展中处于重要地位。泰国是亚洲和世界最重要的食品出口市场之一。它由贸易和放宽投资

---

① 　关于食品加工企业，本研究对食品工业的定义和泰国工业部的定义一致（2002），泰国工业部在泰国食品工业国家总体规划中，对"食品工业"的定义是："食品工业是指以植物、畜产品和渔产品等农产品为主要原料进行生产的行业，该生产基于技术手段获取用于消费或者进一步加工的产品。它是一种通过初加工、中间制造或者最终生产流程保存农产品的方式。"

限制（通过自由贸易协定和国际投资协议）驱动，同时试图通过投资促进项目吸引更高水平的 FDI，还实施了出口导向型的工业化政策。

2.2 泰国 FDI 数据

泰国 FDI 的统计数据主要有两个来源：泰国银行（BOT）和泰国投资委员会（BOI）。两个机构的数据在本节都有用到。BOT 统计的 FDI 数据涵盖了流入泰国的全部 FDI，而 BOI 的 FDI 数据只包含与 BOI 促进项目有关的部分。需要注意的是并不是所有的 FDI 项目都会申请 BOI 的促进项目，两个数据源是基于不同口径进行统计的。

BOT 根据国际货币基金组织（IMF）的国际支付手册统计 FDI 数据，这一手册是国际上统计 FDI 数据的通行标准。BOT 的 FDI 统计包括三部分内容：外资股份占比至少 10% 的权益资本、分支机构贷款、再投资收益（泰国银行，2010）。这些数据的定义和国际标准是一致的，因此它们在国别之间具有可比性。BOT 的统计反映了整体的投资流，经常使用 FDI 净额。FDI 净额等于 FDI 流入额减去 FDI 流出额。

BOI 统计的 FDI 数据涉及外资占比至少 10% 的项目。BOI 对 FDI 的定义并不严格按照 IMF 的直接投资标准，因此这一数据经常被叫做外国投资而不是 FDI。BOI 的外国投资数据仅包含申请或者收到批准 BOI 促进的项目。BOI 促进包括 7 个部分：①农业和农产品；②矿业、制陶业和基本金属；③轻工业；④金属制品、机械和运输设备；⑤电子工业和电气设备；⑥化学品、造纸和塑料；⑦服务业和公用事业。本研究仅关注农业和农产品部分。

由于两个 FDI 数据源基于不同的标准进行统计，两者之间没有可比性。尽管如此，两者之间有很好的互补性。BOT 的 FDI 数据代表了泰国实际的 FDI 流入量，BOI 的数据则表明了 FDI 的流动趋势。BOT 的统计在总体水平上描述了 FDI 的情况，而 BOI 的数据使我们可以在项目水平上研究外国公司所起的作用。

3. 影响泰国农业 FDI 的政策、立法和制度

3.1 概述

3.1.1 投资壁垒

3.1.1.1 高交易成本

泰国逐步形成了一个开放型的经济。这反映在泰国的关税和非关税壁垒在逐渐下降上。20 世纪六七十年代，当泰国落实进口替代政策以保护本国工业时（泰国投资促进委员会，www.boi.go.th），进口关税的水平很高，尤其是对于那时的新兴工业（如汽车工业）。在 20 世纪 90 年代末期，出口导向型企

业的机械和资本货物（共 61 类）进口税被取消。此外，无论是 BOI 还是非 BOI 促进项目企业，用于出口产品的原材料进口税都被免除。企业可以从泰国海关获得进口退税。

但高交易成本依然存在，主要是由于在泰国贸易和投资自由化的进程中，低效的公共服务、模糊不清的规则以及重复/复杂的管理步骤所致。1997 年的亚洲金融危机为泰国广泛的改革敲响了警钟，包括政府透明度和经济改革。很多泰国政府部门如出口促进部和 BOI 都启动了一站式服务中心，以帮助出口商和投资者。迄今为止，这些中心仅有一部分被证明能在很短的时间内提供高效的服务（即签证和工作许可证在 3 个小时内核准，并在单一的窗口提交所需的海关/业务许可证和标准认证文件）。然而，由于规章制度不透明和官僚作风，导致国际商品统一分类制度（HS）编码的解释、报关和进口退税（最高可能延迟 30 天）以及增值税退款（15～90 天甚至更久）的处理时间十分漫长。同样，业务许可、登记和标准认证涉及很多政府部门，但每个部门的办理程序和要求却很不同。实际上，这些都需要花大量的时间，并增加了交易成本，成为影响 FDI 流入的因素。

上述问题的后果是很多公司（新成立的和已经成立的）都需要在业务许可和登记、标准认证、产品分类、海关和税务程序等相关规定上获取更多信息。例如，一家著名的食品加工企业（J 公司）想要把产品出口到澳大利亚，它就需要联系泰国政府的出口促进厅（DEP），获取泰国和澳大利亚双边自由贸易协定的具体内容。然而，由于在那些能享受较低关税的产品分类上存在疑问，这家公司没能在自由贸易协定上获得任何利益。

世界银行关于泰国投资环境评估更新（2008）的报告，是基于对 1 043 家包括汽车零件、食品加工、家具/木材、电子零件、电气制品、服装、机械、橡胶/塑料和纺织品在内的制造业企业的分析完成的。这些企业参与了 2007 年开展的泰国生产力和投资环境普查（PICS）。这一报告准确描述了企业在泰国做生意遇到的困难。管理上的复杂和混乱，以及获取业务许可和标准认证的程序，既花费了这些公司的时间，又花费了它们的金钱。

简言之，降低关税、非关税壁垒和税收可以吸引 FDI，泰国依然需要简化税收、海关和其他公共管理部门的规章制度，以成为最能吸引 FDI 的区域之一。

3.1.1.2　政策不稳定性

自 2006 年以来，泰国面临着严重的政治不确定性。2006 年发生军事政变，2010 年发生政治动乱和暴力冲突。不断变动的政府和总理（2006—2010 年共有 7 位总理），意味着可能会修改现有政策。在最坏的情况下，一些经济政策可能会终止。例如，2006 年就在政变发生之后，通过加强货币和资本控制（资本流入的 30％作为储备金）改变了资本流动政策。此外，当时的政府试图修订 1999 年的外商经营法，激起了投资者不断增长的负面反应。不出所料，不确定性导致很多外国投资者延迟决定或者寻找其他的投资目的地。这都对 FDI 流入造成了持续的负面影响。

政府宣布不会改变 1999 年外商经营法。在服务领域外国企业最高可以持有 49％的股份。如果投资泰国的制造业部门，所有权比例还会更高。关于土地拥有权，外国人和外国企业可以继续购买有限的地块（大多在工业园区），但要获得政府的事先许可。很明显，在政治混乱、充满不确定性的时期，泰国的 FDI 流入量一直在下降。政府意识到通过构建稳健的宏观经济环境和制定明确的长期政策，或许是一种补救的办法。

政治动乱和 FDI 下滑在 2010 年上半年的示威活动期间很普遍，这无疑对日本投资者的决策和信心造成了很大的负面影响。曼谷的日本商会（JCC）开展了一项评估 JCC 成员公司商业情绪的调查。1 299 家公司中共有 375 家（28.9％的回复率）回复了问卷。结果表明大多数参与这项调查的公司（大约 67％）认为这次示威会影响它们未来在泰国的投资，同时有 7％的公司提高了投资标准以应对政治不确定性（日本商会，2010）。引人注目的是，99％的公司认为政治动乱会对国内经济产生负面影响。由此看来，如果市场选择的是日本公司（主要集中于在泰国销售产品）而不是那些把泰国作为出口商品生产基地的公司，泰国 FDI 流入量受到的影响可能会更大。

3.1.1.3　政府对研发和人力资源开发项目的支持有限

泰国的一个劣势在于它的研发（R&D），另一个劣势是人力资源开发（HRD）。这些领域急需公共投资以加强农业部门 FDI 的吸引力，同时提高自第一个国家经济和社会发展计划以来就被确定为重点的农业生产率。这也突出了农业部门作为泰国经济增长引擎的重要作用和价值。农产品出口到国际市场，同时也是包括食品加工业在内的其他工业的原材料和中间产品。泰国想要成为"世界厨房"和国际食品出口市场。为实现这一目标，食品加工业在第九个国家经济和社会发展计划中被确定为优先发展的部门。农业发展（包括 R&D 和 HRD）需要多部门的协调努力，例如，农业部、合作部和科技部。

20 世纪 60 年代，政府政策主要集中于提高农业生产率和提升国内国际市场需求很高的农产品多样化水平。疫情防控和发展家畜良种在这一时期都有提升。旨在利用 50％土地的森林和自然资源保护也是重要的发展目标。然而，农业部门的研发仅局限于水稻、橡胶和玉米之类的经济作物。此外，泰国政府开始支持渔业部门的研究，并培训渔民以提高他们的深海捕捞能力。

随后，在第四个国家经济和社会发展委员会（NESDP）中，通过促进发展先进技术强化了政府提高农业生产率的努力，如研发肥料、杀虫剂和农业机械等，但是大多数农业企业和农民依然缺乏创造最先进技术的能力。因此，大多数此类技术都是引进并由农业部门人员加以改进。这降低了生产成本和时间，同时提高了产出。在同一时期（20 世纪 70 年代中后期），BOI 依据投资促进法案，给了采用资本密集型生产的出口导向型制造商特权。这促使外国投资者对包括食品加工在内的农业部门进行投资，第一次出现了正数。

农业企业（包括泰国的和外国的）在农业部门的发展中起着非常重要的作用。它们是创新者并处于主导地位，因为它们更容易获取资金和技术，而且在价值链中比农民和其他参与者更专业。研发需要大量的长期投资，大公司有能力通过国内渠道、合资公司，或者国际企业的资金支持来动用资金。这将有益于作物种植、畜牧业、水产业、种植园以及食品加工的发展。此外，大公司拥有提高研究项目成功率的技术能力。它们通过合同农业体系与农民建立紧密的联系，并允许农民获得新开发的技术以提高他们的农业生产技能。

科技部在提高泰国农业竞争力方面同样发挥着重要作用。例如，它的一个部门制定的战略规划就体现了这一点。全国科技发展局（NSTDA）的战略规划（2007—2011 年）旨在通过促进研发、实施与技术转让和人力资源开发有关的活动以及发展科技基础设施等，来实现第十个国家经济和社会发展计划中确立的目标，把泰国转变成知识型创新经济体。泰国科技部的 NSTDA 的最主要任务之一是将食品和农业部门分级以适应第九个国家经济和社会发展计划。由一个独立的食品和农业小组来负责种子研发、动物繁育技术、降低成本和提高生产力技术、提高产品质量以及粮食安全和水产品风险评估。

成功转变为知识型创新经济体的重要指标是与研发有关的投资数量，以及人力资源开发情况。泰国的可持续发展取决于生产能力，生产能力可以通过利用技术不断加强，而技术能力需要研发投资提升。NSTDA 是工业和农业部门创新的驱动引擎，因为它推动了新的创新和合作。然而，值得注意的是泰国的研发预算一直都保持在 GDP 的 0.5％不变。政府在研发上的实际投入甚至更少，自第五个国家经济和社会发展计划（1982—1986 年）一直到最近的国家计划（2007—2011 年）只投入了大约一半。此外，农业与合作部的支出中仅有 6％用在研发上。

关于人力资源开发，泰国政府承认泰国人教育水平低、受教育机会少。劳动力质量是影响 FDI 流入总量和经济增长水平的关键因素。因此，教育政策和教育发展水平包含在第十个国家经济和社会发展计划中，被确定为政府的优先任务。受过良好教育的劳动力可以加速技术的吸收效率并提高生产力。如今，泰国劳动力的技术水平同外国企业的需要不匹配。大约 40% 的制造业公司指出劳动力短缺和技术不匹配是在泰国经营的主要障碍（世界银行，2008）。新开发的教育政策和体系已经就位。教育和经济部门间形成的战略联盟可以解决劳动力技能不匹配的问题，同时形成适合部门发展的研究和知识。

新加坡是东南亚地区成功进行人力资源开发的榜样。新加坡政府在教育上投入巨大，积累了知识和广泛传播的技术（Hobday，1994）。这或许能解释为什么新加坡是这一地区最发达的国家，并吸引了大量 FDI。虽然这还不是泰国目前的情况，但泰国政府致力于通过积极的教育改革实现长期人力资源开发目标，包括免费的优质教育政策。到目前为止，现在的泰国政府正全力支持一个 15 年免费基础教育项目。学生有资格免费获得学费、教材、学习资料、校服和其他相关教育活动等。这项改革不仅仅专注于提高教育的可获得性，也致力于提升教育质量。然而，政府到目前进展不大，主要是因为在人力资源开发和研发项目中出现的诸多问题，如基础设施不足（信息通信技术系统），不同政府部门间的协调性问题等（如教育部、科技部，农业部与合作部）。

3.1.2 投资政策环境

3.1.2.1 宏观层面政策

（1）出口导向型的工业化政策

作为东南亚地区增速最快的经济体之一，泰国是一个最受外国投资者欢迎的投资目的地。显然，很多国家和他们的公司想分享和利用泰国的高速增长。泰国自 1981 年起取得引人瞩目的经济增速，20 世纪 80 年代末期实现两位数的增长。当 1985 年马来西亚和新加坡的增速下降时，泰国经济依然保持增长。1997 年的亚洲金融危机之后，1998 年泰国和马来西亚经历了严重的负增长，分别为 −10.5% 和 −7.4%，新加坡为 −0.9%（联合国统计署，http：//un-stats. un. org）。21 世纪前 10 年，尽管发生了政治剧变，泰国的增长率实现反弹并在 2006 年达到了 4.07%。

泰国的发展战略在加速经济增长的过程中起到了重要作用。泰国工业化政策的发展开始于自 1958 年构想和实行的进口替代政策。这一政策被纳入到泰国的国家经济和社会发展计划，以及 BOI 的政策体系中。泰国政府选择了一些特定的企业有权从这一政策中获益，主要是基于它们与国内产业的直接联系、对国内原材料的使用情况，以及对增加泰国外汇储备总量的贡献。这是通过关税、进口限制以及包括对优先部门投资的特别税收在内的特惠待遇等来实现。20 世纪 70 年代，泰国政府开始启用出口促进政策。然而，进口替代措施作为保护中间和资本货物生产商以及出口商的政策工具，同时也在使用。能支持这一点的证据是 1975 年统计的食品加工有效关税税率非常高，估计为 65.8%，名义税率是 22.6%（Urata and Yokota，1994）。

20 世纪八九十年代，泰国通过实行开放政策建立更加开放和自由的经济体。在 20 世纪 80 年代初，通过大幅削减关税和其他非关税壁垒，进口替代工业化措施的使用被减到最少。自 1987 年开始（第六个国家经济和社会发展计划），泰国政府全面实行出口导向型工业化政策，更多的关注于技术密集型的行业。这些政策包括税收优惠、提供低成本资金和发展出口加工区。政策成功的标志是自 1988 年（13.29%）到 90 年代中期（9.24%）经济的高速增长。这一政策对 FDI 增长的贡献要远高于依赖过时的进口替代政策，泰国 FDI 流入量占 GDP 的比重由 20 世纪 70 年代的 1.03% 提高到 20 世纪 90 年代的 3.38%。此外，Kohpaiboon（2003）的实证研究发现，在 1970—1999 年实行出口促进贸易政策期间，FDI 的增长有助于经济增速的提高。这并不令人惊讶，因为大多数 FDI 的本质是出口导向型的。例如，日本的跨国公司（MNEs）和新型工业化国家或地区（NICs）如新加坡、中国香港、韩国以及中国台湾的企业，在泰国成立子公司作为制造业出口产品的生产基地（Urata and Yokota，1994）。显然，恰当有效的经济发展政策可以构建适合吸引 FDI 的良好宏观经济环境。

20 世纪八九十年代，出口导向型政策对农业和食品加工部门 FDI 的增长取得了成功。而在此之前，农业部门作为泰国主导性的出口部门很少得到 FDI 的支持。由于其自然资源密集的特性，农业部门看起来同样没有从进口替代政策中获益。之后出口促进政策在一定程度上加快了泰国农业和食品加工部门的出口。农产品出口一直到 1990 年都是制造业部门中份额最大的（Julian，2001）。这种开放型的政策也吸引了外国投资者和公司在这些具有竞争力的部门中进行投资，以利用较低的生产和运营成本。

泰国技术顾问、政治家和工业集团间的牢固关系和良好合作，是推动结构调整的关键动力（Rock，1995）。作者也认为，泰国的工业化政策计划全面而且始终如一。此外，泰国成功实施了投资激励政策（Drabble，2000）。建立良好的投资环境，以及政府的计划和干预，对经济和外商投资的增长至关重要。政府政策创设的优势，可以部分地解释泰国国际化的成功。这些优势对传统比较优势是很好的补充，如低劳动力成本和其他的国别因素，在最初成功吸引了 FDI。

（2）贸易和投资自由化

泰国政府的政策致力于建立更高的经济一体化和贸易自由化水平。泰国是区域和全球贸易组织的成员，并积极参与推动双边贸易协定的发展。除了是亚太经济合作组织（APEC）和世界贸易组织（WTO）成员外，泰国计划和它的贸易伙伴国发展更好的双边贸易和经济关系。这些自由贸易措施和政策可以促进货物贸易和国际投资，并能为参与国际商业活动的公司构建良好的经济环境。这与泰国第九个国家经济和社会发展计划（2002—2006 年）中获取国际贸易和投资的议价能力的目标是一致的（泰国国家经济与社会发展委员会，www. nesdb. go. th）。泰国政府采用双边自由贸易协定政策帮助他们实现国际贸易和投资的目标。此外，第十个国家经济和社会发展计划（2007—2011 年）继续注重前瞻性的贸易战略。包括寻找新的市场，加强以知识和丰富自然资源为基础的泰国生产者的竞争力。泰国政府支持经济一体化和自由化下的国家间劳动力自由流动，并以此来吸引外国工人、商人和投资。

泰国政府承诺自由贸易计划是其整体国际贸易战略的重要组成部分。这一政策于 2001 年开始实施，紧随新加坡，新加坡是东盟（ASEAN）第一个实施双边自由贸易协定的国家。每个自由贸易协定谈判过程都分为不同的阶段，并取得了成功。泰国很多自由贸易谈判正在进行中，如泰国-美国自由贸易协定。而其他一些已经生效了，如泰国-澳大利亚、泰国-新西兰、泰国-日本等（泰国商业部国际贸易谈判厅，www. thaifta. com）。在这些协定中，泰国的第一个和发达国家的自由贸易协定是泰国-澳大利亚自由贸易协定（TAFTA），于 2004 年 7 月 5 日达成。

除了综合性的自由贸易协定外，泰国还签订了一些过渡性的协议，如早期收获计划（EHSs）或者早期收获方案（EHPs）。这些过渡性的协议在双边自由贸易协定彻底达成前，加速了当事国之间的贸易自由化程度。一般来说，过渡性贸易协定只包含一个更广泛的框架协议的一部分。当框架协议涉及货物贸易、服务贸易，以及包含广泛经济合作的投资贸易时，EHPs 或者 EHSs 仅关注一个部门（主要是货物贸易）。过渡性的贸易协定，像泰国-中国 EHP 和泰国-印度 EHS，分别在 2003 年和 2004 年生效。在区域贸易方面，泰国是 1993 年生效的东盟自由贸易区（AFTA）成员国。此外，东盟还与日本、中国、印度和韩国等国家建立了很多双边协定。

泰国和贸易伙伴之间签订的自由贸易协议，为它的货物贸易打开了广阔的市场。在所有这些双边协定中，关税削减的水平都很高。例如，泰国日本经济合作伙伴协定（JTEPA）消除了 95％泰国商品的关税。泰国-澳大利亚自由贸易协议框架（TAFTA）和泰国-新西兰自由贸易协议框架（TNZCEP），分别削减了泰国商品——农产品、加工食品、加工水产品和即食食品 83% 和 79% 的关税。泰国-中国 EHP 框架下的商品主要是新鲜水果和蔬菜，而泰国-印度 EHS 包含 84 种农产品和工业产品，如水果和加工食品等产品。此外，AFTA 降低了超过 60% 的关税，包括消除了非关税壁垒。上述这些自由贸易协定对敏感列表上的农产品，如 TNZCEP 下的乳产品都有关税削减例外，完全的关税削减宽限到 2015 年。然而，这些仅包括一小部分的产品，泰国需要通过降低产品成本来提高竞争力。

泰国的食品出口在 2009 年下降了 3.1%（泰国国家食品研究所，2010b）。这显示了深耕现有市场，同时开拓新市场的重要性。预计现已建立的自由贸易协定将促进这一进程（泰国国家食品研究所，http://nfi. foodfromth-ailand. com）。食品部门是泰国自由贸易协定战略的关键部门之一（泰国商业部国际贸易谈判厅，www. thaifta. com）。作为成功谈判的成果，一些食品产品的关税将逐渐削减，同时其他一些产品的关税立即减到零。这将很好的鼓励国际企业考虑自由贸易协定（FTAs），并从这些有利的贸易政策中获益。

很明显，与那些政府还没实行贸易自由化体制的竞争者相比，FTAs 增强了企业的竞争优势（通过关税减让）。在技术援助与合作，尤其是农业技术（TAFTA、TNZCEP 和 AFTA 框架下）方面，同样有一些条款。预计这些合作可以提高作为加工食品原料的农产品的生产率和质量。本质上看，已经建立的 FTAs 为通过贸易自由化、进入更大的技术发展市场的广泛商业机会提供了很多益处。然而，关于谁是贸易自由化的主要受益者仍然存在疑问。尽管 FTA 通过为农产品和加工食品扩展市场直接增加了贸易机会，然而主要参与者如农业综合企业、出口商、分销商和外国投资者的获益要远大于泰国农民。泰国农户农业的年均收入在 2007 年是 3 821 美元，2009 年略增至 4 406 美元。而农业净收入 2007 年是 1 679 美元，2009 年是 1 916 美元（农业经济办公室，2007，2009）。大多数农户依然很贫穷。尽管现有的合同农业体系帮助泰国农民融入了农业和食品工业价值链，但限于知识和技术技能他们依然不能在价值链中获得很好的收益。

关于投资自由化，两种主要的国际投资协议（IIAs）的重要性和流行性在不断上升，一种是自由贸易协定（像前面描述的），另一种是双边投资协定。自由贸易协定在推进 FDI 方面起的作用不应被忽视，它有助于在国家之间促进并增进投资自由化。Dunning 等（1998）认为企业的国际化可能部分归因于市场的全球化和区域化，以及追求价值增值。Buckley 等（2001）认为北美自由贸易协定（NAFTA）增加了非成员国企业进行重组的可能。在美国可能会有来自欧洲跨国企业（MNEs）的更高的 FDI（Buckley 等，2001）。Rugman

和 Verbeke（1990）分析了 1992 年公司战略对欧洲的影响。他们发现欧洲企业在全欧范围内将有联系的产品和市场进行一体化。通常自由贸易协定会促使内部企业（协议参与国的）和外部企业增加投资。

大多数过渡协议不包括投资自由化和人员流动，综合性的双边协定通过把投资促进和自由化条款作为投资章节的一部分来增加投资。这为外国企业提供了在泰国服务和非服务部门投资的大量机会，反过来也是一样。自由贸易协定中包含的服务和投资自由化对食品工业中的国际企业很有利，因为几乎所有的价值增值活动对外国投资都是开放的。产品和服务部门的自由化鼓励了高水平的投资，同样也增加了劳动力的流动性。关于人员流动，关联性最大的一点是泰国同意促进企业临时雇佣双边自由贸易协定成员国公民，并在双边自由贸易协定中包含一章关于人员流动的内容。此外，还鼓励简化和透明为商务人员办理的移民手续。这种不寻常的人员流动帮助外国企业在泰国投资时重新配置人力资源，例如，在销售和分配办公室，或者在设立工厂时。此外，在研发方面的投资合作，以及包括农业加工在内的优先部门能力建设，也都是泰国和新西兰双边自由贸易协议等自由贸易协定的一部分。

另一种 IIAs 是双边投资协定（BITs）。泰国和它的伙伴国之间 BITs 的重要性在于保护和增加外国投资者的同时，提升 FDI 的流入量（Neumayer and Spess，2005；Kerner，2009）。因为多边投资协定都还没有达成，BITs 被作为吸引 FDI 的重要和普遍使用的工具。它们的流行在于适度的复杂性和较窄的覆盖范围，同其他类型的 IIAs 像双重征税协定以及 FTAs 相比，达成协定的时间更短。已经生效的 BITs 能促进和保护 FDI，主要通过提供国民待遇、保护合同权利、提起争端解决，以及放开少数所有权限制。

根据泰国在联合国贸易和发展会议上的报告，到 2010 年 6 月 1 日，泰国总共签署了 40 个 BITs（www. unctad. org）。第一个 BIT 是泰国和发达国家德国在 1961 年签订的，接下来在 1972 年 6 月 6 日签订了泰国—荷兰投资协定，1978 年 11 月 28 日签订了泰国—英国双边投资协定。此后，泰国签订的 BITs 数量快速增长。20 世纪七八十年代，仅签订了 4 个协定，但在 2000—2010 年签订了 21 个。这些协定既有和发达国家签的（如德国、瑞士、英国），也有和发展中的新型工业化国家签的（如中国、印度尼西亚）。迄今为止，德国、中国和瑞士是在 BITs 的谈判和发展中最为活跃的国家，就像和这些国家签订的 BITs 数量展示的那样（www. unctad. org/iia）。1997 年亚洲金融危机后，泰国政府意识到了 FDI 对经济增长的重要性，这导致了 BITs 的快速扩张和朝向更高程度投资自由化的政策转变。

尽管泰国是最具吸引力的 FDI 目的地之一，它依然需要和区域内以及区域外的国家竞争以获取外资。发展中国家之间的竞争尤其激烈。外国企业在决定投资前需要再三思考，考虑各种变数，如市场规模、文化、法律体系，以及政治风险。政治稳定程度的下降极大地增加了不确定性。这些企业需要监测规则制度方面可能的变动，尤其是涉及所有权、征用和利润汇回本国方面。

泰国双边投资协议的签订为外国投资者建立了信心，同时通过保护外国投资者不被征收或国有化，降低了政治和商业风险。例如，俄罗斯和泰国之间的 BIT 明确规定投资者的投资既不能被国有化，也不能把所有权转移给国家（有一些例外条款，如公共福利保护需要政府介入）。此外，泰国和伙伴国签订的一些 BITs 包含假如发生征用需要"迅速的、有效的和充足的"进行补偿的条款。这与泰国投资促进法案 B. E. 2520（1977）规定的泰国政府不能把投资者的商业所有权转移到国家相一致。这反映了泰国法律在这方面的高标准，尽管投资促进法案 B. E. 2520（1977）仅为那些获得泰国投资促进委员会办公室批准的投资者项目提供保护。

此外，这些 BITs 给予外国企业国民待遇。实际上，泰国的外国投资者会被公平对待，不会有任何的歧视或者针对任何特定国家的特殊对待。在受到不公平对待时，外国投资者可以起诉政府。BITs 还豁免了外国投资者的少数股权限制，这样就能鼓励它们进行直接投资。外国投资者可以快速容易地利用 BITs 带来的好处，他们无需向 BOI 申请许可，还可以绕开花在申请过程上的时间和成本。但在成立的过程中，他们依然需要根据泰国法规的要求申请工商许可。

关于资金转移，泰国和伙伴国间的许多 BITs 保障在遵守本国汇率管制和国际标准如国际国币基金组织（IMF）的标准的情况下"自由转移"。但大多数 BITs 不包括收支平衡保障、审慎措施和稳定性等条款。Nuannim 和 Kaew-pornsawan（2010）认为泰国应该在 BITs 中包含这些规定，以允许政府实施紧急、适当的政策维护金融系统的稳定性，同时防止对收支平衡的破坏，并在整体上保护公共利益。这是明智的，尤其是发生金融危机时，资金自由转移和开放的负面影响更容易受到外部影响。

在过去 20 年中有很多的外部影响，如石油价格上涨和金融危机。分析泰国政府应对短期外部影响的反应，可以帮助我们理解经济政策在增长上的重要性和扮演的角色。当东南亚地区出现金融危机时，泰国处理的方法是依据 IMF 的救援计划并保持较高的资本流动性。泰国政府试图通过提高国内利率水平以吸引外资。这毋庸置疑的导致了国内投资的下降，FDI 大量流入，由 1996 年的 997.3 亿泰铢增至 1998 年的 2 849.4 亿泰铢。虽然有如此巨大的增长，1998 年泰国的经济增长依然是东南亚地区国家中最低的，而且在 1999—2000 年持续低于马来西亚和新加坡的增长率（联合国统计署，http：//unstats. un. org）。马来西亚应对 1997 年危机的方法恰恰相反，他们拒绝了救援计划。马来西亚实施了比泰国更为严格的资本管制政策，在同一时期跟泰国相比导致了相当低的利率水平（IMF，2001）。马来西亚成功地在危机发生一年之后恢复。因此，可以推断在外部影响发生时，政府制定和实行有效政策的能力对经济的持久稳定非常重要。此外，政府需要平衡好国内和国外投资，因为 FDI 的大幅波动会导致宏观经济的动荡。必须考虑上述因素，避免对 FDI 的过度依赖。

（3）微观层面政策：BOI 的政策

投资委员会办公室于 1966 年 7 月 21 日成立，就是众所周知的泰国投资促进委员会（BOI）。BOI 是负责促进国内和国外投资的核心政府部门，主要是制造业投资。自 1966 年开始，BOI 在制定泰国投资政策方面扮演重要角色，包括制定农业部门吸引 FDI 的政策。尽管泰国有几个不同的政府部门会影响投资政策环境，BOI 通过与国外国内企业的直接联系来反馈政策的地位非常独特。

为了维护良好的投资环境，BOI 逐渐调整政策以与经济条件及国家经济和社会发展计划相适应。BOI（2006）投资促进有三种主要的政策（图 3 - 14）：进口替代政策、出口导向政策和分散化区域直接投资政策。

促进进口替代的投资政策在 1958—1971 年实行，与第一和第二个国家发展计划一致。这一政策旨在鼓励企业使用国内原材料，发展基础设施，并且鼓励合资形式的 FDI。目标产业包括食糖、造纸、汽车轮胎和胶合板。

促进出口导向的投资政策开始于 1972 年，持续到 1992 年，与第三到第六个国家发展计划一致。这一政策把重点转移到促进出口导向的活动，以及小规模和地区性的工业。农业综合企业如罐头食品、肥料和食品加工同样得到推动。

分散的区域直接投资政策自 1993 年开始被重视，第七个国家发展计划里有规定并持续到现在。为了维护国家的竞争力、促进更加平衡的增长，越来越重视分散的区域工业。农产品加工业被设定为促进长期工业发展打基础的目标产业之一。BOI 放松了很多限制并提供激励来鼓励投资者提高生产效率和技术。例如，BOI 鼓励食品加工厂将标准提高到国际水平来保证粮食安全（例如 GMP、HACCP），并实现可追溯性。

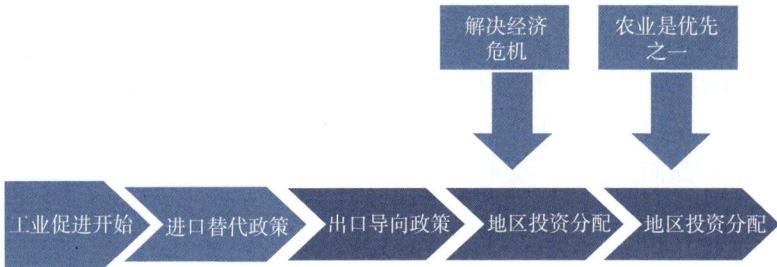

图 3-14　投资促进政策

　　BOI 的投资促进政策没有任何歧视，所有被批准的项目都有相同的权利。FDI 和 BOI 政策旨在运用税收和非税收激励来促进和吸引外资进入，特别是吸引那些被认为有益于本国经济的外资。BOI 的税收优惠目的在于降低在泰国从事商业活动的成本，通过免除公司所得税（最长 8 年），以及免除机械、设备和原材料的进口关税。不同地域的工厂享受权力和利益各不相同[①]。公司在批准的项目下可以拥有土地。这些优惠对所有 BOI 批准的投资项目都适用，不论是国内公司还是国外公司。此外，BOI 为投资者提供必要的信息和帮助。例如帮助投资者获取官方许可，以及进行商业活动需要的文件，如签证、工作许可和永久居留许可。BOI 还鼓励外国企业和本地配套产业建立联系，帮助寻找本地商业伙伴、转包商或者特殊原料供应商。

　　BOI 为投资者或者公司提供了以项目为基础的促进政策。这些促进项目必须与 BOI 的许可相一致，详细内容依据《投资促进法案》B. E. 2520（1977），它根据最近的经济和投资情况进行透明和周期性的更新。BOI 把符合促进条件的活动分成了 7 类。包括农业和农产品；矿业、制陶业和基础金属；轻工业；金属产品、机械和运输设备；电子工业和电气设备；化工产品、造纸和塑料；服务和公共事业。

　　BOI 把农业和农产品投资项目作为优先内容。优先内容被认为有益于泰国经济，它们不论工厂位置都享有最大的优惠权利。一般来说，被 BOI 批准的项目所享受的所得税豁免要封顶。换言之，减免的所得税不能超过项目投资的价值。但这种减税限制不适用于农业和农产品。此外，机械和设备进口关税减免也没有限制。

　　外商在农业和农产品生产中的持股标准在一定程度上和《外商经营法案》B. E. 2542（1999）有关。《外国投资法案》第一条规定，外国人不允许持有农

----

　　① 　详见"投资促进委员会指南"中 BOI 对项目许可的要求，可以在 www. boi. go. th 中 BOI 出版物下查找。

业投资的多数股权（包括水稻耕作、耕种和园艺、动物耕作、林业和天然森林木制品、泰国水域和专属经济区内的海洋渔业、泰国草本植物提取）。因此，对于 BOI 在农业、动物饲养和渔业等《外国投资法案》第一条下面的促进项目，泰国国民必须持有不低于注册资本 51% 的股权。其他的一些活动，如食品加工、农产品制造业等不受股权持有条件限制。

4. 农业部门国际投资分析

对泰国农业部门国际投资的分析分为两个部分。第一部分分析农业部门整体的国际投资。分析所用的数据来自 BOT。第二部分的分析主要关注 BOI 推进的外国投资。BOT 和 BOI 的数据在分析泰国国际投资时都很常用。

4.1 总体 FDI 分析

1997—2009 年泰国 GDP 和 FDI 流入量都有上升的趋势。尽管两者间的因果关系还存在争议，但很显然它们的变动方向是一致的。当 GDP 稳步增长时，FDI 存在一定程度的波动。1970 年 FDI 总量是 10.1 亿泰铢（GDP：1 482.8 亿泰铢）。之后，FDI 在 2006 年达到 12 740.5 亿泰铢的最高值（GDP：78 501.9亿泰铢），在 2009 年年底降到 4 599.4 亿泰铢（GDP：90 415.5 亿泰铢）。美国的次贷危机和全球经济危机或许可以解释这一情况。国内因素像政治危机同样是引起 2006 年之后 FDI 暴跌的重要原因。尽管 FDI 波动对 GDP 值的影响并不是太大，但显而易见的是 GDP 增速从 2006 年的 5.15% 降到了 2008 年的 2.46%，增速降到了近 10 年的最低值，2009 年 GDP 负增长 2.25%（泰国国家经济和社会发展委员会，www.nesdb.go.th）。因此，宏观经济和政治稳定会在全球和地区水平上影响 FDI，反之亦然。

在 1970—2009 年，FDI 流入量平均是 1 927.1 亿泰铢（53.6 亿美元），是 GDP 的 3.66%。值得注意的是 FDI 与 GDP 的比率在 1986 年之前非常低，那时经济政策正转向出口导向型。并不让人惊讶的是，平均来看工业部门 FDI 与 GDP 的比率是最高的（1.37%），其次是服务业部门（0.25%）。农业部门 FDI 与 GDP 的比率仅有 0.01%。这与泰国的经济结构调整一致。这体现了有效地将资源从农业部门转移出去的重要性，同时把资源更多的转向更具吸引力、更有竞争力的工业部门。

早期（1970—1990 年）FDI 流入量很低，在 1981—1990 年占 GDP 的 1%~2.08%，占总投资额（固定资产形成总值）的 4.69%~6.19%。这可能要归结于全球 FDI 流入量处于最低水平，而且泰国在经济和政治方面都没有改观。20 世纪 90 年代的金融自由化之后，泰国的 FDI 增长的相当快，与 GDP 的比值从 2001 年的 2.83% 增长到 2009 年的 8.72%，占固定资产形成总值的比例从 7.03％增至 35.98％。令人感兴趣的是，1996—2000 年 FDI 增长了 50.97％。这可以解释 1997 年亚洲金融危机对 FDI 流入量可能的影响。据报道跨国公司（MNEs）的母公司注资到泰国的子公司以应对泰铢贬值和严重的流动性问题（www.bot.or.th）。

20 世纪 90 年代，很多国家通过 FDI 对泰国经济做了很大贡献，除了美国、欧盟以外，还有日本（区域内国际化程度最高的经济体之一）以及亚洲新型工业化国家和地区（NICs），如新加坡、香港、韩国和中国台湾。这都是1985 广场协议之后的这些国家的本币升值引起的。另外，跨国公司（MNEs）自 20 世纪 70 年代后期以来，把它们的价值增值活动放在像泰国这样管理和资源成本低的发展中国家。大多数亚洲国家的国际投资都在发展程度低于本国的国家进行，这些国家代表性的特点是工资率和发展水平低（Lecraw，1992）。1997 年的亚洲金融危机之后，FDI 的流入量在 21 世纪初激增（图 3 - 15）。例如，日本的 FDI 达到 43.0 亿美元（超过 20 世纪 90 年代的 7 倍），新加坡的 FDI 达到 39.0 亿美元（超过 20 世纪 90 年代的 4 倍）。FDI 大量流入泰国反映了这些国家的跨国公司寻找低成本投资的经济机会（例如兼并当地处境困难的企业）。然而，还有一些是形势所迫在困难时期向它们自己的子公司注资。

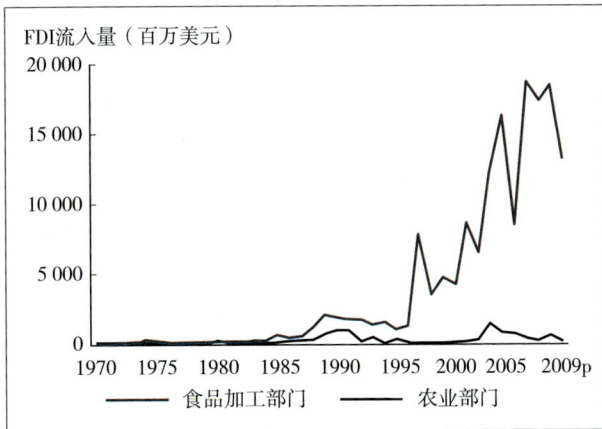

图 3 - 15　农业部门和食品加工部门 FDI 流入量
来源：泰国中央银行、泰国国家经济和社会发展委员会。

平均来看 1970—2009 年食品加工和农业部门的 FDI 流入量。食品加工部门的 FDI 值要远高于农业部门，分别是 1.1 亿美元和 817 万美元（表 3 - 13）。这一时期食品加工部门的 FDI 迅速增长，由 20 世纪 70 年代的 404.5 万美元增至 2000 年代的 3.3 亿美元。与此相反，农业部门的 FDI 在 1972 年才进入泰国，总量是 24.5 万美元。20 世纪 80 年代农业 FDI 大幅增长，同 20 世纪 70 年代相比增长了 4 389%。这与同一时期农业 FDI 与 GDP 的比率以及农业 FDI 占 FDI 的比重相一致。然而，不论是农业 FDI 与 GDP 的比率，还是农业 FDI 占 FDI 的比重，从 20 世纪 90 年代后都持续下降。这是由于预感到了投资风险高，以及同其他部门相比商业机会有限（Netayarak，2008）。

表 3 - 13　FDI 值、FDI 占 GDP 比率、食品加工部门与农业部门 FDI 占比对比

年份	食品加工 FDI（百万美元）	农业 FDI（百万美元）	食品加工 FDI 占 GDP 比率（%）	农业 FDI 占 GDP 比率（%）	食品加工占比（%）	农业占比（%）
20 世纪 70 年代	4.045	0.178	0.028	0.001	2.606	0.110
20 世纪 80 年代	22.654	7.990	0.043	0.016	2.998	1.076
20 世经 90 年代	88.527	12.036	0.070	0.012	2.120	0.365
21 世纪	329.954	12.478	0.174	0.007	2.065	0.085
1970—2009 年	111.295	8.173	0.079	0.009	2.447	0.409

来源：泰国中央银行、泰国国家经济和社会发展委员会。

此外，食品加工部门和农业部门间 FDI 流入量的差距越来越大，不管是金额、FDI 和 GDP 的比率，还是占总 FDI 的比例都是如此。很明显，泰国的食品工业在吸引 FDI 方面做得非常好，而且从长远来看很可能实现成为世界主要食品出口商和生产商的目标。农业部门较低的 FDI 很令人担忧，因为这表明了一个部门的吸引力和开放性。泰国农业部门的生产率和 GDP 增长率可以通过尤其是农业技术、对外国合作伙伴的市场准入和营销能力来加强。农业作为价值链中为食品加工业提供投入品的部门非常关键。两个部门同时发展是很理想的，但这不大可能，当泰国的政策大力促进并开放了一个特别的部门（食品工业）供 MNEs 投资，另一个部门（农业部门）则被《外国投资法案》B. E. 2542（1999）严格限制——不允许外国投资者对大宗基础农产品投资。另一个例子是，泰国对食品工业提供了大量的出口促进激励和特权，而对大米和其他农产品征收出口税[①]——大米征收到 1986 年，橡胶征收到 1990 年（Warr，2008）。这种政策导致了 FDI 流入量和部门增长率之间的巨大差异。

　　不同国家和地区对泰国农业部门和食品加工部门 FDI 见表 3 - 14，从 1987—1999 年的均值看日本和美国高于其他国家和地区。20 世纪初期，来自

[①]　这些农产品的税收在不断降低。例如，20 世纪 60 年代大米的出口税大约 40%，自 20 世纪 80 年代中期起取消了大米出口税。

中国香港的 FDI 排第一位，总计 549 万美元。但大多数报告中提及的国家和地区对泰国农业部门的投资都呈下降趋势。这可能与土地所有权制度的透明度和复杂性、少数企业所有权的限制、同其他部门相比复杂税收的管理不善有关。结构调整同样可以解释这一现象，泰国尝试通过将国内外资源从高生产率的基础部门转移到制造业和服务业部门，来提高制造业和高附加值部门的竞争力[①]。

自 1987 年起，日本对泰国食品加工业 FDI 的贡献最大。美国多年占据第二的位置（3 705 万美元），但 20 世纪初被菲律宾取代（5 394 万美元）。Ohmae（1985）强调了"三地区"（"Triad"）的重要性，包括美国、西欧和日本。发达国家企业在"三地区"有很高的市场份额，在战略上对这些企业的增长和成功很重要。此外，这些跨国公司，尤其是来自"三地区"的公司成为包括泰国在内的发展中国家的主要市场参与者。本研究的实证证据支持这一事实，一直以来食品加工业中来自日本、美国和欧洲国家 FDI 的增长表明了这一点。此外，东盟成员国新加坡和菲律宾也展现了他们在泰国的重要性。这反映了来自前述投资国跨国公司寻求资源和市场的行为。它们可以利用东盟自由贸易区（AFTA）和泰国政府提供的投资激励措施，尽量资本化它们的技术能力。

表 3-14　泰国农业和食品加工部门的 FDI 流入量（百万美元）

农业 （国家及地区）	1987— 1989 年	1990— 1999 年	2000— 2009 年	食品加工 （国家及地区）	1987— 1989 年	1990— 1999 年	2000— 2009 年
日本	8.74	5.98	1.99	日本	12.34	22.31	70.50
美国	2.25	2.76	1.59	美国	9.13	16.92	37.05
马来西亚	0.10	0.01	0.00	马来西亚	0.21	0.15	7.50
新加坡	0.45	0.33	0.06	菲律宾	0.00	0.04	53.94
中国香港	0.56	0.06	5.49	新加坡	3.20	10.87	22.34
中国台湾	4.44	1.70	0.27	中国香港	3.27	4.74	9.93
中国	0.05	0.05	0.01	中国台湾	3.90	9.09	4.40
加拿大	0.05	0.63	0.02	加拿大	0.03	0.03	1.28
澳大利亚	0.16	0.02	0.04	澳大利亚	0.10	0.60	3.00
英国	0.13	0.07	0.48	英国	0.93	15.07	19.89
荷兰	0.30	0.10	0.59	荷兰	4.93	0.99	12.87
德国	0.12	0.01	0.47	法国	1.23	0.11	2.58

① 详细讨论见 Warr（2006）和 Paopongsakorn（2006）。

（续）

农业 （国家及地区）	1987— 1989 年	1990— 1999 年	2000— 2009 年	食品加工 （国家及地区）	1987— 1989 年	1990— 1999 年	2000— 2009 年
法国	0.00	0.03	0.02	比利时	0.02	0.11	10.58
欧盟	0.55	0.24	1.58	欧盟	7.83	17.75	48.11

来源：泰国中央银行数据库。

FDI 分为两种主要形式，即全资子公司和合资公司。1997 年的工业普查共普查了 23 677 家企业，其中制造业部门的外国投资占总外国投资额的 11.3%；2007 年的工业普查共有 457 968 家企业，制造业部门外国投资占 0.7%。1996 年食品加工部门 286 家企业，外国投资占总外国投资额的 8.1%；2006 年 217 家企业，外国投资占 0.2%（表 3 - 15）。大多数外国投资者选择合资作为主要的投资方式。1996 年外资所有权小于等于 50%的占 66.5%，2006 年占 54.8%。食品加工部门中外资所有权占少数的企业比例要远高于平均值（整个行业中），1996 年占 78.3%，2006 年占 77.9%。全资子公司的数据只有 1996 年的，在所有被调查的企业中有 422 家（占 15.8%）100%外资所有，其中仅有 7.7%的企业属于食品工业。

4.2　BOI 对农业部门外国投资的促进

4.2.1　历史发展

自 1966 年 7 月 21 日投资促进办公室建立以来，农业和农产品加工业就是泰国政府试图从国内外公司吸引更多投资的部门。最开始农业和农产品部门没有外国投资。20 世纪 70 年代中期后，外国投资者对这一部门产生了兴趣并引进技术投资食品添加剂项目。这些项目使用当地的农产品如棕榈、木薯和橡胶作为原材料，生产高附加值产品（BOI，2006）。自那时起，外国投资者信心也不断提振，一直在提高对这一部门的投资。

表 3 - 15　食品加工部门按股权分类的外国投资情况

	1996 年（个数）	占比（%）	2006 年（个数）	占比（%）
外国投资总数	**2 672**		**3 160**	
外资＞50%	894	33.5	1 428	45.2
外资≤50%	1 778	66.5	1 732	54.8
食品加工部门外国投资总数	286		217	
外资＞50%	62	21.7	48	22.1
外资≤50%	224	78.3	169	77.9

来源：1997 年和 2007 年全国工业普查报告，泰国国家统计局，泰国总理府。

尽管农业部门的外国投资在 BOI 的促进下有了明显增长，然而同其他部门相比其占比仍然相当低。农业和农产品的 FDI 集中于出口导向的活动，特别是食品加工和农产品加工业。投资者主要采用合资的形式。

4.2.2　事实和数字

1970—2006 年，农业和农产品的外国投资额是 2 919.02 亿泰铢，占 BOI 外资总额的 5.3%。这一部门被批准的项目数是 1 625 个，占总批准项目数的 11.4%。农业项目数量的占比（11.4%）与其他部门并没太大差别，但投资额占比却很小（5.3%）。这些项目大多是低于 5 000 万泰铢的小规模投资。因此，农业部门的占比在总外国投资中相当小，在 7 个 BOI 促进部门中排第六，见表 3 – 16。

表 3 – 16　1970—2009 年按部门分类的 BOI 批准外国投资情况

部门	项目数量	占比（%）	投资额（百万泰铢）	占比（%）
农业和农产品	1 625	11.4	291 901.7	5.3
采矿和制陶	558	3.9	516 657.5	9.4
轻工业/纺织	2 015	14.1	266 847.8	4.8
金属产品和机械	3 143	22.0	897 721.4	16.3
电气和电子产品	3 096	21.7	1 102.796.4	20.0
化学和造纸	2 049	14.4	1 400 128.1	25.4
服务业	1 784	12.5	1 031 745.0	18.7
总计	14 270	100	5 507 797.9	100

来源：BOI 国际事务局。说明：（1）外国投资项目指外国资本至少占 10% 的项目。（2）农业和农产品部门包括初级生产、食品加工、制造业和服务业中与农业和农产品相关的活动。

农业和农产品部门的外国投资额总体增长（尽管会有一些波动），虽然这一部门在总外国投资额的占比相当小，但 1974—2009 年实际投资额的年均增长率达 69.57%。批准项目的数量在 1988 年达到顶点（图 3 – 16、图 3 – 17），这与整体的 FDI 流入量和泰国的经济繁荣一致（Warr，2005）。项目数量的年均增长率是 30.71%，远低于投资额增长。泰国就业在外国投资的促进下，同样呈增长趋势，年均增长率 79.74%。请注意在 1974 年前农业部门没有外国投资①。

关于农业部门外国投资在总外国投资中的占比，图 3 – 19 表明这一比例

---

①　这或许与 20 世纪 70 年代早期农业部门不能吸引 FDI 申请 BOI 优惠政策有关。

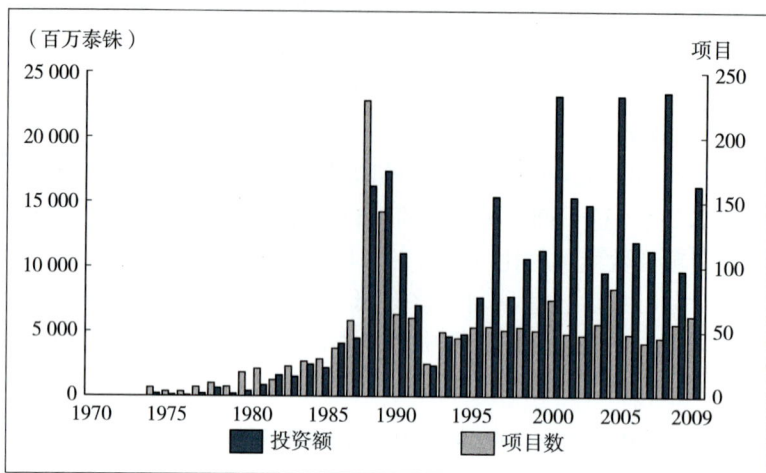

图 3-16　1970—2009 年 BOI 批准的农业和农产品部门外国投资

来源：BOI 国际事务局。说明：1974 年之前农业部门没有外国投资。图中的投资额是实际投资额，名义投资额通过 GDP 平减指数转换而成。

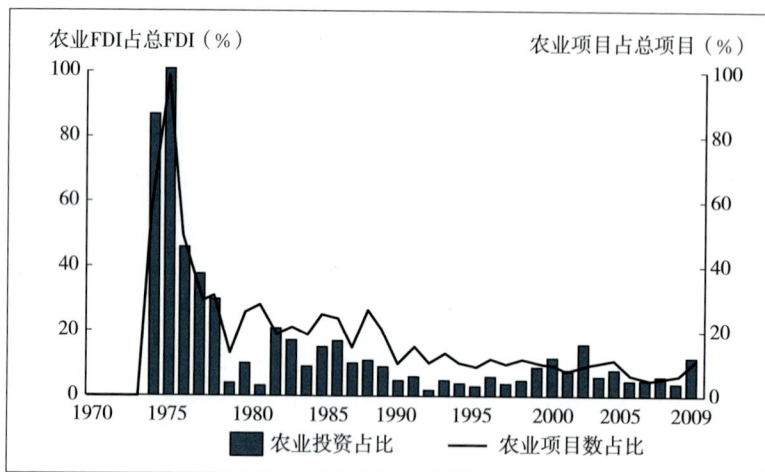

图 3-17　1970—2009 年农业和农产品部门外国投资在总外商投资中占比

来源：BOI 国际事务局。

（投资额和项目数量）自 1975 年起明显下降。1974—1976 年，农业部门在总外国投资中处于主导地位，占比高于 60%。这与农业的增长时期一致（20 世纪 60 年代至 70 年代），主要由土地边界扩张和对道路与灌溉设施的大型公共投资驱动（Poapongsakorn，2006）。1976 年之后，其占比在 20 世纪 80 年代早期明显下降而且一致持续到现在。这同样与 1980 年至 20 世纪 90 年代中期农业的下降时期一致，Poapongsakorn 进行过分类（2006，5 - 18 页）。此外，FDI 占比的下降与农业 GDP 相对于非农业部门的下降一致①。农业增长的下降与经济结构向工业化调整，以及很多外部因素尤其是全世界大宗农产品价格不景气有关。

4.2.3　BOI 促进外国投资的特征

大多数 BOI 促进的外国投资都是泰国投资者和外国合作伙伴合资。尤其是《外国投资法案》B. E. 2542（1999）条款一下的农业、畜牧业和渔业，泰国政府必须持有不低于注册资本 51％的股权。1970—2009 年农业和农产品部门外国投资的项目数量接近 82％都是合资，其余的是外国全资拥有，多是法律没有限制的农业加工项目（表 3 - 17）。从投资额来看，合资项目占了 78％，外商全资项目占农业部门总外国投资额的 22％。

表 3 - 17　按持有比例分类的农业和农产品部门中 BOI 批准的外国投资

	1970—2009 年	占比（％）
总外国投资（项目数量）①	1 625	
100％外资	304	18.71
合资②	1 321	81.29
总外国投资额（百万泰铢）	291 901.7	
100％外资	64 785.9	22.19
合资	227 115.8	77.81

来源：BOI 国际事务局。

说明：①外国投资项目指外国资本至少占 10％的项目。②合资项目指泰国本地投资者和外国合作伙伴合资的项目，其中外资占比至少 10％。

这些外资项目大多是出口导向型的。超过 80％的产品都是供应出口市场。1 625 个项目中有 1 064 个为了出口，占农业部门外商许可项目总数的 65.5％。出口导向型项目总投资额 1 690.45 亿泰铢，占农业部门总外国投资额的 58％。这与泰国自 1972 年开始实施的出口导向型工业政策一致（表 3 - 18）。大多数出口导向型项目集中在天然橡胶制品制造业，这是泰国最主要的出口产品之一。其他项目也吸引了大量的出口导向型外资，包括使用现代技术生产和保存食品或者食品配料。这是因为橡胶制品和食品加工是两个主要的部门，有很多

---

① 一些研究解释了农业部门的相对下降，如 Siamwalla，1996；Martin and Warr，1994；Coxhead and Plangpraphan，1999。

出口机会。BOI 的促进政策包含了免除机械及设备的进口税，这可能是更吸引出口导向型项目而不是本地项目的原因。

表 3-18　农业和农产品部门中出口导向型 FDI

	20 世纪 70 年代		20 世纪 80 年代		20 世纪 90 年代		21 世纪	
	项目数	投资额（百万泰铢）	项目数	投资额（百万泰铢）	项目数	投资额（百万泰铢）	项目数	投资额（百万泰铢）
出口导向	13	317.8	417	35 404.0	313	50 675.1	321	82 648.2
其他	11	775.9	159	15 316.1	171	31 368.3	220	75 396.3
总计	24	1 093.7	576	50 720.1	484	82 043.4	541	158 044.5

来源：BOI 国际事务局。

说明：出口导向型外国投资项目指出口产品占产量至少 80% 的项目。

出口导向型外国投资一直在增长，不论是项目数量还是投资额。20 世纪 70 年代出口导向型外国投资额依然不足总外国投资的一半。20 世纪 80 年代开始，出口导向型外国投资在农业部门中占主导地位。此外，在投资项目数量上，20 世纪 70 年代出口导向型外国投资和其他投资数量几乎是相同的，但在 20 世纪 80 年代泰国工业快速增长时期，出口导向型投资达到了最高值。部分原因是那时泰国有相对价格较低的劳动力和原材料。出口导向型企业把泰国作为它们初级食品加工和农产品的生产基地。

主要投资来源国家（地区）方面，日本一直都是泰国农业部门最大的投资来源，接下来是美国、马来西亚和中国。这前 4 个国家（地区）在农业部门的投资额占了总外国投资额的 63.5%（表 3-19）。投资项目数量来看，日本也排第一，接下来是马来西亚、美国和中国。它们在农业部门被批准的全部外资项目中占 68%。除了前 4 个国家（地区）之外，其他的主要投资国家（地区）包括新加坡、荷兰、英国、澳大利亚、法国、德国、加拿大和卢森堡等。

表 3-19　农业和农产品部门前 5 大投资来源地

国家及地区	项目数量	投资额（百万泰铢）	项目数量排序	投资额排序
日本	328	83 084.10	1	1
美国	159	29 390.90	4	2
马来西亚	218	28 529.00	3	3
中国台湾	300	23 638.80	2	4
中国	98	20 820.80	5	5

来源：BOI 国际事务局。

分时期来看（表 3－20），日本、新加坡、英国和中国台湾在 20 世纪 70 年代是主要的投资国家（地区）。后期，日本和中国台湾依然占主导地位，而英国和新加坡的投资和其他国家相比相对较少。从 20 世纪 70 年代到 21 世纪初，大多数国家都提高了对农业和农产品部门的投资。但一些国家在 2000—2009 年放慢了投资，比如美国、荷兰和澳大利亚。这与农业部门 FDI 下降的趋势一致[①]。日本的 FDI 在这段时间有显著的提高，日本不仅是农业部门最大的投资者而且在其他的制造业部门也是如此，尤其是汽车和电子产品。

表 3－20　1970—2009 年主要投资国家（地区）FDI

单位：百万泰铢

国家及地区	20 世纪 70 年代	20 世纪 80 年代	20 世纪 90 年代	21 世纪
日本	12.4	664.1	2 220.0	10 158.2
中国台湾	6.1	1 187.1	1 018.0	1 970.5
马来西亚	—	309.0	1 752.0	2 059.4
美国	2.2	644.4	1 932.3	1 401.7
荷兰	—	351.4	1 174.8	184.1
新加坡	10.0	237.9	557.2	779.5
中国香港	—	658.9	154.9	589.5
澳大利亚	—	224.9	749.7	107.3
中国	1.2	344.3	309.2	322.5
卢森堡	—	748.9	—	—
英国	7.3	155.9	195.3	281.2

来源：BOI 国际事务局。

4.2.4　BOI 促进外国投资的分解

BOI 统计显示初级农产品（包括种植业、畜牧业、渔业和林业）的外国投资合计仅占农业部门投资额的 8%，而食品加工的占比是 36.4%（表 3－21）。超过 50% 的外国投资额集中在其他农产品制造业和农业服务上。从投资项目数量占比来看，初级农产品的占比约 10%，食品加工、其他农产品和服务分别占 35% 和 55%。

上述发现表明农业部门的国际投资主要集中在食品加工和农产品制造领域。这与泰国更加重视农产品加工业以及 BOI 作为政府部门主要促进制造业和服务业部门的 FDI 是一致的。然而，BOI 提供的激励和优惠不一定直接与

———————

① 由于时间和数据的限制，本研究无法确定这些国家投资下降的特殊原因。

初级农业相关，尤其是初级产品在《外国投资法案》B.E.2542（1999）章节一提到，该领域中泰国政府必须持有不低于注册资本51％的股权。这一规定或多或少阻碍了农业部门的外国投资。而且，农业部门大部分FDI都是出口导向型的，投资于有附加值农产品，用初级农业的产品作为原材料以供应世界市场。

表3-21　1970—2009年农业和农产品部门各子部门BOI批准的外国投资

子部门*	总计		占比（%）	
	项目数量	投资额（百万泰铢）	项目数量	投资额（百万泰铢）
种植业	61	4 015.6	3.75	1.38
畜牧业	40	13 994.0	2.46	4.79
渔业	53	5 309.5	3.26	1.82
林业	3	245.5	0.18	0.08
食品加工	571	106 231.2	35.14	36.39
非食物农产品	797	130 580.5	49.05	44.73
其他	100	31 525.4	6.16	10.81
总计	1 625	291 901.7	100.00	100.00

来源：作者基于BOI国际事务局数据的计算。

＊种植业包括章节1.1和1.2，畜牧业包括章节1.4和1.5.1，渔业包括章节1.5.2和1.8，林业是章节1.24，食品加工是章节1.11，农产品制造包括章节1、1.3、1.9、1.10、1.14～1.16、1.20和1.25。其他包括收获期后及其他的农业支持服务，在章节1.7、1.13、1.17～1.19、1.21～1.23、1.26～1.30下。

初级农业中，种植业的项目数量占比最大，接下来是渔业、畜牧业和林业。从投资额来看，畜牧业外国投资额的占比最大，接下来是渔业、种植业和林业。这是因为大部分被批准的畜牧业项目规模相当大，而与之相比种植业项目并不需要大量投资。表3-21显示，1970—2009年畜牧业外国投资额是139.94亿泰铢，渔业、种植业和林业分别是53.095亿泰铢、40.156亿泰铢和2.455亿泰铢。

表3-22显示了初级农产品部门的投资结构发生了变化。在早期（1970—1979年），种植业是主要的外国投资接收部门。畜牧业和渔业接收的投资额中等，而林业没有接收任何外资。早期批准的种植业项目都是快速增长的树木种植和菠萝种植项目。近年来，投资转向了杂交玉米种植、蘑菇和水培蔬菜的生产。泰国农业的产品结构变化与对高附加值和安全产品的比较优势和需求模式变化是一致的（Poapongsakorn et al，2006）。自20世纪80年代开始，种植业收到的投资减少而畜牧业和渔业得到更多的外资。这或许是因为畜产品和渔

产品出口需求的增长。种植业的投资数量与畜牧业和渔业相比也相当的少。2004 年之前林业种植没有外资，这与林业在泰国农业 GDP 中占比最小是对应的，因此这一领域一直没有外国投资。2004 年开始种植园项目获批是因为公众意识到了森林的消失，这也吸引了外商对这一领域的投资。

表 3 - 22 BOI 批准的农业和农产品子部门外国投资

子部门	20 世纪 70 年代		20 世纪 80 年代		20 世纪 90 年代		21 世纪	
	项目数	投资额（百万泰铢）	项目数	投资额（百万泰铢）	项目数	投资额（百万泰铢）	项目数	投资额（百万泰铢）
种植业	2	433.0	18	728.4	22	1 298.0	19	1 556.2
畜牧业	1	10.4	—	—	16	2 329.1	23	11 654.5
渔业	2	36.0	35	2 867.2	12	1 957.3	4	449.0
林业	—	—					3	245.5
食品加工	6	137.0	178	20 069.3	166	22 909.3	221	63 115.6
农产品	10	352.8	318	25 468.6	242	43 697.6	227	61 061.5
其他	3	124.5	27	1 586.6	26	9 852.1	44	19 962.2

来源：作者基于 BOI 国际事务局数据的计算。

BOI 批准的畜牧业项目包括动物繁殖和饲养，主要是猪和雏鸡产品。渔业项目包括水产品饲养和深海渔业，主要是对虾养殖。种植项目主要是 BOI 分类的植物繁殖和水培种植。蔬菜、水果和大田作物占绝大多数。林业的外国投资主要来自一些林业种植项目（柚木、檀香木和沉香木）。种植业、畜牧业和渔业的项目在 20 世纪 70 年代中期就有批准，而林业项目近年（2004—2006 年）才开始获批。

食品加工子部门与初级产品子部门相比接收了相当大量的 BOI 批准的外资。促进项目包括多种食品加工产品，如米饼、面条、果汁、罐装海产品、速冻食品、脱水水果和蔬菜等。BOI 记录中第一个和最老的项目就在食品加工子部门：一个用大米和面粉生产中国糕点的项目，在 1974 年获批。这个项目现在没有获得 BOI 的税收优惠，但它依然在运行，位于泰国的春武里省。近年来，一些获批的项目生产即食食品以迎合当下消费者需求对快速简单生活方式的变化。

其他的获批项目是农产品制造业和农业支持服务，包括大量的农产品加工业产品、收获后期活动和支持服务。例如，橡胶产品制造从过去到现在获得了大量外国投资。动植物油脂制造同样吸引了很多外资。农业服务主要包括农产品的分类和包装、装仓、作物干燥及冷藏。

5. 泰国农业 FDI 的影响

5.1 FDI 影响概述

本部分展示经验证据并讨论 FDI 对食品工业就业、出口、产出和增加值的影响。用于分析的数据来自泰国国家统计局。食品工业按四位国际标准产业分类（ISIC）划分，以便考察 FDI 对各子部门的影响。一些子部门没有数据是因为没有外资进入。此外，泰国国家统计局的没有公布 ISIC 编码 1551 企业（蒸馏，精馏及酒的混合；发酵原料生产乙醇）和 1553 企业（麦芽酒和麦芽制造）的数据，因为这些行业的企业少于 3 个。

5.1.1 FDI 和就业

根据 2007 年工业普查的数据，FDI 对就业的影响是积极的。官方数据显示，3 160 家有外国股东的公司雇佣了总共 983 778 名雇员（占总就业的 25.76%），产生的收入总计 1 424.26 亿泰铢（占总报酬的 33.05%）。尽管有外资的企业仅占全部制造业部门的 0.7%，它们占了就业的四分之一，占雇员收入的三分之一。FDI 对泰国食品工业的影响显而易见：公用的员工有 82 361 名（占工业总雇员的 13.34%）。这些雇员获得了 95.05 亿泰铢的收入，占工业部门总雇员收入的 15.67%。值得注意的是，FDI 对食品工业就业的正效应远低于 FDI 对制造业就业正效应的平均值。这可能是因为这些外国企业主要依赖技术密集型产品而不是劳动力密集型产品。

其他方面，鱼和鱼产品加工与储藏（19 648 名雇员）的外资企业就业占比在食品工业中最高，接下来是水果和蔬菜加工部门有 16 069 名雇员。接收就业最少的子部门是乳制品制造业（607 名雇员）和麦芽酒及麦芽制造部门。大多数外国企业看起来对那些能为它们提供竞争优势，尤其是丰富的低成本投入品的子部门投入巨大。这些企业可以通过利用泰国的资源实现低成本的目标，同时可以利用自身优势如市场和技术能力。特别是，一些企业选择投资那些有专门知识的子部门，虽然这些部门从技术层面来看是泰国最弱的。例如，19 家企业投资乳制品制造部门。由于泰国既不是乳制品的出口国也不是生产国，看起来这些外国企业投资这一部门是为了获取一个巨大的、未经开发的国内市场的利益。尽管就业的积极影响并不多，但技术转移的潜力很大。食品部门尤其是很多子部门缺少专门知识和实践技能，通过外国企业和泰国合作伙伴之间的技术转移以及相关方（如工人和农民）之间的技术转移，可能会有助于在整体上提升泰国的食品部门。

5.1.2　FDI 和出口

大多数外国企业（2 040 家企业，占 64.56%）在泰国建立商业/工厂作为出口的产品基地。FDI 贡献了总出口额的大约 56.44%，总计 13 987.94 亿泰铢。考虑到企业数量只占了全部企业（本国的和外国的）的 0.45%，这是个很大的比例。大约 24% 的企业（3 160 家中的 758 家）出口的产品产国全部出口产品的 80%。2006 年食品工业中外国企业出口额 626.13 亿泰铢，大约占总出口的 21.84%。两个最重要的子部门是：鱼和鱼产品的加工和保存部门；其他食品的制造部门，两者出口额分别是 179.17 亿泰铢和 174.38 亿泰铢。另一面的情况是，总计 36.87% 的外国企业（共 80 家企业）从没有出口食品。显然，他们主要关注泰国国内市场。此外，乳制品制造部门的出口额仅有 285 万泰铢，大部分最终产品都卖给了泰国的消费者。泰国的外国企业中出口产品到日本的数量最多，总计 644 家（占 31.57%）。美国、新加坡和欧洲国家都是这些企业最欢迎/最常选的出口目的地，分别有 257 家（占 12.60%）、242 家（占 11.86%）和 232 家（占 11.37%）企业努力向上述目标市场出口。

对泰国的外国公司而言，食品部门与制造业的主要出口市场相似，第一和第二大出口市场依然是日本和美国，但中国是其第三大出口市场，新加坡和欧洲国家紧随其后。这可能是受中国市场的巨大规模、泰国和中国间的自由贸易协定以及东盟自由贸易协定（AFTA）的影响。并不令人意外的是，这些出口市场同时也是泰国农业和食品加工部门 FDI 的主要来源国。当他们各自的企业在利用东道国低成本优势和丰富资源时，在自己国家都有强大的商业网和市场渠道。这是结合了寻求资源和效率特征的 FDI 的典型代表。作者观察到大量的外国企业把最终产品再出口到他们自己的国家。

5.1.3　FDI、产出和增加值

2006 年，外国企业在制造业部门产出的占比是 43%，总计 31 409.65 亿泰铢，同时外国企业对制造业增加值的贡献是 42.27% 或 7 434.06 亿泰铢。FDI 对产出和增加值的影响要高于对就业的影响，从就业的外国企业占比（近 25.76%）可以看出。然而，FDI 对泰国出口的积极影响是最大的，外国企业占总出口额的 56.44%。

在食品工业的产出和增加值中 FDI 的影响也是一样。FDI 对出口积极影响的程度看起来要更高，比较来看外国企业占出口份额的 21.84%。外国企业生产了总产出的 13.37%（1 508.90 亿泰铢），占食品加工总增加值的 15.50%（380.31 亿泰铢）。从子部门来看，软饮料和矿泉水制造部门生产了最高的产出值 295.62 亿泰铢，但增加值却很低，仅有 61.41 亿泰铢。外国企业在这个子部门承诺 FDI 的动力在于寻找市场和维护进入像泰国这种经济增长有前景

的本地市场的通道。出口额仅有 20.15 亿泰铢而且大部分产出供应给泰国本地消费者证明了这一点。有意思的是，其他食品（ISIC 编码 1 549）[①] 的外国制造商在产出占比和增加值占比方面做得都很好，分别达到 258.33 亿泰铢（子部门的 28.02%）和 126.22 亿泰铢（41.79%）。这些数据比那些最大的出口子部门像鱼和鱼产品的加工和保存部门都要高。

5.2 BOI 促进的 FDI 的贡献

通过 BOI 促进的国际投资在很多方面都对泰国经济做出了贡献。最明显的在于创造就业和出口收入。总体来看，这一部门的外国投资在 1970—2009 年为泰国工人创造了总计 369 514 个工作岗位。外国项目逐渐提高了本地就业，虽然在最后 10 年有小幅下降。整体看，本地就业的年均增长率接近 80%，这相当的惊人（表 3 - 23）。20 世纪 70～80 年代这一增长率尤其高。

表 3 - 23 1970—2009 年农业和农产品部门外国投资创造的就业

年份	投资额（百万泰铢）	项目数量（个）	泰国雇员（人）
20 世纪 70 年代	1 093.7	24	6 306
20 世纪 80 年代	50 720.1	576	111 396
20 世纪 90 年代	82 043.4	484	130 554
21 世纪	158 044.5	541	121 258
总计	291 901.7	1 625	369 514

来源：BOI 国际事务局。

从子部门来看，食品加工为泰国工人提供了最多工作，总计 173 220 人，占了全部创造工作数量的 47%（表 3 - 24）。这主要是因为外资集中在这一子部门中。农产品制造业提供的工作占了约 40%，而初级农业（包括种植业、畜牧业、渔业和林业）总共占了 7.4%。初级农业占比较小同这些领域中相对较小的投资相对应。

在初级农业方面，种植业和畜牧业创造的就业一样，但畜牧业的整体投资额要高很多。这反映了畜牧业生产和种植业相比劳动力密集性较小。外国公司通常按照 BOI 规则的要求使用了现代技术。

---

① 其他地方未分类的食品如汤和肉汁的生产；香料、调味品和佐料；特殊营养用途食品；冻肉、禽类菜肴；药草制剂；肉类、鱼类、甲壳动物或者软体动物的提取物。

表 3-24　1970—2009 年农业和农产品子部门外国投资创造的就业

子部门*	泰国就业人数	占比
种植业	10 624	2.88
畜牧业	10 391	2.81
渔业	6 094	1.65
林业	314	0.08
食品加工	173 220	46.88
农产品	146 528	39.65
其他	22 340	6.05
总计	369 514	100.00

来源：作者基于 BOI 国际事务局数据的计算。

　*种植业包括章节 1.1 和 1.2，畜牧业包括章节 1.4 和 1.5.1，渔业包括章节 1.5.2 和 1.8，林业是章节 1.24，食品加工是章节 1.11，农产品制造包括章节 1、1.3、1.9、1.10、1.14～1.16、1.20 和 1.25。其他包括收获期后及其他的农业支持服务，在章节 1.7、1.13、1.17～1.19、1.21～1.23、1.26～1.30 下。

　　另一个明显的贡献是出口收入。农业部门在 BOI 列表下的外国投资大多是出口导向型。它们超过 80％的产品转移到国外从而提升了泰国的农业出口。通过出口扩大市场规模有助于实现规模经济，从而降低成本以提高生产率（Harberger，1996）。出口同样加强了市场竞争，在一定意义上出口导向型企业需要适应世界市场已经存在的竞争，通过采用新技术、市场营销技能和提高生产效率。就用于出口的加工食品来说，FDI 在这些出口行业的成功中扮演主要角色（Netayarak，2008）。宏观上看，出口帮助提高了国家的 GDP 和生产力以及生活水平。自 20 世纪 80 年代到现在，出口导向型 FDI 也是本地就业的主要来源（表 3-25）。关于 FDI 对农业增长和生产力的影响，经验证据非常有限，因为农业部门的 FDI 规模很小（Furtan and Holzman，2004，Sattaphon，2006）。Sattaphon（2006）发现日本的 FDI 对刺激泰国农业增长有积极的影响，但效果不是很明显。

表 3-25　农业和农产品部门中出口导向型 FDI 创造的就业

	20 世纪 70 年代	20 世纪 80 年代	20 世纪 90 年代	21 世纪
出口导向型	1 995	95 715	94 957	86 971
其他	4 311	15 681	35 597	34 287
总计	6 306	111 396	130 554	121 258

来源：BOI 国际事务局。

5.2.1　FDI 和技术转移

FDI 被广泛认为是资本、新技术和专业知识转移的重要渠道，可以提高东道国企业的技术能力。但这些益处，尤其是 FDI 的技术转移效果在经验研究中各有不同。Kohpaiboon（2006）以泰国的制造业为案例研究 FDI 和技术溢出之间的联系，研究内容包含了食品、饮料、橡胶和木制品。他发现从 FDI 的技术溢出获得益处要以贸易政策体制的性质为前提，也就是说要想使从 FDI 技术溢出获得的好处最大化，自由的投资政策和自由的贸易政策必须同时具备（Kohpaiboon，2006）。尽管他的研究没有具体测量 FDI 技术转移的益处，但它有重要的政策启示。他研究的启示是，泰国的农业贸易政策必须自由化到吸引最可能引起技术溢出的 FDI 流入。根据 Warr（2008）的研究，泰国的农业贸易政策已经相当的自由。这意味着相当自由的农业贸易政策已经一定程度上引起了 FDI 的技术转移。由于泰国农业部门的 FDI 很少，可能技术转移的影响不是很大。

在泰国，农业技术转移大多发生在非 FDI 渠道（Kohpaiboon，2006）。私人公司尤其是泰国正大集团（CP Group）在向农民的技术转移中扮演重要角色①。但 Netayarak（2008）发现 FDI 项目带来的新知识和技术在泰国农民、企业家和工人之间传播的很好。特别是在过去的几十年间，泰国的农产品加工业从技术转移中获益非常大。

此外，Netayarak（2008）观察到在 1994—2005 年农业研发和农业技术转移都有增长的趋势。由于大部分 FDI 是合资和出口导向型的，研发基金都是由海外的母公司或子公司提供（Netayarak，2008）。外国合作伙伴在选择加工技术以适应国外需求的过程中占主导地位，尤其是在鸡肉、菠萝和虎虾等农产品的加工中非常明显。外国公司同样也带来了适合当地的种子和动物品种，泰国农业也因此获益（Suphannachart and Warr，2009）。

6. 结论和政策建议

泰国农业部门的国际投资或 FDI 同其他部门相比相当的小。大多数农业 FDI 在食品加工领域以合资形式存在，而且主要供应出口市场。初级农业领域的 FDI 规模尤其小。这可能有几个原因，最显而易见的是土地所有权政策阻止外国人拥有土地；初级农产品出口管控带来的出口市场不确定性；以及《外国投资法案》强制限制外国投资者在初级农业产品中的股份。食品加工和农产

---

　　①　泰国正大集团在肉鸡和虾的培育、种子技术研发和开发淡水鱼新品种等方面贡献很大（Poapongsakorn，35 页）。

品加工领域有很大的投资机会。不考虑 FDI 规模的限制，整体 FDI 流入量和 BOI 的促进项目等证据都表明，过去的投资对农业发展和整体经济增长贡献很大。

FDI 对农业部门的益处很多，尤其是在产出、增加值、出口、扩大就业以及技术转移等方面。这形成了一个更加可持续的农业发展模式。出口带动的工业化政策为工业部门带来的益处要多于农业部门，像 FTAs 和 BITs 等国际投资协定包括 BOI 的投资促进政策，都是鼓励外国投资者投资农业部门的好工具。泰国政府需要在政策有任何变动和新发展之前，进行有效的信息公开并安排相关企业和农民深入协商。这么做可以减少短期影响并帮助他们做好调整。农业部门依然有很大的市场和投资机会，有待被泰国企业利用。因此，适当的国际化战略、跨国公司的发展以及人力资源优势，可以帮助泰国企业、工人和农民利用世界市场不断增长的食品需求，并在 FDI 的激烈竞争中取得成功。

泰国政府需要比以往更加努力的促进 FDI 流入，并通过撤销管制和实施自由化措施来消除 FDI 的进入障碍。这可以通过签订国际投资协定实现，如 FTAs。关于这些国际投资协定的质量和范围，泰国政府应该通过集中精力合并投资促进、自由化以及投资保护等规定，来发展综合性的 BITs 和 FTAs。进一步加强泰国作为一个有吸引力的投资目的地形象，在于其投资政策要朝着公开和透明的方向发展。公共部门改革急需提升透明度、减少管理步骤，以及减少审批的时间与成本。在泰国，农业、工业、贸易和投资政策的高效综合管理，应该作为降低生产和经营成本、提高投资收益的一种途径来支持。此外，泰国政府相关部门应该在研究战略、吸引和响应投资促进政策等方面进行协作，包括帮助外国投资者的需求（如金融和人力资源开发），尤其是那些未来打算投资农业部门的投资者。

外国企业和泰国农业部门（显然大多在食品加工领域）企业的合伙关系很牢固，而且数量通过合资在不断增长，跨国公司和泰国农民的联系也通过订单农业安排在不断扩展。因为农产品是价值链一个非常重要的部分，必须维持这种联系。泰国农民经常缺少金融资源、技能和高水平的农业科技，可以通过培训、新技术创新和金融支持来提高农业生产力。现在，很多跨国公司使用订单农业来供应种子、肥料、专业技能/新技术给农民。这种合作和联系应该通过研发来拓展和加强。因此，泰国政府应该发展一项整体的政策促进更高水平的研发领域 FDI，同时农业人力资源开发政府部门间的协调，例如 BOI、农业与合作部和科技部等。此外，一个更好的分配制度（如分享利润和亏损的贷款）应该落实到位，以提升泰国农民的收入，增加他们的幸福感。所有这些都能在整体上有利于农业发展。

参考文献

Aggarwal，R. & Agmon，T. 1990．The international success of developing country firms：role of government-directed comparati. ve advantage. *Management International Review*，30 (2)：163 - 80．

Athukorala，P. & Jayasuriya，S. 2003. Food safety issues，trade and WTO rules：a developing country perspective. *World Economy*，26 (9)：1395 - 416．

Athukorala，P. & Sen，K. 1998. Processed food exports from developing countries：patterns and determinants. *Food policy*，23 (1)：41 - 54．

Bank of Thailand 2010. Foreign Direct Investment Statistics，Balance of Payments Statistics Team，Information Management Bureau.

Board of Investment 2006. 40 Years of BOI (in Thai)，Office of the Board of Investment.

Buckley，P. J. ，Clegg，J. ，Forsans，N. & K. T. Reilly. 2001. Increasing the size of the "country"：regional economic integration and foreign direct investment in a globalised world economy. *Management International Review*，41 (3)：251 - 74．

Coxhead，I. & Plangpraphan，J. 1999. Economic Boom，Financial Bust，and the Decline of Thai Agriculture：Was Growth in the 1990s too fast? *Chulalongkorn Journal of Economics*，11 (1)：1 - 17．

Department of Commercial Registration 1999. Foreign Business Act B. E. 2542 (1999)，Bureau of Business Registration，Department of Commercial Registration.

Dunning，J. H. 1986. The investment development cycle and third world multinationals. In Khan，K. M. ，ed. ，*Multinationals of the south：new actors in the international economy*. London：Pinter Publishers.

Dunning，J. H. ，Van Hoesel，R. ，& R. Narula. 1998. Third world multinationals revisited：new developments and theoretical implications. In Dunning，J. H. ，editor，*Globalisation，trade and investment*. Amsterdam：Elsevier.

Fong，P. E. & Komaran，R. V. 1985. Singapore multinationals. *Columbia Journal of World Business*，Summer：**35 - 43**．

Furtan，W. & Holzman，J. J. 2004. The Effect of FDI on Agriculture and Food Trade：An Empirical Analysis. *Agriculture and Rural Working Paper Series No. 68*. Ontario：Statistics Canada，Agriculture Division.

Harberger，A. C. 1996. Reflections on Economic Growth in Asia and the Pacific. *Journal of Asian Economics*，7 (3)：365 - 392．

Hobday，M. 1994. Technological Learning in Singapore：A Test Case of Leapfrogging. *Journal of Development Studies*，30 (4)：831 - 838．

IMF 2001. Malaysia: From Crisis to Recovery: International Monetary Fund.

Japanese Chamber of Commerce. 2010. Survey of business sentiment on Japanese corporations **in Thailand: for the spring, the 1st half of 2010:** Japanese Chamber of Commerce in Bangkok.

Johnston, B. F. & Mellor, J. W. 1961. The Role of Agriculture in Economic Development. *The American Economic Review*, 51 (4): 566 - 593.

Julian, C. C. 2001. Japanese foreign direct investment in Thailand. *The Mid-Atlantic Journal of Business*, 37 (1): 7 - 18.

Kerner, A. 2009. Why Should I Believe You? The Costs and Consequences of Bilateral Investment Treaties. *International Studies Quarterly*, 53: 73 - 102.

Kohpaiboon, A. 2003. Foreign Trade Regimes and the FDI-Growth Nexus: A Case Study of Thailand. *Journal of Development Studies*, 40 (2): 55 - 81.

Kohpaiboon, A. 2006. Foreign Direct Investment and Technology Spillover: A Cross-Industry Analysis of Thai Manufacturing. *World Development*, 34 (3): 541 - 556.

Lecraw, D. J. 1977. Direct investment by firms from less developed countries. *Oxford Economic Papers*, 29 (4): 442 - 57.

Lecraw, D. J. 1992. Third world MNEs once again: the case of Indonesia. In Buckley, P. J. & M. Casson, editors, *Multinational enterprises in the world economy: essays in honour of John Dunning*. Hants: Edward Elgar Publishing Limited.

Lee, J. W. 2004. A new paradigm for the Korean economy: advanced state development (ASD) model approach. In Harvie, C., Lee, H. & J. Oh, eds. *The Korean economy: post-crisis policies, issues and prospects*. Cheltenham: Edward Elgar.

Martin, W. & Warr, P. 1994. Determinants of Agriculture's Relative Decline: Thailand. *Agricultural Economics*, 11 (2): 219 - 235.

National Economic and Social Development Board 2008. *National Income of Thailand*, Bangkok, Office of the National Economic and Social Development Board.

National Food Institute of Thailand 2008a. *A forecast of Thailand's food export trend in 2008*. Bangkok: National Food Institute of Thailand.

National Food Institute of Thailand 2008b. *Thai food industry situation report*. Bangkok: National Food Institute of Thailand.

National Food Institute of Thailand 2010a. *Thai food industry situation report in 2009 and trend in 2010*. Bangkok: National Food Institute of Thailand.

National Food Institute of Thailand 2010b. *Thai food industry situation report (first four months, half year trend and overview of 2010)*. Bangkok: National Food Institute of Thailand.

Netayalak, P. 2008. Characteristics and Impact of Foreign Direct Investment on Thai Agricultural Production. *University of the Thai Chamber of Commerce Journal*, 28 (1): 1 - 18.

Neumayer，E. & Spess，L. 2005. Do bilateral investment treaties increase foreign direct investment to developing countries? *World Development*，33（10）：1567 – 85.

Nuannim，M. & Kaewpornsawan，S. 2010. "Bilateral Investment Treaties（BITs）：implications and policies"，Bank of Thailand.

Office of Agricultural Economics 2007. Economic and social conditions of farmer households and agricultural labor 2006 – 2007. Bangkok：Office of Agricultural Economics.

Office of Agricultural Economics 2009. Outlook on agriculture 2009 and trend in 2010. Bangkok：OfficeSricultural Economics.

Ohmae，K. 1985. *Triad power*. New York：The Free Press.

Pananond，P. 2007. The changing dynamics of Thai multinationals after the Asian economic crisis. *Journal of International Management*，13：356 – 75.

Peng，M. W. 2000. *Business strategies in transition economies*. Thousand Oaks：Sage Publications.

Poapongsakorn，N. 2006. The Decline and Recovery of Thai Agriculture：Causes，Responses，Prospects and Challenges. *Rapid Growth of selected Asian economies：lessons and implications for agriculture and food security*. Bangkok：FAO Regional Office for Asia and the Pacific.

Poapongsakorn，N.，Siamwalla，A.，Titapiwatanakun，B.，Netayalak，P.，Suzuki，P.，Pookpakdi，A. & P. Preedasak.（1995）*Agricultural Diversification / Restructuring of Agricultural Production Systems in Thailand*，A Paper prepared for The Food and Agricultural Organization of the United Nations. Bangkok，Thailand Development Research Institute.

Porter，M. E. 1990. *Competitive advantage of nations*. New York：Free Press.

Rock，M. 1995. Thai Industrial Policy：How Irrelevant was It to Export Success? *Journal of International Development*，7（5）：759 – 73.

Rugman，A. M. & Verbeke，A. 1990. *Global corporate strategy and trade policy*. London：Routledge.

Sattaphon，W. 2006. Do Japanese Foreign Direct Investment and Trade Stimulate Agricultural Growth in East Asia? Panel Cointegration Analysis. *International Association of Agricultural Economists Conference*. Gold Coast，Australia.

Siamwalla，A. 1996. Thai Agriculture：From Engine of Growth to Sunset Status. *TDRI Quarterly Review*，11（4）：3 – 10.

Sim，A. B. 2006. Internationalization strategies of emerging Asian MNEs-case study evidence on Singaporean and Malaysian firms. *Asia Pacific Business Review*，12（4）：487 – 505.

Suphannachart，W. & Warr，P. 2009. Research and Productivity in Thai Agriculture. EconPapers 2009 – 11：Departmental Working Papers from Australian National University，Economics，RSPAS.

Thai Ministry of Industry, 2002. *National master plan for Thai food industry*. Bangkok: Office of Industrial Economics, Thai Ministry of Industry.

Thailand's National Statistical Office 1997. Report Of the 1997 Industrial Census, Whole Kingdom: Thailand's National Statistical Office, Office of the Prime Minister.

Thailand's National Statistical Office 2007. Report of the 2007 Industrial Census, Whole Kingdom: Thailand's National Statistical Office, Office of the Prime Minister.

Urata, S. & Yokota, K. 1994. Trade liberalization and productivity growth in Thailand, *The Developing Economies*, 32 (4): 444 – 459.

Vernon, R. 1966. International investment and international trade in the product cycle. *Quarterly Journal of Economics*, 80 (2): 190 – 207.

Vernon, R. 1979. The product cycle hypothesis in a new international environment. *Oxford Bulletin of Economics and Statistics*, 41 (4): 255 – 67.

Warr, P. 2004. Globalization, Growth, and Poverty Reduction in Thailand. *ASEAN Economic Bulletin*, 21 (1): 1.

Warr, P. 2005. Boom, Bust and Beyond. *In*: Warr, P. G. (ed.) *Thailand Beyond the Crisis*. New York: Routledge Curzon.

Warr, P. 2006. Productivity Growth in Thailand and Indonesia: How Agriculture Contributes to Economic Growth. *Working Paper in Economics and Development Studies*. Department of Economics. Padjadjaran University.

Warr, P. 2008. Trade Policy and the Structure of Incentives in Thai Agriculture. *ASEAN Economic Bulletin*, 25 (3): 249 – 70.

Warr, P. 2009. Aggregate and Sectoral Productivity Growth in Thailand and Indonesia. *Working Papers in Trade and Development*, *2009/10 Arndt-Corden Division of Economics*. The Australian National University.

Wells, L. T. 1983. Third world multinationals: the rise of foreign investment from developing countries. Cambridge: MIT Press.

World Bank. 2008. Thailand Investment Climate Assessment Update: Poverty Reduction and Economic Management Sector Unit, The World Bank.

（四） 乌干达：乌干达咖啡、花卉和渔业部门中的私人投资分析[①]

1. 简介

和许多非洲国家一样，外国在乌干达商业性农业中的投资从 2000 年后开始增长，但水平仍然相对较低。大部分（70%）从事商业性农业的公司（大约 70%）为国内企业。1992—2008 年，在乌干达投资局（UIA）注册的拟开工的商业性农业项目数较少也反映了这个事实。在 UIA 注册的商业性农业项目为 124 个，仅占全部注册项目的 3.5%。约一半的注册项目分布在水产品、常规养殖、花卉和林业。大部分拟开工的外资商业性农业项目来自三个国家：印度（21%），英国（16%）和肯尼亚（10%）。

商业性农业中的 FDI 集中在农药和化肥供应、咖啡加工与出口、花卉、渔业加工和出口。但从 2005—2006 年纳税大户的数据来看，外资企业并没有在农业部门中占主导地位。乌干达前 50 位的纳税人中外资企业和内资企业平分秋色。2007 年，咖啡和花卉部门中外资企业的资产收益率要高于同行的内资企业。

根据由出口创汇指标判定的在乌干达经济中的重要程度，本节主要分析私人投资在以下三个部门的表现：咖啡——主要的出口产品；鱼类——主要的非传统出口产品；花卉和扦插苗——排在 2007 年非传统出口产品的第三位，第一位和第二位分别是鱼类和玉米。由于玉米行业中并没有外资进入，因此没有被当成出口商品来分析。大部分的玉米产品是通过本国企业销售给世界粮食计划署（WFP）。

2. 农业部门中的 FDI

20 世纪 90 年代后，外商对乌干达的直接投资呈上升趋势，从 1991[②] 年的 2 500 万美元上升到 2007 年的 22 亿美元（UIA，2008）。同样随着在 UIA 注册的拟开工项目的增长，其中的外资项目也从 1992 年的 2.7 亿美元上升到 2008 年的 23.8 亿美元，年均增长 14.6%。1992—2008 年在 UIA 共注册了

[①] 本节是基于 Alice K. Gowa 顾问为 FAO 撰写的一篇研究报告。

[②] Obwona, Marios V., 1996：8, 摘自 UIA 数据库（1991.7—1995.12）。

3 513个外资项目。UIA 的职责包括维护一个包含所有外资项目的数据库。

FDI 的投资额与 2000—2007 年在 UIA 注册的拟开工项目的投资额高度相关，两者之间的相关系数达到 0.79（图 3-18、图 3-19）。但是从某一年份来看，FDI 实际投资额却比当年的注册计划要低得多，最低相差 16％，最高相差 81％。可见并不是所有的拟开工项目都能完成，在某些情况下他们的投资额被高估或者低估了。我们的分析表明，FDI 的平均投资水平为拟开工外商项目投资额的 40％，中值为 32％。

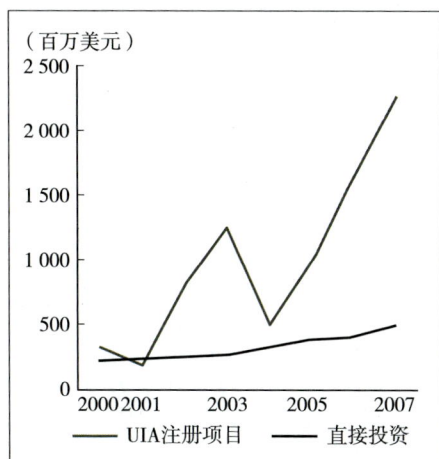

图 3-18 2000—2007 年乌干达的 FDI 和 UIA 注册项目的投资额
来源：UIA 数据库 2008 年数据摘要。

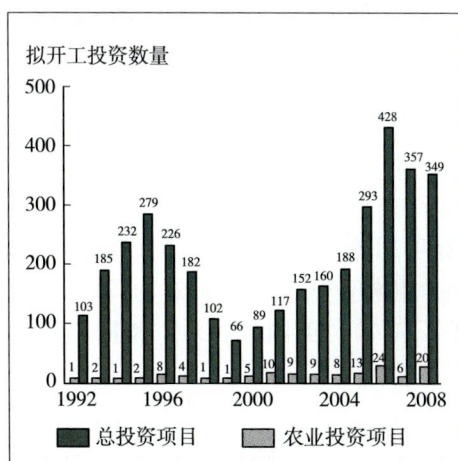

图 3-19 1992—2008 年乌干达农业拟开工的外国投资项目数量
来源：乌干达投资局（2009）。

最新公布的外商在农业中直接投资的数据来源于 2000 年。数据表明 FDI 在农业、林业和渔业中的市值非常低，为 406 548 美元，占整个 FDI 存量的 0.06%（乌干达：乌干达银行，2002）。但该部门在 2000 年后开始吸引更多的投资。2000—2008 年，在 UIA 注册的农业拟开工项目数量达到 104 个，总值 238 154 846 美元，而 1992—1999 年间仅有 20 个，总值 39 039 500 美元（图 3-20）。比较所有 FDI 和所有拟开工的外国投资项目，2000—2008 年外商在农业部门的投资总额在 0.773 亿～1 亿美元[①]。1991—2008 年，农业部门的计划投资额从 80 万美元增长到 5 500 万美元，在所有项目投资中的比重不到 20%。

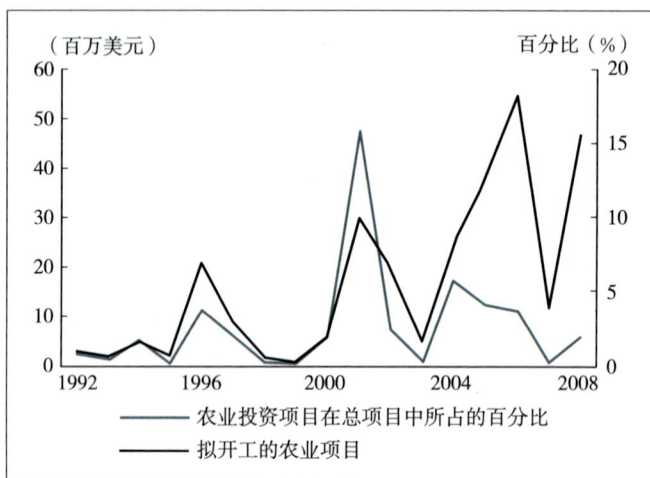

图 3-20 1992—2008 年乌干达的拟开工外国投资项目金额
来源：乌干达投资局（2009）。

1992—2008 年，农业部门的项目数在所有外国投资项目中的比重不到 10%。1991 年 UIA 成立时，注册的商业性农业拟开工项目仅有 124 项，投资额为 2.77 亿美元。

约有一半的注册项目分布在四个部门：渔业（22%）；常规种植业（14%）、花卉（7.8%）和林业（7.8%）（图 3-21）。大部分外商拟开工项目来自三个国家：印度（21%）、英国（16%）和肯尼亚（10%），如图 3-22 所示。

---

① 32.4% 的值（这个数值 2000—2008 年某个年份的外商直接投资额在计划投资总额中的占比的中位数）乘以 2000—2008 年的计划投资总值后得出 773 万美元。而 1 亿美元的数值，计算使用的是 42.1%（这是 2000—2008 年某个年份的外商直接投资额在计划投资总额中的占比的平均数）。

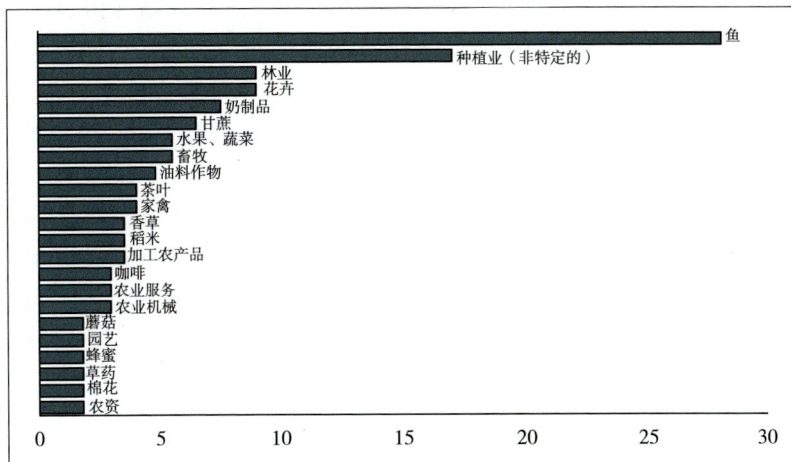

图 3-21　1992—2008 年乌干达拟开工 FDI 中农业部门的分布情况

来源：乌干达投资局（2009）。

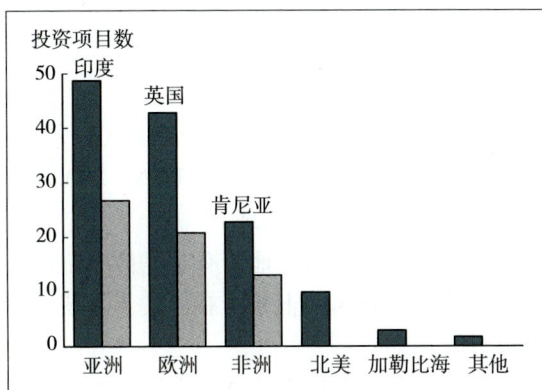

图 3-22　乌干达农业 FDI 来源地

来源：UIA 数据库 2008 年数据摘要。

3. 鼓励私人投资进入农业部门的政策

　　过去的 20 年，乌干达农业部门经历了重大的政策改革。为了提高私营部门的参与积极性，改革焦点集中在公共企业的经济自由化和私营化。原来政府通过制定价格和建立市场委员会（从小农户手中购买商品并销售到国外）来管理农业部门。然而这套体系被证明在运营上是无效的，这催生了政府进行结构调整。

目前，乌干达的整体发展政策框架是消除贫困行动计划（PEAP），该计划于 1997 年引进并在 1999 和 2004 年经过两次修改。PEAP 在促进乌干达发展上提出了五个关键点：经济管理；提高生产力、竞争力和收入；保障安全，解决冲突和应对灾难；有效治理；人类发展。农业部门属于第二个范畴，旨在通过支持性政策，改善农民生活条件和提高他们的农业收入。

2000 年，乌干达政府开始实施农业现代化计划（PMA），这是一项通过引入现代农业实践来改变贫困农民生活的战略性政策。PMA 是政府更广意义上的消除贫困战略中的一部分（见 PEAP 描述），目的是增加收入，改善家庭粮食安全状况，提供有报酬的就业机会，促进自然资源的可持续利用和管理（乌干达农牧渔业部，2006）。

政府农业政策的目标是在短期和中期内使家庭收入年均增长至少 2 000 万乌干达先令，（乌干达财政、规划和经济发展部，2008）。但与其他部门相比，政府在农业部门的支出依旧较小。

（1）制度性和管理性框架。乌干达在管理投资方面的法律被称为投资法典（2000）[①]，负责投资促进和投资便利化的机构是乌干达投资局（UIA）。投资法典中没有关于跨国公司参与的条款，但为本地和外国投资者提供了一个宽泛的管理框架。

外国投资者需要对拟开工项目投资至少 50 万美元，才能从 UIA 获得投资许可，而本地投资者需要 5 万美元（乌干达，UIA，2000）。在乌干达经营的跨国公司依据公司法（第 85 条）进行管理。

（2）土地所有制情况。乌干达的土地所有制是传统习惯，殖民条例和后殖民立法的集合体。乌干达主要有四种土地所有形式：习惯、迈洛、永久产权和租赁使用权（世界银行，1993）。

投资法典不鼓励外国投资者在乌干达占有土地。投资法典（2000）第二章第十条第二款禁止外国投资进入种植业或畜牧生产，或者在租赁的土地上从事农业生产，但法典允许投资者为乌干达农民提供援助。然而，第十条第四款规定，在管理当局提出建议，内阁批准后，部长可忽略这一限制。

投资法和土地法（1998）规定外国投资者只享有土地租赁使用权，租赁期最长可达 99 年（乌干达，UIA，2001）。根据土地法第四十二条，政府可以因防御、公共安全或公共事业等征用居民土地。对于这种强制性征用，受影响者应得到政府的及时给付和合理赔偿。

---

① 乌干达政府 2006—2007 财年 3.2% 的拨款安排给了农业，而当年保障和公共管理的支出分别占 13.4% 和 10.7%。（乌干达，财政、规划和经济发展部，2007：23）。

第三章　吸引 FDI 的政策及对国民经济发展的影响

3.1　加强国内能力和保障的政策

乌干达没有关于跨国公司参与农业的特定政策，但它更倾向于为所有参与农业生产的私人部门创造一个有利环境。在这种思想的指导下，为确保粮食安全和符合国际标准，政府制定了控制农产品质量和保证质量标准执行的措施。

在农业现代化计划（PMA）政策下，政府确定了七个优先领域，以保障提高国内能力和从跨国公司的参与中实现利益最大化。这些领域包括：农业科研和技术开发、农业咨询服务、农村金融服务、农业教育、农产品营销和加工、可持续自然资源管理和支持性基础设施建设。这些关键领域是通过与各相关部门的协调来实现的。

3.1.1　对农业部门私人投资的激励措施

乌干达对外国投资持开放态度。乌干达政府对投资者（包括国内和国外）制订了一系列投资激励措施。投资者从这些激励措施中获益的主要标准是外国投资者最低 50 万美元的初始资本，本国投资者最低 5 万美元。适用于所有投资的激励措施，见表 3 - 26。

表 3 - 26　乌干达的投资激励措施

激励措施	描述
投资资本补贴	对机器及设备给予初始补贴（50%～75%） 初创成本分 4 年给予补贴（每年 25%） 研发支出（100%） 培训支出（100%） 矿产勘探支出 对酒店、医院和工业建筑给予初始补贴 每年免税额抵扣（折旧资产） 资产折旧率（20%～40%） 酒店、工业楼宇和医院的折旧率（5%）
退增值税	注册为投资交易的投资者可对使用于工业或商业建筑的建材享受退增值税的优惠
进口机器和设备免关税	
首次到达特权（FAPs）	FAPs 表现为所有来乌干达的投资者和外籍人士可享受个人财物和汽车（占有 12 个月以上）免税待遇

（续）

激励措施	描述
出口促进激励与便利化措施	举债生产
	对机器和设备等投入品免征关税
	免收印花税
	退税——对生产出口产品所使用的进口材料、投入品全部或部分退还已支付的税金
	机械设备、科研材料、人及动物药品、原料等免征代扣税
	10 年免税期——为涉及附加值的出口商提供的税收减免计划

来源：乌干达投资局（UIA）。

根据国际法，乌干达在渔业部门和国家渔业政策方面还承担一定的义务，见表 3 - 27。

表 3 - 27 乌干达渔业部门履行的国际义务

义务名称	详细情况/目标
生物多样性公约	旨在形成国家战略，计划或方案，以便保护和可持续利用生物的多样性
东非共同体成立公约	目标：共同及有效地管理区域内的自然资源，对保护共享的水生和陆地资源采取一致的规章制度
拉姆萨尔公约	于 1971 年在伊朗拉姆萨尔签署
	其主要目的是为保护和合理利用湿地及其资源提供国家行动和国际合作框架
国际濒危物种贸易公约	管制每年数以亿计的野生动物贸易
	签约国采取行动禁止濒危物种进行国际商业贸易，并对其他可能濒危的物种进行贸易调节和监控
促进尼罗河流域（Tecconile）发展及环境保护的技术合作（1992）	由尼罗河流域的各国水务部长订立，有 10 个签署国：布隆迪、刚果、埃及、埃塞俄比亚、厄立特里亚、肯尼亚、卢旺达、苏丹、坦桑尼亚和乌干达
	主要目的是尼罗河流域的可持续发展合作，在保护和共同使用方面进行合作
维多利亚湖渔业组织成立公约（1994）	由肯尼亚、乌干达和坦桑尼亚签订
	宗旨是促进缔约国之间的合作；协调对维多利亚湖生物资源可持续利用的国家措施；制订和采取养护和管理措施

（续）

义务名称	详细情况/目标
FAO 关于负责任渔业的实施守则	1995 年 10 月粮农组织大会第 28 届会议通过 提供了适用于渔业养护、管理和发展的原则和标准 包含鱼的捕捞、加工和贸易以鱼产品、渔业运营、水产及渔业研究

来源：乌干达投资局（UIA）。

乌干达签署了《国际粮食和农业植物遗传资源条约》，俗称《国际种子条约》。该条约旨在通过保护、交流和对全球关于粮农的植物遗传资源的持续利用来保障粮食安全。条约中引起成员国重点关注的有两个问题：农民和合作组织能在多大程度上无偿使用、交流、销售和繁育种子；在保障农民权利方面，政府将采取哪些措施。关于条约的某些争议表现在有的条款要么还未得到解决，要么甚至没公开的阐释。

4. 跨国公司在农业部门的投资

根据 UNCTAD 的定义，跨国公司被认为是在一个连贯性政策和共同战略的决策系统中，在一个以上国家拥有多个实体的企业。这些实体通过所有权或其他方式联系起来，其中一个或多个可对其他产生显著影响，特别是在分享知识、资源和责任方面[1]。据乌干达统计局数据，2006/2007 年度有 168 家企业在商业性农业（不包括畜牧）和渔业部门聘请的人数超过五人[2]。

从事农业及相关活动的公司有十分之三为包括跨国公司在内的外资所有（表 3-28）。虽然获取农业生产公司的资产规模数据比较困难，但基本可以判断是大部分商业性农业企业为外资所有，部分为乌干达亚裔所有[3]。农业生产公司的所有权情况来自于公司网站和与相关协会的访谈：乌干达花卉出口联盟（UFEA）、乌干达鱼类加工商协会（UFPA）、乌干达咖啡发展局（UCDA），并对生存状态或所有权不确定的公司予以剔除。列表评估了 200 家公司，其中包括 66 家提供农业投入品（种子、化肥、机械）的公司。

---

① http：www.unctad.org。

② 乌干达：乌干达统计局统计年鉴（2007）；2006/2007 乌干达商业注册报告：从事商业性农业的企业数（不含畜牧业）按计算 0.44×382（包括畜牧业在内的从事商业性农业的企业总数）计算。从事鱼加工和出口的企业数包含了所有的私营有限公司（占公司总数的 3%）；所有的合作关系（3%）和其他类型（2%）。在 2006/2007 从事捕鱼及相关服务的企业数为 124。

③ 见 2004 年乌干达投资环境报告。

表 3 - 28　涉及商业性农业及相关服务的公司情况汇总

编号	子部门	外商独资/跨国公司	本国公司	合计
1	农药、化肥和灌溉	3	7	10
2	农业工程、设备和服务	19	29	28
3	种子	3	5	8
4	养蜂，设备制造和培训师	0	5	5
5	咖啡加工和出口	6	26	32
6	棉花出口	3	1	4
7	轧棉设备	2	0	2
8	皮棉	1	10	11
9	鱼养殖场	0	1	1
10	鱼加工及出口	3	19	22
11	捕鱼工具及用品	0	2	2
12	花卉生产及出口	11	10	21
13	谷磨坊	2	6	8
14	生皮	0	2	2
15	乳和乳制品	2	4	6
16	家禽孵化和禽饲料	0	3	3
17	水稻种植、经销与出口	1	1	2
18	糖制造	1	3	4
19	烟草加工及出口	1	1	2
20	茶叶加工	1	2	3
21	食用油加工	1	2	3
	合计	**60**	**139**	**199**
	百分比	**30**	**70**	**100**

来源：公司网站、乌干达花卉出口商联盟（UFEA）、乌干达鱼类加工商协会（UFPA）、乌干达咖啡发展局（UCDA）和 2008 监测目录。

大多数外资公司（包括跨国公司）都投资于农业工程、机械及服务、花卉栽培及出口、咖啡加工和出口等项目。从外商（含跨国公司）占项目总投资的比例来看：轧棉和出口（外资占 75%）、花卉栽培（52%），水稻种植和出口（50%，本国和外资企业各一家）、烟草加工和出口（50%，本国和外资企业各一家）、农用种子（38%）、农药和化肥（33%）、牛奶和奶制品（33%）。跨国公司在项目总投资中的单独占比数据很难获得。从表 3 - 28 的信息中我们可以得出一个合理的推论：农业企业的所有权主要掌握在乌干达人的手中。

5. 咖啡、花卉和渔业部门价值链分析

价值链是由投入品供应者、生产者、加工商和卖家构成的供应链，这个链条反映了一个产品从初始状态到最终使用的过程[①]。下面来看咖啡、花卉和渔业部门价值链分析（图 3－23）。

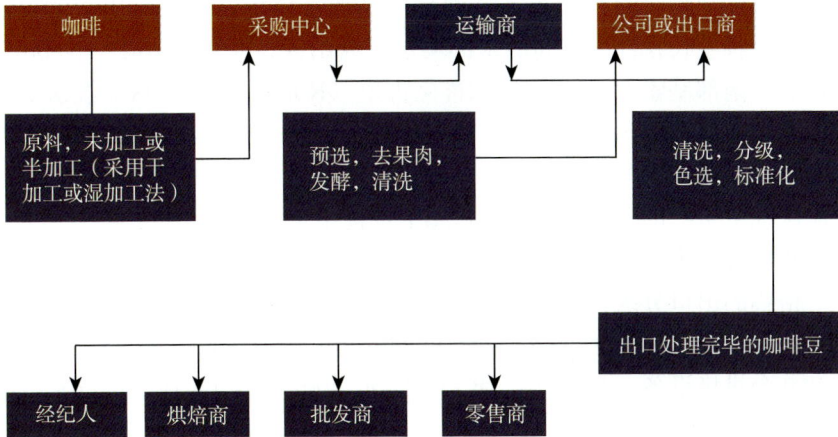

图 3－23　乌干达的咖啡价值链

来源：乌干达 2007 年国家出口战略。

（1）咖啡部门

在乌干达，咖啡是一种小农作物，在平均 0.2 公顷的小农场上种植。当地收获两个品种：罗布斯塔咖啡和阿拉伯咖啡，分别占咖啡生产的 85％和 15％。咖啡是乌干达 50 万农村家庭的主要收入来源（Sayer，2000）。乌干达的罗布斯塔咖啡是世界最好咖啡品种之一（乌干达 2007 年国家出口战略）。阿拉伯咖啡也是重要的品种，在埃尔贡火山区产量较大并且农场交货价相对较高［丹麦国际开发署，农业部门支持计划（ASPA2）2005/2006 年度发展报告］。

从 20 世纪 90 年代以来，咖啡部门面临的最大挑战是咖啡枯萎病。估计有 55％的罗布斯塔咖啡种植地受到这种病害的侵袭（乌干达咖啡发展局，2005）。在受影响的种植区实施抗枯萎病品种以及老龄树的重植计划已逐步扭转了咖啡产量下降的趋势。例如，2007 年 10 月到 2008 年 9 月间，咖啡

---

① Dempsey Jim，Campbell Ruth. 咖啡生产的价值链分析，埃塞俄比亚咖啡生产者与国际市场的联系：http://www.acdivoca.org/852571DC00681414/Lookup/WRSpring06－Page5－7－ValueChain-Coffee/＄file/WRSpring06－Page5－7－ValueChainCoffee.pdf。

产量达到 320 万袋，价值 3.62 亿美元，而上年度同期仅 250 万袋，价值 2.38 亿美元。

乌干达咖啡的加工和出口[①]

成熟的咖啡浆果要经过一系列的操作才能从果肉、浆液、果皮和薄膜中分离出咖啡豆，并且需要良好的外形。最终达到良好平均品质（简称 FAQ）的纯净咖啡豆才能进一步烘烤并研磨制成供人们食用的咖啡粉末。乌干达主要运用两种获取纯净咖啡豆的技术。一种是湿法加工技术，主要应用于阿拉伯咖啡，这种品种生长在纬度较高的东部埃尔贡火山区、北部的内比（Nebbi）高原地区、西南部基索罗（Kisto）和鲁昆吉里（Rukungiri）山区。湿法加工法产出的咖啡一般被称为淡味咖啡。另一种是干法加工技术，产出的咖啡被称为浓味咖啡，主要加工的是生长在维多利亚湖盆地附近的罗布斯塔咖啡。一般来看，湿法加工生产的咖啡在外形和口感上都优于干法加工。

每年咖啡产出的 95％都以生豆形式出口，只有 5％在本地加工。二次加工——俗称的出口分级，即将纯净的咖啡豆（FAQ）按照国际标准分成各种等级。据 UCDA 统计，约有 28 家咖啡出口公司，19 个出口分级工厂，251 个车间和 9 台烘烤设备（乌干达：UCDA 2006/2007 年报）。乌干达仅有一家咖啡加工公司。

在 2006/2007 咖啡季，罗布斯塔咖啡干果的平均农场价格为每千克 0.59 美元，而纯净咖啡豆（FAQ）的价格是它的两倍，约每千克 1.18 美元。罗布斯塔咖啡的出口均价从 2006 年 10 月的每千克 1.7 美元上涨到 2007 年 9 月的每千克 2 美元，高出纯净咖啡豆（FAQ）价格 50％以上[②]。仅从价格来看，FAQ 的加工即在本地就实现了巨大的增值。

乌干达共有 7 家外资企业和 18 家本地企业从事咖啡采购、加工和出口业务。最大 6 家从事咖啡加工和出口的跨国公司为：ED&F 公司（英国）、奥兰（Olam）国际有限公司（新加坡）、易康姆（Ecom）农业产业有限公司（瑞士）、苏克菲娜（Sucafina）公司（瑞士）、诺伊曼（Neumann）集团公司（德国）以及由两位希腊人投资的乌干达大湖咖啡有限公司（插文 3 - 12）。这些公司在 2008/2009 年产季占到了咖啡出口的 59％。

随着 1991 年咖啡部门的开放，16 家主要的咖啡加工和出口公司（包含跨国公司）中，有 11 家于 20 世纪 90 年代开始出口业务，另外 5 家在 2000 年后

---

① 见 http://ugandacoffee.org：初级及二次加工。

② 乌干达：UCDA 年报：2006/07；7，11；使用的汇率是 1 美元兑换 1 721 乌干达先令，这是该局 2007 年的加权平均卖出价（乌干达：2008 统计摘要：223）。

开始出口，其中 4 家是国内企业。某种程度上看，跨国公司并未在咖啡部门产生挤出效应。2000 年后开始出口的国内公司同样获得了相当的市场份额，在 2008/2009 产季占到咖啡出口的 25%。

早前进入咖啡出口业务的跨国公司在市场上获得了先发优势，它们比后进入者抢占了更大的市场份额。而 2000 年后新进入的国内公司却比 20 世纪 90 年代进入的国内公司拥有更大的市场份额。这可能是因为新进入者拥有更多资源并且从跨国公司和先辈的国内公司那里学习到了更多的实践经验。

证据表明，为了获得更可靠的咖啡来源并控制产品质量，跨国公司开始通过建设示范农场和为生计型农民提供培训等方式向价值链的低端进行延伸，比如卡格兰伊（Kyagalanyi）咖啡公司于 2007 年建立的包含纳兰尼欧伊（Nalanyonyi）项目的示范农场，伊贝罗（lbero）公司于 2001 年成立的卡维尔（Kaweri）咖啡种植园以及由加克夫（Ugacof）公司的农场示范项目等。

插文 3-12　2009 年在乌干达从事咖啡加工和出口的跨国公司

卡格兰伊（Kyagalanyi）咖啡公司（www.volcafe.com），是英国 ED & F Man 控股公司的子公司，2004 年收购了沃尔咖啡（VOLCAFE）。Kyagalanyi 是第一家通过 ISO9001 和 ISO2000 认证的咖啡出口商。公司也通过了 OQS 认证，OQS 是国际认证网络 IQNET 澳大利亚成员区的一名成员。Kyagalanyi 开始了纳兰尼欧伊（Nakanyonyi）项目，旨在培训农民通过改善农场经营活动以提高产出的农产品的价格。

ED & F Man 是采购及制作生咖啡豆的市场领导者，在全球 21 个国家经营。

奥兰公司（www.olamonline.com）是新加坡奥兰国际公司的子公司。奥兰国际专业经营 17 种农产品。企业的战略是把握住供应链的各个环节，从产地到加工、物流、市场和分销。这种方式带来了高效运营和价值增值。奥兰乌干达公司的总部在坎帕拉，它的采购和分销机构遍及全国。奥兰乌干达公司的第一大产品是罗布斯塔咖啡，其次是阿拉伯咖啡、棉花、芝麻、水稻和糖。奥兰已经在坎帕拉投资了最新型的咖啡处理设施。

卡瓦科奥有限公司［Kawacom（U）Ltd］（www.kawacom.com）是瑞士 ECOM 农业产业集团的子公司，于 1996 年创立。该企业率先在国内发展有机咖啡农场，是有机咖啡的第一大出口商。Kawacom 有四家采购中心，目前经营多家加工厂和一家中央加工厂，为出口咖啡做准备。通过直接从源头采购咖啡豆，Kawacom 可以为买家提供质量和时间都有保障的产品。1998 年后，Kawacom 将业务从较著名的乌干达罗布斯塔咖啡拓展到了水洗阿拉伯咖啡。

Kawacom 公司已经联合小农户开始了三个有机咖啡的开发项目。其中两个是关于水洗阿拉伯咖啡，另外一个是罗布斯塔咖啡——非洲的第一批有机罗布斯塔咖啡。

ECOM 是世界上领先的供应链管理者，也是原料和半加工农产品的集成供应商。

由加考夫（UGACOF）（www.ugacof.com）是瑞士苏克菲娜（Sucafina）公司的子公司。UGACOF 自 1994 年开始咖啡业务，同时出口咖啡和可可。该公司也参与其姊妹公司 UGATRANS 的运输和航运服务。为了改进咖啡的质量和产出，UGACOF 建立了示范农场并为农民提供一系列的培训计划。

伊贝罗〔Ibero（U）〕公司（www.nkg.net）是诺伊曼（Neumann）咖啡集团的子公司。除了 Ibero（U）公司外，Neumann（NKG）还在穆本德地区建立了 Kaweri 咖啡种植园公司。这是一个规模很大的罗布斯塔咖啡农场，建于 2001 年，是 NKG 农场战略的一部分。

NKG 平行管理 40 家子公司。每个子公司在 Neumann 咖啡集团的控股公司——Neumann 集团内按照独立的利润中心运营，Neumann 集团位于匈牙利，指挥并协调集团的所有活动。

大湖（Great Lake）咖啡公司是 1999 年由两家希腊公司以 50：50 的出资比例创立。公司经营咖啡采购、加工和出口业务。Great Lake 将产量的一半（2008 年为 57%）销售给本地的卡瓦科奥（Kawacom），奥兰和卡格兰伊咖啡公司，其余全部出口。出口地主要为意大利、英国、德国和瑞士。

（2）花卉和扦插苗部门

乌干达的花卉部门于 1992 年成立。当时生产的主要产品是玫瑰。到 1998 年，有 18 家公司从事玫瑰生产和出口业务，其中 10 家现已倒闭①。

---

① 1998 年有以下公司生产玫瑰：Equatorial Flowers，Harvest International，Horizon Roses，Jambo Roses，Kajjansi Roses，Mairye Estates，Melissa Flowers，MK Flora，NBA Roses，Nile Roses，Nsimbe Estates，Pearl Flowers，Royal Flowers，Scoul Roses，Tropical Flowers，UgaRose，Van Zanten（U），Victoria Flowers 和 Zziwa Horticultural Exporters（Djikstra T，2001）. 2008 年，以下公司已关闭：Equatorial Flowers，Harvest International，Horizon Roses，MK Flora，NBA Roses，Nile Roses，Nsimbe Estates，Royal Flowers，Scoul Roses，Tropical Flowers，UgaRose 和 Zziwa Horticultural Exporters。

乌干达玫瑰的栽培大部分由乌干达公司承担（插文 3 - 13）。总的来看，20 家公司中的 14 家（或约 70%的公司）都是从事玫瑰生产。这些公司包含本地公司和外资公司（丹麦投资除外）。前三大玫瑰出口商都是本地企业，分别是玫瑰花蕾公司、乌干达玫瑰公司和嘉博玫瑰公司。

以花卉种植著称的荷兰在乌干达投资成立了 5 家公司，生产玫瑰以外的花卉品种（主要是菊花）。一家 2007 年成立的乌干达公司（菊花扦插有限公司）也开始进行菊花扦插苗业务。这家公司与 Kajjansi 玫瑰公司同属一个所有者，Kajjansi 成立较早并从事玫瑰栽培。

插文 3 - 13　2009 年在乌干达从事花卉及扦插苗木生产的跨国公司

菲杜佳（Fiduga）（乌干达）公司（www. fides. nl）是荷兰菲德斯（FIDES）集团的子公司。它 1996 年从 2 500 平方米的实验农场开始，现在发展到 20 公顷。Fiduga 的菊花扦插苗木直接出口到母公司，由母公司进行种植、分销和销售。母公司从事花卉事业已超过 40 年，在全球有 5 个子公司。FIDES 集团每年引进经过慎重测试的菊花新品种，然后被引入到各个子公司繁育和生产扦插苗木。Fiduga 是目前乌干达最大的菊花扦插苗木出口商。

瓦加加伊（Wagagai）公司（www. wac-international. com）是乌干达和丹麦合资公司。自 2001 年起开始开展花卉业务。近 5 年来公司多元化经营后进入了扦插苗木领域。农场占地 22 公顷，分别向荷兰的 Deliflor 供应菊花扦插苗木和德国的 Selecta Klemm 供应盆栽扦插苗木。2002 年 Wagagai 和一家荷兰的育种公司——Agricom 合资，使生产和育种更加便利。合资公司命名为 WAC 国际，WAC 是 Wagagai 和 Agricom 联合的缩写。WAC 国际也是 Delforge 东非和肯尼亚的代理商。WAC 的战略是缓慢的推出菊花品种和在市场上小规模的销售。Wagagai 公司目前是乌干达的第二大菊花出口商。

Royal Van Zanten（乌干达，www. royalvanzanten. com）是 Royal Van Zanten 荷兰的子公司，在乌干达已经营了 12 年，是乌干达的第三大菊花出口商。Royal Van Zanten（荷兰）全球运营了 9 家公司，从事花卉业务已达 160 年。它拥有先进的现代化平台，研发最新的技术来改进目前的植物类型和品种。Royal Van Zanten（乌干达）将产品直接出口到母公司，供其种植、分销和销售。目前它与母公司之间的战略安排是关键性决定都由本地决定。

花卉和扦插苗是乌干达重要的非传统出口产品，估计 2007 年出口价值达到 2 280 万美元，这使它成为继鱼类、黄金和玉米之后的第四大非传统出口产品（乌干达：数据摘要，2008）。出口花卉主要是鲜切花（几乎全部是玫瑰）和菊花扦插苗（乌干达，UFEA）。

乌干达目前种植三种玫瑰：T 杂交（长茎，大花头）、甜心（短茎，小花头）和花束玫瑰（茎长和个头中等）。甜心玫瑰品种尤其适合乌干达温暖湿润的气候。通过与丹麦公司合资，乌干达于 1995 年开始菊花扦插苗的培育试验，实验表明菊花扦插苗在乌干达的生长条件下能获得很高的产量。事实上菊花在乌干达的气候条件下确实长势良好（乌干达，UFEA，2007）。

现在，花卉与扦插苗部门已经有 20 家公司，种植面积达 200 公顷，生产超过 40 个品种的花卉（乌干达，UFEA，2008）。该部门在过去 8 年中以年均 20％的速度高速发展（乌干达，UFEA，2007）。2007 年该部门的总投资（本国和外资）估计超过了 6 000 万美元（乌干达，UIA，2007）。花卉部门成为非传统的出口创汇和吸收就业的部门。约有 6 500 人（主要是妇女）受雇于花卉产业，平均每个企业 325 名。而 85％的乌干达公司雇佣工人数都还不超过 50 人（乌干达：乌干达注册公司 2006/2007：88）。

价值链表明在乌干达的子公司（或合作伙伴）主要培育菊花扦插苗，然后向母公司或合作伙伴出口花芽或花苗以供进一步繁育（或花卉）（图 3 - 24）。育种和花卉种植（花蕾以后）的过程在乌干达之外完成。

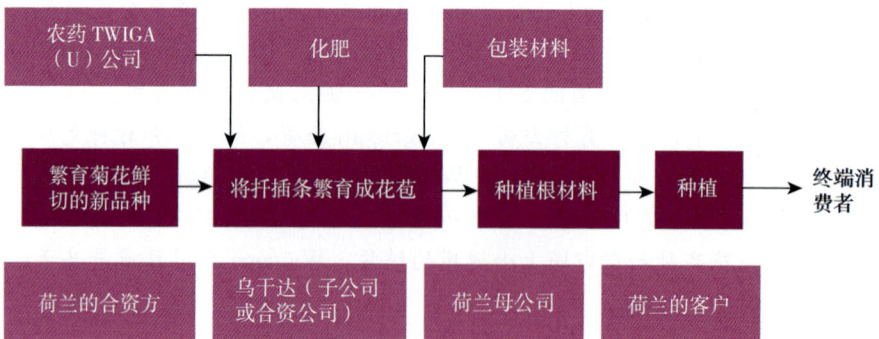

图 3 - 24　乌干达的菊花价值链

来源：荷兰皇家范·赞腾公司（Royal Van Zanten Uganda Limited）。

在花卉和扦插苗部门出现了向栽培玫瑰以外品种的转变，这种转变主要来自跨国公司的驱动。许多 1994—1999 年成立的花卉公司都专注于玫瑰生产（11 家中的 9 家，约占 81％）。当时只有 2 家公司（均为丹麦投资）从事其他品种的生产，主要是菊花扦插苗。但这种趋势在 2000 年后发生了改变。2000—2008 年有 9 家花卉公司成立，其中 4 家（占 44%）生产菊花和其他品种，例如，长寿花、花坛花、盆栽花和蔬菜等扦插苗。生产玫瑰花公司的占比降到了 56%。

这种转变表明 20 世纪 90 年代玫瑰生产公司的失败给后来者提供了重要警示，后来者主要关注生产更适合乌干达气候条件的品种。乌干达温暖湿润的气候①对生产菊花扦插苗和其他品种十分有利。而大多数的玫瑰品种适合更冷凉的地区，比如肯尼亚和爱沙尼亚的高原地区。没有证据显示该部门有挤出效应。

（3）渔业部门

渔业价值链有五类参与者：主要生产者（渔民）、收鱼渔船（木制或机动）、运输商（贸易商和工厂代理）、本地贸易商和加工商、地区或国际性的出口商（图 3 - 25）。渔业加工商并不运营渔船，他们从渔民或中间人那里购买鱼。

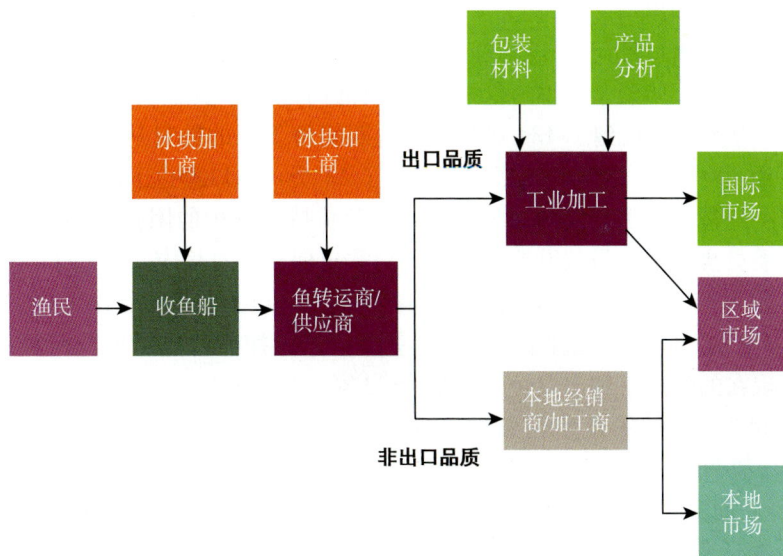

图 3 - 25　乌干达渔业加工部门的价值链
来源：Nyombi K，Bolwig S（2003）；乌干达：乌干达国家出口战略（2007）。

1997 年，乌干达有 136 000 名渔民（乌干达国家渔业政策，2004 年 5 月），他们主要在维多利亚、基奥加和艾伯特三大湖的各码头处捕捞。维多利亚湖有 600 多个码头（乌干达，渔业资源研究院，2003）。在这个阶段，加工

---

① 温度白天最高达 28℃，晚上最低 18℃（UFEA，2007）。

商向收鱼的渔船提供自家冰工厂生产的冰，以保证鱼能新鲜到达码头。2003年收鱼船的数量估计有960艘（乌干达国家渔业政策，2004年5月）。在码头上，鱼被卖给贸易商或供应商，他们再把鱼销售给加工商或国内贸易商。2003年鱼贸易商预计达到2万名（乌干达，渔业资源研究院）。

在加工厂内，待出口的冰冻鱼产品被打包进本地生产的瓦楞纸箱，而待出口的冷冻鱼产品被打包进泡沫箱（也是本地生产）。各种鱼副产品也被加工和出口，包括鱼鳔、内脏脂肪和鱼皮。由此可见加工过程促进了生产的增值。

在价值链中，鱼工厂参与了投入品供应（如包装材料）、技术支持、质量控制（执行欧盟和美国危害分析与关键控制点体系）。在加工和出口环节，他们同时还负责渔民的营销及培训。他们也为签订出口供货合同的渔民和收鱼船提供冰块。

①鱼加工和出口

鱼加工和出口部门有17家工厂，直接和间接雇佣了80万乌干达人（乌干达，UFPEA，2008）。2001—2005年，该部门迎来了黄金发展期，出口创汇从8 700万美元增长到1.434亿美元。这期间鱼工厂的数量从11个增加到17个。但到2007年，运营的工厂重新减到了11个，出口额也下降。实际上，渔业部门一直遭受维多利亚湖中尼罗河鲈鱼存量持续减少的困扰①。据乌干达出口促进委员会统计，虽然欧盟市场的出口需求保持相对稳定，但乌干达的常规鱼出口在2005年出现下降，从2005年的1亿4 360万美元降到2008年的1亿1 220万美元。这很大程度上归结于渔业部门过度捕捞造成了尼罗河鲈鱼存量减少。现在的鱼加工和出口公司数量为22家。

20世纪80年代开始运营的3家鱼工厂，其中两家为乌干达本土工厂（Gomba和Ngege），但最近由于不良的财务状况（Ngege）和持续的低库存（Gomba）而关闭。

11家运营的鱼工厂都在2000年后创建。新工厂的加入使鱼捕捞数量达到了峰值。例如2005年成立了7家鱼加工厂，但一年后鱼出口就开始下降。7家工厂中有5家同属一个所有者，它在不同的码头建立了这5家工厂，目的在于以保证最大程度地从各码头获取鱼原料。

然而令人惊讶的是，尽管鱼存量在不断降低，但该部门仍然吸引了新的投资：2007—2009年建立了3家新公司，分别是2007年成立的野生捕捞渔业公司，主要在艾伯特湖捕捞；2008年成立的邦蒂湖泊公司，从Ngege租用办公

---

① 来自对Greenfields乌干达公司的采访。

地址；2009 年成立的 IFTRA（U）公司，从 Gomba 公司租用办公地址。该部门的一些外资公司却很明显地在与该部门不相关的领域开展多元化经营。比如，韩国的跨国公司 Hwan Sung 进入了家具制造业，Alpha 集团公司（Riyaz Kurji）生产肉类和乳制品（插文 3 - 14）。

最新进入渔业部门的公司是尼罗河鱼公司（SON）。出于对日益降低的鱼存量的考虑（乌干达，UIA，2007），该公司尝试通过运作商业性养鱼场来满足日益增长的鱼类需求。SON 公司是由卢森堡的 Lake Harvest 集团和比利时的绿地公司共同投资，后者常驻乌干达。

插文 3 - 14　2009 年在乌干达从事渔业加工和出口的主要公司

海洋与农产品加工出口有限公司（www.marineandagro.com）是乌干达领先的渔业加工和出口公司。该企业隶属于 Kendag 有限公司，在肯尼亚首都内罗毕经营 6 家加工厂。海洋与农产品出口加工有限公司已在渔业加工和出口业务超过 20 年。目前，在乌干达经营 5 个加工厂，出口至全球 20 多个国家和地区。

乌干达渔业包装公司（www.alphauganda.com）是跨国公司阿尔法集团的子公司，该集团在撒哈拉以南非洲和海湾国家已运作近 50 年。乌干达渔业包装公司是乌干达第二大渔业加工和出口公司，拥有处理 6 000 吨鱼片的生产能力。公司在乌干达、坦桑尼亚和肯尼亚拥有 9 个加工厂。

Hwan（U）有限公司（www.hwangsungbiz.com）由韩国人投资，是乌干达第三大渔业加工和出口公司。该公司经营渔业加工和出口业务已近 20 年。它在技术上投入巨资，拥有 390 吨冷冻鱼片的储藏能力。Hwan（U）同时也是包装鱼类、水果、蔬菜和花卉所需的不同规格宝丽龙箱的领先供应商。

Greenfields（U）公司成立于 1989 年，由两名比利时人（95% 股权）和 1 名乌干达人（5% 股权）投资建立。位于恩德培，地理位置优越，毗邻维多利亚湖岸线，到达码头和水域交通便利。Greenfields 每年加工尼罗河鲈鱼和罗非鱼，出口超过 4 000 吨。最近该公司与卢森堡 Lake Harvest 集团合作，成立了尼罗河之源养鱼场（SON）。该养鱼场是商业化养鱼的试点，以满足不断增长的鱼类需求。

5.1 乌干达农业部门中的跨国公司

乌干达有 25 家参与商业性农业的大型外资公司[①]。这些公司在 2005/2006 年度上缴了至少 9 万美元的税[②]。最大的纳税公司是从事烟草加工的 BAT 公司、糖料加工的 Kinyara 糖业公司和食用油加工的 Bidco 公司。这三家公司位于 2005/2006 年度 50 大纳税户之列。可以看到，有 20 家从事农业及相关业务的乌干达本土公司也在纳税大户名单中（插文 3-15）。

许多大型的外资公司都关注农产品生产、加工和出口的多样化。大部分跨国公司经营咖啡加工和出口（5 家公司），鱼类加工和出口（3 家公司），菊花种植和出口（2 家公司）以及超市（2 家公司）。外资公司在农业的其他环节也发挥着作用，包括投入品供应，面向国内市场的农产品销售以及农产品检测（如鱼类）。

插文 3-15　2005/2006 年乌干达前 1 000 名纳税人中农业公司的分布情况

2005—2006 年期间的最大纳税人的数据并没有显示外资公司在农业部门占主导地位。例如，乌干达前 50 名纳税人的情况显示国内企业是外资企业的近两倍。乌干达的前 50 名纳税人中有 3 家外资公司和 5 家国内公司从事农业，这些公司分布在烟、糖、食用油的生产和加工领域。

2005/2006 年乌干达前 1 000 名纳税人中农业公司的分布情况

排名	企业数量	
	外资企业	本国企业
1～10	1	0
11～20	1	
21～30	0	0
31～50	1	
51～100	1	
101～500	1	6
501～1 000	9	9
总计	25	20

来源：乌干达投资局。

[①]　Wagagai 以 Wagagai 菊花公司和 Wagagai 公司注册了两次，本研究按一次计算。

[②]　麦德龙此后关闭了在乌干达的业务。

5.1.1　外国子公司的经营活动

在咖啡、花卉和渔业部门的外资公司按有限责任公司运行并为母公司全资所有。实地调查表明，这些公司以借贷或股权抵押方式从母公司融资成立。许多受访公司不愿意提供关于资产和销售的数据。外资公司的资产价值并不总是高于具有可比性的本地公司（请参考咖啡和花卉部门）。但是，2007 年外资公司在资产使用上更有效率（在咖啡和花卉部门都高出 80%），他们从资产中创造出了更多的销售（销售额自然也高出许多）。所有的受访公司都是出口导向型。

没有明确的信息能够识别出不同类型外资母公司投资的子公司的比例情况，包括投向商业性农业的主权基金和私募基金。

5.1.2　主要竞争优势、动机和战略

在乌干达的跨国公司较本地企业拥有以下几个方面的优势：

能够获得负担得起的融资。大部分受访的跨国公司都是以负担得起的利息从母公司融资成立。例如，菲杜佳（Fiduga）以 2% 的年利率从母公司获得了贷款，而且对还款时间无限定。皇家（Royal）通过向母公司的借贷完成了 60% 的初创资金。而另一方面，一家名为梅丽莎（Melissa）花卉的国内公司从乌干达银行借贷创业资金，贷款利率为 11%，借贷期仅 5 年。

管理与专业技术支持。来自荷兰的外资公司可以从母公司的育种实验室获得可供繁殖的材料并且按外籍管理。咖啡部门的跨国企业可以非常容易地寻找和雇佣该部门的国际专家。例如，卡格兰伊（Kyagalanyi）咖啡公司聘用了两名来自哥伦比亚的咖啡湿法加工的专家。而乌干达国内公司并不总是能够联系到和有资金去雇佣类似的专家。

现成的市场。生产菊花扦插苗的公司直接向它们的母公司供货。咖啡加工和出口部门的跨国公司可以选择将产品销售给母公司或其他的出价优于母公司的买家。而国内公司只能依靠国际买家。

关注度高。据 UIA 统计，乌干达在吸引 FDI 方面做了许多努力。因此，一个计划进入乌干达市场的大型外资公司更易受到关注，并且可以利用这种优势要求（或得到）更自由的激励措施。这种情况在以上这三个部门还没有发现，但现有的案例表明外国投资者更易获得特惠①。

---

① 在 2004 年，政府给了一个综合的一揽子激励计划，包括免征所得税 25 年，免征增值税 17 年以鼓励投资者，BIDCO（来自肯尼亚）建立了 1.2 亿美元的棕榈油项目。其他食用油生产商抱怨，声称受到不公平待遇。BIDCO 项目目前实施非常缓慢。

三星服装在非洲增长机会法案（AGOA）支持下，投资针对美国市场的服装生产，收到了 1 500 万美元的政府担保贷款，但经过 5 年巨额亏损关闭，未能偿还贷款。

5.1.3 投资乌干达的动机

许多投资于乌干达的跨国公司主要是基于生产因素方面的考虑，包括原料的可得性（鱼和咖啡）、生产气候条件优越和丰富的水资源（花卉和扦插苗）（插文3-16）。其他原因还包括咖啡部门的自由化以及价格低廉，可塑性强的，会说英语的劳动力，如图3-26所示。

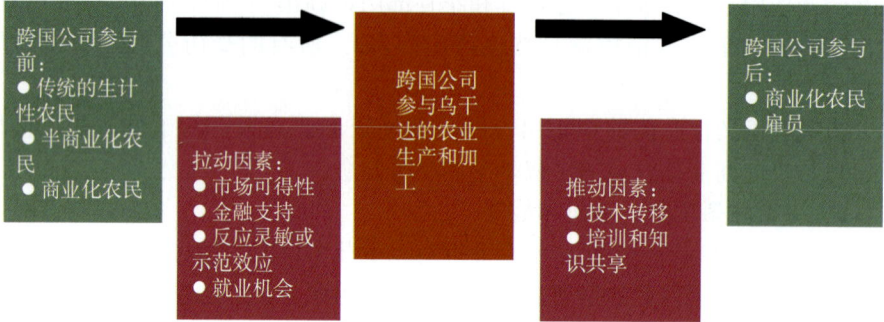

图3-26 跨国公司投资乌干达商业性农业的促进因素

5.1.4 面临的挑战

投资政策实施推迟。在2007/2008年度财政预算案中提到的10年免税的激励政策到现在还未实施。

生产成本提高。主要是高电费，最近又重新引入了柴油发电机税和高昂的运输费。现在乌干达的空运成本在每千克1.9～2.2美元，而肯尼亚每千克才1.6美元。

除了高昂的运输成本外，乌干达渔业还面临鱼存量下降和政府对渔业部门预算支持不足的风险，难以让该部门有效的监控所有码头。

插文 3-16 投资乌干达咖啡、花卉
和渔业的原因（2009）

咖啡加工与出口

乌干达是咖啡的理想产地并具有开放的市场。20世纪90年代开放后，跨国公司被邀请投资咖啡业。

鲜花和扦插苗

乌干达有两个得天独厚的发展条件，即适宜种植的气候和足够的水资源。乌干达气候炎热湿润，全年高温，非常适合小玫瑰芽（甜心）和菊花扦插苗木的生长。

优惠性市场进入：

乌干达对欧盟的花卉出口享受优惠关税。根据《非洲增长机会法案》（AGOA）的优惠贸易安排，出口到美国市场的产品，配额和关税均免除。

1995 年，乌干达企业联合成立了乌干达花卉出口商协会（UFEA）。协会会员出资建立了冷藏设施，成立了鲜处理有限公司，更有效的处理冷库中的园艺产品，并安排适当的航空运输。会员支付处理费，其中包括使用冷库、专业费和空运费。鲜处理设施目前满负荷运转，并正在计划进一步扩大处理能力。

渔业加工和出口

乌干达有充沛的淡水资源，占有世界第二大淡水湖泊维多利亚湖的一半水资源。乌干达还拥有 160 个小湖泊和数条包括尼罗河在内的河流，提供了捕捞和养殖条件（乌干达，UIA，2007）。

维多利亚湖是尼罗河鲈鱼（尖吻鲈）和野生罗非鱼的原产地，前者在欧洲需求量较高。乌干达的生物物理环境也有利于温水水产养殖。2002 年 FAO 估计，乌干达超过 70％ 的地区有水产养殖发展的潜力。乌干达的竞争优势还包括：劳动力成本较低（低于许多其他国家）；在渔业等相关领域有高素质的专业人才；生鱼成本低；比邻国的售价更低廉。

来源：实地访问。

6. 乌干达农业中私人投资的影响和作用

6.1 对就业的影响

乌干达的大部分公司（73％）雇佣人数不超过 20 人，属于微型或小型企业（图 3-27）。调查的 11 家公司共雇佣了包括临时工在内的 3 000 多人，平均雇佣人数超过了 50 人，因此它们被定义为大型企业。这些公司为乌干达的就业做出了巨大贡献，特别是花卉部门，平均每个公司的雇佣人数都很高（表 3-29）。在雇佣规模上，外资公司和本地公司并没有明显的区别。

表 3-29 2009 年在乌干达从事商业性农业的受访公司中的雇员情况

部门	公司数量	全职雇员		临时雇员		合计		
		平均	中间值	平均	中间值	平均	中间值	合计
咖啡	3	52	25	243	279	295	304	884
花卉与切条	5	147	180	217	240	324	350	1 620
渔业	3	96	37	92	85	187	122	562
合计	11							3 066

来源：URT 2010，经济调查。

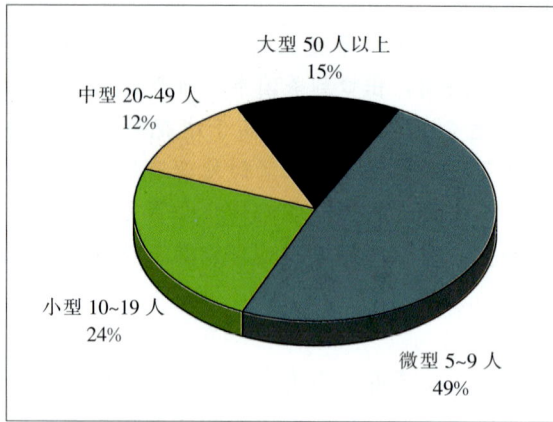

图 3 - 27　2006/2007 年度乌干达雇员平均数

来源：乌干达公司注册（2006—2007 年）。

6.2　对乌干达农业生产的影响

6.2.1　积极影响

如蒂尔达（Tilda）（英国 Tilda 公司的子公司）那样的跨国公司对促进乌干达的粮食供应发挥了较大的作用。据 FAO 统计，1991—2005 年，7 种主要作物中：咖啡、玉米、水稻、棉花、蔗糖、茶和烟草，只有水稻的生产面积是持续增加的（图 3 - 28）。Tilda 为水稻实现持续增产贡献了力量。Tilda 自 1997 年在乌干达运营以来，水稻的生产面积从 1997 年的 6 万公顷增加到 2007 年的 11.9 万公顷，如图 3 - 29 所示。

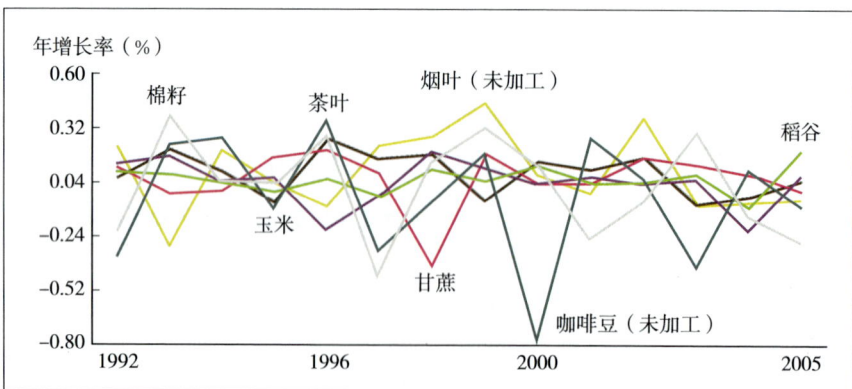

图 3 - 28　乌干达七种主要农作物的生产趋势

来源：粮农组织数据库（2009 年 2 月 10 日下载）。

图 3-29　1961—2007 年乌干达的稻米收获面积

来源：粮农组织数据库（2009 年 2 月 10 日下载）。

6.2.2　消极影响

大型渔业加工商的大量涌入引起尼罗河鲈鱼的需求激增，这降低了维多利亚湖尼罗河鲈鱼存量。虽然鱼类是可再生资源，但必须有保证持续补给的作用机制。

乌干达在渔业出口方面没有限额。鱼主要来自于维多利亚湖，鱼类存量依靠鱼的自然繁殖模式进行季节更替。因此过度捕捞（捕捞鱼的数量超过了当季新鱼繁殖的数量），或者捕捞了未成年的鱼都会造成存量的减少。

在鱼出口部门，2001—2004 年鱼的出口量从 1995—2000 年的年均 1.5 万吨增长到了 3 万吨。增加的需求给现有的鱼出口商造成了压力，如前面讨论的一样，要么密集捕捞，要么拓展码头以最大化捕捞量。乌干达鱼的出口量从 2005 年的 36 614 吨降到了 2008 年的 22 731 吨。值得注意的是，渔业公司并没有直接参与捕捞，它们是通过与渔民和其他供应商订立合同的形式获得加工所需的鱼。

6.3　对农业出口的影响

2005/2006 年，乌干达商品出口额 8.89 亿美元（乌干达：2007 年财政预算）。跨国公司在咖啡、花卉和鱼的出口上占据主导地位，占到出口总额的 39.1％（图 3-30）。

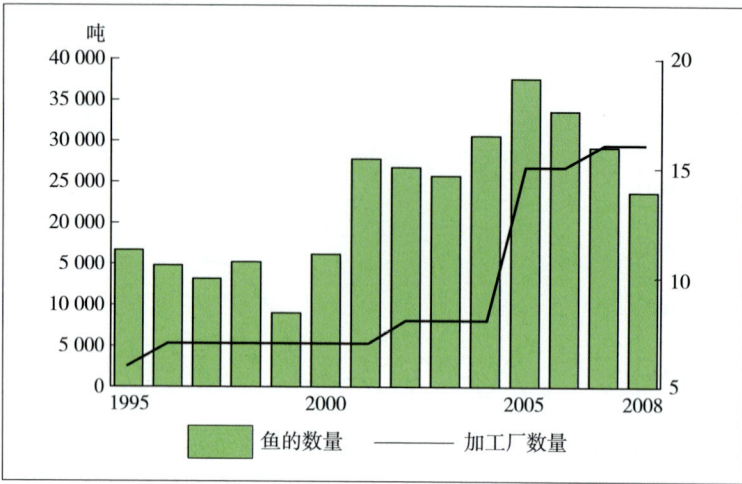

图 3 - 30　1995—2008 年乌干达捕获鱼的数量和鱼加工厂数量间的关系

来源：乌干达渔业加工商和出口商协会，2009。

6.4　对农业融资的影响

6.4.1　小农户资金可获得性

为跨国公司工作的小农户获得资金支持的情况有很大改善。外资公司有时为签订供货合同的农民或外部种植者提供信贷服务，因此它们不再需要从金融机构贷款。外资公司（包括跨国公司）提供的资金贷款利率通常较低而且与农民的产出挂钩。农民从公司借贷的资金可从收益中扣除。虽然有些国内公司也给小农户提供信贷，但笔者尚未找到相关信息。

6.4.2　对乌干达银行业的影响

三个部门中跨国公司对乌干达银行业的影响十分有限。许多公司从母公司或海外银行获得资金支持。访谈中只有荷兰皇家范·赞腾（Royal Van Zanten）和大湖（Great Lake）咖啡公司从乌干达一家银行贷款投资，见表 3 - 30。

表 3 - 30　在乌干达经营的跨国公司融资来源

公司	来源国	各来源所占百分比（%）		
		境外银行/母公司	乌干达的银行	其他来源
伊夫塔（IFTRA）(U) 公司	阿联酋	100		
荷兰皇家范·赞腾（Royal Van Zanten）公司	荷兰	60	40	
大湖咖啡公司	希腊		95	5
克鲁斯夫（Xclusive）切花公司	荷兰	10		90

（续）

公司	来源国	各来源所占百分比（%）		
		境外银行/母公司	乌干达的银行	其他来源
卡格兰伊（Kyagalanyi）咖啡公司	瑞士	100		
菲杜佳（Fiduga）公司	荷兰	100		

来源：2009 年 5 月实地采访。

6.5　对技术和知识分享的影响

农业技术包括人力技术，如土肥管理、植物保护、病害控制、农场管理和现场储藏，以及非人力技术，如改善农资投入等（2005/2006 乌干达全国家庭普查），调查表明有 7.1%～23.2% 的农业家庭使用人力技术（UBOS）。但只有 7.3% 的农业家庭表示他们接待过农业技术推广人员。笔者对咖啡和花卉部门中公司如何使用农业技术进行了总结：为确保盈利，花卉和扦插苗部门必须百分之百的使用人力和非人力技术。花卉和扦插苗的顺利生产要求公司保障土肥管理、植物保护、病害控制、农场管理、现场储藏和农资投入等环节。例如，花卉公司使用从鲍顿（Balton）（跨国公司）或绿室（Greenhouse）农药公司（国内公司，只经营农药）购买的化肥和农药。他们运用蒸汽控制土壤病害，并修建温室保护作物。

咖啡部门的跨国公司倾向于延伸到价值链的低端。为保证咖啡能被正确的处理和储藏，他们为农民增加培训，同时也为干燥咖啡提供防水布。

目前，私人部门也在开展新品种的研发工作。据农牧渔业部下属的品种发布委员会的数据，2000—2008 年，私人部门共发布了 41 个新品种（Mugoya，2009），包括玉米、水稻、豆类、大豆、高粱、大麦、葵花、豇豆和甘薯。他们可以应对特殊的生产条件限制，包括低产、持续干旱、虫害和病害等。举两个典型的例子：一是由蒂尔达（Tilda）公司引入乌干达的旱稻品种（Nerica4），得到了 USAID 投资计划（其中的出口农业发展项目）和西非水稻发展协会的支持；二是德克拉布（DEKLAB）的玉米品种计划得到了孟山都的支持。

Nerica4 水稻品种的引入：将旱稻品种 Nerica4 引入乌干达的项目由 Tilda 公司和 USAID 的 IDEA 共同主持。该项目很大程度上提高了水稻的产量，甚至是小农户的生产。为乌干达的稻米自给做出了巨大贡献（插文 3-17、插文 3-18）。而之前大部分在乌干达生产的大米品种依靠进口。

插文 3-17 乌干达旱稻品种介绍

2002年前，乌干达稻米主要种植在水田里，这在两个方面上限制了乌干达的产能：一是水稻产量低，二是需要 6 个月的较长成熟周期。1997—1999 年，Tilda 与西非大米发展协会（WARDA）合作，在 Tilda 的农场上进行了 30 个旱稻品种试验。在进一步获得 USAID 投资计划中关于美国国际开发署对外向型农业发展的投资（IDEA）项目的资金支持后，Tilda 加强了对现场工人和农民的培训，并在乌干达的另外三个地区建立了示范农场。2002 年，乌干达从这些试验中挑选了 WAB165 和 WAB460（非洲新品种，Nerica4）旱稻品种进行了官方发布，使得 WAB460 成为唯一的无区域限制的第三个 NERICA 品种。

在 WAB460（Nerica4）发布之前，Tilda 是这个品种的主要的使用者。但 Nerica4 也得到了越来越多小农户的青睐，这种增长主要有两个原因：一是为确保增加家庭收入和粮食安全，政府有意推广旱稻；二是由于旱稻生产带来的高回报，在 Tilda 工作的高素质员工倾向于离开公司，自己种植谋利。

来源：WARDA "非洲水稻中心：认识非洲水稻中心在撒哈拉以南非洲的作用"，WARDA2002/2003 年报，http：//warda. org/publication-sAR2002-03/recognizing％20warda％275％20role. pdf

＊WARDA 在 2003 年更名为 "WARDA—非洲水稻中心"。

插文 3-18 对种植孟山都德克拉布（DEKLAB）
杂交玉米的农民采访

"我种植玉米已经 7 年了，每一季种植 5 英亩。我一共有 12 英亩土地。我种植孟山都的 DEKLAB 杂交玉米品种，每季可达到每英亩产量 2~3 吨。一英亩我会用到 20 千克左右的种子。一袋 5 千克的 DEKLAB 种子的花费为 2 美元（16 000 乌干达先令）。

2005 年，由于没有足够的钱从销售商购买种子，我试图补种收获的一部分。但当季的产量还是降低了 30％。因此，我现在每个生产季节都需要购买种子来保持高产。目前我面临的主要问题是，为使这种杂交品种达到最大产量，需要保证充沛的降水和充足肥力的土壤。"

——Richard Nusu，津加的农民，受访于 2009 年 5 月 14 日。

"我种了 8 年玉米，面积约 20 英亩。我每季都去批发商那里购买种子，尽量弥补往年未能获得的收益。我种的是孟山都的 DEKLAB 杂交品种。为了获得每英亩 3 吨的高产，降雨必须非常充沛以保证这个品种充足的养分。有了这个好天气，一个玉米芯最多能长 18 行玉米粒。我每英亩使用 20 千克种子。我面对的另一个挑战是市场上的假种子，会导致颗粒无收。不幸的是这种假冒伪劣的种子以和孟山都 DEKLAB 同样的包装在销售。"

——John Wabwire，穆科诺区农民，受访于 2009 年 5 月 15 日。

DEKLAB 杂交玉米品种的引入：孟山都于 2000 年 3 月在乌干达成立分支机构。目前，孟山都经营两种产品：DEKLAB 杂交玉米和蔬菜种子。公司将大部分的种子销售给经销商和供应商，实际上它是乌干达杂交玉米种子的主要供应商。DEKLAB 杂交玉米比乌干达市场上其他的玉米种子产量更高，比如 Longe‐5〔由乌干达卡万达（Kawanda）研究院研发〕[1]。农民反映在 DEK‐LAB 杂交玉米引入前，1 英亩的玉米产量为 200 千克，农民自留种供下年生产。现在市场上的 DEKLAB 和其他杂交玉米品种，1 英亩的玉米产量可达 2～3 吨，增加了 12 倍以上。

但是 DEKLAB 增加了农民对孟山都种子的依赖。采访中，农民反映为了保证持续的高产，他们每个季度都需要从孟山都购买杂交种子。

6.6　生产和加工标准的执行情况

咖啡、花卉和渔业部门的跨国公司都是出口导向型，因此它们的经营必须符合出口目的地的相关标准。鱼出口商遵守欧盟捕捞标准和协议，花卉公司遵守 MPS 标准[2]，咖啡公司遵守 UCDA 在咖啡季开始时制定的标准。此外，某些出口商通过 ISO 认证。有些跨国公司，特别是卡瓦科奥（Kawacom）公司，引入了针对特殊产品（有机咖啡）的生产标准（插文 3‐19）。

插文 3‐19　与非洲有机产品出口促进（EPOPA）组织合作引进有机咖啡标准、可持续渔业发展和监督标准

KAWACOM 公司有机咖啡生产介绍

Kawacom 是乌干达本土的咖啡出口公司，是易康姆（Ecom）农业产

---

① Longe‐5 约产 16 袋（每英亩 1.6 吨），而孟山都的产量是 25～32 袋（每英亩 2.5～3.2 吨）。

② MPS 是丹麦审计公司。

业公司（一家国际农业综合公司）的成员。1998年，Kawacom同非洲有机农产品出口促进会（EPOPA）联合发起了乌干达的有机咖啡生产计划。这个项目最早在乌干达西部的布谢尼（Bushenyi）咖啡种植区进行。2002年EPOPA退出了该计划，Kawacom独立地在西皮（Sipi）和派达（Paidha）地区开展了另外两个项目。这两个地区有13 000名咖啡农户。Kawacom通过示范区和苗圃种植来培训农户和现场工作人员。

来源：乌干达，UCDA，2006：14。

Greenfields（U）公司——引入渔业国际标准

2004年，绿野（Greenfields）在基奥加（Kyoga）湖岸地纳卡松戈拉（Nakasongola）地区建立了捕鱼码头。这个码头项目按照欧盟标准建立。Greenfields与EPOPA合作，对渔民进行有关鱼产品质量和标准地培训。项目建设和培训的目标是为了符合可持续发展的渔业和监督协议——雨果塞特（UgoCert）标准。

来源：Beule（2008）。

6.7　培训投资

农业生产中的培训对改善农民的现有技能至关重要。所有参与调查的公司都表示他们为员工提供培训。对低等水平和中等水平的员工提供一般化的培训课程。主要是在工作的同时进行，包括收获、一般安全标准和清洁标准。特殊的培训课程主要为各部门高层管理人员，包括ISO认证、生产管理和质量控制等模块。

6.8　市场发展情况

在乌干达从事农业生产的跨国公司的主要目的是为了获取原料。这种买卖安排使双方都能获益。对于卖方（跨国公司在乌干达的子公司），跨国公司是一个现成的市场，并且提供可靠的收入来源。对于买方，则可以获得稳定的原料供应。

6.9　引导市场和出口

6.9.1　引导市场的积极影响

农产品进入市场的路径主要有四条（图3-31）。在这四条路径中，跨国公司直接或间接的参与了生产的过程。花卉部门中的跨国公司直接参与了生产［菲德斯（FIDES）公司和荷兰皇家范·赞腾（Royal Van Zanten）公司］。渔业和咖啡部门的跨国公司主要是同农民或供应商签订供货协定［卡瓦科奥（Kawacom）公司］或者聘用外部生产者。

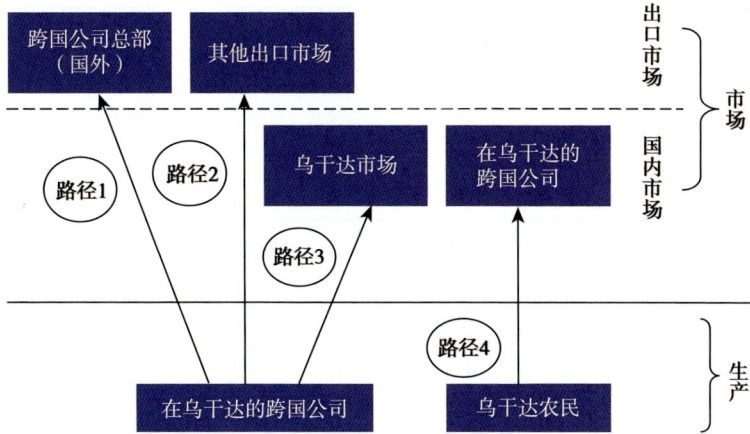

图 3-31　农产品进入国际国内市场的路径

来源：作者绘制。

6.9.1.1　路径一：从乌干达的子公司到母公司

有些跨国公司在乌干达设立子公司以获取在国外经营所需的原料。这种情况下，几乎所有跨国公司在乌干达的产出都会直接出口到母公司。这样的例子在菊花扦插苗部门比较多：菲杜佳（FIDUGA）公司只将菊花扦插苗出口到荷兰的母公司；Royal Van Zanten 出口扦插苗到荷兰的 Royal 公司；Kawacom 将生产的大部分咖啡都出口到易康姆（Ecom）农业产业有限公司。

6.9.1.2　路径二：从乌干达的跨国公司到其他出口市场

随着跨国公司在乌干达生产能力的扩大，他们需要新的市场消化增加的产量或提升地区（国际）的市场占有水平（表 3-31）。卡格兰伊（Kyagalanyi）咖啡公司和伊夫塔（IFTRA）公司使用这种方式。

表 3-31　部分出口商的市场分布

公司	部门	路径一		路径二	
		出口目的地	出口占比（%）	出口地	出口占比（%）
瓦加加伊（Wagagai）	花卉	德利夫兰（Deliflor）（荷兰）	100	多区域	
卡格兰伊（Kyagalanyi）	咖啡	沃卡夫（Vocafe）（瑞士）	<20		
荷兰皇家范·赞腾（Royal Van Zanten）	花卉	荷兰皇家范·赞腾（Royal Van Zanten）（荷兰）	100		
卡瓦科奥（Kawacom）	咖啡	易康姆工业（Ecom Industrial）	100		
克鲁斯夫（Xclusive）	花卉	花卉技术（Floritech）（荷兰）	100		

（续）

公司	部门	路径一		路径二	
		出口目的地	出口占比（%）	出口地	出口占比（%）
兰克邦特（Lanke Bounty）	渔业			欧盟、美国、阿联酋	
菲杜佳（Fiduga）	渔业	菲德斯（FIDES BV）	100		

来源：实地访问，"乌干达资深园艺，荣获瓦加加伊（Wagagai）奖"，2008.2.25 至 2008.3.2 西非商业周刊。

6.9.1.3　路径三：从乌干达的跨国公司到乌干达市场

选择第三条路径的跨国公司在乌干达从事农业生产，并将产出销售到当地市场。本研究的三个部门中的跨国公司多数都是出口导向型的。在访谈中，八家公司中只有三家为本地销售。这不奇怪，本地销售在总销售中所占的比重较小（花卉部门不到 1%，鱼加工部门不到 5%）。在本地市场销售的其他部门的跨国公司主要受潜在的进口替代影响，并且通常得到了很强的政府支持，例如水稻部门的蒂尔达（Tilda）公司。

6.9.1.4　路径四：从当地农户直接到乌干达的跨国公司

在乌干达的跨国公司是农民农产品销售的市场。农民在合约下从事生产并且将产出销售给跨国公司。这通常要求农民接受培训，以生产出特定类型的产品来满足跨国公司原料加工的需求。这种情况下的跨国公司不从事生产，但引导生产。

6.9.2　引导市场的消极影响

对某种商品过度依赖：由于跨国公司参与所引导的市场同时也具有副作用。主要体现在两个与价格相关的负面效应上。市场引导促使农民生产具有市场价值的产品。但是可能出现过度依赖这些产品，而牺牲了其他农产品的生产。这种过度依赖存在风险：当产品价格下降时，农民就可能受到重创，丧失下一季度种植的积极性。这种情况曾在咖啡部门发生过，1994/1995 年度农民增加了咖啡生产，出现了咖啡潮，但随之而来的价格下跌造成咖啡农场被忽视，从而导致咖啡枯萎病害曼延[1]。

全球经济危机的影响：虽然全球金融危机对乌干达商业性农业的长期影响还未可知，但短期内一些部门确实受到了影响。例如，2008 年后花卉和扦插苗部门的销售下降了近 20%。然而必须意识到产业发展已经在遭遇一系列的经济问题：生产成本上升，特别是运输成本（3 年内增长了 15%），来自邻国肯尼亚和爱沙尼亚的竞争更加激烈。这两个国家的运费都较低，约为 1.67 美

---

[1]　来自对 Kyagalanyi 咖啡公司的采访。

元/千克，而乌干达的花卉要去同样的目的地需要 2.2 美元/千克。

但据东非优质咖啡协会的资料，咖啡产业在经济危机中得到幸免。2007/2008 年产季的咖啡出口高于 2006/2007 年度（图 3 - 32），一是因为乌干达的咖啡出口占世界咖啡贸易的比重较小，2006/2007 年产季仅占 2.3％（乌干达咖啡发展局，UCDA）；二是现在更关注出口有机和湿法加工的咖啡细分市场。

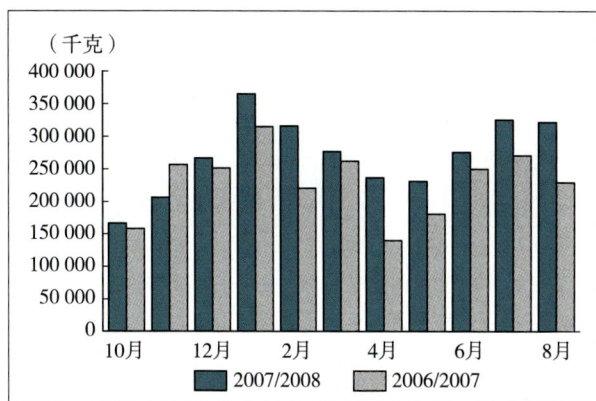

图 3 - 32　2006/2007 和 2007/2008 乌干达咖啡出口量
来源：UCDA 年报（2006/2007）。

6.10　日趋激烈的竞争

跨国公司的参与加剧了市场竞争。研究的三个部门都是出口导向型，影响发生在供应层面，而不是消费层面。竞争的加剧对产业发展既有好处也有坏处。

6.10.1　积极作用：增加的需求刺激了农场价格的上涨

原料的竞争拉动了商品价格的上涨，对农民有利。在咖啡产业，出口商为争取高质量的咖啡而相互竞争，刺激了农民销售价的增长。

在 2000/2001 年和 2001/2002 年咖啡季，世界咖啡价格的下降也使支付给农民的价格产生连锁反应。2002 年 2 月，当地磨坊的价格为 0.22～0.24 美元/千克。次月，世界价格开始恢复，增长了 30％。而乌干达的支付价格增长的更多，增长了 60％，达到 0.36～0.39 美元/千克。这种快速的增长归因于激烈的竞争，一方面农民库存较低，另一方面咖啡出口商为了完成之前与国际买家的供货协议而产生的高需求。

数据表明，咖啡部门整体竞争的加剧加强了农民的议价能力（图 3 - 33）。这在 2001/2002 年比较明显，咖啡加工厂的数量与咖啡的 FAQ 价格表现出很强的正相关，相关系数为 0.81。2001 年后，三家大型的国内公司加入了咖啡行业。但是很难将国内公司和外资公司对农民议价能力提高的贡献完全分开。

FAQ 价格和出口数量的关联度较低（系数为 0.27），罗布斯塔咖啡的 FAQ 价格与国际价格关联系数也不高，为 0.16。

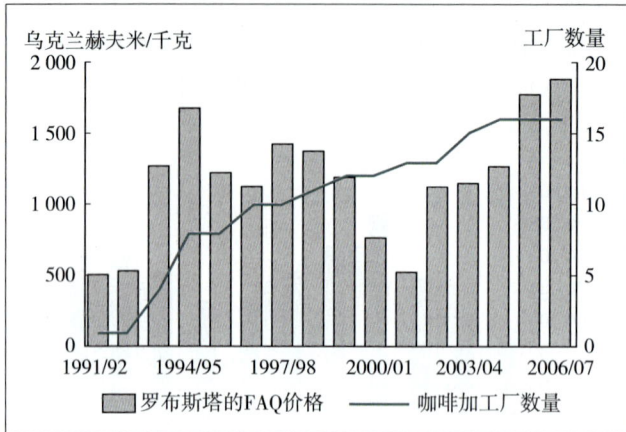

图 3 - 33　1991—2007 年乌干达咖啡加工厂数量与咖啡 FAQ 价格

来源：UCDA（2003），UCDA（2004），UCDA（2008：10）。

6.10.2　消极作用：增加的需求挤走了国内公司

新公司的加入加剧了对有限鱼资源的竞争，不少国内鱼产品加工商倒闭。跨国公司用自身丰富的资源要么巩固了运营，要么开辟了新的捕捞码头，而国内公司面临生产难以维系和倒闭的局面。乌干达本土的四家鱼加工公司有三家已经倒闭，分别是 GOMBA、Ngege 和 Byansi。

6.11　对社会公益事业的影响

跨国公司促进了社会化服务的供给和刺激了对社会相关商品和服务的需求。除了新成立的公司外（2007 年后成立），所有的受访公司都表明他们通过各种方式为社区建设贡献了力量。

一些国内公司也反映他们直接参与了社区项目，例如打井、为孤儿院供应鱼、提供奖学金、修建公共厕所和将内部的职工医疗服务提供给社区居民。大部分公益服务都是由花卉部门的公司提供。

花卉公司由于直接参与生产过程，因此比咖啡和渔业部门进行社会化服务的程度更深。一项 2003 年开展的关于花卉农场和他们所在社区的调查显示，在社会经济效应方面有许多积极的发现（插文 3 - 20）。这项调查包括 5 个花卉农场，25 家零售商店，9 个药店和 100 多名花卉农场工人（Donohue，2003）。一些调查的发现总结如下：

● 增加了商业机会：近一半（约 44%）的商铺老板指出他们的顾客很多都是

来自于附近的农场。9 家药店中有 5 家反映它们的病人或顾客来自于花卉农场。

● 增加了医药供应：7 家药店表示在花卉农场建立后，医药品供应量比之前有了很大程度的提高。

● 土地购买：18％的雇员有能力购买土地自用。

● 建造房屋：11％的雇员有能力建造自己的房子。

● 储蓄：63％的雇员每月有储蓄。

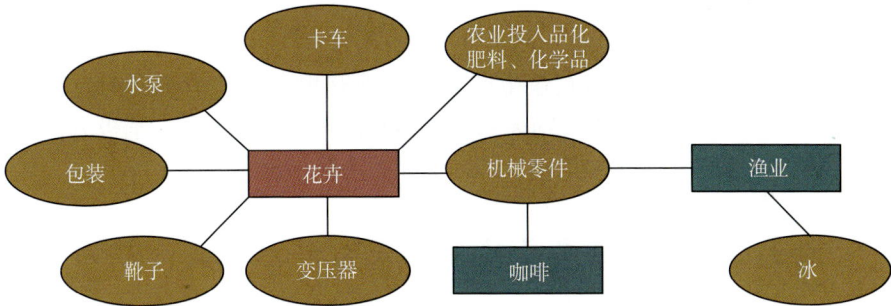

图 3－34　花卉、渔业和咖啡部门之间的产业联系

来源：田间采访。

插文 3－20　2009 年乌干达的跨国公司提供的社会化服务

部门	公司数	社区服务
花卉	41*	建立学校
		建立取水点，如钻孔及水井
		艾滋病防治及咨询服务
		建立足球场
		建立诊所
		架设电力线路
		综合医疗服务，如治疗疟疾，家庭计划生育
		修建厕所
咖啡	1	小型金融贷款业务

来源：实地访问，"乌干达资深园艺，荣获瓦加加伊（Wagagai）奖"，2008.2.25 至 2008.3.2 西非商业周刊。

＊每个花卉公司至少参与四个不同的社会化服务。

三部门的增长也带动了与之相关部门和产业的发展，包括包装、运输（卡车）、机械（发动机）、水泵、鞋类（筒靴）和机械配件等。由于花卉部门直接参与生产过程，因此与它相关的链条最为广泛。所有受访的花卉公司都表示他们从乌干达本土莱利（Riley）公司购买包装材料。2007 年前，这些公司都从肯尼亚进口箱子。但 2007 年 Riley 购买了与国际标准接轨的设备，开始生产供扦插苗出口用的包装箱。这三家公司每年花在从 Riley 公司购买箱子上的支出达到了 20 万美元。

6.12 对环境的影响

跨国公司参与乌干达的农业生产对环境既有积极也有消极影响。积极方面，跨国公司建立、实施或鼓励采用环保型的技术和生产实践。消极方面，他们的有些活动加剧了环境的恶化和自然资源的消耗（插文 3 - 21）。

插文 3 - 21　在乌干达的跨国公司对环境的影响

对园艺产业的积极影响

行为守则的审计报告和对 5 个花卉农场的一项调查显示，这 5 个农场都采用了适当的径流控制措施。此外，它们都用浸泡坑来处理作物的化学清洗液（Donohue，2003）。

与肯尼亚花卉产业的比较

但是在邻国肯尼亚——非洲另一个领先的花卉出口国，情况并非如此。该国的花卉业由大型花卉农场主导，这些农场分布在奈瓦沙（Naivash）湖附近的如菲（Rife）山谷、基安布（Kiambu）和锡卡（Thika）。随着多年来行业的逐步发展，对环境的影响也日益显著。大多数农场既没有浸泡坑也没有湿地来处理农药和化工产品，这些废弃物最终排到湖泊造成水污染。此外，随着行业扩张，土地不断被侵占，限制人类和动物接近湖泊（Fedha，2009）。

减少森林来发展棕榈油

卡兰加拉区由维多利亚湖上的 84 个岛屿组成，总用地面积为 9 067 平方公里（906 700 公顷），其中 26 783 公顷为森林覆盖（占该地区土地总面积的约 3%）。总部设在肯尼亚的彼德托（BIDCO）公司是非洲东部和中部食用油、肥皂和卫生用品主要供应商。1998 年，乌干达政府给予BIDCO 补贴，成立了 BIDCO 乌干达有限公司，在卡兰加拉区占地 10 公顷来发展棕榈油。截至 2008 年，BIDCO 名下的土地已增加到 26 500 公顷，其中约 3 200 公顷为森林覆盖地区。

来源：《乌干达地区手册 2005—2006》。喷泉出版商：Kampala（86 - 87）；http：//bidco-oil.com/regional/index.php? conid = 2.2009 年 5 月 12 日；《BIDCO - 承担最大的私营工程》，新视野，2005 年 11 月 10 日；《政府对外国人的土地限制》，每日监测，2009 年 3 月 25 日；http：//moni-tor.co.ug/artman/publish/news/Govt _ to _ limit _ land _ for _ foreigners _ 82092.shtml，2009 年 5 月 12 日。

6.13 来自第三方的支持

跨国公司在乌干达农业部门的成功得益于一个现成的出口市场和第三方的支持。在政府和私人部门都无法为农业经济的各种部门提供专业服务时，第三方的出现和参与变得非常重要。第三方通过为产业发展提供关键性的支持，在很多方面填补了空白。这种支持提升了产业在营业收入、出口份额、生产能力和竞争力上的表现。举两个关于第三方的例子：一个是来自非洲有机产品出口贸易（EPOPA），另一个是乌干达花卉出口联盟（UFEA）。前者很早就涉足跨国公司的农户培训项目，对农民进行生产技能和有机认证程序方面的培训。UFEA 在帮助花卉出口商应对政策问题方面发挥了重要作用。这个协会是花卉出口商的发声平台，自 1993 年成立后取得了很大的成功。

7. 结论与建议

商业性农业中的外国投资（私人和跨国公司）虽然在 2000 年后经历了成长，但总体看来比例依然较低。许多参与商业性农业的公司，约 70％为国内公司。1992—2008 年，在乌干达投资局（UIA）注册的拟开工商业性农业项目数较少也印证了这个事实。该部门共注册了 124 个项目，仅占所有注册项目的 3.5％。一半以上的注册项目分布在 4 个部门：渔业、常规养殖、花卉和林业。

本研究表明跨国公司和国内公司对就业的影响没有明显区别，都比较显著。跨国公司的积极影响表现在：①增加了稻米生产和为乌干达的稻米自给贡献了力量；②增加了出口，如跨国公司在 2008/2009 年度占到咖啡出口的 59％；③改善了小农户的财务现状；④引进了新的耐寒或高产量的作物品种（玉米和稻米）；⑤传播技术，培训农民改善产品质量和强制推动与国际出口标准相符的生产标准。跨国公司也为乌干达的出口商品开启了国际市场，并在本地的原料供应商和包装材料供应商之间创建起新的联系。这些公司（主要是花卉部门）也与当地社区建立了联系，支持社区在医疗、教育、休闲和基础设施（公路和电力）方面的项目。

跨国公司的消极影响表现在：①导致了鱼存量的减少；②造成农户对公司

供种的依赖（见孟山都提供的 DEKLAB 杂交玉米案例）；③由于彼德托（BIDCO）公司将热带森林变成棕榈油生产基地后导致了环境恶化。

关于政策环境，乌干达制定了吸引商业性农业投资的政策。然而，乌干达并没有具体措施从这些投资中充分获利。公司主要通过自主创新和出于保障原材料质量、可靠性的需要，在价值链上创造出新的关联。

参考文献

Agricultural Review. Global Food Crisis. 2008. *Journal of the Agricultural Industry in Africa*，13（2）.

Asea，P. & Darlison，K. 2000. *Impact of the flower industry in Uganda*. ILO Working Paper，No. 148. Geneva：ILO.

Beule De，H. 2008. *Greenfields Nile perch and Tilapia：Sustainable Fish from Lake Kyoga，Kikalagania，Nakasongola，Uganda*. Project End Report Executive Summary. Kampala：Prepared for the Embassy of Sweden. Business in Development Network. 2008. *Investing in Small and Medium sized Enterprises in Uganda*. Bid Country Guide series. （Available at：http：//www. bidnetwork. org）

DANIDA（Danish International Development Agency）. Agriculture Sector Programme Support （ASPS II）Annual Progress Report 2005/2006.

Dijkistra，T. 2001. *Export diversification in Uganda：Developments in Non-traditional Agricultural Exports*：ASC Working Paper 47 / 2001.

Donohue，C. 2003. *Socio-Economic Impact Study of the Floriculture Industry in Uganda*. Prepared for the Agribusiness Development Component（ADC），Uganda's Investment in Developing Export Agriculture（IDEA）Project. Kampala.

Fedha，P. T. 2009. *Environmental and Health Challenges of the Floricultural Industry in Kenya*.

Kitakiro，R. K. 2000. *Best Practices in Civil Service Reform for Sustainable Development*，Uganda Electoral Commission Asian Review of Public Administration，Vol. XII，No. 1 （January-June 2000）.

Lund T.，Rahman M. H.，Boye S. R.，Johansen L. & Tveiten I. 2008. Evaluation of Africare Food Security Initiative in Nyabumba，Uganda. *Journal of Innovation and Development Strategy*. 2（1）：10 - 17.

Obwona，M. B. 1996. Determinants of FDI and their impact on economic growth in Uganda.

Ministry of Agriculture，Animal Industry and Fisheries（MAAIF）. 2006. *Development Strategy and Investment Plan （2005/06-2007/08）*. Kampala. （Available at：http：//

www. agriculture. go. ug)

Ministry of Agriculture，Animal Industry and Fisheries（MAAIF）. 2008. *Policy Statement for the Financial Year 2008/09.*

Ministry of Agriculture，Animal Industry and Fisheries（MAAIF）. 2004. *Department of Fisheries Resources. National Fisheries Policy.*

Ministry of Agriculture，Animal Industry and Fisheries（MAAIF）. 1994. Agricultural Seeds and Plant Act.

Ministry of Finance，Planning and Economic Development（MFPED）. 2007. *Background to the Budget 2007/08.* Kampala. （Available at：http：//www. finance. go. ug）

Ministry of Finance，Planning and Economic Development（MFPED），2007. *Poverty Eradication Action Plan 2004/5-2007/08.* Kampala：Ministry of Finance，Planning and Economic Development.

Ministry of Finance Planning and Economic Development（MFPED）. 1998a. 1998 Statistical Abstract. Kampala：Ministry of Finance，Planning and Economic Development.

Mugoya，M. 2009. Case study：FICA Seeds Uganda Ltd. Paper prepared for Market Matters Inc. （Unpublished）.

Nagawa，F. & Haike，R. 2006. ESCO Vanilla and Cocoa Organic Exports from Bundibugyo district. Project End Report，April 2002-March 2006. Submitted to the Embassy of Sweden，Kampala.

Nyombi，K. & Bolwig，S. 2003：A Qualitative Evaluation of Alternative Development Strategies for Ugandan Fisheries.

Sayer，G. 2002. *Coffee Futures：The Impact of Falling World Prices on Livelihoods in Uganda.* Prepared for Oxfam International.

The Daily Monitor. 25 March 2009. Kampala. （Available at：http：//www. monitor. co. ug）

The Daily Monitor. 12 May 2009. Kampala. （Available at：http：//www. monitor. co. ug）

The Monitor Business Directory. 2008. Kampala. （Available at：http：//www. monitordirectory. co. ug/）

The New Vision. 11 September 2007. Kampala. （Available at：http：//www. newvision. ug）

The New Vision. 21 September 2007. Kampala. （Available at：http：//www. newvision. ug）

The New Vision. 10 November 2005. Kampala. （Available at：http：//www. newvision. ug）

Tulip，A. 2005. Kawacom (U) Ltd *Coffee Organic Exports from Paidha，Sipi and Bushenyo Districts in Uganda.* April 2002-April 2005. Executive Summary of Project End Report. Submitted to SIDA，Sweden.

Uganda Bureau of Statitics（UBOS）. 2007. Uganda National Household Survey 2005/2006. Report on the Agricultural Module. Kampala.

Uganda Bureau of Statitics. 2007. Report on the Uganda Business Register 2006/2007. Kampala.

Uganda Bureau of Statistics. 2007. Kampala：UBOS 2008 Statistical Abstract.

Uganda Bureau of Statistics. 2005. Kampala：UBOS 2006 Statistical Abstract.

Uganda Coffee Development Authority（UCDA）. 2008. The 16th Annual Report. 1 October 2006-30 September 2007）. Kampala.

Uganda Coffee Development Authority. 2007. Volume 15. 1 October 2005-30 September 2006. Kampala.

Uganda Coffee Development Authority. 2006. Volume 14. 1 October 2004-30 September 2005. Kampala.

Uganda Coffee Development Authority. 2003. Volume 11. 1 October 2001-30 September 2002. Kampala.

Uganda Districts Handbook， 2005-2006 Fountain Publishers. 2005. Kampala（86-87）.

Uganda Exports Promotion Board. 2007. Available at：http：//www. ugandaexportsonline. com

Uganda Investment Authority（UIA）. 2007. UIA Guide to Investing. Kampala. （Available at：http：//www. ugandainvest. com）

Uganda：Uganda National Exports Strategy， 2007.

United States Agency for International Development（USAID）. *Uganda，Moving from Subsistence to Commercial Farming in Uganda*. Agricultural Productivity Enhancement Program Final Report，2008.

World Bank. 2004. Investment Climate Survey：Uganda Regional Programme for Enterprsise Development，Africa Private Sector Group，Washington：World Bank.

World Bank and the Ministry of Tourism，Trade and Industry，Uganda： 2006. Report of the Diagnostic Trade Integration Study of Uganda. Volume 1：14.

网站

1. faostat. fao. org

2. http：//bidco-oil. com

3. http：//en. wikipedia. org/wiki/Agriculture _ in _ Uganda

4. http：//en. wikipedia. org/wiki/Ugandan _ Bush _ War

5. http：//en. wikipedia. org/wiki/Uganda-Tanzania _ war

6. http：//lcweb2. loc. gov/frd/ cs/ugtoc. html

7. http：//ugandacoffee. org

8. www. volcafe. com

9. www. olamonline. com

10. www. kawacom. com

11. www. ugacof. com

12. www. nkg. net

13. www. fides. nl

14. www. wac-international. com

15. www. royalvanzanten. com

16. www. marineandagro. com

17. www. alphauganda. com

18. www. hwangsungbiz. com

19. www. warda. org

20. www. unctad. org

21. www. acdivoca. org

第四章

农业投资对当地发展影响的商业模型

（一）　柬埔寨：部分外国农业投资对当地的影响[①]

1. 介绍

柬埔寨，位于印度支那半岛，淡水储量丰富，可耕地面积规模巨大。该国也是包括中国、科威特、马来西亚、卡塔尔、朝鲜和越南在内的一些粮食进口国的投资目的地。国家私有土地，以经济土地特许经营权（ELCs）形式租赁给受让人进行农业开发，最高年限是 99 年（GTZ 2009）。目前，85 家国内外公司已经签署合同，开发的土地总面积为 379 034 公顷（MAFF 2010）[②]。非政府组织（NGO）和国际组织已经表达了他们对 ELC 持有者的活动对周围社区的潜在影响的担忧。目前，有关农业 FDI 对柬埔寨经济、环境和社会的影响，或者给柬埔寨带来何种益处的研究甚少。但此类投资成本与收益的全球案例研究表明，尽管大规模的农业土地开发限制了本地居民获得土地和水资源，但是也会为东道国的经济发展做出贡献，这是通过投资者参与农业扩张所需要的基础设施开发来实现的。

1.1　研究目的

本研究目的是通过阐明农业 FDI 对当地社区和环境的潜在影响，来考察

[①]　本节是基于 FAO 的一个原始调研报告，是由柬埔寨发展资源协会的 Saing Chan Hang、Hem Socheth、Ouch Chandarany、Phann Dalis 和 Pon Dorina 完成的。

[②]　获取每个投资公司的详细资料，请看 www.elc.maff.gov.kh/profiles.html。

柬埔寨对一些问题的担忧是否有必要。首先，调查农业 FDI 的范围和性质及其子行业，包括农作物、牲畜、食品加工、林业和渔业。然后继续分析收购农业用地的相关政策、监管环境、机构管理、FDI 便利化及流行的商业模式等。最后通过对各部门面临的挑战提供一些政策建议并得出结论。

1.2　研究方法

土地征用的数据，尤其是契约安排方面的数据以及选定地点事前事后社会经济和环境指标的相关数据是不完整的。本研究主要基于对主要被调查者的采访和对土地特许地区的社区采访；研究采用了反事实方式，目的是给政策制定者和其他相关参与者提供一些特定的 FDI 项目对当地社区和环境可能产生的影响的概况。FDI 在农业子部门的案例分析是基于过去的研究、与政府官员的讨论以及对附近社区代表的采访。专题小组讨论（FGDs）是与当地社区、村委会一起开展的，以获得 FDI 带来的主要的经济、社会和环境影响。经济指标包括收入、就业、灌溉和道路发展；社会指标包括医疗、水、可获得的土地以及土地冲突；环境指标包括土壤质量、水质量、杀虫剂和化肥的使用/过度使用和森林砍伐（森林覆盖情况）。本研究也走访了外国投资者，来讨论他们项目的成本和收益以及他们在柬埔寨投资的障碍等。研究团队也从农业、林业和渔业部、柬埔寨发展委员会、计划部的国家统计协会、环境部及其他国际组织获得了相关二手数据。

1.3　范围和局限

我们选择较为宽泛的研究范围意味着这项研究没有揭示农业领域各子部门 FDI 项目的关键细节及其投资障碍。本研究的目的就是调查农业各部门中选定的项目和公司，咨询负责投资监督和投资便利化的官员即来自农林渔业部（MAFF）和柬埔寨发展理事会（CDC）的官员，以及咨询研究团队的专家意见。更重要的是，由于时间有限，本研究仅力争揭示 FDI 在这些分部门的总体情况，通过应用反事实的方法收集可能对当地社区及其环境的影响[①]。我们一直努力咨询国外投资商，但是困难之处在于他们很难追踪：最终仅有两家公司接受了采访。

2. 农业在国家经济中的作用

尽管在过去的 20 年中，农业在柬埔寨总国民产值中的比重有明显下

---

① 这种方法的缺陷是测度的影响可能被高估或者低估。通过询问被调查者来比较其在项目前后的社会经济状况是非常主观的。可是，该研究的目标主要是提供某些项目对总体情况可能产生的影响。特殊项目的深度影响分析可以后期研究，应用更复杂的工程估计技术，比如倾向得分匹配，事前与事后、倍差法，工具变量法等。

降——从 1993 年的 46% 左右降到 2009 年的 28% 左右（MEF 2010），但农业仍然是推动经济增长的支柱产业之一，并且是主要的减贫工具。这是因为柬埔寨总人口的 85% 生活在贫困地区，这些人中的绝大多数依靠农业（主要是水稻）作为他们的主要生活收入来源。正如政府矩形发展战略的第一和第二阶段、国家战略发展计划（NSDP）2006—2010 年、升级的国家战略发展计划（NSDP）2009—2013 年所描述的那样，它们都追求增长、就业、公平与效率，农业在四个优先发展的领域中排名靠前。其余三个领域分别是：基础设施的恢复和建设；私有部门的发展以及就业机会；能力建设及人力资源发展。

2.1 农业对国民产出的贡献

2000 年以前，农业产出几乎占了柬埔寨国民产出的一半，反映了柬埔寨农业立国的本质。但农业部门的贡献在过去的 20 年里明显下降。MAFF 的最新数据显示，2009 年农业对 GDP 贡献仅 33.5%，而 1993 年是 45.3%。农业部门对国家劳动力就业的贡献也有所缩减，从 2002 年的 67.4% 降到 2007 年的 55.9%，尽管数据有所下降，但是贡献比例仍然很高。柬埔寨经济结构的明显变化是由制造业，即服装以及服务业的迅速扩张引起的。农业部门 2002—2009 年的年均增长（总增加值）率为 5.6%。如此低的增长率要归因于较弱的城乡联系、无担保的土地所有权、公共及私有部门尤其是在灌溉、交通和农业研究方面投资不足、有限的基础设施支持如金融可获得性，能源和电信服务的可靠性（世界银行，2004a，2004b，2006）。农业部门由以水稻为主的粮食种植主导，种植业对国家农业产出做出了一半的贡献。渔业（包括淡水和海洋的水产养殖）贡献大约 33%，牲畜及家禽贡献大约 16%，林业在整个农业产出中占 8% 左右。

2.2 产量和主产地区

除了制造业在过去 10 年里快速增长，柬埔寨的主要农产品水稻产量也在迅速扩张，并引起广泛关注。水稻种植面积从 2004 年的 240 万公顷增加到 2009 年的 270 万公顷，这主要是政府扩张计划的结果。同时，水稻的产量也从 2004 年的 420 万吨增长到 2009 年的 760 万吨。水稻产量的大幅增长也导致了水稻明显过剩。水稻产业使用了约 294 万劳动力，对柬埔寨农村地区减贫方面做出了重要贡献（UNDP，2007：5）。数据显示，2002—2009 年，其他主要作物如木薯、玉米、大豆的产量也快速而稳定的增长，绿豆的产量也略有增长。这些产品产量的增长主要是由于泰国和越南这些传统的购买国需求增加而导致价格升高，刺激了相关产品的生产。柬埔寨还生产许多不同的专业作物，包括甘薯、花生、芝麻、甘蔗、烟草、黄麻及蔬菜。

过去 10 年里国际市场上橡胶价格的迅速增长，也使柬埔寨国内及外国投资商对此产生极大的兴趣，将其变成该国主要的战略作物。越南投资商对此也有参与，但是具体参与程度很难估计。MAFF 的最新数据显示橡胶园（成熟及未成熟的）的总面积——包括已有橡胶园、ELCs 形式及小农新投资的——从 2007 年的 82 000 公顷增加到 2009 年的 130 921 公顷。

在过去的 10 年中，畜牧业对柬埔寨农业总产出贡献了约 1/6，该部门在 2006 年雇佣了约 40 万劳动力。从数量来看，尽管 2004 年家禽数量明显下滑，但仍然占比最大。家禽业后来发展加速，原因是政府对因禽流感引起的衰退进行了补贴，农场主也增强了预防禽流感的意识。这一时期，奶牛及水牛的产量也有明显增长，年平均增长率分别为 2.9％ 及 2.5％。但生猪产量在 2006—2009 年明显减少，主要是对猪流感（AH1N1）的担心上升、从邻国大量非法进口以及较高的国内生产成本（MAFF，2010：19）。

内陆淡水鱼对柬埔寨鱼类总产量的贡献最大，归因于柬埔寨巨大的淡水湖及占有湄公河流域很长的一段水域。2002—2009 年总捕捞量没有明显变化。但中国以及老挝在柬埔寨等国的下游捕捞段不断增加的水电工程对渔业产生的负面影响引起的担忧加剧。在海洋和水产养殖方面，产量缓慢而稳定地增加。对渔业更多的投资可以帮助弥补未来渔获量的减少。更关键的是，该部门对低技能收入人群是比较重要的：它提供大约 26 万份工作（UNDP，2007：5）。

在林业方面，尽管柬埔寨的森林覆盖面积没有可靠的统计数据，我们认为有大范围的非法伐木，20 世纪 90 年代森林覆盖面积有明显减少。对于猖獗的违法森林砍伐，在 21 世纪早期，政府对所有的伐木活动和木材出口强行暂停，并取消了大约一半的林业特许权。这一做法导致林业生产及出口减少，但是对环境和野生动物保护做出了贡献。根据 MAFF，2006 年柬埔寨总森林覆盖面积为 10 864 186 公顷，这包括常绿树、落叶植物、旱地里的灌木及另外几种类型，大约是整个国土面积的 60％（MAFF，2007：94）。林业局的造林努力及私人植树公司并没有对国家植被覆盖做出很大贡献：2009 年的植树区为 18 924 公顷，与 2005 年相比仅增加 7 674 公顷。

2.3 外汇收入

除了创造就业以及满足国内消费，农业也在出口中占有可观比例。在 2002—2008 年，木材、木制品、天然橡胶在农业部门创造的外汇收入中起主导作用，其后是水果、蔬菜、谷物、鱼类以及活畜。但在总出口额中，这些产品所占比重年均仅为 4.48％，因为柬埔寨的本国产品出口主要集中在纺织品和服装行业。除了受到 2008 年和 2009 年的燃料价格危机和全球经济危机的两次影响外，纺织品和服装行业在近年来有着突飞猛进的发展。

2.4 地区比较：机遇和挑战

在过去的 10 年中，与周边其他国家相比，柬埔寨的水稻单产仍然较低。尽管 2009 年单产仅为 2.9 吨/公顷，但在 2005—2009 年总产量还是有所增加，主要归因于对化肥及杀虫剂更好的使用，以及在灌溉方面增加的投资（世界银行，2009：8）。投入品的更好使用，使用质量更好的种子，减少对传统工具和设备的依赖，通过投资灌溉（无论是公共、私营还是农民自己）减少对天气状况的依赖都可以帮助柬埔寨赶上本地区的其他国家。由于 80% 的农民种植水稻，且农村地区贫困率高，政府和私营部门通过建设—经营—移交模式提供诸如灌溉设施等来帮助贫困地区，发展伙伴以及 NGO 从硬件和软件两方面支持让柬埔寨实现区域赶超，帮助农民脱贫。2010 年 8 月，政府相继出台了促进水稻和大米出口的政策。

柬埔寨其他农作物也有增长的潜力。在 2009 年，柬埔寨的木薯单产在周边国家中处于领先，玉米及大豆单产与周边国家大致相当（图 4-1）。2009年，柬埔寨木薯单产为每公顷 22.3 吨，高于该地区（除去中国）平均值每公顷 15.1 吨。玉米及大豆产量分别为每公顷 4.3 吨和 1.5 吨，高于该地区每公顷 4.1 吨和 1.4 吨的平均水平。因此，木薯、玉米及大豆都有增产及出口的潜力。柬埔寨的天然橡胶产量为每公顷 940 千克，低于该地区平均值每公顷 1.3吨，但比马来西亚（每公顷 693 千克）及缅甸（每公顷 616 千克）高。然而，尽管单产较低，但近年来橡胶产量的增长非常显著，因为全球经济衰退之后对天然橡胶的需求开始回升。但是，橡胶产业扩张还存在许多障碍和瓶颈，其中一些比其他障碍和瓶颈更具有约束性和持久性，需要政府立即干预。

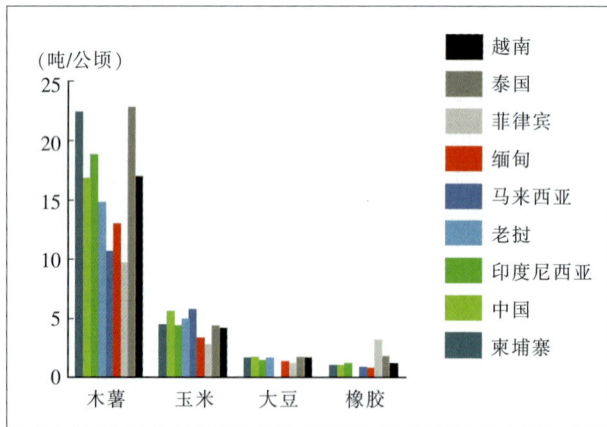

图 4-1 柬埔寨 2009 年主要农产品单产

来源：FAO，2010。

3. 外商在柬埔寨农业投资的范围和性质

在 20 世纪 90 年代早期，转型为自由市场经济体制后，柬埔寨采取步骤促进国内外私营投资，主要是将国营资本私有化和在 1995 年颁布了投资法，该法提供了税收及行政激励并且对国内和国外投资者进行保护。柬埔寨在 20 世纪 90 年代末期投资开始繁荣并有了更大的增长势头。

从柬埔寨投资委员会（CIB）的数据可以看到，从 2000 年到 2010 年 6 月，投资呈上升趋势（表 4 - 1）。总投资的主要转折发生在 2005 年，这主要是来自中国、泰国、朝鲜的投资大量增长，此后投资额持续增长并到 2008 年。但 2009 年投资扩张步伐放慢，原因是全球经济危机对柬埔寨经济的影响，当年总投资大幅下跌，比 2008 年低了 2 倍（表 4 - 2）。罗斯托（1960）引用托达罗和史密斯（2003：115）的文章认为，那些有储蓄或者投资占 GDP 15%～20%的国家，其增长速度要明显快于那些储蓄少的国家，并且这种增长能够自我维持。但这很难应用于柬埔寨，因为缺乏柬埔寨批准的投资项目的实际执行数据。

表 4 - 1　2000—2010 年 CIB 批准的投资（固定资产，百万美元）

国家及地区	2000	2001	2002	2003	2004	2005	2006	2007	2008	2009	2010	小计	占比
柬埔寨	57	5	3	185	76	366	2 081	1 323	3 951	3 764	151	12 112	45.6
日本	0	—	2	—	2	—	2	13	7	5	—	132	0.5
韩国	19	2	79	2	5	56	1 010	148	1 242	121	35	2 720	10.2
中国台湾	19	57	7	1	14	10	48	35	19	27	39	276	1
中国香港	5	1	2	5	—	1	4	26	—	7	17	69	0.3
中国	28	5	24	34	83	454	757	180	4 370	891	60	6 887	25.9
新加坡	8	—	1	4	5	25	14	2	52	272	6	388	1.5
马来西亚	2	51	1	5	33	26	28	241	3	7	110	507	1.9
泰国	26	15			7		81	100	108	26	178	2	544
越南	—	—	24	—			31	156	21	210	83	525	2
美国	12	6			2	4	62	3	672	1		764	2.9
法国	5	—	—	6	3	8		35	38	50		145	0.5
英国										2	1	3	0
其他	35	3	5	1		18	320	298	415	330	83	1 514	5.7
合计	217	205	238	251	229	1 050	4 454	2 667	10 818	5 865	591	26 586	100
FDI	160	140	145	66	153	684	2 373	1 345	6 866	2 101	440	14 474	

注：数据为 2010 年 1～6 月，小计为 2000 年到 2010 年 6 月 10 日。
来源：SDC，2010。

表 4 - 2　柬埔寨农业发展可能的限制

内部/国内挑战	外部限制/因素
缺乏灌溉基础设施，低水平的耕作和加工技术	许多主要消费国保护本国市场（例如日本，朝鲜，一些东盟国家）
缺乏对新的和有效种植技术的了解缺乏多样化生产动机	出口主要依赖泰国、越南的精米加工设备以及它们的需求
特定农作物如大豆的扩张引起的森林被毁	进口国通常要求特殊用途船舶安全证书，但柬埔寨没有
由基础设施问题导致的高运输成本	狭窄的出口市场，主要是泰国和越南，而且主要是非正式出口
缺乏市场营销技能和市场信息系统	鲜有国家给柬埔寨提供最惠市场准入
存储设施不足	
缺乏商标及地理标识	
缺乏低息信贷	
较高的非正式出口成本	
没有品牌	
高投入成本，低质量和产能低	

来源：UNDP，2007。

2000—2010 年国内私有和外国投资基本各半，该时期 FDI 年均份额大约 58％。FDI 投资一直呈上升趋势直到 2009 年全球经济危机而转为下滑。在外国投资者中，中国居首位，之后依次是朝鲜、美国、泰国、越南、马来西亚、新加坡。传统投资国，像中国、朝鲜、马来西亚和泰国自 2000 年起向柬埔寨经济中注入了更多资金，这表明它们对柬埔寨投资环境的信任和信心。此外，诸如越南、日本和美国等在过去几年投资兴趣增长。在中长期中，柬埔寨经济总产出的增长令人鼓舞，尽管它受到了 2008 年和 2009 年经济危机的影响。

3.1　各部门批准的投资

从项目在各部门的分布来看，在过去的 10 年里，旅游业和工业吸收了大量投资，服务业紧随其后。2000 年至 2010 年 6 月间，旅游业排在第一，在总投资中占比 35％，工业（32％）和服务业（25％）。同期，对农业的投资较少（图 4 - 2）。从累计批准的投资来看，旅游业以 58％领先，随后是服务业（19％）和工业（17％），农业所占份额较小仅约 6％。政府在 1997 年出台的"开放天空政策（Open Sky Policy）"、1998 年的和平和政治稳定成果、国家基础设施逐步改善，尤其是公路和桥梁的修建都是旅游业吸引高资本流入的主要原因。

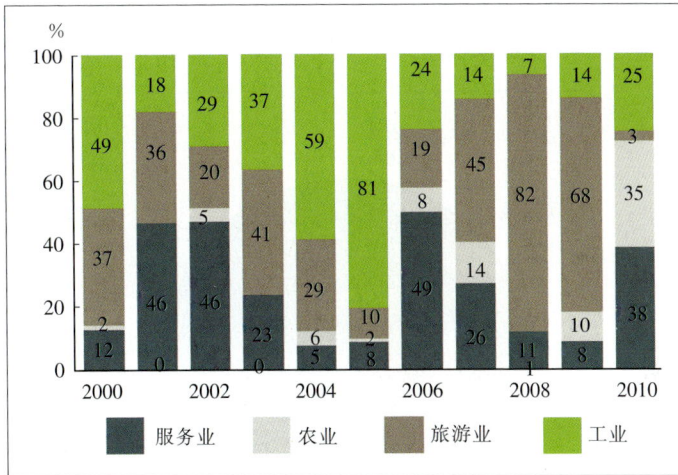

图 4-2　2000—2010 年 6 月各部门批准的投资占比数据
来源：CDC，2010。

2000—2010 年农业投资增长乏力主要是因为农业投资是一个长期的过程，且回报较低，产权不明确，阻碍了企业使用土地和财产作为抵押以获得资金（世界银行，2006：74）。

3.2　不同国家对柬埔寨农业的直接投资

2000—2010 年 FDI 对柬埔寨农业发展的显著贡献见图 4-3。固定资产所占比重平均为 78.4%，国内私有投资缓慢稳步增长，同期平均占比 21.6%。近年来，柬埔寨国内私营企业及外国投资都有明显增加。原因有以下几点：一是全球，尤其是中国、印度、日本和美国对天然橡胶需求的急剧增加，这是因为在 2007 年年末和 2008 年油价猛涨后合成橡胶价格暴涨；二是生物质燃料发展对棕榈油和玉米等普通农作物的需求增加；三是周边地区及全球食品进口国对大米等粮食需求的增加。

尽管相对于旅游、工业和服务业三大主要领域的总 FDI 而言，农业领域中外资项目的货币价值很小，但农业中抵押土地的规模却很大，因此对环境和粮食安全产生了负面影响。

看表 4-3 中一组 2000—2010 年的数据，中国是对柬埔寨农业投资的第二大国，固定资产占比为 17.6%，排在泰国之后（投资占比为 21.7%）。之后的国家分别是越南（14.8%）、朝鲜（6.5%）、新加坡（4.8%）、印度（4.4%）、美国（3.6%）及日本（1.8%）。所有这些国家主要参与的是农作物及林业，在后面我们将详细论述。虽然从宏观层面来看，这些猛增的外资参与农业是令人高兴的，但如果缺乏合理谨慎的投资协调机制、环境影响评价、对贫困地区定期的现场调查、将环境意识和粮食安全问题作为优先事项加以考虑，那么从微观层面来看则会产生负面影响。

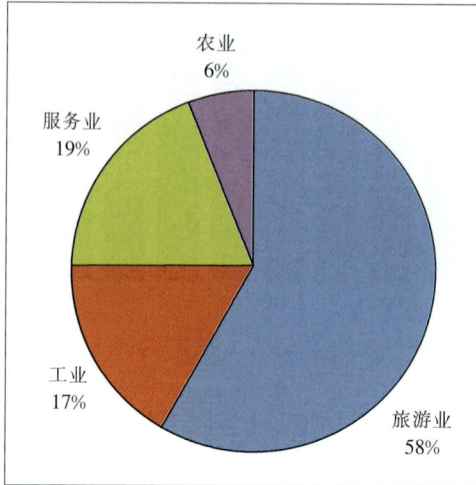

图 4-3　2000—2010 年 6 月各部门批准的总投资比例

来源：CDC，2010。

3.3　对农业投资的分部门介绍

柬埔寨发展理事会（CDC）对于农业分部门数据没有模板，因此必须使用来源不同的数据进行分类。本研究将农业分解为农作物、畜牧、渔业、林业、水果、食品加工及其他。这是初步尝试，结果可能因将来重新定义分类而有所不同。比如，橡胶和金合欢种植，既可以分类为农作物也可以分类到林业，本研究将其归类到农作物。

泰国在对柬埔寨农业投资中排名第一，之后依次是中国、越南及朝鲜。将农业细分后，我们发现国外投资主要集中在农作物和林业方面。在农作物上，固定资产投资由泰国、越南及中国主导。泰国投资商对甘蔗投资兴趣较浓，据估计创造了 13 500 个工作岗位，对橡胶、棕榈油和木薯的投资较少。投资形式主要以泰国所有或者与柬埔寨合伙为主。相反，近年来越南投资商主要关注橡胶种植，据估计共创造 11 000 个工作岗位，投资重点依次为腰果、棕榈油、木薯及甘蔗。越南投资商的结构与泰国投资者结构相似。中国倾向于投资橡胶和腰果，对棕榈油、蔗糖和木薯的投资较少，绝大多数中国投资者选择独资方式。

第四章 农业投资对当地发展影响的商业模型

　　除了这些主要投资国家外，日本、朝鲜、新加坡也对农作物投资有明显贡献（表 4 - 3）。一个日本投资商与泰国（50%）、柬埔寨（20%）和中国（15%）在柬埔寨西南部与泰国交界处的戈公省合伙经营甘蔗种植基地。该合伙项目在 2007 年 11 月得到了 CIB 的批准。朝鲜投资者倾向于对橡胶、木薯和腰果投资，投资形式主要是朝鲜独资或与柬埔寨合资。新加坡有两个项目，均投资于橡胶和玉米，投资形式是新加坡独资，CIB 在 2009 年 7 月批准了这两个项目。此外，法国、马来西亚、以色列和美国也参与投资。法国以合资方式于 2008 年 11 月参与水稻种植与精米加工。2004 年 7 月马来西亚与柬埔寨（12.5%）共同投资种植棕榈树、橡胶树以及腰果。2007 年 3 月，以色列与当地合资开始木薯种植，美国（100%美国固定资产）在 2000 年 2 月参与到腰果和木薯的种植中。

表 4 - 3　2000—2010 年 6 月柬埔寨累计批准的农业各部门投资

国家及地区	2000	2001	2002	2003	2004	2005	2006	2007	2008	2009	2010	小计	占比
柬埔寨	3.6	0.4	0.6	0	4.1	10.4	141	96	38.3	41.9	35.5	371.9	21.6
日本								31.2				31.2	1.8
韩国			11.4					59.4	5.8	3.4	32.7	112.7	6.5
中国台湾省											3	3	0.2
印度										75		75	4.4
中国						3.7	72.8	33.2	18.6	134	41.9	303.9	17.6
新加坡										82.1		82.1	4.8
马来西亚					8.2							8.2	0.5
泰国							73.1	104	22.8	173		373.1	21.7
越南							27.4	43.1	20.9	104	59.8	254.8	14.8
美国	1.3						58.5				1.7	61.5	3.6
以色列								1.7				1.7	0.1
加拿大						5.5						5.5	0.3
法国									6.2			6.2	0.4
英国										2.1		2.1	0.1
丹麦											29.5	29.5	1.7
合计	4.9	0.4	12	0	12.3	19.6	373	369	113	616	204	1 722	
FDI	1.3	0	11.4	0	8.2	9.1	232	273	74	573	169	1 351	
FDI占比	25.5	0	95	0	66.6	46.6	62.2	74	66	93.2	82.6	78.4	

　　来源：CDC，2010。

　　注：2010 年数据为 1～6 月，小计为 2000 年到 2010 年 6 月 10 日。

中国和泰国投资者主导了对柬埔寨林业的投资。中国投资者主要关注开心果及金合欢的种植，以经济土地特许经营权（ELCs）的形式投资他们的固定资产。泰国的林业投资主要参与种植何种树木尚不明确。邻国越南，以及丹麦和加拿大也有一些投资。越南投资者以与柬埔寨（30%）合资的形式投资种植金合欢树，该项目于 2010 年 3 月被柬埔寨投资委员会（CIB）批准。加拿大与中国（40%）合伙以 GG 世界集团发展公司①的名义开展柚木种植，该合资项目于 2005 年 12 月由 CIB 批准。丹麦以独资形式投资柚木，该项目于 2010 年 4 月由 CIB 批准。除了外资参与到农作物和林业外，还有大量的外资参与到其他部门中，包括农产品加工业、动物食品、玉米烘干、绉橡胶加工、棕榈油提纯与精炼、草本茶生产、蜀葵种植加工以及甘蔗种植及蔗糖精炼。来自中国和美国的投资者主要投资于农产品加工业，朝鲜投资者主要涉及玉米种植及烘干、蜀葵种植及加工以及动物食品。马来西亚投资于棕榈油精炼，2004 年 6 月由 CIB 批准与柬埔寨（40%）合资完成。2010 年 3 月，台湾使用自有固定资产投资了一个草本茶工厂。美国在蜀葵种植和加工方面有一个投资项目。印度在桔井省有一个综合性的甘蔗种植园，里面有糖厂、酒精厂和发电厂，公司名字为 Kamadhenu Venture②，种植甘蔗和生产酒精。

3.4 食品加工中的 FDI

在过去的 10 年中，外商在食品加工业中没有大量投资，食品加工业的固定资产在总农业固定资产中占 28.7%。柬埔寨在食品加工业中占主导地位，但与越南、新加坡及泰国进行了合资（表 4-4）。2003 年，澳大利亚独资建立了一个豆浆制造厂，并与柬埔寨（51%）合资建立了啤酒厂。2010 年，加拿大独资建立了啤酒厂；新加坡与柬埔寨（10%）合资生产纯净饮用水；泰国与柬埔寨（40%）合资生产方便面及快餐食品；越南与柬埔寨（30%）合资生产啤酒、软饮及饮用水。2004 年，中国独资加工海鲜。总体而言，除了澳大利亚和加拿大外，只有周边的国家对投资柬埔寨食品加工业感兴趣。

总体上，在过去的 10 年中批准的固定资产投资中农业大约占 6%，数额虽小但是总体较稳定。投资回报率较低及产权不清晰成为私有资本及外国投资在该部门投资的阻碍。

3.5 外国投资者在经济土地特许经营权方面投资

考虑到 CDC 中外资的土地/种子规模数据缺失，以及 CDC 数据和 MAFF

---

① www. elc. maff. gov. kh/comprofiles/stgg. html。

② MAFF 对此有另外一个名字：www. elc. maff. gov. kh/comprofiles/krtcarmad. html。

网站①数据的差异，本研究进一步探讨了 MAFF 记录的数据，以便掌握农业 FDI 的规模，特别是经济土地特许经营权中的规模，这将对 FDI，对东道国社会经济状况、环境和粮食安全的潜在影响提供一些启发。从 1995 年开始，FDI 通过经济土地特许经营权形式对国家私人土地进行公共投资，这要早于 2001 年土地法的颁布。根据经济土地特许经营权的二级法令，到 2005 年 12 月 27 日②，经济土地特许经营权是指通过特定的合同将国家的土地授予受让人，准许他用于农业和工业化的农业开发，即种植食品作物和工业作物、饲养动物或水产品、建设用于加工本国农业原材料的工厂和设施，以及部分和全部上述提及的活动的组合。

表 4 - 4　2000—2010 年 6 月批准的食品加工部门的固定资产

国家及地区	作物	畜牧	渔业	林业	其他	合计	占比
柬埔寨	176	3.6	0.4	72.2	121.8	371.9	21.6
加拿大				5.5		5.5	0.3
中国	194.6			77.3	32.1	303.9	17.6
法国	6.2					6.2	0.4
以色列	1.7					1.7	0.1
日本	31.2					31.2	1.8
韩国	90.1				22.6	112.7	6.5
马来西亚	2.6				5.6	8.2	0.5
新加坡	82.1					82.1	4.8
中国台湾					3	3	0.2
泰国	327			46		373.1	21.7
美国	1.3			18.3	41.9	61.5	3.6
越南	236.6			18.2		254.8	14.8
印度					75	75	4.4
英国					2.1	2.1	0.1
丹麦				29.5		29.5	1.7
合计	1 147	3.6	0.4	266.9	304.1	1 722	100
FDI	973.4			194.8	182.3	1 351	
FDI 占比	84.8			73	60	78.4	

来源：CDC，2010。

---

① 注意 CDC 数据库对 MAFF 网站上的几个经济土地特许经营权项目没有记录。

② www. elc. maff. gov. kh/laws/subdecree. html。

此类活动主要目标是发展集约农业及工业农业活动，在农村地区创造就业和多元化的生存机会，以及为政府创收（在四类用地上每年每公顷收入 1～10 美元）。20 世纪 90 年代中期到 21 世纪初期，柬埔寨国内私人和外资对经济土地特许经营权（ELCs）的投资，不如 21 世纪初期至今的规模大。柬埔寨新形成的和平与稳定、更好的投资环境、全球日益增加的对橡胶和木薯等工业作物需求，都是投资增长的驱动因素。

值得注意的是，1995—2003 年的特许规模是巨大的。在 1999 年、2000 年和 2001 年，获得特许的土地分别为 20 000 公顷、315 028 公顷和 100 852 公顷。这样大规模的投资模式在 2001 年土地法和 2005 年的经济用地特许二级法令生效前被许可的，这意味着在缺乏合理的管制机制之前实施上述投资，会将资源和当地利益相关方置于风险之中。

到 2009 年年末之前，MAFF 授权了 86 个经济土地特许经营权（ELCs）项目（排除了 12 个已被取消的项目），除了 9 个外其他都在 MAFF 网站上有资料可查（表 4-5）。2001 年土地法第 59 条宣布土地特许不能超过 10 000 公顷。为此，MAFF 与土地面积大于 10 000 公顷的公司协商，让它们放慢执行商业计划。总共有 12 个项目被取消，其中两个的土地面积超过 10 000 公顷。之前提到的 3 个大项目仍然在进行中。

表 4-5　1995—2009 年批准的和取消的 ECLs

国家	2000	2001	2003	2004	2007	2008	2009	2010	小计	占比
澳大利亚			0.7		9				9.7	13
柬埔寨		0.8			10.1	3.7	8.5	30.2	53.3	71.3
加拿大								4.3	4.3	5.7
中国				0.7					0.7	0.9
新加坡								3.8	3.8	5.1
泰国		1.2							1.2	1.6
越南					1.7				1.7	2.3
合计		2	0.7	0.7	20.9	3.7	8.5	38.3	74.7	
FDI		1.2	0.7	0.7	10.8	0	0	8.1	21.5	
FDI 占比		60	100	100	51.5	0	0	21.1	28.7	

来源：作者基于 MAFF 网站数据计算所得，www.elc.maff.gov.kh/profiles.html，2010 年 10 月。
注：2010 年数据为 1～6 月，小计为 2000 年到 2010 年 6 月 10 日。

但值得注意的是，为了获得更大面积的土地，很多公司用 2 个不同的名称来获取经济土地特许经营权（ELCs）。比如，戈公省的戈公种植有限公司和戈

第四章　农业投资对当地发展影响的商业模型

公蔗糖有限公司分别取得了 9 400 公顷和 9 700 公顷的土地。这就形成了总面积接近20 000公顷的土地。更重要的是，ELCs 二级法令第 39 条规定，部长理事会可以对面积超过10 000公顷需要削减特许土地面积的公司进行豁免。2009年下半年，报道的 ELCs 项目的土地规模为 1 024 639 公顷。Ngo 和 Chan (2010：6) 指出大约有 500 000 公顷的 ELCs 项目是由环境部授权并且管理的，但是却没有包括在 MAFF 数据中。这使得 ELC 项目的总规模达到 150 万公顷，接近 2009 年水稻面积的 270 万公顷（MAFF 2010：16）。从 MAFF 官网数据来看，ELCs 项目主要是国内私有资本获得。外国投资者获得了 355 914 公顷的 ELCs 土地面积，约为总面积的 35%，相当于柬埔寨 2009 年水稻面积的 13%。中国是柬埔寨最重要的外国投资者，共有 17 个项目土地规模为 186 935 公顷（18%），包括 1998 年在戈公省的一个占地为 60 200 公顷的大项目。中国在橡胶、金合欢和开心果种植上有很大兴趣。

越南有 7 个橡胶种植项目，分布在枯井、拉达那基里、多基里、磅同以及柏威夏省；泰国有 5 个甘蔗种植项目，分布在奥多棉芷和戈公省；美国有 4 个柚木种植项目，分布在枯井和磅士卑省；朝鲜有 5 个橡胶和木薯种植项目，分布在磅同、拉达那基里、枯井和磅士卑省。印度和马来西亚分别对甘蔗和棕榈油感兴趣。

外国投资者主要对诸如橡胶、木薯、甘蔗、柚木、刺槐和开心果等品种感兴趣，这些都是柬埔寨的特产，适合该国土壤条件（表 4-6）。以项目数量而言，他们主要在柬埔寨农作物大省开展投资，如枯井省（13 个）、多基里（5个）、磅士卑（5 个）、拉达那基里（4 个）、上丁（4 个）、奥多棉芷（4 个）及磅同省（3 个）。

表 4-6　1995—2009 年各国的 ELCs 分布

单位：公顷

年份	批准和正在执行的项目				批准后又取消的项目			
	面积	最小面积	最大面积	项目数	面积	最小面积	最大面积	项目数
1995	11 000			1				
1996	2 400			1				
1998	60 200			1	51 500	23 000	28 500	2
1999	33 400	3 000	20 000	4	4 100			1
2000	341 898	1 070	315 028	5	11 200	3 200	8 000	2
2001	128 275	5 000	100 852	4				
2004	6 100	1 200	4 900	2				

（续）

年份	批准和正在执行的项目				批准后又取消的项目			
	面积	最小面积	最大面积	项目数	面积	最小面积	最大面积	项目数
2005	67 043	3 000	10 000	8	10 000			1
2006	168 256	4 400	10 000	20	40 393	7 172	9 214	5
2007	29 001	6 436	8 100	4	8 692			1
2008	40 936	6 523	7 200	6				
2009	16 130	807	9 820	21				
总计	1 024 639	807	315 028	77	125 885	3 200	28 500	12
未报告日期和土地规模的项目			9					

来源：作者基于 MAFF 网站数据计算所得，www. elc. maff. gov. kh/profiles. html （2010 年 10 月检索）。

由于缺乏外国投资项目的实际执行数据，我们很难概括外国投资对柬埔寨就业及收入创造的收益。如果所有的项目都完全执行的话，创造的就业和收入将是相当可观的。但是，对农业 ELCs 的大规模投资至少在一定程度上破坏了森林，而这些森林是许多农村家庭的主要收入来源。在多基里和拉达那基里省集中了很多项目，这些省大多数人口都是少数民族并且大多数人依赖非木质的林产品为主要收入来源，这些项目危及到少数民族的生存。对本地区居民生活的负面影响也可以在枯井和上丁省看到，这些地区居民主要以非木材林产品和渔业为生。

此外，尽管柬埔寨现在正在经历水稻产量过剩，但是应该注意到，水稻生产用地和外国及国内私有投资者投资生产的其他作物的用地之间存在长期竞争（表 4-7），这会引起对粮食安全的担忧。

表 4-7　1995—2009 年 ELCs 的国别分布

单位：公顷

国家及地区	规模	占比（%）	中位数	最小规模	最大规模	项目数	大于 1 万公顷的项目数
活跃的项目 未报告	—	—	—		9	—	—
柬埔寨	668 725	65	18 576	807	315 028	36	6
中国	186 935	18	10 996	5 000	60 200	17	1
印度	7 635	1	7 635	7 635	7 635	1	0
韩国	27 622	3	5 524	3 000	7 500	5	0
马来西亚	7 955	1	7 955	7 955	7 955	1	0

（续）

国家及地区	规模	占比（%）	中位数	最小规模	最大规模	项目数	大于1万公顷的项目数
中国台湾	4 900	0	4 900	0	4 900	1	0
泰国	37 436	4	7 487	6 523	9 700	5	0
美国	36 203	4	9 051	7 000	9 820	4	0
越南	47 228	5	6 747	2 361	9 380	7	0
总计	1 024 639	100	13 307	807	315 028	86	7
FDI	355 914	35				41*	1
取消的项目							
柬埔寨	34 711	28	8 678	7 172	10 000	4	0
中国	66 800	53	13 360	3 200	28 500	5	2
美国	9 214	7	9 214	9 214	9 214	1	0
越南	15 160	12	7 580	7 560	7 600	2	0
总计	125 885	100	10 490	3 200	28 500	12	2
FDI	91 174	72				8	2

来源：作者根据 MAFF 网站（www. elc. maff. gov. kh/profiles. html）数据计算。

* 表示不包含未报告项目数量。

　　投资和 ELCs 的影响应该用上面提及的指标来衡量，如产生的收入和创造的就业、本地区居民（从林业产品中）主要收入来源的损失、水稻和外国投资的其他农作物在水资源和土地方面的竞争性使用、公司对公路和灌溉设备等当地基础设施上的贡献。

3.6　农业 FDI 的壁垒

　　2010 年 11 月开展了一项针对外国公司在柬埔寨农业投资的动机和农业投资障碍的调查。该调查使用了半结构化的问卷，以获得外国公司在柬埔寨基础设施发展方面的贡献，识别减少投资障碍的机制。2000 年至 2010 年 6 月的 CDC 数据表明，共有 59 家公司参与到农业和食品加工。CDC 没有提供这些公司的具体联系信息，而且绝大多数的公司没有列在黄页里，这就意味着联系这些公司非常困难。CDC 列出的部分公司能在 MAFF 网站上找到，并有他们的联系信息。使用黄页及 MAFF 的联系信息，作者列出了含有联系信息的 31 家公司名单。由于从 MAFF 网站获得的大多数地址都已失效，我们只能与 2 家公司取得联系，它们是 HLH 农业（玉米种植和干燥）和克吉德（Kogid）公司（玉米干燥和碾米）。这意味着寻找外商关于在农业投资中遇到的壁垒这一问题的答案是一项令人沮丧的工作。从这两个公司的反馈来看[①]，有 5 个阻碍柬埔寨农业投资的关键因素。第一，土地所有权和租赁协议仍然是一个很大的挑战。一个公司称完成租赁合同需要多次交易。心怀不轨的土地经纪人会引起外国公司与当地社区的争端，当地社区可能会重复索赔。第二，公司应该去何种机构获得商业执照没有明确规定。一家公司为了获得 MAFF 批准的经济土地特许经营权，在找对了柬埔寨经纪人的情况下都花费了 2 个月的时间，否则至少要 2 年。第三，法律执行不力。第四，行政程序繁琐但可以接受。最后，争端处理和问题解决的机制严重受限。比如，部委中没有部门帮助投资商处理商业执照申请过程的问题。另外，企业不认为给政府官员付小费有何不妥，这可以帮助加快申请速度，并且公司均接受公务员收入低的事实。

为了消除障碍，企业建议政府考虑使用电子化的投资、网上申请营业执照、其他行政办公网络化，以减少文书工作，缩短时间，降低成本，使企业更加容易地处里执照申请过程中的问题。企业还建议，在政府相关部委设立反馈部门，帮助投资商解决执照申请或运营过程中遇到的问题。

企业和农民之间没有形成包容性商业模式或合同安排。实际情况是，企业从农民那里以市场价格购买玉米，并且不签署任何期货合约。农民可以将产品直接送到工厂大门，或卖给经纪人，经纪人随后再出售给工厂或者企业。农民将产品卖给经纪人更为普遍，尤其是当经纪人是农民的债权人时。总而言之，尽管有一系列的阻碍，这两个投资商对柬埔寨商业环境还是比较认可。但他们认为，作为一个发展中国家，在改善投资环境方面柬埔寨还有很多工作要做，并且应该立即采取行动。

4. 柬埔寨农业各子部门的投资政策和规定

柬埔寨政府制定了综合战略以促进农业投资。作为农业国，柬埔寨可用土地面积广阔，在农业上有很大的发展潜力。但农业部门还没有完全发展起来，部分是由于在网络、技术、能源和肥料方面资本投资有限。2008 年下半年的全球经济危机影响了柬埔寨服装、旅游和建筑业。尽管 MAFF 数字显示农业生产非常稳定，但对农业的投资减少，因为资本投入低、农业投资项目回报低。由于柬埔寨经济增长主要依赖农业，促进农业发展对强化本国经济具有重要作用。因此，在政府希望实现增长、就业、公平和效率目标的矩阵战略中，把农业作为了优先发展的关键支柱。在这一战略下，农业政策发挥

---

① 不要使用这些讨论的结果来将结论普遍化，因为 59 个公司中的 2 个不能完全概括农业子部门的总体情况。这个案例因此应该被当做一个例子来看待。

着日益重要的作用。

矩形战略强调，提高农业部门的生产能力、推进多样化和集约化、完善土地管理、渔业和林业改革必须与农村基础设施、能源、信贷、市场和技术的发展同步推进。为了进一步促进农业投资和提高生产力，土地改革尤其关键。政府要坚决实施土地法、土地征用法、优先购买权与土地开发法、建设和城市化法以及国家建设标准。但在土地法和土地征用法的实施过程中引发了一些争议，因为根据 2001 年的土地法，一些公路和道路使用权被作为国家公共财产，所以部分土地所有者和农场主不能享有相应补偿。他们甚至在自己拥有这些财产时无权改善。1 号国道的重建就是一个很好的例子①。为了支持农业部门，政府还免除了对农业相关材料征收进口税，并暂停征收农业土地税。尽管获得了这些支持，柬埔寨农民依然生产困难，因为他们是雨养农业，容易受自然灾害的影响。

根据柬埔寨投资法（1994 年颁布，2004 年修订，修订后于 2005 年 9 月 27 日生效），CDC 中的 CIB 负责监督国内外的投资活动。CIB 只负责注册在两个省/区、经济特区超过 200 万美元的投资项目，其分支机构对那些不超过 200 万美元的项目进行注册。

4.1　渔业

继水稻之后，渔业是柬埔寨第二大主要食物来源。它在人们生活中扮演着重要角色，也是人们收入和保障国家粮食安全的主要渠道。柬埔寨渔业管理由中央政府和地方政府分层管理。在中央层面，农林渔业部下设渔业司，负责政策制定、研究和监测；在地方层面，该部门受省市渔业局监管，省市渔业局能确保该部门的活动符合当地法律。

渔业部门有几项法律，包括渔业管理和行政法（1987）、主管当局关于在公开水域打鱼、水产养殖、鱼类加工和特殊许可公告（1989）、渔业产品运输法（1988）。应该注意的是，为了更好地管理渔业部门，柬埔寨 2001 年制定了 2001—2011 年渔业规划，2006 年又颁布了渔业法。尽管有相应法规，但是在湄公河、洞里萨湖一带仍然存在大量的非法捕鱼和鱼类栖息地被破坏的现象。社区和那些具有政治和经济势力的商业鱼塘所有者之间的冲突非常常见（FAO，2011：6，10）。在特殊情况下或者个案中才存在执法现象。比如，因怀疑其非法倒卖鱼塘，2011 年 7 月 1 日，柬埔寨首相采取严厉措施，命令农林渔业部将洞里萨湖沿岸 5 个省的渔业主管官员免职，这是渔业改革努力的一

---

① 来源：ADB（2007），"区域技术援助项目（RETA）6091：风险管理重置的能力建设—柬埔寨国家报告"。

部分（Yang，2011）[①]。

在渔业部门的投资管理上，没有促进该部门投资的特殊规定。但是，柬埔寨投资法中有对该部门投资激励的规定，如免除国内税和关税。投资激励的范围包括，鱼塘面积超过 2 公顷、虾场和其他水产养殖超过 10 公顷。渔业部门的投资程序就是上文所强调的程序。为了发展渔业，政府将海水和淡水鱼塘同时分配给以消费为目的的养殖户和以商业利益为目的的养殖户，以方便捕捞，实现可持续的渔业捕获和保护自然资源。此外，考虑到人口增长对鱼类需求的增加，政府鼓励人们实现从自然捕捞到水产养殖的转移。为了更好地管理资源，柬埔寨政府正在建立一个有效的价格机制，以确保合理分配鱼塘，鱼塘的竞价过程更加透明。这将增加柬埔寨的渔业收入。政府采取了严厉措施预防和打击非法捕鱼及侵犯被水淹没的森林。为了提高渔民和社区的能力，提高他们的收入，政府给他们提供了技术援助、信贷和市场便利。为了提升竞争力和市场准入，政府已经通过改善基础设施鼓励大规模的渔业投资。

4.2　林业

通常，林业局（在 MAFF 下）负责柬埔寨森林及森林资源的管理，这与国家林业政策和林业法的要求相一致（2002）。林业部门由中央和地方政府两个层面共同管理[②]。2000 年以前，森林采伐猖獗，砍伐速度快，面积大。21世纪初期，政府取消了 40% 的森林砍伐许可面积——几乎等于最初许可面积的一半，同时在 2002 年 1 月暂停了砍伐许可区域的伐木和原木运输，这大幅减少了猖獗的伐木（世界银行，2004a：19，76）。为了控制天然林产品的非法出口，2006 年 11 月 20 日通过了一项允许林产品和非木质林产品进出口的二级法令。新法规允许出口各种经过加工的或者未加工的来源于人造林的木材产品，这为私人或外国投资者参与 MAFF 的管辖的 ELC 提供了空间。应该强调的是没有特定的规则促进林业部门的投资。

此外，政府通过制定林业政策在大力推进林业改革，包括特许法、经济土地特许和林地特许管理二级法，林业社区的形成及其他与环境保护相关的规定，如环境保护和自然资源管理法和环境影响评价。其目的是改善当地社区的生计，因为大量生活在农村社区的人口依赖森林。在国际社会的帮助下，当地社区学习了如何合理使用和保护森林。只有这样，可持续发展才能实现，生物多样性才能得到保障。一旦森林得到了很好的保护，当地社区居民就能从社区

---

① http://news. xinhuanet. com/english2010/world/2011 - 07/01/c_13961037. htm。

② 有关林业局的具体结构和功能，请参见 http://www. forestry. gov. kh/AboutFA/ MandateEng. html。

森林中获得经济和非经济①的利益，因为他们获得了土地和合法使用森林的权利②。从柬埔寨全国来看，报告显示在林业局管辖的森林范围内，非法活动造成了林业社区大幅缩减。保护森林对野生动物和生物多样性有直接影响，这反过来又有利于可持续发展和减贫。因此，政府将更多的注意力转移到提高人们的环境意识，教育公众和学生保护自然资源，对自然资源进行可持续管理。此外，对非法砍伐进行严厉惩罚，并在媒体头条中刊登，违法者将坐牢。尽管如此，媒体报道依然存在非法砍伐，据称那些执法者本人也参与了非法砍伐，这表明林业部门中的执法效果有限。

4.3　畜牧业

柬埔寨需要增加猪、牛、禽等畜牧产品的养殖，因为食物需求在增长，目前政府越发关注更好的食品质量和粮食安全。为达到这一目标，MAFF 的生产及动物健康司，在各省有分支机构，制定了与动物健康和生产相关的政策，改善对动物健康、生产以及养殖户信贷支持的服务。该司也负责制定畜产品质量方面的法律法规、控制畜产品进出口、监测屠宰场的卫生和植物检疫措施。在 USAID 和 FAO 的支持下，2009 年年初，柬埔寨开始起草动物健康和生产（包含了动物健康和公众健康）的法律草案。柬埔寨是泰国牛出口到越南的中转站，柬埔寨本身也与这两个邻国进行猪牛贸易，因此上述法律对柬埔寨十分重要。大型猪牛贸易公司对柬埔寨国内和柬埔寨与两个邻国之间的长距离牲畜运输具有重要影响。他们与柬埔寨相关部委联系紧密，得到了他们的保护，通过这些部委，他们不仅能影响关于牲畜交易商的决策制定，而且能够影响关于警察、宪兵和兽医官的决策制定（FAO，ADB，OIE，SEAFMD 2009：21 - 22）。

目前没有发现关于促进畜牧业投资的特殊规定，但柬埔寨投资法中规定，如果投资者养殖 1 000 头以上牲畜、管理超过 100 头的奶牛、或生产超过 10 000 只禽和蛋，可以豁免关税。尽管没有特殊的投资促进政策，但畜牧业的投资程序与前述的一般投资程序一致。畜牧业的问题通常会在政府私人部门论坛上讨论，该论坛由农业和农产品加工业技术工作组负责，是一个解决问题的机制。例如，猪肉走私猖獗问题——对本国生产者造成了损害，就在该论坛得到了解决，该论坛 2007 年 8 月 13 号通过第一号指令，禁止猪肉和活猪进口。

4.4　水资源和技术

水资源管理对农业发展至关重要。迄今为止，柬埔寨的灌溉系统

---

① 非经济收益包括精神/习惯价值（针对少数民族）和培训、社会资本以及社交网络。

② 丹麦外交部，基于社区的自然资源管理：从柬埔寨学习的经验，技术咨询服务，2010 年 12 月。

仍然没有得到充分发展，绝大多数农场靠天吃饭，非常容易受到多变的气候条件的影响。政府全国范围内建立了水使用者协会，并通过扩大库容来满足需求。此外，根据国家战略发展计划（NSDP）的要求，MAFF和水利与气象部联合新设的农水技术工作组已经准备了农水战略。政府为了提高农业生产力以满足国内消费和销售的需要，政府进行了进一步干预，诸如提供优质种子以便产出优质产品、为农民采用更好的技术提供便利、降低产中和产后损耗、推动农业创新包括综合性的作物管理。降低电价也能帮助降低生产成本。

4.5　经济土地特许经营权和商业生产

随着柬埔寨向世界市场出口农产品的潜力增长，政府更加重视商业性农业生产，尤其是大米及其他商业农作物比如橡胶和木薯。与温饱型农业不同，商业性农业能够提高农村居民收入并使他们摆脱贫困。它也能为农村地区的小孩提供新的机会上学，这反过来又会提高农村居民的生活水平。为此，政府对市场信息、适合顾客需求的新生产机会、增值加工设备、质量保障和粮食安全、有利润的商业促销和基础设施发展进行干预。

2003年，柬埔寨政府提出对农业进行结构改革，得到了ADB农业项目贷款的支持，政府负责广泛传播农业营销与技术、放宽肥料价格和肥料销售、建立农村信贷政策、剥离橡胶部门、建立地方农村发展委员会和改善产权方面的消息。此外，在一些援助机构的支持下，如澳大利亚国际发展署（AusAID）对排雷和农业推广服务的支持，世界银行对地契方面的支持，政府继续改进农村穷人和城市商业发展所需生产性土地的获得方式。

如上所示，经济土地特许经营权是为特许权获得者提供国家私营土地，供其进行工业化农业开发的机制。工业化的农业开发包括植树、动物养殖、水产养殖、修建农业原材料加工厂。在将大片未使用和/或未授权的土地作为ELCs授予外国和柬埔寨投资者的同时，柬埔寨政府和国内外投资者也共同开发了农村路、桥、市场和医院等基础设施。这些公司创造的工作岗位带来的收入，在一定程度上改善了当地社区的生活状况。

为了抓住发展集约农业、农业工业化、提高农村就业、增加国家或省级财政收入，2005年12月27引入了经济土地特许二级法令。该法令第29条规定，作为技术秘书处的主席和部际联席会议的主席，MAFF被授权和负责总面积超过1 000公顷的经济土地许可，省长/市长被授权和负责总面积不超过1 000公顷的经济土地许可。但MAFF在将土地授予公司之前，应征得部长会议办公室的同意。

根据法律规定，在合同签署前需要进行可行性研究以及环境和社会影响评价。受访的一家经济土地特许经营权公司表示，为了获得快速的经济土地特许经营权投资许可，公司必须聘请当地咨询人员——他们与 MAFF 官员联系紧密，开展可行性研究和环境影响评估。如果一个公司仅聘请国际顾问，这个过程将非常漫长。尽管在项目批准前进行了可行性研究和确定了项目的边界，但村民和 ELC 公司间的重叠索赔仍然大量存在。一旦发生冲突，省长和社区委员会经常会充当调解员，但当地政府表示，村民通常对公司提供的解决方案表示失望。

升级的国家战略发展计划 2009—2013 年提出了促进农业发展的其他政策措施，包括土地改革和清理"地雷"。这些措施包括加强土地管理、强化土地分配和使用、保障土地所有权、抑制非法占有土地、阻止闲置集中于少数人手中。此外，还为小农提供了社会土地特许（SLC）[①] 以培养他们的生产和多样化的生产能力。清理"地雷"和"未爆炸的弹药"是政府最优先考虑的问题，以帮助农民和投资者更好地获得更大面积的土地和偏远地区的土地。

4.6 水稻

在 2007 年和 2008 年食品价格上涨后，柬埔寨试图抓住水稻部门的新机会。水稻不仅仅是柬埔寨民众的主要食物来源，也同样是该国经济的潜在收入来源。因此，政府鼓励对水稻的投资，通过减免种子、肥料和杀虫剂的关税来促进水稻生产。此外，首相洪森也呼吁当地和外国投资者加大对水稻加工厂的投资[②]。促进大米加工，尤其是去壳和包装主要是为了提升水稻质量、降低生产成本、提升附加值和出口量。2010/2011 年度的大米产量预期将达到 700 万吨，同期国内消费大约为 300 万吨。产量提升主要是由于增加了对灌溉的投资、种植面积增加、耕作更加集约、使用了更好的技术和种子。

认识到大米在经济增长和减贫方面的重要性，政府在 2010 年中期出台了"水稻生产和促进大米出口"政策，目标是通过继续投资灌溉设施、鼓励私有部门对水稻加工和出口进行投资；改善出口程序和交通设施，到 2015 年实现大米产量过剩 400 万吨，至少出口 100 万吨。但水稻部门还面临着管理薄弱和制度支持不足的挑战。Ear（2009）研究了柬埔寨水稻产业的动态管理和增长的关系，发现该部门的出口制度相当不完善，因为柬埔寨允许国有绿色贸易公司（GTC）和 GTC 总裁领导的柬埔寨全国大米加工协会出口 100 万吨以上的大米，但它们没有出口许可证。而另一个主要的出口商吴哥卡萨可若格若沃伊（Angkor Kasekam Roongroeung），通过政府渠道获得了出口许可证。

4.7 橡胶

在重建橡胶部门过程中，政府一开始的投资是为了满足国内消费。后来，

---

① SLC 的标准没有时间限制，最大 1 250 平方米作为住宅使用，2 公顷作为农业使用，然后它可以被转换为私有财产。

② 亚洲自由广播，2011 年 3 月 22 日。

柬埔寨橡胶开始渗透到外国市场，尤其是越南和中国市场。为了实现以市场为基础的农业增长，在外部基金尤其是亚洲发展银行（ADB）的支持下，政府开始引入重要的制度和政策改革。政府开始撤销对农产品和以农业为基础的产品的生产和营销的直接干预，但直到 2004 年国有橡胶企业仍然控制 80％左右的橡胶开采区域，那段时间内世界橡胶价格保持了增长（ADB，2003）。

继续实行国有损害了橡胶产业的发展，限制了小农和家庭橡胶生产的发展，也限制了小农的加工和营销（ADB，2003），橡胶质量也是个问题，柬埔寨橡胶价格在全球市场上低于其他国家 15％～20％。为了解决这些问题，满足 ADB 的条件，政府发起了对橡胶部门的整体回顾并考察了橡胶产品营销方面的法律法规。2000—2006 年进行了多项政策和监管改革，以促进小农的橡胶种植、促进私营部门建设橡胶加工厂和橡胶收购点。这些自由化的私营橡胶生产和营销，《家庭种植橡胶的交易和收购场所公告》（2826 公告），以及橡胶分级标准机制，使柬埔寨橡胶在全球市场获得了更高的价格（086 法令），《柬埔寨橡胶分级规定的使用》，2004 年 3 月 17 日。

5. 农业 FDI 的初步影响评估

过去的几年，FDI 对土地和农业的兴趣日益增长，尤其是在柬埔寨。许多利益团体表达了对此类投资潜在风险的担忧。德国技术合作公司（GTZ）2009 年的一项研究分析了外商对柬埔寨土地投资的机遇和风险，以下将具体介绍。

社会经济方面：在宏观层面，有证据表明生物燃料的生产创造了就业，月均工资 100 美元；地方道路状况有改善，但投资项目的重型卡车也破坏了对社区道路；木材和木制品、橡胶、棉花、精油、鱼和活动物出口创造了外汇收入；每公顷每年 0～10 美元的土地出让租金给政府带来了预算收入。微观层面存在风险。比如，有证据表明对本地居民获得土地产生了负面影响；失去了获得社区非木质林产品的机会；外国公司向当地农民的技术转移较少或者缺乏，比如饲养技术、种子的使用、改善土壤状况或者肥料使用等。也的确出现了机会，包括非熟练的建筑和农业劳动力收入翻倍，当地学校和医疗机构得到了发展。

粮食安全：社区粮食安全受到了影响，因为失去了获得非木质林产品的机会。Hansen 等（2006）研究认为，非木质林产品对柬埔寨农村地区贫困家庭收入的贡献达到 42％，对中等收入家庭的收入贡献达 30％。但该研究认为，从短期看，外商对土地的投资不会对农村地区的粮食安全造成负面影响。

环境：外商对土地的投资，对环境既带来了收益也带来了风险。东道国能够从引进新技术和环境友好型农业生产方式中获益，通过对以前撂荒土地的耕种减少水土流失。但是，获得收益的同时也带来了风险。大规模外国投资引起的环境问题关注包括气候变化、水土流失、水安全和水质量、生物多样性和当地生态问题。

考虑到上述问题，本研究特别关注外商对农业（不局限于土地，而是从更宽泛的视角）的投资，目的是为农业外资对当地社区生计、环境、粮食安全、土地和水使用可能的影响提供更多的启示。采用 2000—2010 年 6 月 CDC 的存量数据，研究发现外国投资者对农业投资主要以 ELCs 形式集中在农作物和森林方面，而在食品加工上仅限于饮用水、豆浆和即食食品的生产上。本节主要关注农产品（甘蔗、橡胶和玉米）和林业，以考察此类农业外资可能的影响。

本次影响评估的基础包括 2010 年 12 月对磅同省橡胶进行了案例研究团队的专家小组讨论（FGDs）、咨询了玉米种植和干燥公司 HLH 农业公司、柬埔寨发展资源研究所（CDRI）以前所做的中国投资对枯井省和上丁省自然资源影响的 FGDs（2010 年 4 月）、柬埔寨经济协会（CEA）2010 年 5 月和 6 月对蒙多基里省橡胶和戈公省甘蔗的案例研究详情见表 4-8。

表 4-8　2010 年 CDRI 和 CEA 田野工作概述

序号	公司	规模（公顷）	位置	行业	来源
1	戈公种植园（泰国、日本、中国和柬埔寨）	9 400	戈公省波托萨科尔（Botomsakor）区	甘蔗种植	柬埔寨经济协会（CEA）2010 年 6 月
	戈公食糖有限公司（泰国）	9 700	戈公省斯利安贝尔（Sre Ambel）区旗科尔莫（Chi-Khor Leu）公社	蔗糖加工	CEA 2010 年 6 月
2	索克芬（Socfin KCD）（比利时-柬埔寨合作）	10 000	莫多尔奇利（Mondolkiri）省波斯拉（Bousra）公社	橡胶种植	CEA 2010 年 5 月
	达克拉克（DAK LAK）（越南）	4 000	Mondolkiri 省 Busra 公社	橡胶种植	
3	通明（Tong Ming）集团工程公司	7 465	克莱蒂（Kratie）省卡贝尔·达梅利（Kbal Damrei）	林业（刺槐）	柬埔寨资源开发协会（CDRI）2010 年 4 月
4	坛北—公鹏同（Tan Bien-Kompong Thom）橡胶发展公司	8 100	磅同（Kompong Thom）省科拉亚（Kraya）公社	橡胶种植	CDRI 2010 年 12 月
5	新加坡和乐和（HLH）农业	奥拉（Oral）9 公顷；安良（Amleang）公司 4 500 公顷	磅士卑（Kampong Speu）省奥拉（Oral）和安良（Amleang）公社	玉米种植和干燥	CDRI 2010 年 11 月

来源：Ngo & Chan 2010：1，2；Hem & Tong 2010：3，4。

总体上，每一个 FDI 项目都对当地环境和生计有积极和消极的影响，项目的规模也根据部门不同而有差异。本研究没有对各个子部门都进行影响评估，而是通过案例研究形成一些观点和提高利益相关方特别是政策制定者的意识。因此，不能使用这些结论进行对某一部门进行一般化的概括，这一点非常重要。

6. 项目

6.1 农作物

对农作物的案例研究包括一个甘蔗项目、两个橡胶项目和一个玉米项目。这些项目不是使用诸如土地面积、地理位置、作物类型或公司国籍而随机选择，而是考虑了它们的重要性和研究的预算限制。

6.1.1 戈公省的甘蔗种植

6.1.1.1 戈公种植有限公司和戈公蔗糖有限公司

根据 CEA（2010），柬埔寨政府授予了黎庸泰（Ly Yong Phat）名下的两个 ELC 公司甘蔗种植许可。土地面积大约 20 000 公顷，其中 9 400 公顷是在波特木萨克尔区戈公种植有限公司名下，另外 9 700 公顷是在斯利安贝尔地区的戈公蔗糖有限公司名下。甘蔗由戈公蔗糖有限公司加工和包装，出口到欧盟市场，该公司日加工能力达到 6 000 吨。CEA 对塔帕·坎丹（Trapaing Kandal）村和旗科尔洛（Chi-Khor Leu）村的 143 个农户进行了调查，以评估对就业、生活变化及土地交易的影响。

社会经济影响：外商对农业的投资为当地民众、周边其他省的村民提供了大量的熟练工、半熟练工和不熟练工的就业机会。这些工作包括整地、种植、施肥、控制病虫害、除草、收获、收购和运输，这些工作季节性较强。种植和收获期是就业高峰期，从 11 月到次年 5 月。在 2009 年的高峰期，雇佣了大约 3 400 名工人，其中 30% 是来自戈公。2009 年 6 月到 10 月大约只雇用了 1 300 名临时工。这些工人的收入是每天 2.5 美元。此外，为班迭棉吉、贡布和磅同省的农民工提供免费食宿和交通。这两个公司总共还雇用了 511 名柬埔寨和泰国办公室职员，收入平均为每天 6 美元。但是应该注意的是仅有少量的当地居民成为了办公室职员。

在该公司进入之前，当地居民靠种植雨季水稻、经济作物以及养牛为生。公司进入后，一些以前种植经济作物的土地改种了甘蔗。这在当地民众和公司之间引发了严重分歧，因为剥夺了当地民众的收入来源。而且，当地居民的牛无法像从前一样自由漫步于农场和森林，因为这些地区已成为了公司的投资区域。如果该公司保安看见社区牲畜进入公司的种植区域，他们会抓捕、扣留，有时还会射杀这些动物。应该注意的是，在 2006 年获得经济土地特许经营权许可后，公司在没有提前通知当地社区的情况下就开始清理这些土地。这引发了当地民众的强烈抗议，449 个家户联名写了关于失去农地和其他财产的请愿书。尽管公司给这些受影响的家户提供了补偿，但仍然有很多抱怨，抱怨补偿不充分和不公平：有亲戚在公司工作的村民获得了更好地补偿，补偿金额从 25 美元到 350 美元不等。村民们不能对他们的土地进行强烈的争辩的关键原因是，他们中绝大多数都没有他们所耕作土地的产权证。

这些争端背后的核心挑战包括缺乏指导和争端解决程序、公司给受影响农户的不公平的补偿、用不透明和不公平的个案和户对户的争端解决代替具有普遍意义的争端解决机制、地方当局有限的帮助或者没有帮助。一个社区代表称，地方当局没有提供什么帮助，因此社区在寻找应对公司的办法得不到支持。

环境影响：据报道，甘蔗种植和加工厂产生了两类污染。一是水污染严重影响了当地居民的日常生活，因为化学物质污染了水的上游，然后通过下游影响了居民。水对居民至关重要，因此这一污染对人和动物都造成了损害。二是工厂排放导致了大气污染，使得周边居民呼吸困难。

基础设施影响：柬埔寨经济协会（CEA）报道没有发现投资公司对当地基础设施发展任何信息。但为了运输材料和工人近处，很可能新修了道路。

6.1.2　蒙多基里和磅同省的橡胶种植

6.1.2.1　蒙多基里的索克芬（Socfin KCD）公司及达克拉克（DAK LAK）公司

CEA（Ngo and Chan，2010）于 2010 年 5 月对蒙多基里地区的波斯拉（Bousra）和克朗（Krang）两个橡胶树种植公社开展了调查。8 个经济土地特许经营权公司获得了橡胶树种植牌照，每个都有 3 000～5 000 公顷的土地。他们大多数都清理了土地并种植橡胶树。除了萨拉马拉（Sarmala）公司外，其他经济土地特许经营权公司 CEA 都报道过。CEA 主要考察了 Socfin KCD 公司及 DAK LAK 公司的潜在影响。

社会经济影响：在 2008 年运营之初，Socfin KCD 雇用了大约 10 000 人，其中 5 月至 8 月雇佣了大约 2 000 人，9 月至 12 月雇佣了大约 8 000 人。总劳动力的 20％～25％是当地居民，其中 60％是女性。当种植园全部种满时，公司至少需雇佣 1 500 名工人。非熟练工每天大约能挣 5 美元，他们的工作包括除草和施肥，每月工作 10～15 天。熟练工挣得稍微多一些，6.5～8 美元/天。所有熟练工都是移民工，主要来自磅湛省，他们在橡胶产业有工作经验。尽管他们得远离家庭但是他们仍然对工作很满意。

村民和公司对同一块土地都各自主张权利非常普遍，因为传统上村民每隔几年就将自己的农田从一个地方转移到另一个地方并且没有土地所有权证书。

所有 Bousra 公社的村民都受到了 Socfin KCD 和 DAK LAK 投资项目的影响。Socfin KCD 在事前没有任何通知就清理村民的土地，这令村民感到震惊。冲突爆发，村民烧毁了公司的拖拉机。成立了由副省长、地区和公社领导组成的土地冲突调解委员会，来解决这一问题。政府列出了大约 172 家受影响的农户清单。但当地 NGO 宣称（CLEC：社区合法教育中心）在 2008 年波斯拉（Bousra）有 362 个农户受到了影响。最终公司出台了补偿方案：一是给予每公顷 200～250 美元的现金补偿；二是土地交换，三是土地开发。在这些选择中，村民倾向于现金补偿，因为用于交换的土地太远，并且贫瘠难以耕种。一些人开始选择了第三种方案，但后来转为选择现金赔偿，因为过程漫长。总而言之，现金偿付是最好的选择。

在达克拉克（DAK LAK）项目中，40%～50%的特许用地属于村民，公司事先与村民进行了协商。半数村民的土地在村子附近，方便养牛。公司为村民提供偿还期为 10 年的贷款让他们种植橡胶，并且同意从村民那里以国际市场价格的 80%购买乳胶。公司甚至允许没有土地的农民在公司的橡胶成熟到可以采胶之前在树与树之间种植农作物。村民对公司的做法非常满意。

公司进入之前，Bousra 的村民靠水稻、旱稻、经济作物、采集森林副产品、饲养牲畜、打鱼、打猎、掘金和小生意谋生。但 ELCs 对旱稻耕作的影响很严重，并且有些人失去了土地，公司获得了这些公司。这使他们的生活变得艰难，因为他们不能靠收集非木材的森林产品获得收入，而过去每星期他们可以因此而获得 10～15 美元的收入。为了生存，他们现在得到离家更远的地方去打猎和寻找森林副产品。此外，还有一些人失去了饲养牲畜带来的收入，因为 ELCs 占有了草地。

环境影响：本研究没有获得对当地环境影响的相关信息。但可以认为，急剧的和大规模的橡胶树涌入导致了自然失衡。橡胶树储藏碳，但是需要大量的水，这会引起用水与当地居民的冲突。由于林地变成了私人房屋，也会导致自然栖息地的消失。

基础设施影响：公司修复了道路并且为修学校做了贡献。比如，DAK LAK 给 Koh Nhek 地区的社区建了一栋教学楼。但也有抱怨称公司进入破坏了社区资金修建的道路。

6.1.2.2　潭边—磅同（Tan Bien-Kompong Thom）

柬埔寨发展资源研究所 2010 年 12 月在科拉亚（Kraya）公社开展了田野调查，咨询公社官员关于 ELCs 项目对公社的整体影响，并在特莫尔·萨梁（Thmor Samleang）村进行了专题小组讨论（FGD）以考察投资项目对当地的影响。需要注意的是，国外和国内在 Kraya 公社以 ELCs 形式的私有投资数量都在增加。越南投资如 Tan Bien 投资、普法（Phuek Fa）投资（普法以前叫做 Mean Rithy 投资，由柬埔寨投资者所有）和当地社区之间的争端较多。

科拉亚（Kraya）公社的大多数居民主要靠种植水稻、木薯和采集森林副产品为生。村民表示单靠种植水稻收入是不够的，还需要通过采集松香、藤蔓、或在稻田或者种植业出卖劳动力以产生额外收入。一些村民抓捕豪猪，因为其药用需求较高。由于土地质量较差，一些村民用森林副产品所得收入购买肥料以增加水稻产量（平均每公顷的产量为 2～4 吨）。考虑到近年对木薯需求增长，公社大约一半的人口决定清理国家林地来种植木薯。公社委员会也知道村民的困难，对他们清理国家林地睁一只眼闭一只眼。一吨木薯平均能卖到 30 万柬埔寨瑞尔（约合 73 美元）。还有一些村民清理了林地来种植腰果或菠萝蜜。

社会经济影响：有证据表明，潭边（Tan Bien）的运营有大量的就业创造，因为该公司雇用了大量公社居民（公社委员会没有确认具体数据）。工作包括除草、挖沟、喷洒杀虫剂和浇水，日薪平均约为 12 000～13 000 柬埔寨瑞尔（约为 3～3.5 美元）。但大多数被雇佣的村民离开了他们的工作，抱怨无法忍受其辛苦。问题包括橡胶树苗种植和喷杀虫剂使用的技能不足，工资支付过程中存在欺诈。为了应对这一状况，公司从邻近公社和其他省主要是磅湛省雇用工人，因为那些地方的农民对橡胶树苗的种植和保持橡胶树存活更加熟练。另一个影响是失去了传统收入来源，主要是松香和藤蔓的采集，因为公司用推土机推平了公社的森林。此外，一些家庭失去了木薯种植机会，因为这些土地是这些家庭之前非法清理国家林地获得的。应该注意的是，这些非法的林地清理最初是公社委员会默许的。因此，该项目对于当地居民来说是双刃剑，失去了收入来源并且没有就业机会和获得技术的机会。为了补偿土地损失，公司对有作物的土地补偿 200 美元/公顷，对于没有作物/蔬菜的新清理的土地补偿 100美元/公顷。但大多数情况下，公司和村民冲突的一个明显特征是公司代表同意社区协调员提出的要求，但实际上公司常常失信。比如，公司同意保持大小溪流在原有的位置，以让动物饮水或满足其他农业用途，但随后却填了溪流，一点也不信守承诺。社区委员会对公司没有办法，因为公司获得了省级层面执行项目的许可。同时，如果村民的牲畜放牧到了公司的种植地，牲畜就会被扣留，只有在交 10 万柬埔寨瑞尔（大约 25 美元）的罚金之后才会将牲畜归还村民。

环境影响：没有证据显示公司和特莫尔·萨梁（Thmor Samleang）村的村民在使用水资源方面存在竞争。村民的水稻、木薯及其他农作物主要是靠天下雨，而公司修建自己的水库以浇灌橡胶树。此外，对过度使用杀虫剂可能造成的土壤质量下降和污染地下水、村庄特别是公社周围的森林采伐成本方面，村民没有抱怨。但这可能是因为村民对发展带来的环境影响方面的知识有限。

基础设施影响：公司修建了连接它的土地和公社中心的公路。尽管修路看上去仅仅是为了公司的行业运营，但与公司土地邻近的特莫尔·萨梁（Thmor Samleang）村也从中获益。没有其他证据显示公司对当地其他基础设施的发展有何贡献，诸如医院、学校、灌溉设施等。

商业模式：没有形成正式或者真正的商业模式，但公司清理了森林，征用了农户的种植地。公司只是不定期的雇佣村民种植橡胶。

6.1.3　磅士卑省的玉米种植

6.1.3.1　HLH农业

HLH集团有限公司是100％新加坡控股的公司，并于2000年6月21日在新加坡交易所主板上市。主要经营农业、不动产和投资、建筑、农业研究和开发。在柬埔寨，该公司于2007年获得投资许可，并于2009年开始种植玉米，在磅士卑省的奥拉（Oral）地区和安良（Amleang）地区分别种植了有9 800公顷和4 500公顷，离金边有48公里。HLH集团获得了70年动物饲料生产的许可，投资了4 500万美元。它有一个加工工厂，日生产能力约600吨，还有4个种植农场，每个占地450～2 000公顷。公司从新加坡进口了高科技的机械设备。所有的农场都由来自菲律宾、新加坡、中国和缅甸的农场监管员监管，他们有不同的管理风格。所有助理监管员都是柬埔寨人，一旦他们将来获得了足够的技能和经验后便能接管管理工作。公司约有450名全职员工，其中30名是办公室职员，仅有两名来自新加坡。在种植基地，淡季约有200名工人，旺季有1 000名左右，主要是柬埔寨人。

社会经济影响：项目于2007年开工之时，创造了大量的就业，提供日薪为10 000～12 000柬埔寨瑞尔（2.5～3美元），村民需花费1 000柬埔寨瑞尔（约为0.33美元）往返种植园。最近，雇佣工人的数量骤减，因为公司用进口的机器代替了工人，比如播种机和收割机等。这就限制了村民获得新收入来源的机会。公司声称还无法试用商业模式，因为农民支付不起种子和机器成本，且缺乏合适的技术来耕种玉米。同时，该项目严重影响了当地村民最主要和最传统的收入来源，即水稻种植和木炭生产，HLH农业公司占用了大约40％的村民的稻田并清理了林地。另一个隶属于柬埔寨巨头黎庸泰（Ly Yong Phat）（戈公甘蔗种植部分进行了详细论述）的大型私有投资公司（磅士卑糖业），影响了村民大约90％的水稻田。

由于村民没有土地证证明自己的土地，争端解决就非常困难。公司称他们和当地社区之间没有大问题，因为他们以咨询的方式开展工作，邀请了当地居民、政府和其他相关机构一起协商以寻找解决问题的方法。从补偿来看，公司承诺给居民提供新的土地，但是由于这些土地都非常远，仅有少数人接受这一方案。从现金补偿来看，据村民称，公司承诺给每户 1 000～2 000 美元/公顷的补偿，但是还没有兑现。由于缺乏灌溉，村民只能在雨季种植水稻。因此，绝大多数村民砍伐森林中的小树来制造木炭。每家平均有 2～4 个火窑，一个小的火窑可以在 15 天加工 5 立方米的木材，产生大约 35 万柬埔寨瑞尔（约为170 美元）的收益。但现在，附近森林被清理后村民不能再生产木炭，因为村子附近的森林已被清空，并且公司不允许村民进入他们的地界。村民现在只到更远的森林获取木材，他们中绝大多数人并不愿意这么干。公司进入当地后，他们对未来的生计感到悲观，其中一些辞掉了在公司的种植工作。公司声称在他们进入以前当地森林就被清理了。

环境影响：随着更多的土地被清理，森林覆盖面积减少。这对这一地区生态系统和生物多样性都有负面影响。村民对环境退化非常担心。

基础设施影响：根据小组讨论，目前提到的两个公司（HLH 农业和磅士卑糖厂）均没有修建重要的基础设施。公司修建的公路和桥仅供自用。大多数公路都是政府修建的。

6.2　枯井省的林业

6.2.1　通明（Tong Ming）集团工程公司和其他 8 家 ELCs 公司

根据 2011 年 4 月对卡布尔达梅利（Kbal Damrei）公社第二副社长的访谈，Kbal Damrei 公社有 8 家 ELCs 公司（表 4-9）。需要注意的是，这项初步影响评价来源于 2010 年早期对 Tong Ming 集团工程公司一个投资项目的调查，并不能反映表中所列全部项目的全面影响或者对公社总体的影响。

表 4-9　桔井省萨波尔（Sambour）区 Kbal Damrey 公社 ELCs 公司简介

序号	公司	批准时间	期限	规模（公顷）	投资目的	国家
1	大岛农业开发有限公司	2006	70	9 583	柚木种植和加工	美国
2	全球农业开发有限公司	2006	70	9 800	柚木种植和加工	美国
3	亚洲世界农业开发有限公司	2006	70	10 000	柚木种植和加工	中国
4	巨大财富农业开发有限公司	2006	70	8 985	黄连木和其他树种植	中国
5	伟大奇迹农业开发公司	2006	70	8 231	黄连木和其他树种植	中国
6	Tong Ming 集团工程公司	2007	70	7 465	橡胶、刺槐和麻疯树种植和加工	中国
7	农业产业开发公司	2008	70	7 000	橡胶和刺槐种植	中国
8	卡拉马德农（Carmadeno）创业有限公司	2009	70	7 635	甘蔗种植	印度

来源：2011 年 4 月对格巴达维公社副主任的采访；MAFF ELC 2011 的简介（http：//www. elc. maff. gov. kh/profiles. html）。

社会经济影响：村民、公司和政府之间的交流较少，在一些案例中，村民很惊奇地看到公司清理离他们后院很近的土地。当地社区和公司之间对于抢夺土地和限制农民进入森林方面产生了争端。村民不再能够采集松香、藤条、竹子或者打猎，这切断了他们的主要收入来源。森林种植园由武装警卫保护，如果发现村民进入，村民就会被捕、罚款以及没收随身财物。村民不再愿意在通明（Tong Ming）集团工程公司工作，因为工作条件严苛（如果工人休息一天月薪就会减少，如果需要加班就不允许村民回家）和它攫取土地的行为。工人主要来自波萝勉省（Prey Veng）和柴桢省（Svay Rieng）。

环境影响：CDRI组观察了公社里的公司使用重型机械清理森林，公司通常违背了在大河（河宽20~30米）两岸各200米、小河两岸各100米范围内保持森林原样未动的规定，这一规定是为了保护水资源的可持续利用和保护环境。实际情况是公司只在河流两岸保留了10米宽的森林。村民也提到公司经常在夜间将木材运到越南。

基础设施影响：有证据显示公司修建了道路，但是没有修建学校或者亭子。新修的道路主要是为公司所用并非为了公众，而且不允许公众侵犯公司财产。

6.3 总体评价

总体上，基于作者的初步调查，FDI项目的成本看起来超过了收益，但其程度难以估计。FDI项目有积极影响，也有负面影响。积极方面，一些项目为当地社区以及临近省的社区创造了大量就业。但其他方面的收益几乎没有。土地冲突在所有ELC项目中都非常普遍，因为缺乏合理的土地使用权管理系统，和在授权ELC项目之前对当地社区的咨询有限。此外，一些ELC项目牵涉到清理森林，这切断了社区的主要收入来源，比如采集非木材的森林产品以及打猎。还有一些项目需要填埋溪流，可能带来水资源短缺的问题。

值得注意的是，在过去的10年柬埔寨没有经历粮食短缺。2004—2009年，水稻产量和总耕作面积年均分别增长9.4％和2.7％。在2009年，水稻总种植面积达到270万公顷，总产量为760万吨并有350万吨的剩余（表4－10）。因此，乍一看，从短期和中期，柬埔寨并不需要太担忧粮食安全问题。重要的是，迅速增加的ELC项目及其它们所占的土地规模看上去在中期内并没有威胁到柬埔寨粮食安全，因为现阶段水稻面积的持续稳定增长将在中短期内将继续保持过剩。此外，在中短期，ELC的扩张看上去也不会与水稻种植抢用水资源。但是，从长期来看，如果ELC项目的规模按现在的速度持续增加，水资源和土地的竞争性使用将损害柬埔寨的粮食安全。

但是，需要引起高度重视的是，如果柬埔寨的贸易和投资政策没有严肃考虑粮食安全问题的话，全球对食物（大米）和用于生物质能源生产的工业作物诸如橡胶、木薯、甘蔗的日益增长的需求，可能会将柬埔寨置于非常危险的境地，在长期，村民和 ELCs 在生产水稻和出口工业作物之间使用土地的冲突、目前用于水稻生产的水资源的激烈竞争、当地社区居民失去传统收入来源都将减少家庭的食物消费，进而降低营养摄入。

表 4-10　2004—2009 年稻谷产区的演变和 ELC 土地规模

	2004	2005	2006	2007	2008	2009
播种面积（公顷）	2 374 175	2 443 530	2 541 433	2 585 905	2 615 741	2 719 080
面积增速（%）	2.6	2.9	4	1.7	1.2	4
产量（吨）	4 170 284	5 986 179	6 264 123	6 727 127	7 175 473	7 585 870
产量增速（%）	−11.5	43.5	4.6	7.4	6.7	5.7
过剩（吨）	650 184	2 061 830	2 240 438	2 577 562	3 164 114	3 507 185
大米过剩（吨）	416 118	1 319 571	1 433 880	1 649 640	2 025 033	2 244 598
累计 ELCs（公顷）	583 273	650 316	818 572	847 573	888 509	1 024 639
ELCs 增速（%）	1.1	11.5	25.9	3.5	4.8	15.3
FDI 累计 ELCs（公顷）	73 100	97 480	188 499	217 500	258 436	355 914

来源：MAFF，2010。

7. 结论和建议

农业始终是国民经济的命脉，雇用了大量的农村劳动力并且创造了大量的外汇收入。在柬埔寨第四次立法中，政府聚焦于强力推进农业部门发展，包括降低与农产品相关的税收、发展农村基础设施诸如公路和灌溉。采取了帮助当地社区的新措施，包括清理曾经私有的大鱼塘。在发展伙伴的支持下，政府对农村在水稻种植、水产养殖和牲畜养殖提供技术帮助。政府也修建了灌溉系统，减少了农民对自然降雨的依赖，尤其是水稻种植，使农民更加适应气候变化。

政府也推进了林业改革，通过对特许、林业社区形成和环境保护方面的立法，方便林业和农作物投资。2005 年生效的经济土地特许经营权二级法，有助于将未开垦和/或者不肥沃的土地授予给外国和当地投资者让其进行开发。颁布了卫生与植物检验检疫和动物健康相关的法律，以控制牲畜生产，预防动物损失和疾病。最近，政府通过 MAFF 禁止从邻国进口牲畜以防止猪流感传播。该措施不仅减少了动物流行病传染，同时也让本地生产者更有竞争力。

在贸易方面，建立了农产品进入本地市场和国际市场的市场机制，因为农业部门是柬埔寨经济增长的主要驱动力之一。为了提升农业部门竞争力，在软基础设施方面也有改进，包括法律、繁琐办事程序和做生意的成本。由于柬埔寨电价相比于周边其他国家要高，在能源部门吸引投资也非常重要。

农业投资占总投资的比重仍然较小，2000年至2010年6月这一数字约为6％，尽管这期间来自邻国泰国、中国、越南、朝鲜、新加坡、日本、马来西亚、加拿大、美国、印度、法国、英国和丹麦的投资者对柬埔寨的投资兴趣增加。投资者主要投资于橡胶、木薯、玉米、甘蔗、腰果等农作物和柚木与金合欢树等林木。由于外国经济土地特许经营权项目对社区生计、当地环境质量和国家粮食安全的潜在影响，近年来经济土地特许经营权项目的猛增引起了各利益相关方的担心。

使用CDC和MAFF数据的初步考察表明，FDI项目既有积极影响也有负面影响。一些项目给当地社区创造了大量就业，但其他项目没有。此外，土地冲突非常普遍，因为土地权属系统不健全，在授权经济土地特许经营权项目之前与当地社区的沟通有限。此外，一些项目牵涉到森林清理，这就剥夺了当地社区原来从收集非木材森林产品，诸如松香、藤条、竹子和打猎中获得的收入。一些项目填河也可能导致水资源短缺。总体上，看起来FDI项目的成本超过了收益。

随着人口的增长，土地变得更加有限，粮食安全成为柬埔寨担心的问题。根据CDC投资数据（2000—2009年）和MAFF/ELC投资数据的考察，以及对大量FDI项目的实地考察，作者发现，在短期和中期，尽管传统上存在对泰国和越南的广泛的非正式的出口，柬埔寨也不会面临粮食安全问题。但长期来看，近年经济土地特许经营权项目大量扩张引起的土地使用冲突、水资源短缺和社区居民失去其他收入来源，都可能导致家庭食品消费下降，进而减少营养摄入。风险最大的是自给农户和那些从水稻种植无法获得足够收入的农户，如磅湛省科拉亚（Kraya）公社的农户。

7.1　政策建议

为了确保柬埔寨农业外资的机会可持续和有利于所有利益相关方，政府和利益相关方应该考虑采取以下措施。

7.2　中央和地方政府

在授予经济土地特许经营权之前，要进行环境影响评价，要让利益相关方广发参与，尤其是让那些邻近项目地点的社区的民众参加。随着环评变得更加可信赖和更透明，土地冲突的数量和范围也将会减少。

为了避免土地冲突和重叠的土地主张，MAFF和相关机构应该咨询每个项目的邻近社区，划清经济土地特许经营权的边界。

政府应密切监控 ELC 项目的运营，阻止不合标准的森林清理活动，诸如填埋上游水源和过度砍伐。

中央政府和省政府应该经常与社区和公司进行交流，以提前阻止可能发生的问题。

MAFF 应该定期在其网站或者其他公共媒体上更新 ELC 项目的进度，以确保更加透明和增加可信度。

政府应当在未来 ELC 项目规划中严肃地考虑粮食安全问题，避免用于出口的工业作物和保障国内消费的水稻争地。

在粮食安全上，政府需要审查农业投资的总体政策，尤其是与迅速扩张的 ELC 相关的政策，并确保农业贸易政策不仅仅是为了创汇。

政府必须处理大规模非正式的水稻和其他农作物对邻国的出口。

为了减少土地冲突并确保大规模农业投资的获益，无论是对国内私有或者是外国投资，政府都必须积极而稳妥地推进农村或偏远社区土地确权，由现在那些受项目影响的地区开展确权。

未来的法律法规应该对农村社区的保护施加更大的压力，在项目批准前要实施社会影响评价，这些法规应与投资保护规则相一致。

取消非官方的收费，建立一个数字化的投资和营业执照申请程序至关重要，有助于改善投资环境，这需要一步一步来，或一个部门一个部门的实施。

应当审查争端解决机制，以便在私营公司中建立信任。

相关部委应该建立信息反馈部门，以便在投资者需要时提供清晰的指引和援助。

7.3 私营公司

现存和未来的 ELC 所有者应该更加透明，对邻近的社区和公众更加负责任，为对当地基础设施的发展和维护贡献更多力量。

公司应该通过社区集会等类似方式，与社区维持良好、频繁和直接的交流。

根据蒙多尔奇利（Mondolkiri）的达克拉克（DAK LAK）橡胶种植项目模式，诸如土地争议等冲突的解决应当采取双赢的方式。

公司、ELC 和加工厂尤其应该对项目区域的环境质量和生态系统负更多的责任。

工厂使用的化学物质应该符合环境规定，以便不对人和动物造成损害，不污染周围的水源。

7.4 受影响的社区

社区应该通过社区集会等类似方式，与公司维持良好、频繁和直接的交流。

社区应该更多参与政府和 NGO 提供的涉及他们产权的培训，了解如何解决土地冲突。

社区应该立即向公社和地方政府举报 ELC 公司的任何违规操作，比如填河或者过度伐木。

7.5 非政府组织/民间社会

当地非政府组织应该积极提高公民的权利意识，教会他们如何行使这些权利。

社区非政府组织应密切监控当地社区和 ELC 公司的潜在冲突，并且通知公众。

民间社会团体应该倡导 ELC 公司和地方政府更好地认识社区权利。

▊参考文献

ADB（Asian Development Bank）. 2009. *Cambodia：Agriculture Sector Development Program*. Progress Report on Tranche Release. Manila.

ADB. 2007. *RETA 6091：Capacity Building for Resettlement Risk Management-Cambodia Country Report*. Manila.

ADB. 2003. *Report and Recommendation of the President to the Board of Directors on Proposed Loans and Technical Assistance Grant to the Kingdom of Cambodia for the Agriculture Sector Development Program*. Manila.

Amos，A. 1986. *Prospects and Problems for Foreign Investment in Nigerian Agriculture*. London，UK，Commonwealth Secretariat.

Braun，J. & Meinzen-Dick，R. 2009 *Land-grabbing by investors in developing countries：risks and opportunities*. Policy Brief 13. Washington，DC，International Food Policy Research Institute.

CDC（Council for the Development of Cambodia）. 2010. *Cambodian Investment Board：Projects by Sector Approved*. Phnom Penh.

Clay，J. 2003. *World Agriculture and the Environment：A Commodity-by-Commodity Guide to Impact and Practices*. Washington，DC，Island Press.

Ear，S. 2009. *Sowing and Sewing Growth：The Political Economy of Rice and Garments in Cambodia*.（unpublished）.

FAO. 2011. *National Fishery Sector Overview：Cambodia*. Fishery and Aquaculture Country Profiles. March 2011. Rome.

FAO. 2010. Food and Agriculture Organization's Online Database（available at http：//

faostat. fao. org/site/567/default. aspx♯ancor）．

FAO, ADB & OIE SEAFMD. 2009. *FAO，ADB，OIE SEAFMD Study on Cross-Border Movement and Market Chains of Large Ruminants and pigs in the Greater Mekong Sub-Region.*

IMF（International Monetary Fund）．2009. *Cambodia：2009 Article IV Consultation—Staff Report；Staff Supplement；and Public information Notive on the Executive Booanrd Discussion.* IMF Country Report No. 09/325. Washington，DC.

IMF. 2007. Cambodia：2007 Article IV Consultation—Staff Report；Staff Supplement；and Public Information Notice on the Executive Board Discussion. IMF Country Report No. 07/290. Washington，DC.

GTZ（German Technical Cooperation）．2009. *Foreign Direction Investment in Land in Developing Countries.* Eschborn.

Hansen，K. & Top，N. 2006. *Natural Forest Benefits and Economic Analysis of Natural Forest Conversion in Cambodia.* Phnom Penh，Cambodian Development Resource Institute.

Hem Socheth & Tong Kimsun. 2010. *Maximising Chinese Investment Opportunity in Cambodia's Natural Resources.* Phnom Penh，Cambodian Development Resource Institute.

MAFF（Ministry of Agriculture，Forestry and Fisheries）．2005. *Agricultural Sector Strategic Development Plan，2006-2010.* Phnom Penh.

MAFF. 2007. *Agriculture Statistics 2006-2007.* Phnom Penh.

MAFF. 2008. *Report on the Achievement of the Ministry of Agriculture，Forestry and Fisheries in Implementing the Government's Rectangular Strategy 2004-2007.* Report for National Conference on the Progress of the People over various Achievements of Implementation of the Government's Rectangular Strategy 2004-2007 on 29-31 May-02 June 2008. Phnom Penh.

MAFF. 2009. *Annual Report for Agriculture，Forestry and Fisheries 2008-2009.* Phnom Penh.

MAFF. 2010. *Annual Report for Agriculture，Forestry and Fisheries 2009-2010 and Goals 2010-2011.* Phnom Penh.

Mihalache-O'Keef，A. & Quan Li. 2010. *Modernization vs. Dependency Revisited：Effects of Foreign Direct Investment on Food Security in Less Developing Countries.* Paper for American Political Science Association Meeting 2010. Washington，DC.

MoP（Ministry of Planning）．2010. *National Strategic Development Plan Update 2009-2013.* Phnom Penh.

MoP. 2006. *National Strategic Development Plan 2006-2010.* Phnom Penh.

MRB. 2010. Malaysian Rubber Exchange（available at http：//www3. lgm. gov. my/mre/MonthlyPrices. aspx♯）．

Ngo，S. & Chan，S. 2010. *Does Large Scale Agricultural Investment Benefit the Poor？*

Phnom Penh，Cambodia Economic Association.

Rostow，**W. W.** 1960. *The Stage of Economic Growth*：*A Non-Communist Manifesto* Cambridge，UK，Cambridge University Press.

SOFRECO & CEDAC. 2005. *Study on the Evolution of the Cambodian Rubber Sector*. Draft report. Clichy-Cedex France and Phnom Penh.

Smaller，**C. & Mann**，**H.** 2009. *A Thirst for Distant Lands*：*Foreign Investment in Agricultural Land and Water*. Manitoba，International Institute for Sustainable Development.

Stockbridge，**M.** 2006. *Competitive Commercial Agriculture in Africa*：*Environmental Impacts*. Rome，FAO.

Tasker，**P.** 2003. *A Review of the Current Status of the State Owned Rubber Estates in Cambodia*. Agriculture Sector Development Programme Appraisal. Phnom Penh，ADB.

Todaro，**M. P. & Smith**，**S. C.** 2003. *Economic Development*. Edinburgh，Pearson Education Limited.

UNDP. 2007. *Cambodia's 2007 Trade Integration Strategy*：*Executive Summary and Action Matrix*. Phnom Penh.

Vermeulen，**S. & Cotula**，**L.** 2010. *Making the Most of Agricultural Investment*：*A Survey of Business Models that Provide Opportunities for Smallholders*. London，UK，IIED.

World Bank. 2004a. *Cambodia at the Crossroads*：*Strengthening Accountability to Reduce Poverty*. Phnom Penh.

World Bank. 2004b. *Seizing Global Opportunity*：*Investment Climate Assessment and Reform Strategy for Cambodia*. Phnom Penh.

World Bank. 2006. *Halving Poverty by 2015? Poverty Assessment 2006*. Phnom Penh.

World Bank. 2009. *Sustaining Rapid Growth in a Challenging Environment*. Cambodia Country Economic Memorandum. Phnom Penh.

Yang，**L.** （ed.）2011. *Cambodian PM sacks fishery chiefs in 5 provinces*. Xinhua News Agency（available at http：//news. xinhuanet. com/ english2010/world/2011-07/01/c ＿ 13961037. htm）.

（二）　加纳：加纳农业中的私人投资资金流和商业模式[①]

1. 介绍

本节包括两部分。第一部分分析了外商直接投资（FDI）资金流给加纳经济带来的主要问题和影响。第二部分通过以下案例研究对私人投资者在加纳的两种商业模式进行评估。Integrated Tamale Fruit Company（ITFC）的案例阐述有机芒果生产中私营公司和当地农户之间引入合作的本质和问题，这种合作通过一个通过核心资产和外包种植计划实现。Solar Harvest Ltd（原 Biofuel Africa Ltd）提供了以大型种植园为主体的生产模式范例。

2. 加纳农业中私人投资资金流的分析及其影响

部分研究[②]已为 1970—2003 年加纳经济中 FDI 资金流入趋势提出了一些系统性的观点。但是，2003 年后的可靠信息微乎其微，虽然这段时期，加纳私营公司对投资大片土地从事农业相关活动的兴趣日益增加，而且加纳经济也发生了巨大的转变。

2003—2008 年，加纳的 FDI 资金流入较此前大幅增加，FDI 在 5 年内，从 2003 年的 1.67 亿美元增长到 2008 年的 21 亿美元，见表 4-11 至表 4-13。

在这一势头下，加纳超过了其他几个西非 FDI 目标地区，包括非洲金融共同体（CFA）法郎地区中的塞内加尔和科特迪瓦这两大领先经济体（图 4-4、图 4-5）。而且在 2007—2008 年全球经济衰退对全球 FDI 产生消极影响时，这一势头也没有发生变化。

此外，在 2008 年开展的一项有关加纳的调查中（Aryeetey et al，2009），35％的受访跨国企业表示，宏观经济和政治稳定是影响他们决定是否落户加纳的最重要因素。其他涉及的因素包括市场规模、增长潜力、国家的自然和物质

[①]　本节的分析基于 John Bugri 和 Adama Ekberg Coulibaly 为 FAO 所做的最初研究报告。

[②]　"加纳的外国直接投资流"，Yaw Asante。第 102 页，引自《撒哈拉以南非洲的外国直接投资：来源、目标、影响和潜力》。编辑：S. Ibi Ajayi，非洲经济研究共同体。内罗毕，肯尼亚，2004。

资源等等。

表 4 - 11　加纳投资促进中心（GIPC）注册的 FDI 项目价值和数量

	项目数量	（%）	价值（百万美元）	（%）
农业	78	5	110.7	1.0
建筑	129	8.2	2 221.8	19.8
出口贸易	64	4.1	21.8	0.2
一般贸易	318	20.2	987.7	8.8
公共关系	79	5	10.5	0.1
制造业	401	25.5	7 211.4	64.3
服务业	370	23.5	595.9	5.3
旅游业	136	8.6	52.8	0.5
合计	**1 575**	**100**	**11 213**	**100**

来源：加纳投资促进中心（GIPC）。

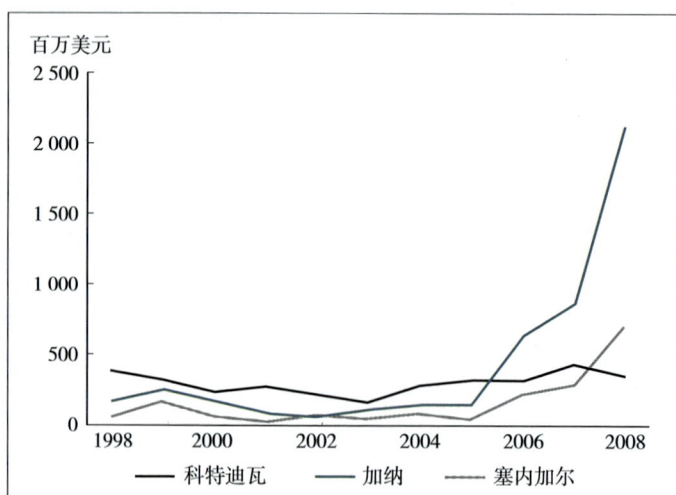

图 4 - 4　1998—2008 年科特迪瓦、加纳和塞内加尔的外商直接投资流量

表 4-12　2003—2009 年加纳各行业年均注册 FDI 项目

行业	项目数	FDI 总额	2003	2004	2005	2006	2007	2008	2009 年 1~6 月
农业	78	110 739 277	7 935 771	5 531 725	2 282 900	6 100 832	30 262 277	55 612 844	3 012 928
建筑	129	2 221 887 925	1 807 617	7 829 047	57 136 311	47 582 520	27 901 785	2 075 645 145	3 985 501
出口贸易	64	21 836 218	1 071 150	266 417	3 277 917	9 283 240	2 018 955	5 828 539	90 000
一般贸易	318	987 732 417	11 420 732	16 065 349	34 271 283	32 758 167	58 823 951	819 877 682	14 515 254
公共关系	79	10 535 285	0	0	0	0	361 200	9 524 085	650 000
制造业	401	7 211 482 509	17 802 82	23 512 748	33 053 721	2 170 553 339	4 754 832 226	191 305 841	20 422 352
服务业	370	595 994 195	44 715 593	74 681 649	33 863 215	42 218 080	48 594 748	286 377 708	65 543 201
旅游业	136	52 821 869	3 891 502	25 846 797	3 274 357	8 970 833	7 245 554	2 657 043	935 782
合计	1 575	11 213 029 696	88 644 646	153 733 732	167 159 704	2 317 467 010	4 930 040 696	3 446 828 888	109 155 019

来源：加纳投资促进中心（GIPC）。

· 215 ·

表4-13　2009年前6个月加纳投资促进中心（GIPC）注册的FDI农业项目

公司名称	营业时间	投资性质（c: 新建 e: 拓展）	地点	地区	海外资本来源	所有权（F: 100%外商投资; JV: 合资企业）	类别（种植业、林业、渔业、畜牧业）	经营活动/目标产品	目标市场（l: 国内; e: 出口）
阿米莎（Ahimsach）公司	27/04/2009	新建	卡达加（Opp. Kaadja）	东部省（ER）	黎巴嫩	F	渔业	渔业（幼鱼、罗非鱼和鲶鱼生产）标准尺寸鱼类生产	国内
棕榈生物（Bionic Palm Limited）公司	2/03/2009	新建	米姆（Mim）	布朗阿哈福省（BR）	英属维京群岛	F	种植业	腰果以及用于出口的高质量农产品的生产和加工	出口
加纳苏门达拉（Sumatra）公司	18/06/2009	新建	阿沙曼（Ashaiman）	阿克拉省（GR）	黎巴嫩	F	渔业	水产养殖	国内
哈斯米（Haeshim）渔业公司	05/01/2009	新建	库西（Kusi）	东部省（ER）	印度尼西亚	JV	渔业	油棕种子的生产和销售，以满足加纳油棕市场的需求	国内
加因（Inga）农业公司	27/02/2009	新建	阿戈戈和韦曼	阿散蒂省（AR）	印度	JV	种植业	大规模商业农场和种植园	出口
马勒卡农场公司（Maleka Farms Limited）	23/02/2009	新建	特马（Tema）	阿克拉省（GR）	韩国	JV	渔业	金枪鱼捕捞	国内/出口
米姆（Mim）腰果和农业公司	22/05/2009	新建	恶该（SEGE）	阿克拉省（GR）	新加坡	F	种植业	一般性种植麻疯树与适当的作物，如玉米、向日葵、黄豆等	出口

（续）

公司名称	营业时间	投资性质（c: 新建 e: 拓展）	地点	地区	海外资本来源	所有权（F: 100% 外商投资; JV: 合资企业）	类别（种植业、渔业、林业、畜牧业）	经营活动/目标产品	目标市场（l: 国内; e: 出口）
新农业服务公司	15/06/2009	新建	拉特比奥科（LATERBIO-RKORSHIE）	阿克拉省（GR）	印度	JV	种植业	向日葵种植	出口
苏拉杰农业公司	08/06/2009	新建	沃尔特（VOLTA）	沃尔特地区（VR）	印度	JV	种植业	一般性种植及出口	出口
特呈同（Triton）水产非洲公司	15/06/2009	新建	特马（Tema）	大阿克拉地区（Gar）	英国	F	渔业	水产养殖	国内

（百万美元）

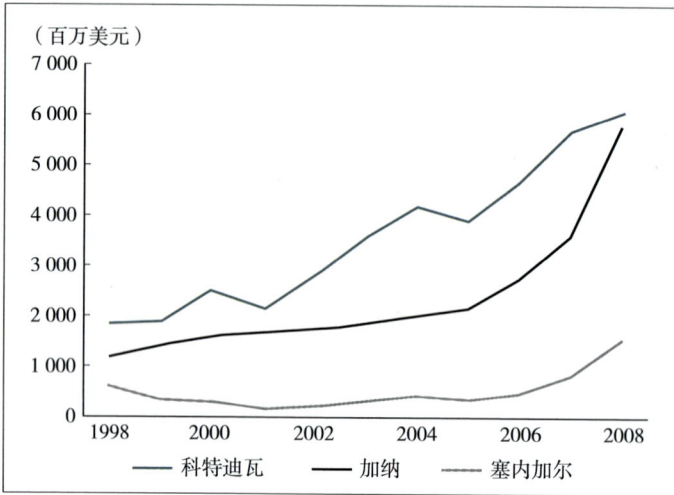

图 4-5　1998—2008 年科特迪瓦、加纳和塞内加尔的外商直接投资存量

表 4-11、表 4-12 和表 4-13 提供了 2003—2009 年在加纳投资促进中心（GIPC）注册的按经济活动分类的 FDI 相关项目总体情况。从表 4-11 可见，该时期内注册投资总值达到 112 亿美元，为 1 575 个项目提供了资金支持。大部分投资资金流入以下行业：制造业、建筑业、一般贸易和服务。农业仅占约 5%，这并不包括食品和饮料、渔业以及其他农业相关行业。

从表 4-13 可以看出，合资企业项目是加纳经济投资类型的主导模式，总值达到 1 亿 4 400 万美元，而 100% 由外商独资的企业总值为 7 150 万美元。

2.1　加纳农业 FDI 来源

加纳 FDI 来自于全世界各个地区的国家。根据可查阅的 1994—2008 年 FDI 数据，加纳 FDI 资金流入约 135 亿美元，其中 3.227 亿美元（24%）投资农业（表 4-14）。在这些流入资金中，法国投入了 5 700 万美元，其次是印度（4 730 万美元）、瑞士（4 640 万美元）、美国（4 430 万美元）、丹麦（2 360 万美元）、比利时（1 980 万美元）、韩国（1 460 万美元）、荷兰（920 万美元）、中国（510 万美元）、英国（410 万美元）和德国（410 万美元）。对加纳投资最多的非洲国家是尼日利亚，虽然该国在农业领域仅投资了 300 万美元，但在一般贸易类别中却投资了 7.95 亿美元，是这一类别中投资最多的国家。尼日利亚在建筑业的投资金额颇为可观，为 1 000 万美元，对加纳制造业的投资额也大体相当。在 1994—2008 年注册的 184 个农业相关项目中，亚洲投资占 37%。例如，2008 年，中国以加纳投资促进中心（GIPC）注册的项目（包含所有行业）总数最多位列投资国首位，其次是印度、黎巴嫩和尼日利亚。

　　加纳各区域和行业间的投资分布并不平衡。各行业所有类型的投资，甚至包括农业，都集中在大阿克拉省（GAR），涉及 1 504 个项目。另一个投资主要接收地区是阿善堤省（AR），注册项目 86 个，接下来是中部省（CR），注册项目 45 个，以及西部省，注册项目 41 个。一些省区项目较少，例如，上东省（1 个项目）和上西省（4 个项目）。

　　表4-14　1994 年 9 月至 2008 年 12 月按国家和经济活动分类的注册项目累计值

单位：百万美元

国家	项目总值	农业	建筑业	出口贸易	一般贸易	公共关系	制造业	服务业	旅游业
英国	4 883.5	4.1	40.4	3.6	12.9	0	4 747.7	67	7
美国	2 507.5	43.3	47.7	0.6	0.9	0	2 240.2	150.9	23.95
阿联酋	2 077.3	0	2 077.3	0	0	0	0		0
尼日利亚	1 120.8	0.03	10.8	0.1	795.2	0.01	10.5	0	0.3
马来西亚	546.3	0	0.3	0	0	0	7.4	538.6	0
中国	237.5	5.1	5.8	1	49.5	0	157.22	13.9	4.9
印度	156.5	47.3	8.7	8.5	44.1	0	33	14	1
黎巴嫩	118.8	0.6	12	0.3	50.8	0	45.7	3.4	6
瑞士	110.4	46.4	2.1	4.2	2.8	0.1	27.6	23.1	4.2
意大利	104.7	0.2	40.7	1.2	1.5	0	58	0.2	2.9
爱尔兰	91.5	0	0	0	0	0	0	91	0.2
法国	83.9	57	1	1	1.5	6.9	8.2	7.6	1.3
荷兰	77.1	9.2	9.4	4.2	4.3	0	8.7	37.2	4.1
韩国	59.0	14.3	8.2	0.03	3	0	9.7	22.7	1.1
南非	58.4	0	2.8	0	9.1	0	3.1	41.9	1.5
开曼群岛	53	0	52	0	0	0	1	0	0
挪威	47.1	1.4	0.3	0	0	0	45	0.3	0.1
毛里求斯	46.6	0	0	0	12	0	3.6	31	0
丹麦	41.6	23.6	1.1	0.1	0.5	0	8.8	7.3	0.2

（续）

国家	项目总值	农业	建筑业	出口贸易	一般贸易	公共关系	制造业	服务业	旅游业
不列颠/印度	40.6	0	0	0	0	0	40.6	0	0
英属维京群岛	40.5	2.4	0.6	0	5.8	0	6.8	25	0.1
加拿大	38.8	0.4	13	0.01	1.5	0	18.5	5.3	0.2
德国	37.6	41	11	0.4	1.2	0.4	12.5	6.4	1.6
非洲	37.3	0	0	0	0	0	0	0	37.3
比利时	34.1	19.8	0.3	0.2	2.2	0	9.6	1.3	0.8
其他	605	43.6	91.5	13.4	104	2.5	171	166.1	13.8
合计	13 255	323	2 437	38	1 103	10	7 674	1 255	113
占比（%）	100	2.4	18.4	0.3	8.3	0.1	57.9	11.8	0.9

2.2　加纳投资制度和监管框架

在经济政策目标方面，加纳力争在 2015 年达到中等收入水平，成为领先的农业国家，在本质上降低贫困和饥饿水平。可持续的经济增长是指由私营部门驱动，创造了有益的投资环境、稳定的宏观经济和市场机制改革。为了实现这一发展战略，加纳努力为国内外私人投资者创造良好的环境，促进私营部门成为经济增长的引擎。虽然没有特别的国内投资法规，但 1994 年《加纳投资促进中心法案》和各行业具体的法律法规均对外商投资作出了相关规定。

国内外的投资者均必须根据 1963 年《公司法案》或 1962 年《伙伴关系法案》注册投资。任何有外商参与的企业均必须在加纳投资促进中心（GIPC）注册，标明活动、投资金额和地区、资金来源及资金计划。注册通常需要 5 个工作日。加纳独资拥有的公司免收注册费，合资企业注册费为 100 美元，外商独资企业[①]注册费为 2 500 美元。注册每两年更新一次，费用为 1 500 美元。外商工作许可申请另外付费。此外，外国投资者必须证明已转移所要求的投资资金，提交意向投资项目信息，包括股权结构、主营业务、雇用情况及环境影响。

然而，值得注意的是，GIPC 法案规定，外商不允许在零售、10 辆以

---

　　①　外商独资贸易公司的申请费用更高（5 000 美元），旅游业也是如此（在 1 000 美元至 10 000 美元间，取决于投资额）。

下车队的出租车和汽车服务业、彩票业以及美容美发业 4 个经济部门投资。除这些行业外，法案规定，合资企业的外国投资者 FDI 最低资本额为 10 000 美元，外商独资项目为 50 000 美元。对于贸易公司，无论部分或全部为外商所有，均要求国外资本最低为 300 000 美元，并至少雇用 10 名加纳人。

矿产、渔业、海洋运输和邮政服务行业以及在加纳股票交易所（GSE）上市的公司应适用特殊规定。当地必须参与矿产和油类项目，并通过政府无偿获取 10% 的企业股份。非加纳人不允许经营小型矿业。根据 2002 年的渔业法案，渔业经营的所有权仅限于加纳公民，但国外公民可持有金枪鱼捕捞渔船最多 50% 的所有权。仅加纳公司可以从事国内航运。此外，任一外国公民所持有的 GSE 上市公司的股份不能超过 10%，每一公司外国所有权份额最多为 75%。2006 年新保险法案生效后，废除设立国外保险分公司。

政府也在其他一些领域对外商和加纳本国人的投资采取了激励措施。出于投资目的而进口的某些机械，可以申请降低进口关税和增值税税率。其退税可用于特定区域的投资。通过加纳投资基金（GIF）下属的指定金融机构，可向投资者提供中长期信贷。

GIPC 法案保障外国投资者"无条件转移"股利或净收益，以及汇走企业出售或清算所得收入。

加纳还批准了同一些国家签署[①]的投资促进和保护协议，还签署和批准了双重征税协定（DTAs）。加纳秉持避免双重征税的理念，使投资人的纳税义务合理化。加纳已经同法国和英国等一些积极参与的国家签署双重征税协定，并已经获得加纳政府批准；同德国签署协定，并同比利时、意大利和前南斯拉夫[②]国家结束了谈判。这些协定被看做是投资法规的补充，用来帮助吸引外国投资。加纳仲裁中心是 1996 年成立的私营机构，为解决纠纷提供了平台，着眼于保护投资者的信心。

加纳也是世界银行多边投资担保局（MIGA）公约的签约国，该公约为非商业风险提供担保。加纳还是国际投资争端解决中心（ICSID）的成员国。

2.2.1　同 FDI 相关的加纳自由区方案

1995 年 9 月，在颁布了加纳自由区法案后，加纳成立了自由区委员会

---

① 已签署和批准同以下国家的协议：中国、丹麦、德国、马来西亚、荷兰、瑞士和英国。同以下国家的协议已经签署，但尚未获批：贝宁、布基纳法索、科特迪瓦、古巴、埃及、法国、几内亚、印度、毛里塔尼亚、南非、美国、前南斯拉夫和赞比亚。

② 参见行业描述——农业 & 农产品加工业。来源：GIPC，2009。

（加纳自由贸易区委员会，GFZB）并确立了国家的自由区方案，旨在加速开发国家出口总体潜力。该法案为在自由区内运营的公司提供了下列大范围的激励措施：

(1) 自由区所有进出口产品免收直接和间接税。

(2) 自由区开发商免收 10 年所得或利润税。

(3) 10 年免税期后，所得税税率不超过 8%。

(4) 自由区投资所产生的股息免预扣所得税。

(5) 外国投资者和雇员免于双重征税[①]。

(6) 外国投资者在自由区内的任一家企业都可持有 10% 的股份。

(7) 在利润转移回国和防止资产无故国有化等方面有多种保障措施。与此相关，在股息或净利润、支付国外贷款服务、支付技术转让协议费用、自由区投资股权出售所得收入等转移回国方面无条件或限制。

但是，想在加纳自由区建立企业的投资者需要取得经营的各种执照和许可。关于外国直接投资者申请自由区经营活动的详细规定，包括一般要求，可以在 GFZB 的网站上找到。

GIPC 和自由区同样有权吸引外国投资者，为矿业和石油以外的所有经济[②]部门投资提供鼓励、促进和便利。GIPC 隶属于总统办公室，为外国投资公司颁发执照，GFZB 隶属于加纳贸易工业部（GMTI），除海外投资者外，还可以为承担出口占加纳出口总额 70% 的当地公司颁发执照。由此可见，GFZB 在协助和管理全国各地所建立的出口加工区（EPZs）方面已见成效，并应得到支持。

一经 GFZB 批准，自由区集团和企业可以在全国的任何地方选址。在这些地区，出口加工区为包括首要用于出口的当地和进口原材料及中间材料加工成最终产品在内的制造业提供建筑和服务。一定比例的此类产品将依照正常税率最终供应国内市场。因此，出口加工区在物质上和/或管理上不受关税壁垒约束，主要是满足出口需求。建设出口加工区设施是吸引投资者的窗口和便利条件。加纳自由区委员会还要求自由区企业提供不动产所有权或租赁证明，或在签发自由区企业执照[③]以前获取此类资产。由于在加纳特别是对穷人来说获取土地具有较大困难，这也影响了加纳的土地价格。

2.2.2 土地委员会和 FDI 相关土地问题

在加纳，解决土地使用权无保障问题仍为首要任务，这将有助于吸引外国

[①] 加纳目前已经批准了同法国和荷兰的双重征税协议。

[②] 参见 www.gipcghana.com 和 www.gfzb.com.gh。

[③] 参见自由区发展项目和企业建立程序。来源：加纳自由区委员会，2009。

投资者，并满足为之提供更加安全的环境的要求。很多观察家认为，土地征用、所有权和土地关系管理仍是加纳沿发展方案轨迹前进时面临的最大挑战之一。这主要是因为支撑加纳土地使用权体系的是两个截然不同的法律和实践支柱。据估计，约80%的加纳土地掌握在传统当局手中，用于住宅或其他经济活动[①]。要获得这些土地资源，投资者必须遵从可追溯至旧加纳王朝时期的传统政权有关条款。事实上，加纳长期存在一个复杂的传统政权管理着部落土地的分配，这类土地在南部统指"凳子土地"，在北部统指"皮肤土地"。该制度起源于几个世纪的口头传统和实践，因地理位置、酋长或直系继承体系不同而变化。

除了这一传统体系，还有加纳政府的法定制度（GoG）。该制度于1992年被编入宪法，由土地所有权和使用权相关的一整套法律制度加以支撑。在此法律制度中，宪法266条款规定，外国人不能在加纳拥有土地。但是，他们可以租赁住宅、商业、工业和农业用地，可续约期限不超过50年。这一公共体系的主导地位，其所属法规和国家政府法规的不完美匹配，加之两大自主土地管理制度之间缺乏配合，导致加纳土地纠纷猖獗，保护土地农业用途的过程变得漫长和复杂。对同一财产，多方宣称其具有所有权的现象已经司空见惯，而非特例。例如，2004年7月，约有66 000件土地纠纷需加纳法庭处理，主要因为传统当局无法确定潜在投资者之间的土地边界，因此建议有必要更好地理解土地类财产注册方式，特别是涉及外国投资者时。

2.2.3　通过法律手段在加纳收购土地

宪法为公共土地（即"为全民利益、授予总统行使权力[②]的土地"）和凳子土地（即"按照习惯法律和使用，为凳子主体利益授予适当的凳子行使权力的土地"[③]）提供专门的依据。因此，与宪法相一致，土地相关责任的管理由土地委员会和凳子土地管理办公室分别承担如下。

土地委员会主要负责公共土地的管理，在开发政策基础上协调国家和传统当局之间的关系，开发和管理加纳全国的综合土地权注册体系。凳子土地管理办公室的职责是为每一个凳子建立凳子土地账户，用来保存该凳子名下所有土地收入，有效地收集和支出这些收入，确保这些凳子土地的安排同国家和地区政府计划项目相一致。在扣除10%的总收入用于支付办公室行政支出后，凳

---

① Antwi，YawAdarwah，"加强传统土地管理"，（英国）国际开发署（DFID）/世界银行资助项目，在第五届FIG区域会议上发布，2006年3月8～11日。

② 《1992加纳共和国宪法》第21章（土地和自然资源），257条款（1）。

③ 267条款（1）。

子土地获取的收入按如下比例分配：25％通过传统当局交给部落以维持部落现状；20％交给传统当局；55％交给凳子土地所在地区管理机构管辖范围内的地区讲习会。在此规定下，土地的传统持有者最终仅获得租赁总收入的 40.5％，国家通过凳子土地管理办公室和地区讲习会获得总收入的 59.5％。这种分配方式极好地解释了传统政权管理的平行和无条文体系的发展，在此体系下他们能够获取到的第三方租赁所产生的价值转移份额要多得多。

2.2.4 在加纳传统政权下收购土地

在加纳，得到认可的传统土地所有权有三种类型：①完全私有或永久产权，由部落集体拥有；②使用权，由部落内个人或部分人拥有；③混合类型租赁权，包括分配给部落成员或者外国人的租赁权。

不同于 1992 年宪法和土地权正式登记相关法律中包含的土地转让和租赁的明确条款，国王和最高酋长们分配手中管理的土地的原则是基于口头传统沿袭下来的习惯性经验，并随着国家内部落和地点而有所变化（表 4 -15）。虽然这种方法随着时间的推移自身也在发生变化，由此有着较高的纠纷倾向，但这些原则显而易见囊括了非常丰富的情况，遵从者们对其有一致的理解。

表 4-15 加纳各种作物的土地租赁期

产品	租赁期限（年）
树木类作物（柑橘、可可、菠萝）	50
主食类（木薯、稻米、可可、甘薯）	10
畜牧	25
小型反刍动物	17

来源：USAID 加纳，2009 年 11 月，第 64 页。

政府通过 2008 年 9 月实施的土地委员会法案来解决这一纷繁复杂的情况，以此将管理和控制国家土地的各类公共机构的现有法律修订和统一成一套立法体系。该法案旨在为土地管理创建"一站式服务"，改善包括以下涉及财产登记在内的一长串执行机构的服务。

尽管目前处理土地相关问题的机构多如牛毛，但加纳还没有找到一套安全透明的方式来成功地简化获得土地的流程。大多数土地交易，特别是在农业领域，涉及长短不一的凳子土地或皮肤土地租约，牵扯到众多业主的许多协议，而有些业主的信誉并不可靠。协议较多的另一个原因是加纳大多数的农业租用土地仅为 3 英亩或者更少，某个特定酋长掌管的可用土地有限。以黄金植物 "Golden Exotics" 项目为例，该项目涉及 875 英亩菠萝和 2 050 英亩香蕉，土地征用过程中公司签署了"成百上千"份土地租约。这表明有必要继续支持诸如 2003 年加纳土地管理项目（GLAP）和加纳土地银行（GLB）项目此类的计划/项目，这些项目旨在加强国家土地管理，简化当前土地权登记过程中的繁琐步骤。

2.2.5 评估加纳整体商业氛围

最近的一些研究已经广泛探讨[①]了此前描述的商业框架，对加纳经济总体，特别是农业领域的运营方式提出了详尽的分析。下文将以表格的形式展示加纳[②]及其相关国家的数据摘要（表 4 - 16）。可以看到，2010 年，加纳在财产注册、投资者保护和执行合同法方面，在全球范围内表现都相当出色。除此之外，在吸引 FDI 的其他关键因素方面，加纳还有很长一段路要走，目前该国全球评级低于建议投资。值得注意的是，同年也是第一次，一个撒哈拉沙漠以南非洲国家——卢旺达，根据 2008 年 6 月至 2009 年 5 月期间实施的改革数量和影响，名列全球改革国家第一位。因此，像加纳、科特迪瓦、塞内加尔这样资源丰富的西非国家没有理由不表现得更为出色，跻身全球改革国家前 10～20 位。例如[③]，一家卢旺达企业仅需两个程序和三天就可以开始营业。该国的进出口体系被认为是全球最有效率的体系之一，由于认可的登记和法定的时间限制，资产转移仅需较短时间。在这个国家，投资者获得了更多的保护，破产重组得以简化，而且各种各样的资产可以作为抵押获得贷款。

表 4 - 16　2010 年加纳和某些 FDI 目的地营商竞争对手的环境排名

	塞内加尔	科特迪瓦	尼日利亚	加纳
总体业务经营（调查 183 个经济体）	157	168	125	92
开办企业	102	172	108	135
办理建筑许可证	124	167	162	153

---

① 参见《在加纳做生意 2010》。世界银行的做生意项目客观衡量地方和区域层面的 183 个经济体和城市的商务法规和执行。

② 该表格列出了加纳所有的"营商环境"（在 183 个经济体中）的各项排名。加纳营商环境基准信息同区域和高收入经济体（OECD）平均水平的审议中，每一项中的关键指标的详细总结表格也可获取。

③ 《在卢旺达做生意 2010》，www.worldbank.org 或 www.ifc.org。

（续）

	塞内加尔	科特迪瓦	尼日利亚	加纳
雇佣员工	172	129	37	133
登记财产	166	145	178	33
获得信贷	150	150	87	113
保护投资者	165	154	57	41
纳税	172	152	132	79
跨国境贸易	57	160	146	83
执行合同法	151	127	94	47
关闭企业	80	71	94	106

来源：www. worldbank. org. doing business 2010 report。

注意：由于方法的调整以及新增两个国家，2009 年的营商环境排名已经重新计算。

3. FDI 对加纳农业的影响

2000—2008 年，加纳年均结构性贸易逆差达 21 亿美元，这使得该国调动其他经济领域获取出口收入的重要性尤为突出。虽然传统上，加纳依靠有限的几种出口产品，像可可、矿产和木材①来获取出口收入从而改善贸易平衡。但过去 10 年里，该国已经在吸引 FDI 支持非传统产品（近几年来 FDI 主要涉及的经济领域之一）的生产和出口方面取得了重大进展（图 4 - 6）。非传统农产品，如水果②、蔬菜、鱼类、海产品和其他产品等等的出口情况，见表 4 - 17。

表 4 - 17　2007—2008 年主要非传统农产品出口数量和金额

	数量（吨）			金额（千美元）		
	2007	2008	变化（%）	2007	2008	变化（%）
根茎类/大蕉						

---

① 分别占 2008 年出口总收入的 26.3%、43.3% 和 6%。

② 主要的非传统农业出口产品包括根茎类、谷物、水果、蔬菜、鱼类/水产品及其他。

（续）

	数量（吨）			金额（千美元）		
	2007	2008	变化（%）	2007	2008	变化（%）
甘薯	19 716	20 842	5.71	14 551	14 889	2.31
芋头	234	273	16.53	114	212	8.47
大蕉	230	312	36.28	103	202	97
粮食类						
玉米种子和玉米	367	1 097	199.81	106	102	−3.7
稻米	6 109	744	−87.83	1 256	256	−79.6
小米	3	0	−88.37	1	0	−70.87
高粱	1	1	42.25	0	1	105
水果						
菠萝	40 456	35 134	−13.15	13 475	11 842	−12.11
香蕉	52 069	69 773	34	9 965	12 717	27.61
杧果	824	858	4.1	998	522	−47.72
番木瓜	1 194	968	−18.93	1 020	334	−67.21
柑橘	3 674	10 991	199.18	333	1 647	394.5
柠檬	0	18	5 903.3	2	53	2 530.2
蔬菜						
干辣椒	1 578	1 533	−3	539	627	16.3
菠菜	66	89	36.26	50	65	30.67
茄子	92	249	169.18	34	128	276.37
洋葱	6 636	1 918	−71.09	112	227	102.58
鱼类/海产品						
金枪鱼	45 119	26 816	−40	539	627	16.3
冷冻鱼	66	89	36.26	50	65	30.67
干/熏/腌鱼	6 636	1 918	−71.09	1 144	410	−64.2
其他						
棉花籽	5 337	3 711	−30.47	3 010	1 624	−46
乳木果	57 166	55 489	−2.93	27 009	24 940	−7.7
罗布斯塔种咖啡	1 464	2 023	38.22	1 800	3 070	69.77
可乐果	6 753	4 966	−26.47	12 957	976	−24.69
腰果	23 616	81 190	243.79	10 779	20 426	89.47
棕榈坚果	1 684	3 563	111.62	297	1 044	251.52

来源：加纳出口促进委员会，加纳经济现状。

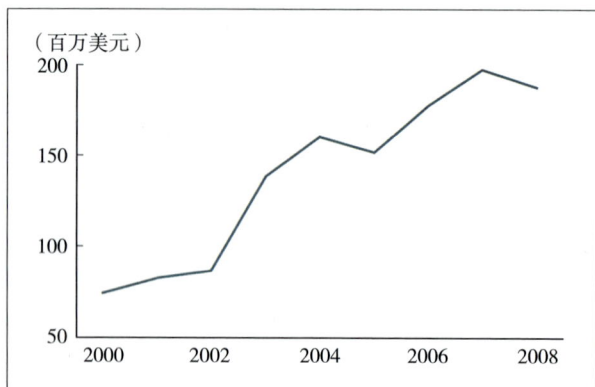

（百万美元）

图 4-6　2000—2008 年加纳非传统出口产品（NTE）出口创收趋势

来源：加纳出口促进委员会，加纳经济现状。第 126 页，ISSER，加纳。

　　FDI 对加纳出口创收产生重要影响的另一个关键因素是加纳自由区项目（GFZP）。可以注意到（表 4-18），1998—2008 年，自由区企业出口创收年均增长 36%，达到 13 亿 500 万美元。此外，该项目还每年帮助政府减少 780 万美元左右的财政赤字。

　　此外，还可以在加纳经济的其他子部门中感受到 FDI 的影响，特别是农业和粮食安全。据 GIPC 称，2001 年 1 月至 2008 年 12 月间，FDI 为加纳人和外国人分别创造了约 263 798 个和 7 889 个就业岗位。虽然相对其他经济部门，农业获得的投资数额较少，但却创造了许多的工作岗位。因此，仅农业部门估计就创造了 184 296 个工作岗位，再一次凸显了 FDI 通过劳动密集型农业相关活动在缓解农村地区贫困中起到的重要作用。

　　FDI 流入加纳提升了农产品生产、众多现成食品和经济类农产品的质量，以及某些阶层的购买力，他们现在处境更好，对本国所产农产品的需求增加。所有这些都表明，该国粮食安全状况有所改善。事实证明，加纳是预计到 2015 年消除贫困和饥饿实现千年目标的少数几个非洲国家之一。

　　下一部分将评估对比私人投资者在加纳所采用的两种商业模式，评估基于以下的案例分析：①塔马利综合水果公司（Integrated Tamale Fruit Company）（ITFC）的案例阐述有机杧果生产中，通过一个核心资产和外包种植计划在私营公司和当地农户之间引入合作的本质和问题。②阳光收获公司（Solar Harvest Ltd）（原非洲生物燃料公司）提供了以大型种植园为主体的生产模式的范本。

4. 农业投资商业模式和影响——论据来自案例分析

　　本部分将通过以下案例分析调查私人投资者在加纳采用的两种商业模式的

表 4 - 18 1996—2008 年加纳自由区项目影响选定指标

计划/年	1996/97	1998	1999	2000	2001	2002	2003	2004	2005	2006	2007	2008
注册公司（数量）	14	15	12	10	11	25	37	23	26	30	30	26
存在公司总数		20	28	36	42	54	77	94	116	145	176	202
投资资本（百万美元）	—	117	81	44	164	42	161	131	186	152	166	1 632
累计投资	—	117	198	242	405	447	607	739	924	1 076	1 242	2 874
员工总数（人）	3 483	3 968	5 523	6 895	7 745	9 459	14 071	23 928	28 334	25 820	28 875	28 559
——本国	—	3 672	5 405	6 797	7 350	9 329	13 855	23 663	27 973	25 403	28 246	27 671
——侨民	—	296	118	98	95	130	216	265	361	370	634	924
每年数字	3 483	485	1 555	1 372	850	1 714	4 612	9 857	4 406	(2 514)	3 055	(316)
产值（百万美元）	1	158	167	134	104	222	287	349	603	507	2 128	1 065
累计产值（百万美元）	1	160	327	461	565	788	1 074	1 423	2 026	2 532	4 660	5 725
出口（百万美元）	—	145	184	165	291	174	414	627	510	523	1 206	1 305
累计出口（百万美元）	—	145	329	495	786	960	1 374	2 001	2 511	3 034	4 240	5 545
当地销售税（百万美元）	—	—	1	2	2	3	3	3	4	4	54	4
累计税（百万美元）	—	—	1	2	4	7	10	13	17	21	75	79
工资（百万美元）	11	11	8	7	10	15	17	29	49	52	71	86
累计工资（百万美元）	11	22	30	37	47	61	78	107	155	207	278	365

来源：加纳自由区管理委员会。

关键因素和影响。案例一：Integrated Tamale Fruit Company（ITFC）的案例阐述有机杧果生产中，通过一个核心资产和外包种植计划在私营公司和当地农户之间引入合作的本质和问题。案例二：Solar Harvest Ltd（原 Biofuel Africa Ltd）提供了以大型种植园为主体的生产模式的范本。

4.1　塔马利综合水果公司（Integrated Tamale Fruit Company）

4.1.1　概述

Integrated Tamale Fruit Company 是一家总部在古西（Gushie）的加纳公司，在北部地区博尔加坦加（Bolgatanga）公路塔马利（Tamale）以北 45 公里处。公司成立于 1999 年，主营业务是种植和销售有机认证的鲜杧果。业务主要包括一个育种园、一个 155 公顷的核心庄园农场、一套外包种植户计划和包括干燥设备在内的加工设施。公司的主要目标是出口市场占 80%～90%，当地市场占 10%～20%。主要出口目的地为英国、荷兰和法国。

公司有来自荷兰和加纳全部为私营公司的资本。ITFC 最大股东是 Wienco 加纳有限公司，持股 50%，该公司是领先的加纳-荷兰肥料和农用化学品生产商。Wienco（加纳）有限公司成立于 1979 年。除其他业务外，该公司将有机投入品输送给 ITFC[①]。ITFC 的第二大股东是一家荷兰公司库尔马（Comma），持股 30%。其他股东包括 Tamale 投资（Tamale 地区投资者集合）持股 5%，非洲老虎共同（Tiger Mutual）基金（一家加纳投资公司）持股 5%，以及 Alhaji（Nanton 酋长）持股 10%。

该公司得到了所在地区的大力支持，并在全国享有良好声誉。营业之初，ITFC 同总部在英国的土壤协会合作，并为生产的杧果取得了有机认证。土壤协会是英国领先的有机食物和种植的认证机构和活动组织。Integrated Tamale Fruit Company 还取得了全球良好农业规范（GLOBALGAP）认证；全球良好农业规范旨在为全球良好农业操作开发广为接受的标准和程序。

4.1.2　育种

育种园位于萨韦卢古/那那通区的迪亚配（Dipale）山谷，具备每年培育 347 648 株种苗的能力。这些种苗能够抵御撒哈拉以南非洲的恶劣环境。育种园有三个黑色尼龙遮阳网，能够保护种苗免受 60% 的太阳光线。在遮阳网下有 16 块地，每一块地有 21 728 株种苗。育种园使用滴灌为植物供水，水源是白沃尔特河（水资源委员会许可），以及公司私有井。

育种园目前主要培育肯特和凯特品种，但如需要，也有能力培育其他品种。Integrated Tamale Fruit Company 专辟一块种植园实验种植技术，以求进

---

① www.wienco.com。

一步改进现有方法。目前，实验主要涉及种植介质和种植密度方面，同时也在推进本地树种的繁育。

育种园由一名经理和助手领导，员工均经过国际育种专家培训，并以所掌握的最先进的杧果嫁接技术为傲。

4.1.3　核心农场

同育种园一样，核心农场也位于萨韦卢古/那那通区的迪亚配（Dipale）山谷。该地区气候适宜种植杧果。在同酋长和受影响的土地使用者或拥有者进行了长时间的谈判后，核心农场征用了155公顷（约383英亩）的土地。土地于2000年正式移交给ITFC。然而，笔者在塔马利（Tamale）土地委员会查询土地移交文件时却发现无法追溯到这些文件。除了155公顷用于杧果以外，另有20公顷土地用于麻疯树。杧果种植园等分成16块，种植肯特、凯特、艾米丽和齐莱品种的杧果。

为了达到有机标准，农场使用了一套病虫害综合防治系统和有机疾病控制方案。还应用了一套内部控制系统监控农场的所有活动，以确保有机杧果的最佳品质和延续有机认证资质。一套微灌系统正在运转，这意味着一株植物配有一个喷头。这套系统可以使每株植物获取到所需的水量，所用水抽取自经加纳水资源委员会许可的白沃尔特河。在流到喷头前，水会流经一套过滤系统。公司聘请了有必备经验的高素质人员管理种植园，并从周围部落寻找农场工人。核心农场的员工约有85人，主要是工人。

4.1.4　外包种植方案

塔马利综合水果公司（Integrated Tamale Fruit Company）自2000年开始就同核心农场周围部落的农户合作，而且外包种植方案的设立和扩展取得了相当的发展协助。在最初阶段，一家在荷兰的非政府组织通过贷款的形式为IT-FC提供部分资助，贷款主要用于155公顷核心农场以及外包种植户所用的50公顷的种植和灌溉。从设立之初，ITFC就以稳健的步伐不断扩张经营。2004年，在荷兰非政府组织天主教救援和发展组织（Cordaid）的协助下，公司迎来了另外400名外包种植户，并开始为该地区的其他农林业发展项目提供咨询服务。2005年，联合国开发计划署（UNDP）资助了另外100名外包种植户，非洲发展基金资助了额外的200名。这些资助包括育种费用和教材出版成本。食品与农业部，通过世界银行的支持，也通过部分资助育种和一套办公设施的方式为外包种植方案提供协助。总体上，公司目前有1 200名外包种植户，由有机杧果外包种植户协会（OMOA）组织。所有注册的外包种植户都成为OMOA会员。ITFC总经理助理表示，"近来有155名外包种植户的名字从协会成员名单中被除掉，因为他们一再地允许丛林火灾烧毁他们的农场。"目前为止的 1 200 名外包种植户是 2007 年设定的 2 000 名外包种植户目标的 60%。公司在增加外包种植户方面正面临着诸多挑战，总经理助理无法说出在未来什么时候 2 000 名外包种植户的目标可以全部实现。每名外包种植户种植 1 英亩杜果，总计约 1 200 英亩（486 公顷），每英亩约 100 株杜果。

OMOA 的宗旨如其章程中所写："以改善成员总体收入能力和福祉为目的，控制和管理成员……事务"。OMOA 的具体目标是：①培养会员间的友谊和团结；②维护会员同 ITFC 之间的长期和谐关系；③确保会员所生产产品居于最有利的营销体系，为此 OMOA 将同 ITFC 谈判并维持有竞争力的价格；④促进和保护会员的福利和利益；⑤有完整的权力来运作所有为实现机构章程的任一或全部目标所必需或对之有利的事情；⑥遵循土壤协会制定的有机标准；⑦最大限度地扩张和发展协会。

协会由一个执行委员会（EC）管理，委员会包括一名选举出的主席、副主席、秘书、助理秘书和出纳。EC 的其他成员包括 ITFC 任命的两名代表及 Diare East、Diare West、Pong-Tamale、Savelugu、Kumbungu、Karaga、Janga 和 Gushie 等地区各自一名代表。根据 OMOA 章程规定，EC 的功能如下：

①随时记录协会账户的收入和支出，每一财年结束后，将其提交审计。

②年度大会上，公布协会活动年度报告。

③在认为有必要时，召开各类协会会议。

④保障和保护协会成员的利益发展。

⑤在产品收获和包装期间实施质量控制监管系统。

⑥确保所有成员严格执行全球良好农业规范制度和规定。

⑦确保严格执行英国土壤协会有机标准方面的规定。

遗憾的是，OMOA 章程既没有提出成员如何向协会表达不满以引起协会重视，也没有提出协会如何处理对 ITFC 管理的不满之情。这在很大程度上可能制约了 OMOA 在行使职责时所发出的呼声。

据企业称，选择外包种植户的想法是在认识到征用如此规模的土地所带来的挑战和成本后激发出来的。在这些地区，土地按照传统使用权持有。征用 2 000 英亩土地将要同许多个人和家庭户主，甚至可能同多个部落酋长交涉。外包种植方案被认为是在不需要征用额外土地前提下确保更大生产能力的一种方式。但值得注意的是，外包种植方案的另一个动机来自发展机构和非政府组织在开发外包种植户有机杜果生产能力方面提供的支持。

外包种植户能够得到用于购买农业投入品的长期无息贷款，这些投入品仅可用于种植 1 英亩的有机杜果。农户有责任为自家农场提供包括锄土、建篱笆、除草和浇水在内的劳力。ITFC 提供病虫害防控、修剪树木和供水等有机杧果种植方面的技术支持。一旦树木成熟开始结果（种植后 3～4 年），ITFC 为农户提供水果收获和运输至堆栈加工方面的技术协助。

为了实施这个方案，ITFC 同农户签订了契约协议。同意作为外包种植户将自己的传统土地用于有机杧果种植的均是小农户。购买农用投入品的成本作为借方款项计入个人账户，从种植后第 5 年开始每年偿还。每个农户必须提供一袋玉米作为注册费和象征性承诺，支付其有机杧果销售收入的 30% 用作偿还总债务。农户以组为单位进行组织，ITFC 为每 400 户农户提供一名助理经理，为每 40 户农户提供一名田间助理。助理经理和田间助理向农户提供种植有机杧果所必要的技术支持。监督外包种植户的工人约有 70 人。在雨季，ITFC 鼓励农户套种花生，不仅作为覆盖作物利于田间卫生和固氮，也可使农户多些中期收入。还有很重要的一点是，套种杧果和花生能够减少树木作物种植所带来的粮食安全威胁。

ITFC 同个体外包种植户签订的契约式协议性质如下：

（1）外包种植户需要拿出一袋玉米（价值约 15 美金）作为开始同 ITFC 共同工作的承诺费。

（2）ITFC 为外包种植户提供零利率贷款。这并不是现金贷款，而是以农用投入品的形式，如肥料、田地浇水用水箱、种苗和技术支持等形式交给种植户。

（3）ITFC 协助农户取得执照和认证，这些是有机出口市场要求的必备条件。经过讨论，主要认证组织之一是位于英国的土壤协会。

（4）外包种植户在 4 年的宽限期后开始等值偿还借贷的投入品。这意味着外包种植户仅需要在第 5 年开始偿还贷款（杧果树需要 3～4 年成熟并开始挂果）。

（5）从第 5 年开始，外包种植户将销售收入的 30% 支付给 ITFC 直至贷款清偿完毕。外包种植户预计支付与贷款美元金额相等的加纳赛地。

（6）在外包种植户还清贷款前，所有的杧果必须通过 ITFC 销售。在还清贷款后，他们可以自由选择卖给 ITFC 或是其他采购商。

（7）针对合同产生的任何争端，双方应通过当地部落内设立的传统仲裁机构解决。如仲裁失败，OMOA 将任命 3 位长者委员会在 14 天内提出书面建议。此建议具有约束力；如双方仍不接受，将去法庭解决。但是总经理助理确认在 OMOA 和管理机构之间尚没有任何冲突需要以上提及的争端解决机制来处理。

外包种植户应承担的初始成本约 2 236 美元（包括弯刀、肥料、农场浇水用水箱和种苗等农业投入品）。这个初始成本支出包括从投资酝酿期开始直至收回成本期间的成本支出。杧果树挂果需要 3～4 年的时间，每年运营成本约944 美元，主要是技术协助。这些成本，不包括劳动力成本，由 ITFC 在最初5 年提供资金支持。杧果销售在第 3 年开始，约为 150 美元，到第 10 年提高至约 3 000 美元（表 4 - 19）。注意美元的现金流计划可以避免随时间推移而产生的通货膨胀趋势。规划基于一种保守预测，那就是在不同的年份仅收获预期产量的 50%。同时预计 40% 的产量用于出口、40% 销给当地加工者、20% 在当地市场销售。ITFC 的信贷总额约为 6 956 美元（即初始成本加上 5 年的运营成本），估计单一农户会在第 14 年底偿还完毕。此后，单一农户有望每年赚取约 2 000 美元的利润。在偿清贷款后杧果农场的收入流同自给自足农业相比，有了显著增长。在塔马利（Tamale）地区，大多数非外包种植户的小农户每年平均农场收入为 300 美元。这表明，14 年后，外包种植户每年 2 000 美元的预期收入极有可能使其处于比其他农户或劳动力更为有利的位置。但这一回报只有在执行方案 14 年后才能完全得到——这是一个漫长的等待，充满了生产和总体经济不确定性的相关风险。

表 4 - 19　ITFC 外包种植户现金流规划

单位：美元

年份	0	1	2	3	4	5	6	7	8	9	10	20
开支	2 236	944	944	944	944	944	944	944	944	944	944	944
直接出口	—	—	—	85	283	453	623	907	1 190	1 417	1 700	1 700
销售给当地加工者	—	—	—	55	182	291	401	583	765	911	1 093	1 093
当地市场销售	—	—	—	12	40	65	89	130	170	202	243	243
销售总额	—	—	—	152	506	810	1 113	1 619	2 126	2 530	3 036	3 036
贷款总额	2 236	3 165	4 110	5 054	5 998	6 791	6 548	6 214	5 728	5 090	4 331	
贷款偿还	15	—	—	—	152	243	334	486	638	759	911	
现金流	(15)	—	—	152	354	567	(165)	189	544	827	1 181	2 092

　　总经理助理透露说，一般而言，外包种植户都会遵守对 ITFC 的信贷义务，有些外包种植户甚至有意支付 ITFC 超过 30% 的杧果销售额，希望能够比计划提前偿清贷款。因为仅有 50% 的预期产量计算在现金流估算中，所以这倒并不令人惊讶。但是，据说每年将销售额的 30% 用作偿还贷款的协议被严

格执行。

一位 66 岁的外包种植户给予了以下的评价，这也代表了本次研究所采访的外包种植户们的总体态度。

"ITFC 来到部落帮助我们种植杧果。他们的目的是改善和提高我们的产量同时为我们的产品提供一个稳定的市场。公司的运作使我们受益颇多。公司兴建了教学用房，提供了健康教育。我们按组工作，使用水管给杧果种苗浇水。此外，公司还承诺给我们提供电力，虽然目前我们还没有得到。"

但是，外包种植户们也对公司拖延支付杧果货款表达了担心。一位农户说，"卖给公司的产品要 3～4 周后才付款，如果农户需要现金来应对突发情况的话，这毫无帮助。"

影响外包种植户方案可持续性的主要风险是产品可能会分流到其他市场资源中，尤其是在企业拖延付款时。换句话说，也存在一名出口商上门为外包种植户的杧果支付现金的可能性。这会潜在威胁 ITFC 的出口量，相应地，影响其对市场的掌控。外包种植户在偿还贷款后，产品分流到其他采购商也会影响商业模式的可持续性。公司认为这确实是一大挑战，因为他们从农户手中收集水果后先支付 20%，只有等到 ITFC 卖掉产品后才支付剩余的 80%。

影响外包种植户方案可持续性的另一个因素是外包种植户生产能力较低。研究发现，ITFC 不得不从布基纳法索购买杧果来增加当地供应。尽管 ITFC 和外包种植户之间的协议允许 ITFC 扣除销售收入的 30%，外包种植户在杧果出售和债务还清前不得不生产杧果。因此，生产力低下将对贷款偿还产生负面影响。例如，一名 39 岁的男性外包种植户抱怨说，因为公司没有履行 OMOA 合同内所有责任而影响了生产，另一位 43 岁女性外包种植户感叹，由于没有按照合同条款规定的那样得到用水供应，对杧果树的生长产生了消极影响。这些抱怨表明，当地外包种植户的生产力低下是由于 ITFC 没有履行全部合同义务造成的，因此一些外包种植户无力偿还债务，至少无法按期偿还。

综上所述，ITFC 的商业模式见表 4 - 20。

表 4 - 20　ITFC 商业模式的关键因素

所有权	ITFC 是一种当地公司和外国公司的伙伴关系。虽然无法在地区土地委员会追溯到 ITFC 核心农场文件，但核心农场受公司掌控。外包种植户在自己享有传统所有权的土地上经营
声音	有机杧果承包协会（OMOA）的成立使外包种植户有了统一的声音。尚不清楚外包种植户通过何种正式程序表达不满从而引起公司重视

（续）

风险	公司和外包种植户都在承受着与天气和缺乏可持续用水供应相关的风险，OMOA 同时还抱怨水价高昂。ITFC 还承受着万一其他收购商进入所带来的市场份额损失的风险。价格主要取决于公司，导致外包种植户面临低价的风险
回馈	根据表 4-19 展示的外包种植户现金流模式，ITFC 的外包种植户方案为种植户提供主要的资金回馈，特别是当同该地区其他小农户的年收入相比后（2 000 美元同 300 美元相对比）。但这些回馈只有方案执行 14 年后才能完全享有，这是一个长期的时间框架，受经济不明朗因素影响。但外包种植户普遍认为，即使他们承担着 ITFC 的信贷，状况也好于他们是普通农户或劳动力的时候。大多数受访的 OMOA 成员还表示，他们定期接受改善种植实践的培训。ITFC 员工总数 330 名，包括 70 名服务于外包种植户的员工，175 名堆栈员工和 85 名核心农场员工

4.1.5　堆栈

ITFC 在古西（Gushie）建有一个堆栈，离核心农场约有 9 公里。像核心农场和外包种植户方案一样，该设施也经过全球良好农业规范和土壤协会认证。该设施现有员工 175 名，在加纳北部地区尚属首家，配备有一套制冷设备、一套倾倒清洗设备、一台刷洗机、一台热水清洗机、一台刷干机、一个分拣台和一台径选机。禾众基金会（Solidaridad）一家致力于公平经济的荷兰机构，联合意大利的泊尔扎诺农业展（Bolzano AgroFair）协助和发展机构，共同提供包装设备的资金。

该设施具有每小时包装 5 吨产品或每天包装 2 个 40 英尺[①]集装箱的能力。在包装旺季的高峰期雇佣约 90 名工人。这些工人主要来自当地部落和塔马利（Tamale）。设施用水抽取自一个地下水井。公司已扩充设施，增加了一套干燥设备，可以加工非出口和散装出口水果。

4.1.6　公司社会责任（CSR）活动

ITFC 除了给予外包种植户支持外，还同禾众基金会（Solidaridad）合作开展儿童上学支持计划（CTSP）。项目目标是改善项目地区小学的基础设施。自从成为非政府组织之后，CTSP 得到了 ITFC、荷兰鲁尔蒙德（Roemond of Holland）（基金）、挪威劳道克斯公司（Nordox）（教师宿舍和厨房）以及荷兰众参（Mang-go）项目（教材）等机构的捐助。Mang-go 项目还参与到一个交换项目，大学生作为志愿者到项目地区提供服务。一个确保所有学生每天在校得到一顿营养均衡的餐点的食品项目也在展开。餐点主要为当地菜肴和一杯巧克力饮品。同时，也为每个学校提供干净的饮用水。

---

① 英尺为非法定计量单位，1 英尺＝0.304 8 米。

为了激励教师到农村执教，公司还为教师兴建了居住设施。同时，翻修校舍，以为学生创造更好的教育环境。

ITFC 还有一个支持员工同艾滋病抗争的项目。另外，公司还有一个生物多样性项目，为项目地区的参与部落提供有关保护和传播本土树木种类及收获可靠的草药方面的教育。公司还积极倡导预防丛林火灾，指导培训员工和外包种植户如何保护他们的土地。

4.2　阳光收获有限公司（The Solar Harvest Limited Company）

4.2.1　概论

Solar Harvest Ltd，前身是生物燃料非洲有限公司（加纳），是一家挪威投资的私营公司，2007 年在加纳成立。2009 年，经历了全球经济衰退（Tsikata and Yaro，2011）后，加纳运营部门进入了破产清算程序，直接由两个挪威公司的创始人收购。从那时起公司更名为 Solar Harvest ltd。

公司征用了北部地区的大片土地用于种植麻疯树，包括克帕查（Kpachaa）地区的 844.2 英亩土地、吉姆雷（Jimle）地区 13 156 英亩土地、克帕利克利（Kpalikori）地区的 8 803.10 英亩土地，以及北部延迪（Yendi）区的全部土地，总面积为 26 803.2 英亩（10 847 公顷）。地区土地官员对转让进行了如下的描述：

出租方——蒂约那（Tijo-Na）酋长和承租方生物燃料非洲有限公司签订并执行一份租赁协议。租期为 25 年，并可选择续租 25 年。租金为 2 加纳塞地（1.2 美元）/英亩，在执行法定声明后，预先支付两年租金。租金每 7 年调整一次，上调幅度不超过现租金的 2%。

因此，Solar Harves 公司以 25 年的租期租下土地，并可再续约 25 年。本研究查询到的塔马利（Tamale）地区土地委员会文件表明，至少部分协议尚未成型，原因一方面是存在竞争的传统当局间的纠纷，另一方面是传统当局和部落成员间的纠纷。租赁期限符合加纳 1992 年宪法对外国人取得土地的要求。根据宪法 266 条，外国人获取土地利益或权利的年限不超过 50 年。

公司麻疯树的种植始于 3 年前，至今尚未开始收获。2010 年后，随着全球经济衰退，公司开始增加粮食作物主要是玉米的多样化种植，但是麻疯树仍是这些种植园的核心业务。Kpachaa 地区 400 公顷种植麻疯树、220 公顷种植玉米，另有迪亚配（Dipale）地区 25 公顷土地种植蔬菜（Tsikata and Yaro，2011）。产品的目标市场既包括国内也包括国外，但由于尚无证据表明正在建设加工厂，这方面的管理计划也未披露，所以还不清楚将在哪里进行加工。受森林火灾、何时收获和阳光收获（Solar Harvest）公司运营前景的不确定性影响，Kpachaa 的麻疯树种植园近来饱受摧残。

森林火灾在当地旱季时很常见，多数是因为焚烧灌木寻找猎物造成的。谈及被烧毁的种植园，Solar 土地征用谈判专家和公司的经理助理表示非常遗憾，因为经费紧张而未能在种植园周围建一条防火带加以保护。然而，尽管麻疯树种植园的烧毁是由于一场普通的森林火蔓延偶然造成的，考虑到部落成员和 Solar Harvest 公司间近来不和谐的关系，也很难排除蓄意破坏的可能。

除了种植园外，公司还有计划扩展和升级当地种植户用来种植粮食作物的土地灌溉设施。这些计划都是公司同加纳的千年发展局（MiDA）2011 年 9 月签署的谅解备忘录（MoU）的组成部分。

千年发展局是负责实施美国千年挑战公司注资活动的国家级实体机构，这些活动属于美国和加纳政府间的千年挑战合约的一部分。根据谅解备忘录，Solar Harvest 公司将成为北部地区特伦孔固（Tolon-Kumbungu）区博坦加（Bontanga）和戈林佳（Golinga）灌溉点的合作伙伴。

Solar Harvest 公司将在种子、肥料、拖拉机和收获服务等农用投入品等方面为农户提供协助。以信用为基础，约有 1 321 英亩（535 公顷）现有灌溉田和水池用来种植供应当地消费和出口的棉花、甘蔗、蔬菜、水产品和牧草。

这项提案一经兑现，它将为公司扩充种植范畴，通过种植安排合同同当地的农户展开合作。这一谅解备忘录中，除了已经应用灌溉的土地外，还将在 Solar Harvest 公司的带领下，扩展 1 161 英亩（470 公顷）可灌溉土地。另有 12 844 英亩（5 200 公顷）计划未来开发，这将寄希望于可以泵引白沃尔特河水。公司将管理灌溉基础设施，向农户提供上述服务支持、收购产品并销售到当地和外地市场。上述涉及 Solar Harvest 公司和 MiDA 的开发工作的第一阶段，公司将投资约 200 万美元，开发结束后，投资规模将超过 3 000 万美元。据公司称[①]，这些投资有望充分挖掘谷物生产潜力，将带动谷物产量从每年 18 000 吨提高到每年 110 000 吨，比传统的靠天吃饭耕种方式提高谷物产量 8～12 倍。这些方法，如果成功的话，将改善北部加纳地区粮食不安全状况。然而，本次研究的重点是公司的麻疯树种植。

4.2.2　土地收购，相关各方的角色和反响

如本部分的上文探讨的那样，公司土地收购仍有争议。Tsikata 和 Yaro（2011）解释土地收购过程之后紧接着就是投资者在媒体上投放种植麻疯树的广告。首先，投资者的谈判代表拜访当地酋长，要求收购土地。然而，由于副酋长仅仅代表有决策权的酋长蒂约那（Tijo-Na）管理土地，这些要求随后传达给 Tijo-Na。公司的谈判代表和助理经理，恰巧还是 Tijo-Na 的孙子，在塔

---

① http://www.comuniq.com/news_viewer.php? news=20110926。

马利文化中心组织利益相关者（包括酋长、土地使用者、非政府组织、区议会和其他感兴趣的普通市民）参加部落大会（da durbar）。

在杜尔巴（durbar）会议上，公司向参会者介绍阳光收获（Solar Harvest）公司运营带来的好处。两个涉及各方的听证会也将在达格邦族传统地区最高酋长和最高领主 Ya-Na 居住地——延迪和决策酋长监督部落蒂约（即将被收购的地方）召开。

蒂约那（Tijo-Na）听命于亚那（Ya-Na），因此也需要后者的允许才能外放土地。达格邦摄政者可以在 Ya-Na 空缺的情况下签署许可（Ya-Na 于 2001 年在一场公众冲突中身亡）。在听证会上，由咨询专家向各方介绍可能产生的环境和社会影响。在土地调查结束后，Tijo-Na 雇佣达格邦摄政者的律师准备合同相关文件。投资者首付 13 800 加纳塞地，不论是谁的土地拿来交易，其中的 40% 归达格邦摄政者，剩下的部分（500~1 000 加纳塞地）由副酋长和决策酋长瓜分（Tsikata and Yaro，2011）。

研究中，当地部落成员反馈，2008 年，由于向当地酋长收购土地的过程中缺乏磋商，大量的家庭失去了他们的生计之源——土地。来自三个部落酋长的反馈案例（插文 4-1），反映了 Solar Harvest 公司的土地收购普遍缺乏与各方磋商。

这在部落中引发紧张局势，埋下了冲突的种子。例如，在吉姆雷（Jimle）案例中，部落成员重新占领和使用公司目前未耕种的土地。这证实了 Tsikata 和 Yaro（2011）的评估：10 847 公顷被公司收购的土地中，仅有 400 公顷正在用于种植麻疯树。因此，这就引发了所有权问题，部落成员和公司竞相争夺土地的所有权和使用权。CICOL（2008）也指出了 Solar Harvest 公司土地收购案中存在的所有权风险。这有可能导致紧张局势，最终引发地区冲突。对地区酋长特别是 Tijo-Na 的尊敬，或许会阻止紧张局势升级为部落成员与公司间的冲突。公司无力兑现此前承诺的创造就业岗位，这进一步加剧了公司和当地居民的紧张关系。在这种情况下，对失去土地的农民缺乏补偿会对他们的生计造成消极影响。该分析指出，Solar Harvest 公司有必要完善负责任的农业投资原则的实施，特别是在土地收购方面。因此，土地委员会制定的现行指导方针非常关键。

例如，一位来自克帕查（Kpachaa）的 45 岁寡妇讲述了她的故事："他们（Solar Harvest 公司）来种植麻疯树提炼燃料，结果我失去了赖以为生的 3 英亩土地。他们并没有采取恰当的方式收购我的土地，只是在酋长的指令下把土地从我手中夺走。最初，公司雇用我作为临时工，但现在我被解雇了，也没有别的土地耕种，也没有补偿。吃饭都是问题，但我又没有能力和公司对抗。"

上述例子代表了 Solar Harvest 公司的运营对像妇女这样的二级土地权益持有者的影响。当她们像采摘水果这种依靠自然条件获取的收入来源归入大规模种植园生产后，情况愈发恶化。据估计，成百上千的农户的土地被公司收购。研究期间收集到的证据表明，克帕查（Kpachaa）地区居住的农户和住在别的地方但来 Kpachaa 地区种田的农户（非居住农户）合计失去了约 400 英亩土地。

从收集到的证据可以认定，农户平均失去 4.1 英亩土地，非居住农户平均失去 9.5 英亩土地。非居住农户主要来自塔马利（Tamale），居住农户主要为住在阳光收获（Solar Harvest）公司收购的土地所属的部落。不同的土地规模是因为相对于农村资源有限、只耕种少面积土地维持生计的农户，大多数来自城镇的非居住农户有商业目的，有更好的资源收购和耕种更大面积的土地。因此非居住农户失去的土地更多是因为他们拥有的土地多。

另外很重要的一点是，没有妇女被认为失去土地。这符合达格邦传统地区的风俗，北部加纳作为一个整体，土地是父系继承，但妇女一般可以使用土地，在某些案例中，像上文提到的 Kpachaa 地区那位 45 岁寡妇，寡妇可以要求拥有土地的所有权。

插文 4-1 当地居民对土地收购的看法

"Biofuel（非洲公司）为了土地通过我的一个长辈联系我。他们要的土地数量非常大。后来，我被带到了 Tamale 当地的叫做皮克那（Picorna）的酒店。在酒店里有别的酋长和一些受过教育的人在。我们在一些表明我们同意 Tijo-Na 的下一步举动的文件上按了手印。那些失去土地的人们既没有经过磋商也没有得到补偿，自然就导致了争端。我记得有 10 个家庭因为土地被生物燃料公司拿走了而离开了这个村子。我们与副酋长，被要求同这些人谈话，安抚他们，把他们的注意力吸引到就业、教育、用水、磨坊和其他同发展相关的承诺上。我受到鼓励，因为一个白人保证说实现他们的承诺。但就像我说的那样，只给我们提供了两个小水坝和一个磨坊，而磨坊是公司的一个生意，因为我们是付费的。"

［克帕查（Kpachaa）酋长访谈录］

"Tijo-Na 把土地给了 Biofuel 公司。作为在他领导下的管辖酋长，在一次聚会上我才被告知将有一个开发项目在我们的土地上实施，为了我们自己好我们应该拥护这个项目。他向我们介绍了就业、水坝、学校和其他方面的好处，包括给 Jimle 提供一个小水坝。但我了解到，那些有工作的人们失业了。失去工作和曾经耕耘的土地让生活在 Jimle 的我们倍感痛苦。我不知道对失去土地的农民有任何补偿，酋长们分了钱。讽刺的是，由于公司没有使用这些土地，当那些失去土地的农民重返曾经耕耘的土地时，经理向 Tijo-Na 报告了这件事，并定下了四条原则让这些农民遵守。第一条是这些农民不再继续使用土地、到公司上班；第二条是继续使用这些被公司土地包围起来的土地，他们不能扩张耕地；第三条是当土地被腾空了后，给些钱作为补偿；最后一条是在没有被 Biofuel 收购的土地上重新安定下来。人们无视这些规矩继续在他们的土地上耕种，我们后悔让公司进入，但无力做什么，因为 Tijo-Na 被我们视如父亲，是他带公司来的。"

[吉姆雷（Jimle）酋长访谈录]

"一天早上我们醒来后发现土方车在我们的土地上工作，联系司机时，一个白人告诉部落成员 Tijo-Na 允许他们在这片土地上工作。我们的大片土地被拿走了，导致我们的人和 Biofuel 公司有了争端。结果，当联系 Tijo-Na 时，他肯定允许是真的，并向我道歉，因为没有早点儿通知我这个 Jashee 的副首长，同时进一步解释说这是个开发项目，会给欢迎这些项目的部落带来学校、电力、道路、磨坊和用水以及就业方面的好处。但是，所有的这些好处只兑现建了一个小水坝，只有 10 名部落成员最初被雇佣了。Tijo-na 是受人尊敬的，因此对这种针对夺取当地农民土地的这种不公平做法没有采取集体行动进行对抗。"

　　Jimle 地区议员是出于部落发展的目的选出的地方职位。当他谈及 Solar Harvest 公司运营时说道："用于生物燃料的土地收购过程缺乏磋商。Tijo-Na 控制全过程，抵制所有形式的反对。因为反对缺乏磋商一事，我个人接到过 Tijo-Na 的警告。是的，我被警告说要么停止，要么承担后果。"

　　Brobby（2008）是这样描述加纳社会酋长地位的："这个国家的人民将尊重酋长看做非常重要的习俗，拒绝酋长命令的行为简直无法想象。加纳人对酋长的敬意如此之高，甚至超越了尊敬本身，很多情况下，人们对酋长说的话完全是出于本能的服从。"上述论据支撑了加纳《1992 年宪法》的第 270 条，该条款保留了在宪法颁布前就存在的酋长制度和传统习俗。它强调了对于土地收购法规框架的需求，尊重和保护部落成员的土地权利，同时提供所有利益方都能公平享受到的经济、社会和环境回报。

　　在同克帕查（Kpachaa）、Jimle、雅士（Jashee）和奇谷（Cheegu）等部落展开的专题小组讨论中，土地收购中的磋商成果可以用下面一段话加以统一描述，"酋长未同土地使用者磋商就带来了公司。"关于补偿赔偿，失去土地的农户的典型反馈是："对于农户失去土地没有赔偿。"关于公司对部落所作出的承诺，看起来主要创造的工作岗位是针对那些失去土地的闲散劳动力，一般从事畜牧业工作。一名前公司雇员，记录下了所招募工人的名字，公司的 64 名雇员包括作为临时工记录在案的 37 名男性和 27 名女性。在 2010 年，他们每个月的收入为 75 加纳塞地（约合 50 美元）。2012 年 2 月，当开展这些专题小组讨论时，估计留下的公司员工仅包括 3 名警卫、1 名总经理和他的助理，总共 5 人。公司和当地的关系不再融洽，典型的观点是："生物燃料公司应该离开我们的土地，允许我们耕种，因为它的出现让我们过得更糟。"

4.2.3 社会-经济结果

公司的运营受到了全球经济下行的消极影响。这对获取国际金融资源造成一定困难，突出了麻疯树种植引发的环境关注。公司员工曾一度近 400 人，到 2012 年 2 月，公司工作人员削减至 5 人——总经理、助理经理和 3 名警卫。运营顶峰时的 400 名工人主要是来自当地部落和 Tamale 的闲散劳力，相较于同一地区相似级别的其他人，工资具有一定优势（每人每月 75 加纳塞地）。公司经理解释说他不得不投入动用个人关系找来的 100 万美元来协助运营，同时增加粮食作物生产的多样性。这引发的真正问题是规模化投资的必要来源到底在哪里，特别是在用于麻疯树种植的当地金融资源有限的情况下（参见 Technoserve，2007）。据助理经理称，Solar Harvest 公司的经理目前在挪威，正努力为公司筹措 50 万美元来恢复元气。考虑到公司面临的财政困难的规模大小，以及大规模农业投资附带的巨大风险，人们忍不住想了解 Solar Harvest 公司在开始运营项目前是否经过了认真地评估。

作为生物燃料业务的一部分，Solar Harvest 公司计划通过种植园生产麻疯树，但目前尚无外包种植计划。不过以种植园为基础的麻疯树种植存在粮食安全风险。事实上，目前 Solar Harvest 公司收购的土地中仅有一小部分用于耕种，部落成员已经重返那些未使用土地开展耕种。短期看，粮食安全的风险很小，但是长期看，由于更多的土地用于种植麻疯树，这将对该地区的粮食安全产生消极影响。公司已经开发了一个 CSR（企业社会责任）项目。这包括为克帕查（Kpachaa）提供两个小水坝和一个磨坊，小水坝一个在吉姆雷（Jimle），一个在雅士（Jashee）。

在 2012 年 2 月这项研究开展的时候，Kpachaa 的磨坊已经无法使用，部落成员不得不去几公里外的镇上获取磨坊服务。还有证据表明，一些部落成员在付费使用磨坊，因此这是 Solar Harvest 公司的一项生意。本研究的笔者查看了四个水坝，看起来是作为重要的饮用水源和当地其他目的，如动物饮水等。无法拿到合同性文件来评估做的这些好事在多大程度上是公司明确和可执行的承诺的一部分，或是在合同所体现的经济交易的大背景下，对其进行评估（如把这些好事同对传统当局和或其他团体承诺的好处相比较）。公司通过每个部落选出的代表共两人组成的中间委员会同部落联系，委员会是同公司管理联系的纽带。Tijo-Na 的儿子是中间委员会的主席。然而，这个委员会的行为看起来更像是公司的口舌。通过委员会对国际行动救援组织让公司重视项目对当地部落带来的挑战所做的努力的反应就可见一斑。行动救援组织想要揭露公司运营带来的消极影响，而该委员会无视那些土地被剥夺的部落成员所遭受的苦难，转而维护 Solar Harvest 公司。考虑到公司的助理经理是 Tijo-Na（传统酋长）的孙子，而中间委员会主席是 Tijo-Na 的儿子，Tijo-Na 对于公司在他的传统辖区内开展运营至关重要，中间委员会的态度就不足为奇了。

当然，以上分析并非暗示对公司有任何质疑。如果没有全球经济危机的影响，情况可能就大不一样。在深受危机影响之前，公司创造了相当数量的就业岗位，在部落内提供了一些重要的便利设施。如果它能继续创造就业岗位，改进它的 CSR 示范行为，公司同部落的关系可能会继续和谐下去。Solar Harvest 公司和 MiDA 签署的谅解备忘录看起来很专业，措施包括小农户和粮食作物生产多样性，如果加以很好的计划和管理，能够重塑公司在当地部落的形象。当然，公司所需资金也是这些措施取得成功的关键。

综上所述，solar Harvest 的业务模式见表 4 - 21。

表 4 - 21　Solar Harvest 公司业务模式

所有权	公司由挪威人所有。土地租赁期限为 25 年，可另外续租 25 年。作为一个独立的近期发展的一部分，公司将同 MiDA 签署的谅解备忘录中涵盖的当地农户的土地升级和扩展灌溉设施
声音	经营决策权在 Solar Harvest 公司手中，命令从上至下传递。土地收购过程缺乏同当地人的磋商，而是直接同传统当局打交道
风险	公司承担着业务风险，工人也是如此——受全球经济下滑影响，员工数量从 400 人骤降至 5 人。失去土地的部落成员面临生计问题，甚至有贫困风险
成绩	开创了就业岗位——顶峰期为 400 人，目前是 5 人，警卫每月收入为 75 加纳塞地（不到 50 美元），经理和他的助理公司没有透露。公司在 Kpachaa 提供了两个小水坝和一个谷物磨坊，为 Jimle 和 Jashee 各提供了一个小水坝。在 2012 年 2 月开展研究的时候，磨坊已经停止工作。公司期望的麻疯树种植成绩受到经济停滞的影响，公司的业务模式向更加多样化转型。据部落成员采访所知，首期 25 年的土地租赁费主要被酋长占有，失去土地使用权的部落成员得到了很少的补偿

5. 结论和建议

当前对于加纳的农业投资潮发生在法规和机构框架非常薄弱的大环境下。

在这一背景下，同传统管理机构打交道存在高风险，而收益有限。这可能对最小规模的农户生计产生负面影响，他们是穷人中最穷的一部分。如果商业实体财富创造方面的构成方式考虑到部落的需要，并为合作伙伴提供空间，公平地分享收益、共担风险，那么将对人民生活水平产生积极影响。因此，一种商业模式包容程度的高低取决于对所有权、舆论和风险的控制水平和单一实体所取得的成绩。

在经济上吸引更多的直接投资，特别是对农业的投资，是加纳实现千禧年目标的关键战略。如果解决结构性障碍，加纳将迎来经济独立。加纳还开展了几项建立在自然竞争优势基础上的外国直接投资相关的改革措施，来改善农业经济环境。这项努力得到了回报，加纳现已成为西非仅次于布基纳法索的资金流入第二快的国家和第三大外国直接投资资金规模最大的国家。这些成绩带来的收益分布并不均匀，因为相较于像制造业和建筑业这样的一般贸易和服务的子行业，流入农业领域的小投资主要是现金（1％）和项目（5％）。外国直接投资来源于国家的长期合作伙伴，如法国、英国和美国，但也有新加入的来自遥远的亚洲投资者（中国、印度、印度尼西亚、新加坡和韩国）。所有这些合作伙伴都表示对可行的用于种植能源作物和渔业的土地收购或租赁机会重燃兴趣，同时对种植传统经济和粮食作物仍感兴趣。外国直接投资分布不均匀在地区层面仍然存在，大阿克拉（Greater Accra）地区为外国直接投资最大的受益地区。

土地所有权的不确定性是阻碍农业和食品行业吸引外资的重要因素。虽然现在有非常多的法规管理土地相关事务，但加纳还没有找到一个安全透明的方式简化土地收购和租赁的流程，这方面任重道远。与之前那种加纳土地充足、可供租赁用于任何盈利性经济活动的认识不同，地区保留的土地数量像洗过的皮革一样萎缩得非常严重。

目前，整个加纳都强调土地相关事宜的敏感性，特别是那些生计高度依靠农村收入的小农户。因此，现在没有大片的不存在所有权或其他累赘问题的土地可供销售和租赁，这就迫切需要解决土地使用权不确定这一全国普遍存在的问题。为促进更多的外国直接投资流向加纳农业领域，为划分最受欢迎的外国投资地区和维护在线土地银行提供支持是非常值得的。

外国直接投资总体上对加纳经济的很多领域有积极影响，包括食品领域的棕榈油行业和自由贸易区计划，它们被广泛的讨论来说明外国直接投资对经济、社会和环境的贡献，它们同有助于为人民提供生计的多种增收机遇和挑战有关。流入加纳的外国直接投资缓解了多种结构性不平衡，包括粮食不安全状况，也增加了看到更多的小农户失去赖以为生的土地的风险，还有国家面对更多的气候变化的影响风险。虽然有鼓舞人心的一面，但取得的成果在很多方面远低于预期，包括持续的农产品供需缺口——缓慢的技术转让未能解决关键的供应链问题。合资企业似乎是投资者进入加纳农业行业的首选模式（占 GIPC 注册农业经济项目的 78%）。

研究结果表明，棕榈油行业是最赚钱的农经活动，良好的公共政策，加之对产业持续的金融支持，将会在较少贫困和粮食安全问题上带来全新的面貌。对加纳棕榈油发展公司（GOPDC）商业模式的审议表明，在感兴趣的外国投资者负责任的农业投资和对其预期的经济、社会和道德承诺的持续检查等方面还有提升的空间。双赢的解决方案是存在的，既能达到农业行业经济、社会和环境底线的最大化，又能降低各相关方包括最有可能失去土地的小农户的风险。审议建议有必要超越现行的农业经济模式（外包种植农户和订单农业计划），要囊括更多的创新型农业经济方式，也就是农户所有制模式，小农户将有机会使用他们的土地权益进行股权互换，将获取在全球粮食生产价值链上他们所生产的商品更多的价值。

根据能够得到的有限数据，商业模式案例研究结果表明，ITFC 开发的商业模式呈现出很高的包容性。公司的管理层进行经营决策，但鉴于其外包种植计划，大部分土地控制在外包种植户的手中。外包种植协会的存在是农民的呼声可以与公司管理相抗衡。部落最初的认识是绝对积极的，有据可查的由公司提供的便利设施和服务也是如此。在鼓励外包种植户间种花生以及公司未开展大规模土地收购的情况下，粮食安全风险是很小的。然而，该研究还强调了对于合同安排更倾向于 ITFC 的担心，特别是价格制定和生产营销方面。外包种植户和公司面临和分担着合同关系和条款赋予的角色所带来的特殊风险。外包种植户的风险主要与生产相关（例如，变幻莫测的天气），而管理层承担大量的金融和市场风险。在受益方面，就业和企业社会责任活动，特别是医疗和教育领域，促进了 ITFC 和当地部落的关系和谐。外包种植户预计 14 年后在债务完全还清的时候，年收入达到 2 000 美元。这有望给外包种植户带来比当地的替代生计来源更多的收入。但是考虑到所涉及的时间框架的长度，这种预期也存在着无法实现的风险。然而，即便是现在，外包种植户也认为他们比其他农民或劳动力过得更好。应该注意的是，ITFC 已得到了广泛的发展援助支持，特别是它的外包种植计划。这也引发了新的问题，这种经验在多大程度上可以被复制和扩展，因为除了大规模土地收购的成本外，ITFC 从事外包种植计划的动机可能是需要发展援助支持。

Solar Harvest 的案例是私营公司在几个部落大规模收购土地种植麻疯树。虽然 ITFC 自 1999 年以来已经存在，Solar Harvest 是最近在 2008 年推出的一个项目，当时全球对在南半球投资土地的兴趣大增。它是通过管理控制公司的土地和其他关键资产来经营。土地征用过程不仅导致部落的紧张局势，还存在争议，主要归结于在谈判过程中利益相关者的力量不平衡，以及对那些因公司失去土地的人缺乏补偿。公司承诺的就业岗位和其他 CSR 活动受到全球经济下滑的严重影响。这使公司深陷财政危机之中，因此在运行顶峰时期的近 400 个就业岗位全部消失。这种情况的发展导致 Solar Harvest 和当地部落间关系的严重恶化。对投资者而言，这是非常严重的风险。Kpachaa 地区麻疯树种植园失火可能是意外，但也不能排除蓄意纵火的可能。这些经验对于那些在非洲开发类似项目的众多公司来说是一个可怕的警告。当然，如果没有全球经济下滑，结果和部落关系也许大不一样。但是这种模式自身（收购大片土地，依赖贷款）很容易导致上述结果。

本节的两个案例分析不仅在作物种植重点地区方面，在商业模式方面都存在很大的本质区别。ITFC 通过签约种植计划把重点放在有机杧果种植上，已经运行了很长时间，并得到了广泛的发展援助支持。将重心放在生物燃料原料麻疯树上的 Solar Harvest，是一家新公司，取得了一些成绩，但也受到财政危机的打击。ITFC 可以视作农业投资的成功典范。Solar Harvest 对于未来在一些无法确保使用权安全的地区开展大规模土地收购的农业投资提供了非常有用的见解。农业是加纳经济发展的支柱。根据《食品和农业发展政策 2》和中期农业发展规划（2009—2015），该国目前的目标是在 2015 年跻身中等收入水平国家。本研究证据显示，要达到这一目标需要采取措施促进更多的私营农业投资。但是，考虑到一些农业投资带来的很高的粮食安全风险，出路在于处理好农业发展的价值链和粮食安全问题间的平衡。方法就是要开发出国家层面的操作工具来实施由 FAO、IFAD、UNCTAD 和世界银行联合制定的负责任的农业投资原则。

为实现这一目标，从国家到地方层面，政治意愿、承诺加强法律和制度能力，有效的土地治理和农业发展框架，都不可或缺。针对加纳的事例，有以下几点针对性的建议：

（1）土地委员会应与传统的政权和其他利益攸关方协商，立即加速完成出于农业和其他目的的大规模土地收购草案指南，这将作为一个负责农业投资原则（RAI）的运行工具。

（2）需要加强传统的政府和当地部落的能力，通过改进当地土地治理结构如传统的土地秘书处来与投资者进行富有成效的谈判。

（3）民间社会土地联盟（CICOL），地方议会和传统土地秘书处可以通过面向部落开展有关土地权的重要性和如何保护的定期公共教育发挥重要的作用。

（4）加纳投资促进中心和环境保护署需要进一步联合起来，强制投资者接受标准和条款，并对其执行情况定期监察。

（5）必须重新审议宪法中关于政府不应介入酋长管理的规定，要赋予其某种程度介入的权力，特别是在部落土地所有权不敌酋长一己私利的情况下。

（6）土地委员会应披露和公布土地收购合同，使公众能评估这些转让对于现在和未来几代人是否透明、负责任和公平。

（7）政府要平衡为促进农业投资所做的努力和为促进国家粮食安全所做的努力。

▌参考文献

A Ackah，C. G.，Aryeetey，E. B. D. & Aryeetey，E. 2009. *Global financial crisis discussion series-Paper 5：Ghana*. Overseas Development Institute（ODI），May 2009.

Acquah，P. C. 1995. *Natural resources management and sustainable development：The case of the gold sector in Ghana*. UNCTAD/ COM/41，15 August 1995.

ADB（Agricultural Development Bank）. 2008. *Annual Report and Financial Statement 2008*. Ghana.

——2007. *Annual Report and Financial statements 2007*. Ghana African Banker Magazine. IC Publication 4th Quarter. October 2008，issue N°6. IC Publications.

African Business Magazine. December 2009，N°359. IC Publications.

African Economic Research Consortium. 2006. *Foreign Direct Investment in sub-Saharan Africa：Origins，targets，impact and potential*. S. Ibi Ajayi, ed. Nairobi.

Agbessi Dos-Santos，H.，& Damon，M. 1999. *Manuel de nutrition africaine*，IPD-ACCT-KARTHALA，Octobre 1999.

Agro-Chemicals Report，Vol. III，N°2，April-June 2003：Commercial farms in South-East Asia.

Ahomka-Lindsay，R.（Chief Executive officer）. 2008. Ghana Investment Promotion Center GIPC）. PowerPoint presentation made at Ghana-Nigeria Business Summit，6th October 2008.

Aryeetey，C.，Barthel，F.，Busse，M.，Loehr，C. & Osei，R. 2009. *Empirical study on the determinants and pro-development impacts of foreign direct investment in Ghana*. HWWI（Hamburg Institute of International Economics，Germany），Research Programme World Economy and ISSER（Institute of Statistical，Social and Economic Research，Ghana），University of Ghana，Legon.

Aryeetey，E. University of Ghana ISSER，&. Kanbur，R.，Cornell University. 2008. *The e-conomy of Ghana*，*analytical perspectives on stability*，*growth and poverty*. J. Currey，ed. Accra：Woeli Publishing Services.

Brobbery，S. A. 2008. *The Law of Chieftancy in Ghana*. Advanced Legal Publications，Accra.

ECOWAS. 2004. *The ECOWAS Trade Liberalization Scheme*：*Protocols and Regulations*. ECOWAS Executive Secretariat. Abuja.

EDJA （Editions Juridiques Africaines）. 2009. *Code des collectivités locales du Sénégal annoté*.

EGIS BCEOM International/Associated Consultants. 2009. *Integrated Transport plan-Ghana*，*Report on commodities generation and transport in Ghana*. April 2009.

ESD （Environmentally Sustainable Development Proceedings）. 1993. Series N° 2. *In*：Proceedings of the first annual international Conference on Environmentally Sustainable Development. World Bank，30 September-1 October 1993.

F&D （Finance and Development）. Septembre 2008，45 （3）. （Available at：http：// www. imf. org/external/pubs/ft/fandd/2011/09/）.

ISSER （Institute of Statistical，Social and Economic Research ），2000. *The State of the Ghanaian Economy in 1999*. University of Ghana Legon.

——2006. *The State of the Ghanaian Economy in 2005*. University of Ghana Legon.

——2008. *The State of the Ghanaian Economy in 2008*，University of Ghana Legon

Jaeger，P.，Accord Associates LLP. 2008. *Ghana report horticulture cluster strategic profile study*，*article I*：*Scoping Review*. Prepared for WB-SDN/AFTAR/ MOFA. /EU-AAACP.

Koroma S.，**Mosoti V.**，**Mutai H.**，**Coulibaly A. E.**，**& Iafrate**，**M.** 2008. *Towards African Common Market for Agriculture Products*. FAO：Rome.

Lehmann，M. B. 1984. *The Dow Jones -Irwin Guide to using The Wall Street Journal*.

Levy，M. L.，**Ewenczyk**，S.，**& James**，R. 1989. *Comprendre l'information économique et Sociale*：*guide méthodologique*. Collection J. Bremond，2e édition augmentée. Paris ：Hatier.

Liondjo，F. （International Consultant）. 2001. *Strategies for the multilateral trade negotiations and implementation aspects of the WTO agreements-Ghana.*，Cluster 2，August 2001.

Malik，M. 2009. *International Investment Agreements*，*Best practices bulletin* #1. International Institute for Sustainable Development （IISD），August 2009.

Matsumoto-Izadifar，Y. 2008. *Making better use of agribusiness potential*，OECD （Organization for Economic Co-operation and Development）. （Available at：. www. oecd. org/ dev/publications/ businessfordevelopment）.

Mbekeani K. 2007. *The Role of Infrastructure in Determining Export Competitiveness*，（Available at ：http：//www. aercafrica. org/ documents/export _ supply _ working _ papers/ KMbekeanilnfrastrs DB3B. pdf-Similar pages.

Ministry of Lands and Forestry. 1999. *National land policy*，Accra，June 1999.

Ministry of Lands，Forestry and Mines. 2008. *The Ghana Land Bank Directory*，*Second Edition*，2008. Ghana.

MOFA (Ministry of Food and Agriculture，Ghana) . 2009 Speech of the honorable Minister's remarks on the Occasion of the launch of the FAO/ IEA Project：*Articulating and mainstreaming appropriate* Agricultural trade policies

——2008. *Agriculture in Ghana：Facts and Figures-2007*，Statistical Research and Information Department (SRID)，Accra.

——1998. *Marketing Margins for Selected Food Commodities* Accra.

Monke，E. A. & Pearson，S. R. 1989. *The policy analysis matrix for Agricultural Development*，New York：Cornell University Press.

MTM (Hebdomadaire-Marchés tropicaux et méditerranéens) .1999. *Spécial Ghana*，*54e année*. Vendredi 2 juillet 1999，N°2799.

Nathan Associates Inc. 2009. *Ghana：Economic performance assessment* ，USAID，July 2009.

Ndiaye，T. M. 1992. Matières premières et droit international，Dakar：NEAS.

Ndoye，D. 1997. *Le problème des biens immobiliers de la collectivité leboue de Dakar* ，*questions historique，économique，sociale et juridique*. EDJA (Editions juridiques africaines) . *Nkoranza District Assembly. 2006. Third Medium Term Plan -2006. Nkwanta.*

Norton，R. D. 2004. *Agricultural Development policy：concepts and experiences*，FAO & Wiley.

Olayemi，J. K. 1996. *Poverty，Food Security and Development in West Africa*，Paper presented at the Regional Conference on Governance and Development，Prospectus and for 21st Century West Africa，Accra.

Smaller，C. & Mann，H. 2009. *A thirst for distant lands：Foreign investment in Agricultural land and water*. International Institute for Sustainable Development (IISD)，May. Manitoba：IISD.

Technoserve. 2007. Feasibility Report of Biofuel Production in Ghana：*Assessing competitiveness of the Industry's value chain*，unpublished.

UNCTAD (United Nations Conference on Trade And Development) .2009a. *World Investment Report-Transnational Corporations*，*Agricultural Production and Development*，

——2009b. *World Investment Prospects Survey 2009-2011.*

——2008. *World Investment Report-Transnational Corporations and the infrastructure challenge.*

——2008. *World Investment Prospects Survey 2008-2010*.

——2007. *World Investment Prospects Survey 2007-2009*.

—— 2006. Review of Maritime Transport. ，UN：New York.

——2002. *Summary of the deliberations of the investment policy reviews*，UN，18 December 2002.

——2000. *Tax incentives and foreign direct investment，a global survey*，ASIT Advisory Studies N°16. UN：New York and Geneva.

University of Ghana Legon. 2008. *Harvest and Post Harvest Losses Baseline Study*.

WTO（World Trade Organization）．2007. Trade policy review-Report by the secretariat Ghana，WT/TPRS/S/194，17 December 2007.

（三）　马里：　大规模农业投资和包容性商业模式^①

1. 简介

本节将讨论马里农业投资的趋势、动力和法律框架并进行案例分析，研究不同类型农业投资结构模式，重点关注对当地农民和社区有包容性的模式。

本节将分析农业投资环境，特别是马里土地所有权及其期限管理政策框架和当地生产者的经济地位；分析近期农业投资趋势和土地收购状况；讨论不同商业模式的制定和应用，重点关注两个投资项目的案例分析；最后是结论和可能的发展方向。其中两个案例分析包括对近期两项农业投资的讨论：马里生物能源股份公司（Mali biocarburant SA）在库里克罗地区的生物柴油项目提供了一个范例，农业投资不必直接收购土地，且小规模生产者的参与可以成为商业模式核心支柱之一；马卡拉糖业公司的甘蔗种植加工项目，位于尼日尔河办公室所辖赛古地区，为建立"政府—私营—社区"伙伴关系提供了另一个范例。

本节来源于包括农业投资合同在内的文献和记录，对主要信息提供者进行的采访和半结构式实地访谈。对巴马科信息提供者的采访有利于建立分析框架和搜集两个案例分析数据，信息提供者包括科学研究人员、公共机构官员和私营部门职员。实地调研于 2011 年 5 月在库里克罗和尼日尔河办公室辖区进行，重点关注两项案例分析。在实地调研过程中，对个体和群体均进行了采访，包括：投资部门、当地生产部门、政府管理机构和技术服务与融资机构。本节其他内容分为四个部分，第一部分是简介。第二部分分析了整个国家的农业投资环境，其特征包括：普遍贫困、农业发展潜力巨大、公共融资能力不足和私人投资奇缺，所有这些特征都与混乱的土地所有权状况紧密相连。第三部分概括了目前马里农业投资的趋势，讨论主要参与者及其动力、主要特征和潜在及实际影响。最后，第四部分介绍了两个案例分析的结果，结论部分总结了主要分

---

① 本节分析基于 Moussa Djir、Amadou Kéita 和 Alfousseyni Diawara 为粮农组织国际环境和开发机构撰写的原始研究报告。

析结果和可能的发展方向。

2. 国家环境

要清楚了解马里农业部门的私人投资环境，需要详细讨论三个关键问题。第一，该国有巨大农业发展潜力，但是由于极端贫困和官方开发援助减少，马里面临农业部门融资困难，因此公共部门迫切需要吸引私人投资。第二，复杂多元的土地所有制度和有限的国家法律约束难以保证私人农业投资规模的有效监管，这对政府农业投资管理能力提出重要挑战，政府必须保证当地农民权利不受投资项目的损害。第三，政府通过法律法规以促进投资和管理其社会和环境影响，但是通过立法来保护当地民众和环境这种做法的有效性受到质疑。接下来几部分将分别从这三方面进行更加深入的探讨。

2.1　一个拥有巨大农业潜力但面临融资困难的国家

马里是一个位于西非中部的内陆国家，总面积为 1 240 000 平方公里，2009 年[①]总人口数为 14 517 176。马里与北部的阿尔及利亚、东部的尼日尔、东南部的布基纳法索、南部的科特迪瓦和巴布亚新几内亚以及西部的毛里塔尼亚和塞内加尔接壤，边境线达 7 200 公里。大部分地区地形平坦，多为波状平原和较低的高原。

马里人类发展指数很低，虽处于稳步上升之中，但是马里仍然是世界最穷国家之一。尽管贫困人口比率在 2001—2006 年有所下降，其绝对数值仍然很高，2006 年全国平均值达 47.4%。地理上的差异更加明显，贫困人口比率在城市为 20.1%，在农村则为 73%（CSRP 2007—2011）。2011 年，该国人类发展指数在 187 个国家中排名第 175（联合国开发计划署，2011）。贫困加上某些文化和历史特征，使马里成为移民出口大国，大批移民流向西非、北非和中非以及欧洲和美洲。

马里的经济结构是第一和第三产业占据主导地位。2009 年和 2010 年[②]，第一和第三产业分别占其国民生产总值（GDP）的 36% 和 35.6%。这种经济结构预期将延续到 2011 年，第二产业比例仅小幅增长。2010 年，马里实际 GDP 增长率与 2009 年持平（4.5%），低于预期水平。马里的农、林、牧业展示出巨大潜力。农村土地总面积约为 4 660 万公顷，包括 1 220 万公顷耕地，3 000万公顷草场，330 万公顷禁猎区和 110 万公顷保护林（农业部，2008）。该国有大面积可开发灌溉土地（220 万公顷），丰富的水资源（2 600 公里河

---

①　临时结果，第四次全国人口和住房普查。
②　www.africaneconomicoutlook.org/fr/countries/westafrica/mali/。

流）；同时生物多样性明显，有可观的森林和野生生物资源，数量巨大、种类繁多的驯养牲畜（710 万头牛，1 900 万头山羊/绵羊，60 万头骆驼，2 500 万头猪）（农业部，2006 和 2008）。

然而，由于马里三分之二的国土为沙漠，农业资源在整个国家的分布非常不均衡。此外，资金对于农业发展至关重要，却成为日益严重的一个问题。

农业现代化是农村发展总体规划的三大主要目标之一，另外两个是环境保护和改善自然资源管理能力。该总体规划于 1992 年通过，并于 2000 年重新修改，规划相关条款在其他各类官方文件中多次体现。这些文件由马里第三共和国第二任总统于 2002 年当选后形成，主要在经济和社会发展项目中使用，也是他在 2007 年总统选举中列出的施政纲领（toumani toure，2009）。因此，农业现代化是马里政府高层的首要政策目标。

农业现代化同样也是 2006 年通过的农业法律框架（LOA）的核心。该法第三条规定，"农业发展政策必须在民众自愿的基础上促进家庭农场和农业经营现代化，培育结构合理、有竞争力的工业农业，在此区域经济中形成协调发展的态势"。然而，马里自身无法提供农业现代化所需的资金成本。2007—2011 年增长与减贫战略框架（CSCRP）预计，马里农业领域一般项目成本为153 648 000 000 西非法郎（FCFA）（CSCRP，2007—2011），汇率 1 美元等于500 西非法郎，相当于 307 296 000 美元。

尼日尔河办公室（ON）辖区由于其巨大的水电农业投资潜力而备受投资者青睐，其公共投资规模可以为农业现代化所需投入提供参考，特别是农业灌溉系统项目[①]。尼日尔河办公室辖区是西非最早建立灌溉系统的地区之一。自1932 年在尼日尔河三角洲建立以来，尼日尔河办公室辖区已根据最初的规划，成为法属殖民地纺织业原料供应地、西非地区的"饭碗"和技术与社会创新的摇篮。它的目标非常远大，即要为 1 000 000 公顷的土地提供 50 年以上的农田灌溉，其主要结构从设计到实施都围绕这个目标进行。通过利用现有的回水区域建立密集的排水灌溉水渠网络，整个系统覆盖超过 87 692 公顷土地。灌溉农田用于生产大米、蔬菜和甘蔗（Dave，2010）。

时至今日，尼日尔河办公室所有设施都由公共机构提供资金。从 1934 年到 2009 年，政府一共开发了 63 713 公顷土地，包括 2000 年由专门投资预算（非洲开发银行，2010）支持开发的 4 653 公顷土地。除此之外还有捐助者的贡献。捐助机构一开始只为已建设施的翻修提供资金，但此后也向新建设施投资。主要捐助者为荷兰（翻修 20 595 公顷，新建 5 829 公顷）、法国开发署

---

① 尼日尔办公室的名称由灌溉计划区域和政府设立的管理计划机构命名。

（与另一捐助者合作翻修 5 540 公顷，新建 1 700 公顷）、欧洲开发基金（翻修 3 650 公顷）、国际开发银行（翻修 700 公顷，新建 520 公顷）、美国国际开发署（新建 1 971 公顷新设施，通常与尼日尔河办公室或其他捐助者合作开发）、德国发展协会共同体（翻修 3 100 公顷，新建 800 公顷）。

尼日尔河办公室辖区新建设施所需资金数量显示（表 4 - 22），2010—2020 年，修建为 79 865 公顷土地提供灌溉的设施，需要 266 756 291 750 西非法郎（533 512 584 美元），平均每公顷 3 340 000 西非法郎（6 680 美元），这不包括可行性研究及其他相关研究的成本。根据马里总理办公室国务卿提供的数据（2010 年），同期计划中的延伸工程项目投资以及将由利比亚的马里比亚农业公司承担研究所需费用共计 85 750 000 000 西非法郎（171 500 000 美元）。这些数字显示了像马里这种规模的国家，在发展农业灌溉设施过程中面临的诸多挑战，而灌溉设施还仅仅只是实现农业现代化的第一步。

正因如此，马里政府正鼓励私人投资农业。由于马里国内资金有限，外国投资变得至关重要。私人投资不仅可以提供资金，还可以提供技术、工艺、基础设施建设和市场准入机会，且可以成为农村地区经济发展的潜在催化剂。另一方面，公众普遍认为家庭农场已经过时，无法为粮食安全提供保证。

表 4 - 22　尼日尔河办公室地区总体开发计划中开发和翻修项目预计成本

工程性质	面积（公顷）	预计成本（西非法郎）
延伸工程 2010—2020 年	79 865	266 756 291 750
翻修工程（农业土地，不包括灌溉水利）	2 695	11 927 000 000
翻修和延伸工程研究	24 855 362 874	
工程和研究合计	303 538 654 624	

来源：尼日尔河办公室，2010。

政府除鼓励私人投资外，还实行"魅力攻势"以吸引投资者，包括修改投资准则，建立国家投资促进局，设置总统投资委员会，在农业部下设国际合作办公室，并辅之以密集的广告宣传。

对私人投资的呼吁得到了响应。由于国际粮食危机的刺激和对生物燃料的兴趣，私人投资者们争相购买马里农业用地，特别是尼日尔河办公室辖区土地。其中有些交易数额巨大，来自利比亚的马里比亚农业公司获得了 100 000 公顷土地，马里本地的马里棉籽油公司也获得了相当规模的土地。这些交易涉及的土地面积之和，已经超过了自殖民时期以来尼日尔河办公室辖区灌溉开发工程涉及土地面积的总和。然而，由于受土地的法律法规和制度框架的局限，这种对于土地的争夺显得混乱不堪。

2.2　混合土地所有制度

马里有两种主要土地所有制度：源于传统祖制的习惯权属制度和地方习俗，以及国家成文法规定的官方正式制度。

2.2.1　习惯权属制度和地方习俗

习惯权属获得土地的类型在农村地区至今仍广泛使用。历史上重要的王国与帝国都在马里领土上繁荣发展，改变了马里人的生活方式、信仰以及土地和资源的获得方式，这些历史传承解释了马里与传统社会组织和土地关系的诸多相似之处。但是土地所有制度由于受特定历史、地理和社会文化因素的影响，与传统差别较大。

个体和社会群体的关系是由亲属关系等原则决定的。此外，还有出于对老者尊重的老人政治和资历权威原则，方便行使政治权力和优先获得土地的本地优先原则，以及男性地位高于女性的性别等级制度。

这些原则指导着乡村机构的组织和运行，并实际指导了整个农村地区的社会和所有制结构。然而，一般说来，实际执行状况由于农业生态区域、生产系统性质特别是社会和历史因素影响而有所差别。

农村地区获得土地有两种方式：家族内部获得和家族之间获得。主要的土地获得方式是家族内部获得，这在全国所有地区都非常普遍。主要采取两种形式：继承和分配一定比例的土地给予家族内的家庭或个人。土地所有权在家族内传递，因此通过继承不仅可以获得土地，还可以根据习惯权属规则成为其管理者（社会学和应用法研究小组，2007）。管理本身不是基于一般理解的个体私有财产的所有权，而是基于一系列的权利（占有、使用、销售、排他、处置等），由家族成员集体所有，并在这些群体中通过各种方式分配。

家族内获得的类型取决于家族所有土地规模以及当地所有制。在家族持有土地扩大或减少的情况下，越来越多的家庭倾向于分割土地。在多种因素的影响下，大家族逐渐分裂，很多地方开始出现小型家庭，成为他们劳作土地的习惯权属者。

家族间获得土地的方式是在家族所有土地之外，永久或暂时土地权利转移的组织安排。这些安排包括馈赠、放贷、出租，或比较少见的分成、出售，后三种安排是在土地关系货币化之后逐渐发展起来的。这些关系更多是当地人和新移民之间产生，而不是同一社区的家族之间。各种不同的安排可以互相结合，主要的一种或多种取决于当地土地关系和经济结构。

尽管有适用于不同习惯权属制度的通用规则，土地获得规则根据当地情况、社会和历史因素各不相同。此外，该制度还深受国家颁布法律制定和实施状况影响。

2.2.2 国家成文法规定的制度

官方（成文）法律规定了获得土地的各种方式。一般法律需要与约束特定地区，如灌溉工程区域的规范区分开来。

马里财产及土地法（CDF）为国家管理所有制度奠定了基础。作为一般惯例，马里法律遵循土地国有原则，国家在土地关系中占据主导地位，且直接持有土地作为其公共或私有地产。后一种分类包括公开登记属于国家的土地，以及实际习惯权属的"空置或无主"土地（马里财产及土地法第 28 条）。马里财产及土地法保护习惯权属权利，要求强制取得土地须为公共用途且支付赔偿金（第 43 条）。但是这些土地所有权与国家所有权含混不清，因此国家有法定权利协商和裁决这些土地的相关交易。

马里财产及土地法第 35 条规定，私有土地财产可通过多种方式转移，包括农村授权、分配、长期租赁、承诺出售或带地契的租赁等。农村授权，是政府部门给予授权者按照授权合同条款规定暂时开发土地的权利。长期租赁，是出租人给予承租人可抵押的长期使用权，每年收取一定费用。地契是由马里财产及土地法第 169 条约束，规定其无可争议地永久有效。马里法院认为自登记注册之时，地契是所有财产权利的唯一来源。

尽管习惯权属由法律正式承认和保护，但是建立和注册的具体过程目前仍未确定，因为必要的实施法令仍未通过。这种环境使得马里的土地法律在关键领域仍不完整。习惯权属者想要使其权利合法化，只能通过农村授权程序获得。整个过程成本巨大且繁琐复杂，而且被认为不适用于确定习惯权属而饱受争议。

在该国的几乎每个地区，由国家或非政府组织所建工程的所有权也根据工程本身法律地位而有所不同。这些工程地块的分配一般以许可或使用协议为基础。本部分重点关注尼日尔河办公室辖区，这里不同所有制同时共存。

自建立之时起，尼日尔河办公室经历了数次变革，直接导致多种所有制安排并存的局面。根据 1994 年第 94 - 004 号法令，尼日尔河办公室是一个公共产业和商业机构，负责管理马卡拉大坝灌溉或可灌溉土地。马里共和国第 96188 号总统令确认尼日尔河办公室有权管理已开发和未开发的土地，如马卡拉大坝灌溉或可灌溉土地。1996 年法令第 3 条规定，在尼日尔河办公室认为合理的情况下，其管辖区域可以延伸至非灌溉土地。然而，根据第 4 条规定，这些土地必须同已开发及其周围保护土地一样，以马里国家名义登记注册，由国家承担移除习惯权属及重新登记的全部费用。该地区未开发土地，同该国其他农村地区一样，实际上由当地社区所有并由习惯权属规则管理。任何国家对于这些地区事务的干预都需要与习惯权属者协商后进行。

1996 年法令规定，可通过以下机制获得土地：灌溉区包括年度使用合同（CAE），耕种许可（PEA）和房屋出租；非灌溉区包括普通出租和特殊出租（插文 4 - 2）。后两种适用于大规模投资。

插文 4 - 2　获取尼日尔河办公室辖区未开发土地的方法

普通租赁：签订最长 30 年未开发土地租赁合同，合同可以续签。租赁必须用于开发灌溉设施，无法支付租金和改变水道网络将导致合同取消。如果合同终止，与之相关的设施不得损毁。

特殊租赁：签订最长 50 年未开发土地租赁合同，合同可以续签。长期合同结束后，承租人离开项目期间建造设施，无法获得办公室的补偿。承租人自签订租赁合同起 3 年内开始开发土地，之后各方既可明示也可默示签订续签合同，租赁合同受办公室相关规定约束。承租人承担开发土地、建立水道网络和其他设施的所有费用。

实际上，近期马里和尼日尔河办公室辖区大规模的土地收购多采用法律无明文规定的合同安排实现。

首个此类的合同安排是投资协定或公司协定。尽管 1990 年有少数先例，但这在农业私人投资领域仍是相对少见的做法。这些协定反映了投资者在事关投资成败领域获得政府法律保护的强烈愿望。该项机制已被多个大型国内外投资公司采用，包括：南非的伊洛沃糖业公司、中国轻工业对外经济技术合作公司、马里比亚农业公司和法国现代风车公司等。

尽管出于政治、战略和法律上的考虑，投资协定很受青睐，但土地权利的转移实际上是通过租赁合同实现的。从这方面来说，投资协定可以认为是某种投资意向书，只有相关研究和相关条例通过租赁合同部分或全部实施后才能真正执行。有些情况下，尽管投资协定覆盖很大面积的土地（如马里比亚农业公司 100 000 公顷土地和马里粮食销售公司 20 000 公顷土地），租赁合同可能只覆盖已实施可行性和影响评估且已提交开发计划的一部分土地（如马里比亚农业公司 25 000 公顷土地和马里粮食销售公司 7 400 公顷土地）。

租赁合同是由尼日尔河办公室总经理和投资者签订的。合同规定了租赁性质（普通或特殊）、期限和具体地址（插文 4 - 3）。合同确定土地开发时间表（一般是 3 年）、协议用途和合同条款，包括水资源获得及其费用、土地使用条件、取消合同条件、土地收回和争端解决。一旦签署，合同即在赛古地区土地登记处登记。

插文 4-3　农业投资协定内容

投资协定内容多种多样。一般来说，协定以投资的背景和目的开头，接着陈述双方的承诺、授予土地条款、水资源获得、可能新发现的矿产资源使用、第三方公司参与、协定权利分配和争端解决。合同具体描述可利用土地和合同期限，提出政府应保证投资者享有完全的法定土地所有权。此外，合同还指出任何国家强制实行的地役权，投资者承诺研究、实施开发活动都必须符合法律规定。税制也应符合投资法律规定。

每个合同各方承诺细节，甚至代表政府签约机构性质都差异很大，稍后会加以解释，这取决于投资类型和投资者选择进入的时机。在大多数情况下（马里比亚农业公司是个明显例外），投资协定规定，投资者必须和尼日尔河办公室单独签署一份协定，以更好地实施投资协定相关的土地收购。

2.2.3　农村生产者地权稳定性的限制

一般来说，国家约束土地所有权的法律制度是不发挥作用的。州法律以法国法律传统为原型，而不是习惯权属制度。国家法和习惯权属法是由不同的、甚至互相矛盾的原则管理的。在农村地区，两种不同的权威机构，政府和习惯权属制度都宣称其合法。通过将习惯权属土地列入国家私有土地财产，马里财产及土地法降低了大多数农民的地权稳定性，使得他们失去对自己土地的决策和管理权。登记习惯权属流程的相关法令的缺失，使得农民很难通过正式文件确认地权。习惯权属和法定权属两种系统在灌溉工程区同时存在，特别是像尼日尔河办公室辖区这样的国家特别辖区。在这里，灌溉土地通过1996年管理法令获得，未开发地区由习惯权属制度有效管理。习惯权属和法定权属之间的冲突极易爆发，特别是在大规模投资者进入该地区之后。

尽管马里土地与财产法规定了非常透明的程序，投资者可以通过国家法获得土地。可实际上，人们经常违背或回避这些规定。在效果上弱化了程序，削弱农村土地权利，影响国家法的公信力（插文4-4）。此外，官方程序对于大多数农民来说非常陌生，也很难办理，成本高昂得使土地所有者敬而远之（Djiré，2007）。

国家法的有效性和政府程序受到多种因素制约，包括农村社区获得司法帮助困难、不完整和不合理的法律法规，严重的官僚主义。

插文 4 - 4 获得租赁合同的程序

从尼日尔河办公室获得土地需要四个步骤:

第一，有意向从尼日尔河办公室获得租赁合同的投资者，必须向其执行总裁提交申请，作为回应，投资者受邀与技术部门联系讨论项目并为其项目选址。

第二，基于技术部门的研究选址，尼日尔河办公室管理部门向申请者寄送意向书以开始项目建立。

第三，然后，开发者按要求进行研究，如开发项目的可行性研究，包括技术、社会经济和金融评估，还有环境与社会影响研究。技术研究必须考虑第一、二、三级灌溉排水设施，以及开发土地规划。这些研究须在一年内完成。

第四，如果研究结果是积极和有效的，租赁合同将签署并附上开发计划和条件。

2.3 促进投资和管理其社会和环境影响措施

2.3.1 一项新投资法促进私人投资

为促进私人投资，马里同本地区其他国家一样，通过了一项法律规定国内外投资条件和程序。1991 年，马里首次通过了（1991 年第 91 - 048 号法令和总统令第 95 - 423 号规定其实施条款），此后大幅修改（特别是 2005 年），投资法是在大规模土地收购①之前根据国际金融机构惯例制定的。尽管之后有一些修订，但它很少考虑当地特殊情况。

投资法将投资广泛定义为"与开发相关固定资产和初始投资"的贡献。尽管定义很单调，但是确实将商业合同（购买/出售）排除在法律范围之外，商业合同由商业法和非洲商法协调协会管理。此外，还将矿产和石油勘探开采也排除在外，它们由矿产法和石油法管理。

投资法制定了通过法律和制度安排促进投资的机制，对于投资者来说很有吸引力。它一视同仁地给予投资者很多便利，如税收和融资优惠，灵活的雇佣条款，通过延长免除所得税和商业税的期限来鼓励产业开发。除平等对待国内外投资者外，投资法还提供了其他保障，包括返还利润和工资权利，以及在与马里政府的争端中向国际仲裁机构申诉的权利。最后，该法通过一般稳定条款

---

① 1991 年法案废除了先前实施的 1986 年法案（1986 年 3 月，第 86 - 39/AN-RM 号），目前正在审议。

保护已有权利。该法未设定最低投资线，最重要的工程原则是附加值率高于35％。

国家为保障投资法的有效实施，重组了投资管理部门。在政府层面建立投资部门，下属投资促进局负责增加直接投资，特别是外国直接投资。2008年，建立一站式服务机构，办理新投资建立有关的所有手续，减少投资者花费的时间。

这些优势解释了为何大多数外国投资者愿意在尼日尔河办公室租赁土地之前，先与政府签署投资协定。确实，投资协定与投资法紧密联系。此外，政府最高部门的批准，包括投资协定的签署，能简化投资程序。

2.3.2 解决社会和环境问题

大规模投资容易造成严重的社会和环境影响，因此，马里政府在通过法律促进投资之外，还设置了法律管理社会和环境风险。尽管过去20年社会风险控制进展有限，但环境立法取得了重要进展。1992年2月25日，马里宪法规定健康环境是一项基本人权。类似的，该法认为环保是国家和公民的普遍义务。宪法第15条规定："人人有权享有健康的环境。保护环境、提高生活质量是国家和每个公民应尽的责任。"

由于宪法的相关规定和来自国际环保主义组织的压力，马里出台了相关法规以保护自然和人类环境。

2001年，基本法律出台以禁止污染和公害（污染和公害法第01-020号法令）。该法第3条规定，任何可能危害自然和人类环境的活动都需要事先取得环境部长的授权，该授权必须基于环境影响评估。该法第5条规定，任何可能成为环境污染和公害来源的工业、农业、矿业、商业或交通业活动，都需要取得事先环境审核。

2003年通过的有关环境影响评估的法令（2003年第03-594号总统令），尽管没有明确提出，但也同样评估了项目的社会影响。为了保证项目更好地评估对当地人民生活的影响，政府部门颁布了新的法令（2008年总统令第08-346号）。这项法令重点关注项目的社会影响，为环境和社会影响评价（ESIA）设置专门规则。2009年有微调。

原则上，进行环境和社会影响评估的项目若无环保部长的允许不得实施，前提是要有环境和社会影响评估推荐的补偿措施。作为环境和社会影响评估的一部分，项目开发者必须通知当地民众，特别是易受影响的民众。同样，还必须有公众听证会，政府代表或市长须倾听当地民众声音，此外，评估还需有环境和社会管理计划（ESMP）。这些条款对所有项目都适用，包括可能对环境或社会造成负面影响的农业开发项目。实际上，环境和社会影响管理在实施中面临巨大困难。

正是在这个对本地利益的法律保障不完善的背景中，马里今年产生了大量土地收购潮。

3. 私人农业投资和大规模土地收购的趋势

3.1　城市精英收购土地的悠久传统

近年来，私人农业投资从城市郊区兴起。这不是一个新事物，其历史追溯到殖民地之后的城市化时期。很多政府官员和贸易商通过其职位和社会关系（友谊、婚姻纽带等）收购城镇附近的郊区土地。这些土地成为农村授权土地和一些情况下的所有权土地（Djiré，2007）。这些趋势受到独立后第一共和国政府的鼓励，其提倡"回归土地"，由此划分土地为小块并授权城市居住者，特别是巴马科地区附近。

独立后，发展迅速的城市化鼓励城市居住者继续在城市郊区收购土地。这些活动宣称以建立现代农场为目的，从而为其提供社会正统性。然而实际上，尽管有些城市居住者建立了一些畜禽养殖场（禽类或乳牛），但大部分人仅对土地收购投机有兴趣；收购的土地可以分割后以居住用地出售（Kéita，2010；Djiré，2007）。

尽管这种现象缺乏官方统计数据，但可以通过一些案例分析估计其规模。2005 年，在距巴马科 30 公里（Djiré，2007）的沙南克罗市的一项研究表明，最近该市地契数量明显上升，由土地管理部门颁布的 268 项地契分布比例如下：政府官员（40.29%），国家（35.44%），公司（19.40%），私人组织（1.88%），小农（1.49%），工人（0.75%），退休人员（0.37%）和作为已有其他地契的父母代表——学生（0.37%）。鉴于地契是马里土地收购条件之一，这些数据展示了马里农民被排除在（官方）土地所有权之外。有价值的土地逐渐集中于公职人员和城镇企业家手中。同时，随着首都外扩，许多土地所有者开始分割土地，并将其作为居住用地出售，这往往导致几百块土地及其地契的出现。

另一项在距离巴马科 35 公里的巴圭内达农村地区进行的研究表明，巴圭内达灌溉工程管理处（Office des Périmètres Irrigués de Baguineda-OPIB）管理的土地涉及 40 份长期租赁合同，这些合同分别由公务员、商人、军人和私营企业主拥有。巴圭内达灌溉工程管理处冲积平原上的 2 700 份大米种植土地合同中，有 900 份由非居住城市居民持有（Kéita，2003）。这些土地面积平均为 3~5 公顷，有些达到 10 公顷。

尽管近年来土地收购发展速度变慢，且覆盖土地变少了，但城市精英在城市郊区和灌溉区的土地收购某种程度上预示了近年来的土地收购趋势。大规模土地收购吸引了大量媒体的关注，而这些小规模土地交易削弱了当地农村居民的土地所有权，特别是城市郊区的居民。马里的农民组织正在呼吁社会关注这种现象，将其纳入"土地掠夺"的相关讨论中。

3.2　2005—2009 年加速并多样化的过程

在马里政府对于促进投资进一步的关注和努力后，以上趋势加速并向城市郊区以外的地区延伸。土地收购者的性质也发生了变化，特别是有越来越多的外国投资者加入。单笔交易的规模越来越大，有些覆盖数万公顷土地。国内外投资者对于尼日尔河办公室趋之若鹜。

最近的土地收购潮影响了整个马里领土，不同地区投资和收购的数量和规模差异巨大。由于缺乏整个国家整体开发情况有关数据，趋势分析者将重点放在尼日尔河办公室辖区，在这儿能找到最有代表性的案例。辖区管理马里有灌溉潜力的大部分地区，由此吸引了大量的投资者。除私人投资之外，该地区还有大量公共投资。

由开发伙伴支持的公共投资包括：

（1）出于灌溉开发目的分配给地区组织的土地，还有成员国公民可开发的土地：萨赫勒-撒哈拉国家共同体（CENSAD）和西非经济与货币联盟（UE-MOA）；

（2）一个由国际金融公司（IFC）出资的，新增马里地契并将其分配给个人的实验项目；

（3）一个美国政府出资设立的"世纪挑战账户"（MCA），同样致力于个人地契分配尝试。

开发伙伴和地区机构合作的项目取得了喜忧参半的经验。第一个此类项目与萨赫勒-撒哈拉国家共同体合作，这个全新的组织将北非和萨赫尔地区的国家聚到一起，覆盖 1 200 万平方公里土地。萨赫勒-撒哈拉国家共同体国家都有食物短缺和收入低下的问题。在 2004 年 5 月于巴马科举行的第 6 届共同体国家领导人大会上，当时的马里总统宣布，将尼日尔河办公室辖区 10 000 公顷灌溉土地向共同体成员国开放，旨在"帮助保障所有成员国的粮食安全"。

在马里政府召开数次委员会会议之后，马里向萨赫勒-撒哈拉国家共同体提交给了项目文件和协定草案（农业部，2005）。文件估计整个项目成本为 312 600 000 000 西非法郎（625 200 000 美元），平均每公顷 3 126 000 西非法郎（6 252 美元）。

各种渠道的信息显示，报告结果提交给共同体峰会后，有些国家领导人认为马里的提案居心叵测。因为这些原因，这个项目没能持续下去，除利比亚一家公司参与之外（插文 4 - 5）。

　　另一个开发项目涉及地区一体化组织，这个组织比萨赫勒-撒哈拉国家共同体自由化程度更高。马里政府在吸取了此前项目失败的教训后，向西非经济与货币联盟提供了 11 288 公顷土地，并于 2008 年 4 月与西非经济与货币联盟签约。这个项目将作为尼日尔河办公室辖区项目的一部分。分配土地包括两块：一块是萨赫勒地区堪地欧的 9 114 公顷的液压系统工程——法拉得摩罗运河，另一块是图拉巴地区 2 174 公顷土地。

　　西非经济与货币联盟项目有三个组成部分：

　　（1）基础设施开发（农业水利工程和私人投资者的工程）：该项目旨在为成员国公民成立不同大小的农场提供土地。

　　（2）升级现有设施，提高水稻生产率、作物多样性和采取其他支持措施。

　　（3）项目组织和管理以保证其有效运行。在这种安排下，联盟要承担可行性研究、建立灌溉排水网络及承担内外公路系统的建设费用，而公民支付第二和第三级灌溉排水、地块测量和初始开发以及先期投资成本。

　　该项目向三种农民开放：小农，一般可分到 4～5 公顷土地；个体农民，一般有适当的技术和经济能力来开发 10～20 公顷土地；以及主要私人投资者，有能力开展农业经营，可分到 30～60 公顷土地。马里本地受益者可以获得地契，但是非本国国民只能签订长期租赁合同。该项目获得欧盟 19 000 000 西非法郎的投资，自 2010 年 9 月 18 日开始，原则上到 2012 年年底完成。

　　将地契授予农民个人是该项目的重要特点。这种理念首次由尼日尔河办公室辖区的另一个开发项目提出，即世界银行支持的柯蒙纳项目。

　　柯蒙纳项目是由其实施地区命名的。2000 年后首先由世界银行通过"国家农业投资项目"（PNIR）投资，旨在评估地契授予对小规模农民的影响。该项目覆盖 830 公顷土地（后期减少到 444 公顷），分成 130 块 3 公顷面积的地块和几块较大面积土地。这个项目基于一种假设，即地契和农民参与投资可以为农业提供更强的保障、动力和合理性。

　　尼日尔河办公室辖区的管理部门、"国家农业投资项目"和世界银行建立了一个委员会对申请者进行审查，结果却与当初的设想大相径庭。委员会本应该根据 3 个组织设定的标准挑选候选人，但是 2005 年 7 月的审查只找到 1 个符合所有财务标准的候选人。2006 年 10 月又出台了新的征集令以补充人数，相关人员联合制定了新的标准。在 16 个候选人中，11 人合格，5 人不合格（由于不符合程序，特别是无法提供要求的文件）。在 11 名合格者中，6 人在主要指标如偿付能力、信用记录和开发费用支付能力等得分很低。因此，根据该委员会 2005 年第 05 - 0187/MA-SG 号法令，他们被拒之门外。只有 5 名候选人符合最低法律要求并获得批准。实际上很多受益人并未开发土地，有些直到最近才开始耕种土地。

插文4-5 萨赫勒-撒哈拉国家共同体项目的可行性研究结论

由于萨赫勒-撒哈拉国家共同体并不具备足够的专业能力来分析回应马里政府的提议，于是便向联合国粮农组织（FAO）寻求帮助以推动项目。咨询时间从2005年7月21日至8月12日。咨询顾问访问了罗马、的黎波里、巴马科和尼日尔河办公室辖区并得出重要结论，对该项目的可行性产生了疑虑。首先，咨询报告确认，向共同体提供的土地需要延伸尼日尔河办公室辖区的液压系统。同时还注意到扩大水渠和其他配套设施的必要性，特别是公路和社会设施（教育和医疗）。

报告随后提到解决季节性水源的调配问题，这对商业农场的利润率至关重要，建设弗米大坝是唯一可以解决枯水期和旱季的农田灌溉问题的途径。最后，咨询顾问考虑了生产系统和经济因素，注意到该地区高收益和低成本的生产需要大小适中的农场（平均3公顷）以及本地耕作技术和牲畜动力的充分使用。然而实际观察到的是，该项目土地用途与设定完全不同，多为大规模机械化土地，尽管并无证据表明这种用法更好。咨询顾问研究了1998年与中国海外工程有限公司（COVEC）签订的30年长期租赁合同，将1000公顷试验农场用于大规模机械化。该试验最终失败，该公司将土地出租给小规模生产者，他们由于缺少灌溉土地，因此愿意支付比使用国家土地所付水价更高额的租金。

报告还提到实施大规模机械化所需的高额成本使得整个项目花费巨大。最后，在结论部分，咨询顾问建议，在开发主要计划覆盖的10 000公顷土地上开展试验。这对于其他地区的可行性研究有借鉴意义。

正如柯蒙纳试验一样，最近又有一项将地契引入尼日尔河办公室地区的项目，由世纪挑战账户支持。这个项目是美国给予马里大量支援项目的其中的农业部分，另一个部分是整修巴马科机场。农业部分的目的是通过液压系统工程增加阿拉托纳地区的农民收入，稳定土地所有权，扩大耕作区，多样化谋生方式，提高农业生产率。因此，该项目包括开发阿拉托纳地区的灌溉设施并分配土地给农民。该项目获得22 441公顷土地，随后分成了多个地契（每个面积从1~80公顷不等），有限分配给本地人，也分给其他地区的农民。在第二种情况下，公开对年轻毕业生和农民征集申请5~10公顷土地，以及30、60、

90 和 120 公顷商业农场。阿拉托纳开发的 5 200 公顷土地中，1 000 公顷已经开发完毕，地块已经分配给 200 名新农民。该项目还包括教育、医疗和组织能力建设等活动。

像柯蒙纳此类公共资金支持开发的项目一样，西非经济与货币联盟和 MCA 项目也是旨在刺激尼日尔河办公室地区涌现更多的农民企业家。最近几年，该地区吸引了大量私人投资者。2004—2009 年，871 267 公顷土地分配给了投资项目，2007 年之后加快了进度。这些土地分配是由办公室或中央政府根据永久（50 419 公顷）或有条件的（820 848 公顷）基础，分配给大型投资者。其覆盖面积是自殖民地时期以来尼日尔河办公室辖区灌溉工程面积的 10 倍。

尽管大量关注聚集在外国投资者的土地收购上，而马里国内居民仅拥有不到 50% 分配土地（Papazian，2011），但 90% 的已知申请由国内开发者提交。虽然不乏有一些来自国内投资者的大规模投资申请，但是大部分申请都少于 50 公顷土地。值得注意的是，38% 的申请者只申请 1～5 公顷土地。另一方面，没有外国投资者获得少于 500 公顷的土地（Papazian，2011）。

可以申请分配土地的马里居民包括：当地农民（个人或集体）、有意向在该地区定居但无耕种许可的农民（个人或集体）和大规模私人投资者。第一组包括拥有尼日尔河办公室辖区颁布的耕种许可证（PEA），希望单独或集体扩张农场，或通过租赁合同获得更稳定的土地所有权的当地农民。这些人多为尼日尔河办公室管理层的农民代表、地区代表或当地政治协会领导人，他们能在第一时间得到获取土地的机会。尽管很多人单独申请，但是更多的人愿意与亲友组成协会进行申请，例如尼塔德菲蒂协会（Nièta de Phédié Association），莫迪博德都弗里协会（Modibo Kimbiri de Dogofri Association）和萨玛巴拉和顿卡发合作社（Samabalagnon and Dunkafa-Ton cooperatives）。第二组包括无法获得土地，但想在该地区定居而申请未开发土地的农民。他们一般在非定居的农民土地上季节性劳作，或在大规模持有土地农民转租的土地上劳作。一般来说，他们通过协会和合作社获得土地。大规模私人投资者都是不住在当地的开发者，且不从事农业劳动，有些人甚至住在国外。同外国投资者一样，他们也申请大面积土地，10 个私人投资者即拥有 50% 的马里分配土地。主要投资者包括番茄集团（Tomato Group，100 000 公顷）、亚塔塞（Yatassaye）公司（companies Yatassaye，20 000 公顷）、非洲农业生产公司（Société Africaine de Production Agricole，20 000 公顷）、中非矿业勘探公司（CAMEC 20 000 公顷）、马里大众贸易有限责任公司（SOCOGEM，20 000 公顷）、恩迪亚耶公司（Ndiaye et frères，15 000 公顷）、穆兰现代公司（Société des Moulins

Modernes，7 400 公顷）和 BMB 出口公司（BMB Export，10 000 公顷）。

外国投资者同国内投资者一样，也是多种多样。根据 Papazian 的分类（2011），外国投资者包括通过主权财富基金的私人投资者，如利比亚的马里比亚农业公司[①]；食品加工和能源领域的（国有或跨国）产业集团，如中国投资的中马合资企业新糖联[②]（Sukala and N. Sukala）；还有与马里政府建立公私伙伴关系的外国投资者。后一种类型包括大量工程，马里政府通过与投资者或投资国政府合作，起到了非常积极的作用。这种合作体现在马卡拉糖业公司项目（PSM）中，是本节讨论的两个案例之一。

同马里法律法规一致，分配给这些投资者的土地都是未开发（灌溉）的，由习惯权属管理。然而在有些情况下，国家已经有相关地区的地契。现在土地均为农牧用地，居住者包括种植小米等谷物的长期定居农民以及季节性迁移牧民。未开发土地上私人投资者的到来，往往使得投资者与当地社区关系紧张。

尼日尔河办公室（2009）的数据显示，开发者主要对大米、油菜籽和甘蔗感兴趣。只有 871 267 公顷土地中的 5.8% 签订了租赁合同。剩下的 94.2%中，项目仍处于"投资意向书"阶段的占 60%。大量的土地分配仍只有意向书，而不是实际租赁合同。在租赁合同下的土地（5.8%）中，只有 23% 真正进入开发阶段，所以只有很少的土地真正得到开发。在有条件地开发的土地中，仅 54% 签署了投资意向书，且作为租赁前提的研究都已过截止日期（Papazian，2011；Djiré and Wambo，2010）。根据马里法律，这些分配只能取消。这说明开发农业用地并不是这些投资者的主要关注，很多情况下土地收购都是出于投机目的，因为高价值的土地越来越少，且这些土地将在今后成为金融和战略要地。

因此需要再次审视这场土地竞争的制度框架，分析其实际有效性。

3.3 受到现实威胁的法律和制度框架

3.3.1 繁冗复杂的监管机构和机制

尼日尔河办公室是土地制度安排的核心部门，负责管理项目分配的土地。其辖区长期以来被称为"国中之国"。尽管不是毫无根据，但这种观点逐渐受到挑战，特别是在大规模投资者到来和捐助者支持的试点项目实施以后。很多组织都有授权在该地区进行农业开发，不同的中央机构自下而上或自上而下、直接或间接地参与到土地分配中。

[①] 需要马里比亚农业公司方面的详细资料请查阅 Diallo and Mushinzimana（2009）；Oakl and Institute（2011）；Adamczewski and Jamine（2011）。

[②] 关于中马合资企业新糖联方面的资料，请参阅 Papazian（2011）。

例如，总统投资委员会和投资促进局致力于在该地区吸引私人投资，侧重于农业和其他领域。2003 年建立以来，总统投资委员会由国家领导人担任主席，有来自国内外主要矿业、工业和金融业的代表成员（Oakland Institute，2011）组成。投资促进局成立于 2005 年，目的是促进私人部门参与国民经济。该机构对工业、投资和贸易部负责，主要任务是促进和增加直接投资，特别是外国投资。2008 年设立一站式服务机构，缩短了处理所有新投资相关手续的时间。所有需要投资法批准和政府授权的投资申请都可以在此得到解决。

此外，不同的中央政府部门均参与了投资管理，特别是农业投资。很长时间以来，尼日尔河办公室对农村发展部负责，在之后的机构重组后，农村发展部改为农业部。但 2009 年之后，对尼日尔河办公室的监管权移交给附属于总理办公室的国务卿①（SEDIZON）。不同于致力于农村发展和农业开发的部委，鉴于其战略重要性，国务卿主要管理尼日尔河办公室。其负责执行可持续开发总体规划和 2008 年通过的尼日尔地区发展总体规划（SDDZON）。更重要的是，国务卿的建立反映了政府最高层将办公室决策权收归中央政府的意图。

但是仍有多个部委参与到尼日尔河办公室农业投资的决策中来。住房、土地使用和城镇规划部分管地契分发、赛古地区的租赁登记和财产登记，具有强制征用当地土地权利以及重新安置的权利；环境部参与环境影响研究和环境监测，颁发环境许可；财政部管理投资法允许的相关税收；水资源、能源、农业及其他相关部委也参与项目准备和监测，例如旁听评估委员会或监管租赁的技术委员会关于环境和社会影响的报告。

除了巴马科（Bamako），还有一些机构在管理农业投资中扮演重要角色。这里主要是指尼日尔河办公室，是一个"公共产业和商业实体（EPIC）"，具有法人资格和财政资助权。该办公室建立于 1932 年，以开发尼日尔河三角洲灌溉工程为目的，并与 1994 年重组。其总部在赛古地区，与提供灌溉的马卡拉大坝相距不远。辖区分为 6 个自主管理生产带，一切活动根据经董事会批准的计划和程序进行。部分联合管理委员会由来自办公室管理层和协助办公室管理土地、水源、基础设施和解决争端的农民代表组成。

3.3.2　土地管理的挑战

机构设置复杂是影响马里政府管理大规模农业投资能力的主要弊端。投资者和国家的政府联系点（如合同谈判机构）、协定形式和内容过于多样化。大量文件表明，合同实施过程中法律和实际有很大差距。一般来说，管理投资项目环境和社会影响的法律要求经常被忽视，"意向书"甚至实际土地租赁都缺

---

① 附属于总理办公室，负责尼日尔地区的综合发展。

乏战略规划。深度讨论这些挑战是必要的。

农业投资合同的第一个重要特征就是投资者选择的马里政府联系点的多样化（Cotula，2011）。理论上，获得租赁土地的过程包括向管理层提交申请，提交意向书，再签署协议。大部分马里投资者都遵循这个过程，但是大量外国投资者依赖于投资协定，其可以替代投资意向书。此外，不同的合同由不同的政府机构签署。如马里比亚农业公司的合同是农业部签署的，马卡拉糖业公司的合同是工业贸易部签署的，而中马合资企业新糖联合同是住房、土地使用和城镇规划部签署的。另一个马里粮食销售公司的合同是国务卿签署的。而涉及大量土地收购的番茄集团并未和中央政府签署任何协议。

在上述情况下，办公室管理层将面临一个既成事实。基于中央政府签署的合同，办公室必须尽其所能满足国家做出的所有承诺（Cotula，2011）。同样，办公室管理层签署的租赁合同原则上需要租赁委员会在多名办公室官员讨论后进行有效性审核，并准备合同各方面尤其是投资者义务方面的条件表。该租赁委员会建立于 2007 年尼日尔河办公室收到大量申请之时，但目前还未完全运转。因此，现有租赁合同是由办公室的执行总裁直接签署，并未进行委员会的审核。

此外，尽管所有私人投资者的投资协定和租赁合同结构相差不大，但内容却相去甚远，特别是在赋予投资者的所有权、土地和水资源费用等各个方面，也就是说各项目的重要环节因联系点不同而差异巨大。

例如，马里比亚长期租赁合同本身不需要任何费用，而马卡拉糖业公司的长期租赁涉及大量土地移交，作为其项目股权的交换，土地费用由马里政府承担。同样的考虑也适用于水资源使用权和费用，这在所有租赁合同中均有涉及。根据马里比亚协定，马里政府应授予马里比亚所有必要的许可，并根据可行性研究使用马西纳运河及地下水。还要允许马里比亚在雨季使用必要数量的水资源，并为较少依赖水分的作物提供必要数量的水资源。喷灌水价定在 2 470 西非法郎/（公顷·年），重力灌溉价格为 67 000 西非法郎/（公顷·年），这也是政府开发地块上小农支付的价格。与另一个公司 M3SA 的投资协定里也使用了同样的价格。在投资协定中确定水价违反了办公室管理法令条款。根据条款，水价应由农业部确定。将按照国家法拟定合同的意愿解释了 M3SA 的合同为什么不同于投资协定，并没有确定水价，而且也仅仅是提到监管尼日尔办公室的相关部委遵循的原则。

最后，尽管在大部分合同中都未提及，重新安置问题是 M3SA 协定中的重要组成部分。根据其与政府签署的协定条款，该公司需提出合适的重新安置计划，并做出包括居民社区运转模式在内的项目提案。此外，作为标准的法律惯例，相关土地是免费分配的，没有任何法律条文阻止其使用。然而，协定规定"如果分配的土地涉及敏感地区，比如村庄、圣地、放牧路线或田地，其使用是需要进行补偿的"。尽管国家法规定任何情况下都需要补偿，但这些条款在很多早期合同中都未出现。

3.3.3　战略规划和投资计划的挑战

在各个部委之间及与尼日尔河办公室之间，如果没有有效的协调机制，内容各异的合同和战略规划的有效性都会出现问题。中央政府分配土地给外国投资者，办公室分配土地给国内投资者。2004—2009 年，一共分配了 871 267 公顷土地，大大超过了尼日尔地区在 2020 年之前一共分配 120 000 公顷的总体发展规划。

由尼日尔河办公室管理层进行筛选的有效性也受到质疑，因为办公室虽然签发了大量的意向书，但是没能进行必要的研究。造成这种状况的主要原因是办公室在签发意向书之前并没考虑申请者的技术和经济实力。正因为缺乏透明的选择标准，所以几乎任何人都可以申请并获得意向书。此外，该过程还允许远离该地区以及农业，甚至不具备必要研究能力的开发者进行申请（Papazian，2011）。很多消息表明，土地分配受很多因素影响，比如国家开发者和当地决策者、外国开发者和国家之间的关系。这些环境因素解释了为什么意向书向租赁合同转化的比率低，以及为什么会不断出现分配土地开发失败的现象。法律规定的可行性研究期限（意向书签署后一年内）和开发土地期限（租赁开始三年内）也无人监管，很难执行。

办公室和政府或多或少已经认识到土地管理面临的挑战，主要反映在以下几个方面：一是最近国务卿的机构设置调整；二是办公室管理法令的修改上；三是 2010 年取消了对未能及时开始可行性研究的投资意向书，一共涉及 224 219 公顷土地。

3.3.4　监管社会环境标准执行面临的挑战

辖区的投资项目都会产生社会和环境影响，因此均需要进行环境和社会影响评价（ESIA）。然而，实际执行标准的情况因人而异，取决于资金的来源。

尼日尔河办公室人员对程序并不熟悉，也不加以应用，因此，环境和社会影响评估无法成为租赁合同的前提条件。有些开发者不进行环境和社会影响评估也获得了租赁合同。大量渴望得到数千公顷土地的外国投资者的涌入将这个矛盾激化，他们申请的都是大面积农牧业用地。在几个案例中，在没有环境和社会影响评价、甚至没有签订租赁合同之前，工程建设就已经开始。有些外国开发者认为，与投资国中央政府签约已有足够的法律权威，认为与办公室的签约只是"多一个行政程序罢了"（Papazian，2011）。本节的实地调查发现，有些人认为，即使有环境和社会影响评价，应有的程序也很难执行。

另一个关键问题是大型农业投资必须为受影响的社区和重新安置提供补偿。例如，马里比亚农业公司在开工建设之前，既没有环境和社会影响评价，也没有考虑开发土地的原有用途。传统上，马西纳地区是用来放牧的，一个由德国公司支持的当地农牧业发展计划因此搁置，搭建的临时帐篷被损坏，7公里的放牧路线被阻断（Brondeau，2011）。

中马合资企业新糖联和番茄公司也是不经过公共协商或环境和社会影响评价就开始清理土地。同马里比亚农业公司一样，番茄公司清理了 1 400 公顷土地。在贝瓦尼地区，中马合资企业新糖联公司清理的土地是当地村庄用来放牧、拾柴和种植旱作的。当地人并没有通过公共协商了解相关信息，这违反了环境和社会影响研究的法令。而且他们也没有得到事先的补偿。萨那曼多古也是一样，当地人本来拒绝 M3SA 项目的实施，但是在与警察正面冲突、遭到逮捕之后，加上开发者的保证承诺，他们就不得不放弃了（Papazian，2011；Oakland Institute，2011；Diallo and Mushinzimana，2009；Adamczewski and Jamine，2011；数据来自于实地考察）。

相反的，与世界银行类似，非洲开发银行的实施指导原则都非常关注环境影响研究和马卡拉糖业公司项目重新安置计划，包括对有利于当地人民的支持措施。

由于在居民迁移和安置方面缺少清晰的国家指导原则，目前一切均依赖于开发者的"善心"或出租人的强制要求。

一个根本的问题在于政府承诺"土地没有任何产权负担"。租赁的土地都是在灌溉区以外的，投资者分配到的都是未开发土地以建设灌溉工程。在这些地区，无论是否是习惯权属，当地社区都有权使用土地进行耕作或放牧。办公室管理法令明确指出，其有垄断马卡拉大坝灌溉区域土地的权利，未开发土地分为两类：①已登记土地，地契转交给办公室；②未登记土地，拥有习惯权属。后一种土地的登记需要遵照马里财产和土地法的精神和规章以及管理法令、环境和社会影响评估法令，给予习惯权属所有者一定补偿。这是政府的责任，但是政府也不一定总能发挥作用。截至 2002 年，仅有 199 046 公顷土地在政府进行了登记，主要涉及灌溉区的土地（根据 2002 尼日尔河办公室框架协定）。因此大多数土地，甚至未开发土地都没向政府登记。

已经登记的土地也存在问题。有时，政府以其名义登记了土地，但是没有按要求实地调查，特别在确认和补偿土地相关权利者方面。有时，政府在很久以前登记了土地（无论程序是否恰当），但是将土地荒废了，因而当地社区仍认为自己是法定所有者。后一种情况下，尽管当地社区并无法定权利，但仍然很难找到合理的政治、社会和人道的理由将其从土地上无偿赶走。

原则上，政府必须补偿习惯权属者。但是根据环境和社会影响评价法令，由开发者进行补偿，这与办公室相关法令相悖。实际上，各个项目对此处理方式也不尽相同。

在马里比亚和梅尔凯莱蔗糖项目中，马里政府负责补偿。而新糖联项目中，中方承担"信息相关费用以及受影响村民的迁移和安置费用"（合同第 7条）。与番茄公司的谈判还在进行，马里政府拒绝补偿，认为开发者没有为当地做出贡献；番茄公司也拒绝出钱，认为其他项目是由国家补偿的（采访赛古地区办公室官员；Papazian，2011）。因此，M3SA 协定规定，公司应承担补偿费用。

3.3.5 公平考虑和政策稳定

除合规问题外，私人投资还引起公平和政策稳定问题。最初办公室允许大型私人投资者可以不考虑小农问题。Benoît Dave 指出，当地有 25 000 个家庭农场，平均每户有 3.7 公顷土地（Dave，2010）。这些农场变得越来越小，在过去的 25 年中平均面积缩小至原来的三分之一，即 3.14 公顷（Bélière et al，2003）。

这些农民没有土地，可以免费租赁土地，但是每年需支付灌溉系统维护费，否则将被逐出土地。这些农场问题重重，Benoît Dave 认为根源在土地紧缺。笔者认为，56％的家庭农场仅拥有不到 3 公顷的灌溉土地，这一规模是种植稻谷的最低要求（Dave，2010）。该比例正在上升，因为很多农场由于继承或冲突逐步分裂，或负债农民将部分土地出售，尽管国家禁止此行为。相反，农民无法得到更多土地；几乎没有项目给小农分配土地，大多分给了公务员、商人或新农民。而且，难以获得信贷支持也使得小农无法自己开发灌溉设施。

在此背景下，将几千公顷土地分配给私人投资者而不是家庭将带来公平问题，小农认为其不久后将沦为农场打工者。

此外，政策选择也存在诸多问题。大多数大型投资者的合同和协定不涉及最终消费市场。例如，马里比亚农业公司和马里政府签署的协定采用粮食自给作为目标，但是合同没有提到最终产品去向。如果都流向出口市场，如何保证粮食自给呢？

同样，随着项目的不断增加，能否保障足够的供水量也是各类研究的焦点（Schuttrumphand et al，2008；Oaklahand Institute，2011）。CENSAD 项目的可行性研究（Aw，2005）也提出影响到尼日尔河办公室辖区的几个重要问题，包括过分重视不适合种植稻谷的大型机械化农场，土地使用费用和对小农的包容性。

4. 包容性投资模型的案例分析

尽管此前的研究都关注于马里农业投资的不足之处，本部分分析将关注较成功的两个实践案例。一个是复杂的政府—私营—社区伙伴关系项目，涉及甘蔗生产加工设施，即马卡拉糖业公司项目（PSM）。该项目建立了一个 14 123 公顷的甘蔗生产基地和蔗糖、酒精和电力加工设施。生产基地即涉及房地产建设，也包括承包种植计划。多边贷款机构参与了国际社会和环境标准的执行。第二个是在库里克罗地区的马里生物增碳剂公司（MBSA），此公司在尼日尔河办公室辖区外。该案例涉及生物柴油的生产，该生产以向国际市场销售为目的。公司投资了一个加工设施，与当地农民签约收购麻疯树果实。农民组成合作社，在马里对其补贴中占有股份，代表公司董事。尽管马卡拉糖业公司项目需要收购土地，且是连锁的合资公司，但没有取得任何耕地，而是从农民手中收购原料。

除使用不同的模型和实施规模外，两个案例的实施阶段也不同：MBSA相对先进，分析了可能的投资结果，而马卡拉糖业公司项目仍处于筹集资金和探索可能性的阶段。

4.1 马卡拉糖业公司项目：一个政府—私营—社区伙伴关系模型

马卡拉糖业公司项目原本设计为政府—私营伙伴关系，后来扩展为政府—私营—社区伙伴关系。该项目不同于当地大多数私人投资项目，因为其建立方式不同，且获得了来自非洲发展银行的支持。该项目由南非的受英国公司控制的伊洛沃糖业公司牵头。

项目有两个组成部分：一个是农业部分，主要是建立 14 123 公顷带喷灌系统的甘蔗种植园，每年生产 148 万吨甘蔗；一个是工业部分，建立加工厂，每年生产 190 000 吨糖和 1 500 万升酒精，还有 30 兆瓦电力。种植园分为两个独立部分，一部分的用水取自科斯特运河，另一部分的用水取自马斯纳运河。根据项目文件，考虑到节约用水，其灌溉方式是喷灌。农业部分的第一阶段包括为种植甘蔗清理土地，原有的植物必须清除，耕地和牧地改为甘蔗种植用地。第二个阶段就是安装管理 200 个灌溉枢轴，道路和第一、二、三级运河等其他设施。枢轴之间的 1 000 公顷灌溉土地可供当地人使用，用来种菜换取收入，保证低产区的粮食安全。

项目位于尼日尔河办公室辖区，马里第四个行政和经济中心—赛古东北城镇。由 2004 年 6 月 23 日签发的 2215 号地契管理，占地 111 377.46 公顷，以政府名义登记。其中，马卡拉糖业公司项目土地分为两个部分，一部分完全移交给马卡拉糖业公司，也是该项目工业部分的牵头公司，另一部分与甘蔗公司（CaneCo）签订 50 年租赁合同，也是该项目农业部分的牵头公司。马卡拉糖业公司（SoSuMar）是马里政府和伊洛沃公司的合资公司，甘蔗公司将由马里政府持有 90％股份，而马卡拉糖业公司仅持有 10％的股份。但是，根据伊洛沃官员介绍，"伊洛沃在公共部门的甘蔗公司将无经济利益。虽然马卡拉糖业公司确实拥有 10％股份，但是其放弃了从甘蔗公司分红的权利，股份只具有象征意义。"

4.1.1　背景：蔗糖生产的不足之处

马卡拉糖业公司项目反映了政府高层促进农工业发展的意愿。该项目的目标在于实现蔗糖的自给，剩余产量出口到邻国，通过灌溉农业减少贫困。

马里每年蔗糖产量约为 155 000 吨。现在马里只有两个蔗糖生产工厂，都位于尼日尔河办公室辖区（思睿巴拉和多加布哥），均由中马合资企业新糖联运作，新糖联由中国轻工业对外经济技术合作公司控股 60％。该公司每年产量约为 35 000 吨。因此，每年需进口 120 000 吨蔗糖以满足需求。在这种情况下，特别是斋月节蔗糖需求激增的时候，将迫使马里政府对蔗糖进口免税，以公众利益换取价格稳定。

项目历程：从可行性研究到非洲发展银行（非洲发展银行）

在得出糖业已变得"苦涩不堪"这一结论之前，马里政府已经采取了一系列行动通过促进本国生产来满足国内需求。这是 2001 年美国国际开发署（USAID）投资蔗糖生产，进行第一次可行性研究的背景。该研究由谢弗管理顾问公司（SAIL）承担。

研究结果确认了建设灌溉设施来提供高质量甘蔗，以及建立产量超过 170 000 吨加工厂的潜力。研究建议与糖业领域有经验的经营者合作。

因此，2003 年，马里政府在巴马科组织了糖业投资者圆桌会。会议旨在介绍本项目，并寻求合笔者。最后，南非伊洛沃公司被选为其战略合作伙伴。在几次补充研究之后，伙伴关系正式确定，马里政府、伊洛沃公司和谢弗管理顾问公司于 2007 年 6 月 27 日签约。

协定要求，马里政府参与资金筹集。因此，不同机构，包括非洲发展银行也被要求提供资金。该银行积极回应，并在参与过程中尽力保证项目符合非洲发展银行社会和环境标准要求。

2007 年 6 月 27 日签署的协定是一个非常复杂的技术文件，而且很少考虑到当地社区。在一些村民表示反对该项目，以及在根据非洲发展银行原则完成重新安置计划后，该项目作出了巨大调整以减少不足①。根据马里环境法，马卡拉糖业公司项目属于"类别1"项目，需要深入的评价环境和社会影响，并制订环境社会管理监测计划。非洲发展银行也认为马卡拉糖业公司项目需要进行详细的环境和社会影响评价。评价报告不仅要符合国家法律规定，而且也应符合非洲发展银行环境和社会评价程序。此外，在非自愿搬迁的村民身上实施银行政策时，需要制订一个详细配套的减贫计划和重新安置计划（PRP或RAP）。开发者提供的相关文件于2009年5月获得非洲发展银行评估委员会批准。

尼日尔河办公室辖区的技术和资金合作伙伴（TFPs）也对环境和社会影响评估早期报告做出了评论，该报告提交给非洲发展银行董事会。这些评论涉及环境、社会条款以及基础设施，对于水资源持保留态度。2010年又对水源问题做了进一步研究。

在不同因素的驱动下，非洲发展银行和马里政府的贷款协定于2011年6月在巴马科签订。据此，非洲发展银行将投入65 000 000欧元（43 000 000西非法郎）到项目的两个组成部分，其中23 000 000西非法郎给农业部分，20 000 000给工业部分，而总成本为275 000 000 000西非法郎（560 000 000美元）。这使得马卡拉糖业公司项目成为第一个获得非洲发展银行批准的公私伙伴关系开发项目。

4.1.2 项目伙伴和动力

马卡拉糖业公司项目将具有不同动机的参与者聚集在一起。马里政府主要关注本国的蔗糖供应和贫困消除。看起来该项目是解决问题并创造就业的较好渠道，还可以通过减少蔗糖进口节省外汇开支，以促进社会经济发展。

南非的伊洛沃糖业公司（IGHL）是一个股权公司，是非洲主要的蔗糖生产商。伊洛沃糖业公司在毛里求斯注册，并在非洲6个国家设有分支机构，公司在约翰内斯堡证券交易所上市。伊洛沃糖业公司主要由英国联合食品公司控股，占51%的股份。参与该项目将可以在未来5年促使伊洛沃提高50%的非洲蔗糖产量。

谢弗管理顾问公司是美国的私营企业，提供农业、能源和基础设施的国际研究、管理和支持服务。此类公司通过可行性研究直接参股项目的情况并不多

① 对这一认可的有关评论，Illovo代表指出，整个马里政府总是意图将该项目政府部门的收入用于减轻马里区域内和跨区域贫困，这是公平的。后者将40%的甘蔗种植区域转化为再居住居民和生产者的直接所有权这一行为，是最初概念的实施，而不是整体战略，例如扶贫的变化。然而，这种肯定是毋庸置疑的，尽管2007年的协议并不是指扶贫。

见。马里政府允许谢弗管理顾问公司参股马卡拉糖业公司，这是政府参与项目并吸引更多潜在投资者采取的鼓励措施。

不同于前三者，非洲发展银行并不是协定初始参与者。它在马里政府的要求下投资，其目标与促进非洲发展的宗旨一致。同时，银行还尝试建立农工业领域政府——私营伙伴关系基金。项目实施分为两个阶段，这可从初始协定、环境和社会影响评价以及重新安置计划中分析出来。

4.1.3 项目建立

为实现该项目的工业目标，一个新的有限公司在马里注册登记。马卡拉糖业公司的初衷是建立运营甘蔗加工厂，生产、推广和销售蔗糖及其衍生品，也为该项目成立的第二个公司（CaneCo）提供服务。

2007年投资协定的第3.1.3条款规定，马卡拉糖业公司的大部分股权由外国私人战略投资者持有。签约当天，糖业公司的股东包括马里工商会、伊洛沃糖业公司、谢弗管理顾问公司和个人。当时，伊洛沃糖业公司仅持有少数股份。然而，伊洛沃糖业公司有购买公司大部分股份的权利，还承诺今后为该公司提供技术服务。

根据2007年投资协定的3.1.5条款，马卡拉糖业公司建立甘蔗公司的目的是建立种植园以专门为其提供原料。甘蔗公司的股东是马卡拉糖业公司（10%）和马里政府（90%），但是糖业公司放弃了其获取分红的权利。因此，马里政府控制了该项目农业部分的运营，也通过保障投资和控制投资者控制了该项目的工业部分。

尽管甘蔗公司是在2007年投资法通过之前建立的，但还是要履行相关权利、收益和承诺，还可以要求执行对其有利的法律。类似地，尽管马卡拉糖业公司不是协定的参与方，但仍然可以接受和履行相关权利、收益和承诺。

项目的融资结构非常复杂。在必要的运营资本筹集上，项目规定，马卡拉糖业公司将努力保证满足甘蔗公司的运营资本贷款需求，同时伊洛沃糖业公司应保证马卡拉糖业公司的运营资本需求，包括甘蔗公司可能的贷款需求（图4-7）。

关于项目要求的相关软件贷款，2007年合同的第6.3.2条款强调，政府有责任为马卡拉糖业公司和甘蔗公司提供充足的资金以保证项目运行。然而，根据第6.3.2.2条，如果马里政府无法提供充足的资金，其须与伊洛沃糖业公司一起通过向金融机构贷款等方式补足短缺。

甘蔗公司成立时仅满足了最低注册资本。公司由马里政府和马卡拉糖业公司共同建立，成立时糖业公司是其唯一股东，但甘蔗公司的股份规模不断提升。马里政府通过其长期租赁的土地获得90%的股份（2 050 000 000 西非法郎），糖业公司用现金购买了 10％的股份。

根据 2007 年协定，马卡拉糖业公司有以下义务：

（1）建立和运营加工厂，根据技术服务协议提供技术支持。

（2）加工厂规模达到每天压榨 7 680 吨甘蔗，质量满足市场需求。

（3）工程建设期间，每 6 个月向马里政府提交报告，汇报工程进度、员工培训和任何施工困难。

（4）当甘蔗公司超负荷生产时，糖业公司和甘蔗公司应至少雇佣 5 000 人。

尽管马卡拉糖业公司不是协定的参与者，其仍在 8.2 条承诺每年创造 7 200 个工作岗位，生产 195 000 吨蔗糖和 15 000 000 升酒精。此外，马卡拉糖业公司还指出，工业设施成本预计为 167 000 000 美元，农业设施成本为 150 000 000 美元，预计开工时间是 2009 年 12 月 1 日。

伊洛沃糖业公司为糖业公司和甘蔗公司提供技术服务，帮助糖业公司实现包括创造工作机会、员工培训、提供饮用水和电力供应等项目目标。

谢弗管理顾问公司应"尽一切可能保证 6.2 条中待决条件得到满足"（笔者翻译）。这些条件涉及：

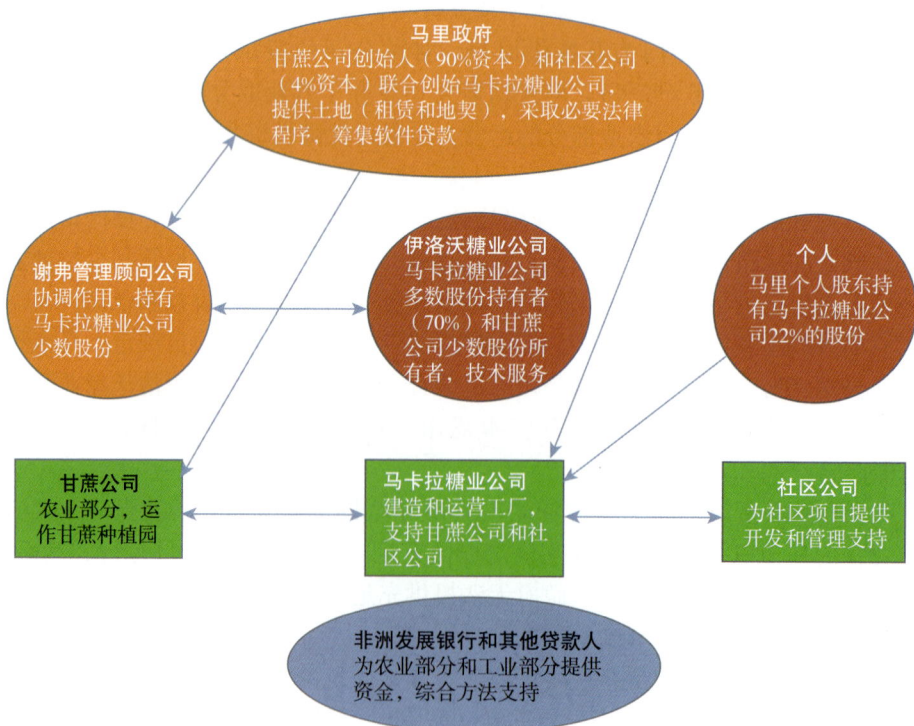

图 4-7　马卡拉糖业公司项目（PSM）组织结构

（1）在 2007 年 12 月 31 日前，签署国承诺尽一切可能保证项目其他附属协定签署完毕；

（2）为达成一致条款，马卡拉糖业公司和甘蔗公司应进行融资协定谈判；

（3）政府、糖业公司和其他公司股东就达成一致的条款签署协定及其附件；

（4）甘蔗公司的建立和注册，合并契约和组织章程的签署。

鉴于糖业公司的建立是伊洛沃糖业公司的职责，谢弗管理顾问公司的作用可以看成是支持项目进程，维护参与者之间的关系。

马里政府将 1 500 000 000 西非法郎作为股份投入糖业公司，以拥有 857 公顷土地地契的方式入股，加上一份涉及 134 公顷由糖业公司指定土地的长期租赁合同。加工厂和相关基础设施均在地契涉及的土地上建立。马里政府分两期投入实现所有权的转移，并得到租赁权，不必有现金投入。

此外，2007 年协定的第 12.6.1 条强调，如果未来项目扩张还需其他投资，政府将在长期租赁合同下给予糖业公司一个选择，允许其在长达 15 年内占据和使用更多的土地。这份租赁合同的价值将由糖业公司决定，以此作为政府在糖业公司增股中的投资。项目扩张还可能涉及使用连续或不连续的地块，由糖业公司在 2007 年协定附件地图中的 A、B 和 C 地带选取，糖业公司可以行使或放弃在协定签署 15 年内扩张项目区域的权利（条款 12.6.3）。政府承诺在这 15 年内，在糖业公司行使其土地扩张权利之前，相关土地使用不得妨碍糖业公司的规划和使用。相关的租赁合同，同甘蔗公司一样，可以续签 50 年。对此，人们会存在法律上的疑虑，即给予投资者土地选择权的价值可能会高于保留土地的价值，因此会带来巨大负担。如果投资者不行使权利，马里政府须承担巨大的机会成本。

根据 2007 年协定，马里政府持有甘蔗公司 90％的股权，以长期租赁土地给糖业公司的形式投资，价值 2 050 000 000 西非法郎。一旦双方签署租赁合同，糖业公司将购买甘蔗公司新的股份，成为其 10％股份的所有者。

根据 2007 年协定的第 13.2 条，这项可续签的 50 年租赁合同涉及 19 254 公顷土地，甘蔗公司可以运营其农业项目。租赁合同条款将赋予公司"使用土地作为担保的权利"，从而使公司可以获得未来开发土地的贷款（笔者翻译）。类似地，条款允许甘蔗公司将租赁土地转租给其他蔗糖生产商，包括马卡拉糖业公司。

除马卡拉糖业公司和甘蔗公司之外，在评估了环境和社会影响，并调整了重新安置计划总体设计之后，马里政府又建立了第三个"社区公司"（CommCo.），旨在开发分配给当地社区的 5 600 公顷土地。该地区一开始并未考虑开发，因此被视为额外的开发计划。该地区一部分将用于种植谷物和蔬菜，另一部分种植甘蔗，地块主要分配给妇女。该计划使得马卡拉糖业公司项目的公私伙伴关系模式兼顾了社区利益。

在 2007 年协定的第 18.1 条款，马里政府认为，采取法律措施保护本国蔗糖市场是必要的，必须将蔗糖作为敏感产品保护，应根据附件 D 规定采取必要措施保护国内市场。然而，双方都意识到，西非经济与货币联盟规定可能使得 2007 年协定的相关规定成为一纸空文。如果执行附件 D 条款意味着马里政府违反西非经济与货币联盟协定，政府必须首先尝试施加积极影响并获得其他联盟成员的许可，从而维持敏感产品蔗糖的现状。

4.1.4　对水资源的担忧

马里政府在合同中指出的最关键的一个问题是水资源问题。根据条款 15.1，马里政府必须全天候保证马卡拉糖业公司和甘蔗公司工业用水供应。除此之外，政府必须保证这两家公司可以充分使用马西纳运河等附近水源，最多达到 20 立方米/秒（如项目扩张，则增至 35 立方米/秒）。

马里政府同时还要努力保证水费比例的制定不能影响到项目正常运转，也不能高于马卡拉地区其他农业用水消费者。比率必须考虑到项目使用运河的长度比例，充分反映中心枢纽灌溉的优越性。然而除这些条款之外，如果为满足国内用水导致尼日尔河水流量异常甚至干旱，则必须启动协调用水应急管理机制。

根据条款 15.2.1 和 15.2.2，一旦满足了国际条约中规定的最低流量，该地区将根据马卡拉糖业公司、甘蔗公司和中马合资企业新糖联的甘蔗种植需要提供供水，其"拥有尼日尔河办公室水资源优先使用权"（笔者翻译）。因此，马卡拉糖业公司和中马合资企业新糖联在干旱时期有优先于其他农工业开发和当地农民来用水的权利。条款 15.2.2 还规定，绝对优先权应适用于三家公司总体最大约定要求，即"优先于尼日尔河办公室地区其他用水公司"。这项规定可视作不利于粮食产业的发展，也是对尼日尔河地区其他用水企业的一种歧视。

4.1.5　社会和环境标准

马卡拉糖业公司和甘蔗公司向马里政府保证，将采取一切措施使项目符合环境法规。根据条款 22.3，马卡拉糖业公司、甘蔗公司和伊洛沃糖业公司必须全部归入农业类别，满足相应的雇佣和社保要求。一旦工会成立，政府必须为共同协定的签署提供便利。所有公司均同意遵守劳工和雇佣相关的所有法律法规。

然而，合同还包括了一条非常宽泛的长期条款。如果不制定此条宽泛的长期条款，将使人们担心政府在项目期间提高社会和环境标准（see Cotula，2011）。根据条款 7.3，马里政府规定，任何法律不得将协定作废，或宣布其无效。因此，协定条款将持续有效，且"优先于其后颁布的任何新法令，优先于可能影响项目进行或条款有效性的任何条款"。因此该合同凌驾于国家法律之上。根据条款 4.4，马里政府将尽全力保证协定"可以约束政府和当地当局以及其他类似机构……"。更详细的是条款 4.4.1，其中第 12 到 15 条（有关土地和水资源权利）可以约束尼日尔河办公室而且保证办公室遵守以上条款。

　　然而，条款 7.5 规定，如果马里政府给予马卡拉糖业公司和甘蔗公司更加优惠的政策，后者可以单独或联合使用该项优惠政策。

4.1.6　项目设计的最终评论

　　整体上，从土地和水资源的利用以及长期条款规定来看，伊洛沃糖业公司和谢弗管理顾问公司为马卡拉糖业公司和甘蔗公司争取了非常优惠的政策。这使得 2007 年投资协定看起来像是"传统"合同，侧重于为公司提供法律权利以保护其投资。然而，项目设计在融资阶段经历了较大变数，特别是在非洲发展银行参与之后。合同中有争议的片面性条款，通过环境和社会影响评价以及重新安置计划的引进所带来的变化得到了重新平衡。项目设计的变数包括种植园土地 5 600 公顷扩张计划，以及作为已有两家公司的补充，实施扩张的第三个"社区公司"。至少在设计上，该计划已从公私伙伴关系项目演变为更加创新的政府—私营—社区伙伴关系项目。

4.1.7　项目的社会经济成果

　　该项目预计到 2017 年完全建成，现在评估其对于人民生计的影响还为时过早。然而，仍可根据环境和社会影响评估以及笔者的实地调查得出一些结论。

　　项目排水区总体覆盖 6 个农村地区，涉及 156 000 人口（非洲发展银行，2009）。根据环境和社会影响评价，64 个聚居地（1 718 家农户）将直接受到马卡拉糖业公司项目的负面影响，包括重新安置的民众。后者来自 23 个小村庄，包括 127 家农户（1 644 人），此外，4 294 家农户直接受到影响。

　　项目区域建设的健康中心数量不够，生活和工作条件极不稳定。由于某些村庄过度依赖尼日尔河和马西纳运河水资源，水传播病在这些地区非常流行。

　　这些地区的经济依赖于初级产业，所占比例超过 90%。种植业（46.1%）和畜牧业是主要生计来源。尽管谷物占据 95% 的种植面积，但产量非常低，这意味着马卡拉糖业公司项目地区的谷物生产严重不足，远低于赛古地区的消费水平。

　　除以上两项主要生产方式外，当地社区还从事第二产业以满足其经济需求。马卡拉糖业公司项目地区的妇女从事采集和蔬菜种植，这成为其主要收入来源，极大地满足了家庭需求。畜牧和小规模贸易分别吸纳了 2.02％ 和 1.75％ 的人口，也是一些家庭的重要收入来源。当地男女都从事小规模贸易和手工业。

渔业生产集中于尼日尔河和尼日尔河办公室灌溉运河，但是由于河流鱼类数量的减少，带来的收入逐年下降。根据每年每户平均收入结构的分析，种植业（83％）是现金收入的主要来源，其次是畜牧业（12％）；金融汇款（3％）排名第三，随后是非农业活动（2％）。工资和租金对家庭收入的贡献可以忽略不计。

根据环境和社会影响评价报告，项目农业部分的主要影响是社区土地损失；单一作物制的引入导致动植物不可逆转；带来水土流失和食谷鸟类大量繁殖的风险。所有社区收入来源都将受到影响，并可能会干扰生态系统的平衡。

生产阶段可能导致季节性或永久性外国劳工的大量涌入。这些数量庞大的外国人，大部分都是单身男子，很可能带来新的行为方式的转变。此外艾滋病等性传播疾病风险、甘蔗生产加工地区工伤事故风险以及下游机械操作（金属加工、谷物碾磨、脱粒打谷等）风险不断上升。而且不断增加的人口将导致价格上涨和通货膨胀。

除了上述环境和社会影响评价报告指出的影响外，农业经济研究还估计，马卡拉糖业公司项目还影响到种植、畜牧和渔业用地。可能有些损失可由项目创造的就业机会以及新的服务设施如发电站、学校和卫生防疫来弥补。

然而，社区的粮食产量仍然会下降，至少是在过渡期间，例如从种植园实际占有土地来开发甘蔗种植和采购，到有效实施为提高谷物产量采取的减贫计划期间（非洲发展银行，2009）。

环境和社会影响评估也预测到，甘蔗种植将摧毁对当地有重要经济和社会价值的树木。

环境和社会影响评价中的水资源管理分析表明，在旱季，如果要满足用户的水资源需求，必须增加水资源供应，这将可能延误弗米大坝的修建。

环境和社会管理计划以及重新安置计划也提出了一些减少负面影响的措施。根据项目文件，国家层面的积极影响包括每年从减少甘蔗进口中节省 310 亿西非法郎；类似地，项目每年提供 40 亿西非法郎税收贡献；通过直接或间接的蔗糖生产活动，为 20 000 人提供收入来源；促进企业家精神；为中小企业创造有利环境。

从社会角度而言，项目通过创造本地工作机会，减少了农村地区的季节性移民，以及地区、国家和国际移民；改善了基础设施；加大了对本地区的宣传；提高了能源自给率和促进当地发展。

马卡拉糖业公司项目希望通过普及机械化、提供稳定职业、培训和提供农资，从质和量两方面提升农业生产水平。例如，灌溉枢纽可以为当地人民所用，再把收货的甘蔗卖给马卡拉糖业公司。而且糖业公司、甘蔗公司和社区公司的建立，都是为当地生产者提供福利。

因此，如果马卡拉糖业公司项目在当地的活动均能按计划进行，则可以改善当地人民的生计。特别是妇女们收入将得到提升，因为她们承担了大部分甘蔗种植和除草工作。这也是零售和批发贸易的延伸。

环境和社会影响评价反映了项目对健康的积极追求，包括当地人民使用新的卫生设施，这些设施部分是由项目出资建成的。

重新安置计划的补偿措施超越了国家层面的法律要求。项目出台了一个社区开发计划以对抗贫困。支持措施包括农村生产者精细化耕作能力建设（大米和蔬菜种植者、林业工人、牧民和渔民），以补偿项目造成的其他损失。

根据非洲发展银行的政策要求，项目包含了受影响人群（PAP）的重新安置方案，旨在"保证补偿措施、安置选址、开发计划和提供考虑了受影响人群需求和愿望的服务"。为了提高受影响人群的认识和帮助糖业公司融合项目，赛古地区政府建立了技术委员会为重新安置计划做准备。根据项目官员介绍，技术委员会组织了听证会，听取当地居民意见。为保持公正，必须认真听取有些村民在听证中所表达的对项目的反对意见。

因此，项目仅重新安置了不到100人。从事与甘蔗生产无关产业的人可自主决定安置方式。当地建立了一个社区发展计划以执行重新安置计划。项目将重新建造安置者房屋，统一使用更加坚固的材料，以帮助安置和改善生计。项目还将根据当地居民的意愿，重新分配稻谷和甘蔗耕种田地。畜牧带分别迁至距离马卡拉糖业公司项目区域54公里和56公里的偏远地区。

社区发展计划将对就业产生积极影响，并创造新的商业机会，并将对受马卡拉蔗糖项目影响的民众实施减贫计划（PRP）。该计划将持续10年并帮助85个地区的6012家农户从事经济活动。计划的目标可以说是非常宏大，涉及广泛的领域，包括种植业、畜牧业、渔业、林业、农林业、森林保育、产品包装和加工、能源、教育、水资源、健康、交通设施和收入增长等活动（Djiré and Wambo，2010）。

项目已经开始实施，尽管目前不成规模，但仍然可以追踪项目结果。在威林提古拉村，70公顷土地用于培育甘蔗。实地调查发现，给村民的补偿金［50 000西非法郎/（公顷·年）］与农村劳力工资挂钩，带来了当地居民收入的提高。然而，补偿收入不是永久性不变的，其长期影响犹未可知。

虽然该项目具有积极的一面，但也不意味着没有当地居民的反对。根据笔者的实地调查，在当地听证会中有些村民不想重新安置、也不想种植甘蔗，对项目表示强烈反对。然而，有证据表明，这种反对部分与当地政治和部落斗争有关，当地两大宗族从殖民地时期就一直处于对立冲突之中。由于桑桑丁（Sansanding）地区的市议会是由两个家族中的一个领导担任，因此另一个家族就肯定会鼓动同盟反对项目，宣称领导市议会的家族是在廉价出让土地给外国人。在实地调查中，有些人表示对项目是否实现计划目标存在担忧，并在项目推迟执行后加深了此种疑虑。

4.1.8 项目的优势和局限

现在评估马卡拉糖业公司项目的社会经济影响还为时过早。当然，项目采取了大量措施照顾当地社区的利益。实施区域拥有重要开发价值的投资项目，而且也没有其他选择。如果项目设计阶段各类研究推荐的措施能够得到实施，还是可以对当地社会经济发展做出重要贡献的。然而，该项目几次推迟实施，又遭到村民的强烈反对。此外，还存在对 2007 年投资协定中一些条款公平性的质疑。只有时间才能给予该项目更加全面的社会、经济和环境影响评估。

4.2 私营—社区伙伴关系：马里生物能源股份公司

第二个案例分析是公司和家庭农民合作社的伙伴关系模式，该项目由马里生物能源股份公司主导。与马卡拉糖业公司不同，该项目位于尼日尔河办公室辖区之外的库里克罗地区，主要从麻疯树果实提炼生物柴油供给国内市场。企业投资了一个加工工厂，按照合同从当地农民手中收购麻疯树果实，所以项目不涉及种植目的的土地收购。农民通过合作社形式，在该公司马里分公司拥有股权，是该公司股东之一。本部分介绍了马里生物燃料领域背景情况、项目的发展、商业模式特征、执行情况以及早期影响、优势和局限。

4.2.1 马里生物能源的制度背景

国际市场油价的迅速上升和不断波动，加上对于环境保护的关注，刺激了世界范围内对生物燃料的兴趣。作为一个高度依赖石油进口的农牧国家，马里顺应世界潮流寻找生物燃料的原料，包括麻疯树。

在整个世界对生物燃料兴趣高涨之前，麻疯树已经以巴加尼（Bagani）的名称成为马里人套期保值的商品了。1990—2000 年，德国一家公司支持麻疯树种植计划，果实用来生产油脂，可以为库里克罗地区几个村庄的磨房和发电厂提供动力。政府在寻求替代能源时，逐渐对麻疯树油脂产生了兴趣。一开始是矿产、能源与水源部和农业部这两个部委对此很有兴趣，2006 年环境卫生部也加入其中。矿产、能源与水源部下属的马里太阳能与可再生能源中心（CNESOLER）负责生物能源（主要是麻疯树）的相关研究，主要运作国家麻疯树能源项目（PNVEP）。作为项目的一部分，马里太阳能与可再生能源中心促进了生物能源供应链在农村地区的开发，例如通过科勒亚项目（Kéléya project，Geres，2007）。此外，值得一提的是，马里国内能源开发和农村电气化机构（AMADER）是一个公共管理机构，其主要任务是管理和监测国内能源消费和促进农村和城市郊区的电气化。马里国内能源开发和农村电气化机构运作农村电气化项目，通过项目向私人运营者提供资金和电气优惠。很多运营者建立了发电站，现在面临着柴油价格上涨却无法转嫁到低购买力的农村消费者身上的困境（Geres，2007）。马里国内能源开发和农村电气化机构密切跟踪生物能源的开发情况，但是远水解不了近渴。

农业部主导了一项从 2008 年开始，费时多年的项目，即麻疯产业支持计划（PADEP）。同样，农业部下属的一个公共技术、科学和文化机构——农村经济协会，也为多个项目提供服务，并从事麻疯树研究。

最后，国家生物能源开发机构（ANADEB）于 2009 年 3 月建立，致力于促进生物能源发展。在生物能源产业拥有政策和机构支持但缺少一定规模的资金支持的情况下，部分私营部门开始尝试开发项目和商业计划。马里生物能源股份公司（MBSA）是后者的一个主要代表。

4.2.2 愿景的发起

马里生物能源股份公司的成立并非偶然。库里克罗地区的生产者在能源危机和生物能源兴起的背景下，正在寻求合作伙伴，刚好遇到了这家私营企业。库里克罗是马里第二大行政区，横跨苏丹和萨赫勒农业气候区（西萨赫勒）。小米、玉米和芝麻是当地农牧经济的主要作物。

项目开发者和马里生物能源股份公司的经理是一个在非洲工作了很多年的荷兰研究者和农业经济学家。他一直致力于价值链开发，开始是在东非（5年），后来在马里（4 年）。根据其自身讲述，他对建立双赢的公司很有兴趣，这样农民和投资者都能获益。本着这个目的，他研究了东南非很多种投资模式，却没有发现能真正体现生产者主体并为其带来实际利益的模式。他总结为只有生产者在商业中占有股权，且在各方间存在保证透明度的机制，才能真正实现双赢结果。

这种思维直接体现在马里生物能源股份公司的理念中。库里克罗地区很有发展潜力，荷兰发展组织（SNV）在此运营了很长时间。在经过技术和社会经济研究之后，马里生物能源股份公司于 2007 年 2 月成立。根据公司经理介绍，研究发现库里克罗地区主要作物小米的生产，并没有给农民带来合理收入，也无法提供全年的口粮（50%的受访家庭表示他们无法支持一年的生计）。由于种植麻疯树并不需要很多额外劳作，将其种植与口粮种植相结合可以弥补口粮不足。马里方面的合作伙伴一开始是库里克罗农业委员会，然后是当地麻疯树种植合作社联盟（ULSPP）。

在荷兰开发者逐步实现其想法的同时，当地两位农民领袖也是教师正在考虑退休后能做什么。参考其他地区麻疯树籽加工业后，他们也开始试种麻疯树。麻疯树种植合作社联盟主席介绍说，在马里生物能源股份公司开发之前，他已经种植了5公顷麻疯树。也正是在那时，荷兰开发者通过荷兰发展组织与当地农业委员会开始项目合作。当时，两名教师之一是农委的副主席。农委有一笔资金，由荷兰驻马里使馆提供，用于库里克罗农村发展计划。委员会将这笔资金用于商业计划的准备和加工设备的购置，以及帮助建立麻疯树种植合作社联盟。

麻疯树种植合作社联盟建立于2007年2月9日，在库里克罗登记注册。现在库里克罗地区有15名合作社成员，狄欧拉地区有5名合作社成员和4名组织成员在克罗卡尼地区有一名合作社成员，覆盖2 500名生产者（2 000名男子和500名妇女）（麻疯树种植合作社联盟，时间不详）。马里生物能源股份公司同样在2007年注册成立，主要业务是麻疯树油及其附属产品的生产和营销。

麻疯树种植开始于迪安那多谷、多姆巴、科拉、湄古坦和斯拉克罗拉的农村，全部位于库里克罗地区。自2007—2008年，延伸到库里克罗和狄欧拉地区的托古尼、提安法拉和尼亚米纳。

4.2.3 项目设计和商业策略

马里生物能源股份公司初始建立时架构相对简单，现在正逐渐成为一家跨国企业，在马里和布基纳法索都有公私合作伙伴。

公司初始股东是荷兰开发者，主要包括：荷兰皇家热带协会（KIT），同时也是公司的常务董事；荷兰铁路公司养老基金（SPF）；私营的强效电池公司（PPP）和国际农业公司（Interagro）。这些股东共持有公司80%的股份，剩下20%由麻疯树种植合作社联盟持有。所以从一开始，农民合作社联盟在公司持有大量股权。按照惯例，公司每年召开股东大会，股东代表组成董事会，并由一名总经理负责日常事务。

合作社生产麻疯树籽，合作社联盟收购并转售给马里生物能源股份公司。能源公司加工树籽从而生产生物柴油并销售最终产品。在建立之初，麻疯树种植合作社联盟负责从树籽中提炼油脂，马里生物能源股份公司负责将油脂加工成生物柴油。但是由于联盟很难开展加工活动，因此，最终由公司完成所有加工。麻疯树籽收购价由联盟和公司共同协商决定。

据马里生物能源股份公司经理介绍，生产的生物柴油出售给了马里棉籽油公司（HUICOMA）和马里风车公司（Grands Moulins du Mali），两家位于库里克罗的工业公司，还有城镇中的"多罗尼"（迷你公共巴士）公司。公司还游说法国航空及其他对生物燃料有兴趣的公司加入。除生物柴油之外，马里生物能源股份公司还生产甘油，联盟下属的妇女合作社用其生产的甘油来制造肥皂。

除生物柴油的销售收入外，马里生物能源股份公司还通过销售碳排放额度获利。例如，马里生物能源股份公司与荷兰起亚汽车公司签订碳排放额度合同，80％的碳排放额度销售收入以设备的形式转移给合作社成员。在政府的技术支持和推广人员的帮助下，培训生物能源股份公司和麻疯树种植合作社联盟还给农民提供技术服务。

尽管公司初创时的主要特征变化不大，但2011年重组后公司也发生了一些重大的变化。前几年的运营表明，该模式有其局限性：由于可供加工厂的麻疯树数量不足，有些荷兰股东开始质疑项目的可持续性。农民接受了公司的培训和技术支持，但是也存在他们将产品转卖给其他出价更高的公司的情况，这是最大的问题。据生物能源股份公司经理介绍，联盟内部治理面临的挑战也是股东普遍担心的问题。同时，公司还在布基纳法索建立分厂，这丧失了在布里克洛地区集中发展的优势。

出于这些考虑，公司根据以下原则进行了重组：

（1）马里生物能源股份公司转变为两家分支机构的控股公司，一家在马里（库里克罗生物能源股份公司），一家在布基纳法索（法索生物能源股份公司）。

（2）成立两个基金会：库里克罗生物能源股份公司基金会和法索生物能源股份公司基金会。

（3）将麻疯树种植合作社联盟股份转换成库里克罗生物能源股份公司股份，即联盟仅持有当地分支机构股份，而不是马里生物能源股份公司股份。

（4）采取措施理清生产合作社、公司分支机构和基金会的关系。

重组的结果是，公司的结构发生了以下变化。处于核心位置的是持股公司——马里生物能源股份公司，其股东为荷兰皇家热带协会（48％）、荷兰铁路公司养老基金（30％）、强效电池公司（12％）、公司管理层（9％）和国际农业公司（1％）。马里生物能源股份公司为分支机构提供资金，并为基金会融资提供便利，拥有加工设施，在马里和布基纳法索都有运营机构。布基纳法索的活动不在本研究之列，其在马里的运营是由库里克罗生物能源股份公司负责的。该分支机构的所有权分别由马里生物能源股份公司（79％）、麻疯树种植合作社联盟（20％）和本分支机构经理（1％）管控。库里克罗生物能源股份公司从农民手中收购麻疯树籽，提炼油脂生产生物柴油，再将产品销售出去。

农民生产麻疯树籽并将其卖给联盟，联盟再将树籽卖给库里克罗生物能源股份公司。种植者同样可以从库里克罗地区农业委员会和政府技术服务中得到支持。

马里生物能源股份公司基金会是根据马里法律于2010年建立的协会，注册地在巴马科，是个非营利组织。其成员包括：马里生物能源股份公司（主席）、旅行之树公司（TFT）、起亚汽车和麻疯树种植合作社联盟以及两家其他麻疯树合作社（巴加尼合作社和欧乐赛生产者合作社）。基金会监督种植者并在不影响粮食安全的情况下，帮助农民合作社将麻疯树种植纳入生产体系。根据马里生物能源股份公司网站消息，基金会与种植者有直接的联系。基金会支持种植者获得设备，并对他们进行实地培训。基金会负责管理碳排放额度收入，其中大部分用于产品运营活动，余额以设备形式分配给生产者合作社。

马里生物能源股份公司和其基金会都有多个合作伙伴和资金来源。基金会从起亚汽车公司获得融资，这与其签订的碳排放额度合同紧密相关；从起亚汽车和基金会的中间人，也是基金会成员之一的旅行之树那获得资金；通过美国国际开发署等部门的支援获得资金。类似地，除从以上股东获得资金外，还可以从荷兰合作部获得投资补贴，从荷兰皇家热带协会和法国开发署（AFD）获得长期贷款或贷款担保。

最后，为促进麻疯树生产链的可持续发展，马里生物能源股份公司还与多个研究机构进行了合作。

4.2.4　早期成果，优势与局限

该项目从2007年开始实施，现在评估期长期影响还为时过早，但重要的积极影响已经显现出来。马里生物能源股份公司在库里克罗地区前所未有地创造了完整的麻疯树价值链，促进了当地种植者的组织化。现在，麻疯树种植合作社联盟已拥有2 500名成员。公司建立了一个工业麻疯树油生产厂和一个使用加工副产品甘油生产肥皂的工厂，肥皂厂由妇女组织管理。创造了55个永久性职位，大量农民通过实地培训和生产者培训获得支持。由于生物能源的宣传示范效应，越来越多的人开始从事麻疯树种植。例如，2009年预计麻疯树种植面积为1 000公顷，但是在该季度结束之前，2 028公顷土地都用于麻疯树种植，超过初始估计的两倍以上。2010年季度结束后，实际种植面积为2 020公顷，比预计的多2 000公顷。尽管增速有些放缓，但部分合作社已经开始向联盟提交入会申请了。

公司特别重视性别，积极鼓励妇女的参与。公司不断调整商业模式，其初始规划的不断变化反映了这一点。公司与研究机构进行了大量合作，这显示了公司对于学习和创新的重视，同时公司还致力于减少马里对可再生能源和减少

石油进口依赖。种植活动和碳排放项目可以减缓气候变化，麻疯树有利于土壤改善和再生。马里生物能源股份公司商业模式的创新特征引起了全球的兴趣，这也反映在公司的国际伙伴，国际研究报告和联合国文件中。

　　然而挑战也随之产生，尽管项目有创新因素，也有私营公司的积极参与，但是要使公司—社区伙伴关系顺利进行也面临重重困难。第一个挑战是项目对提高农民收入的贡献较少，而农民增收是项目设计时的一个重要目标。开发者的设想是麻疯树与口粮混种可以有效提高农民收入且不影响粮食安全，预计从2009—2014年，2万多农民可以取得共500万欧元的收入，即每天额外获得1.14～1.90欧元收入。此外，种植者可以从公司所赚利润中获得股权分红，也可以从销售碳排放额度中获利。

　　项目仍处于早期阶段，2014年还远未到来，麻疯树产量还没到峰值，但实地调查中种植者已经开始显现出焦虑了。首先，生产力受限于几个因素。原来设想的是麻疯树可以在边缘土地水源有限的情况下生长，但是在库里克罗的干旱与半干旱区，种植者需要在旱季时灌溉土地。缺少设备是限制生产力的又一个因素，还有白蚁啃噬很多地区的籽苗，大大减少了产量。受访的很多种植者抱怨种苗质量太差，而这一点笔者对此无法证实。

　　价格是影响当地农民从项目中获益的另一个因素。由于生物柴油的生产成本较低，农民均以很低的价格销售麻疯树籽（50西非法郎/千克）。与之相比，其他适宜当地种植的作物可以带来更高的收入，比如芝麻在当地可以卖到300西非法郎/千克。

　　由于公司还未开始盈利，至目前也未分配股利。碳额度交易中获得的收入用于打井和为一些农民提供如推车和储水器之类的基本设备，还建立了一些农民实地培训学校。其中，受助农民是根据其生产数量挑选出来的。从长期来说，这些活动可以提高生产力和收入，但未对大规模提高短期直接收入起到作用。有一些受益的生产者对所获得的支持表达了不满，他们称，虽然收到了推车但是没有牲畜拉车。最根本的是，有些农民感到这些帮助没有解决关键的白蚁问题，而农民自身没有能力购买杀虫剂。马里生物能源股份公司的管理者表示，现在正在研究解决白蚁问题的方案。但是很多受访的种植者表示对此不抱希望。农民面临着收入问题，碳额度交易收入应该直接分配给种植者，而不是投资于设备。

　　实地调查中发现的另一个问题是机构的建立运营问题。尽管项目体现了是公司和社区的伙伴关系，事实却是两方利益并不总是一致，沟通和谈判渠道至关重要。马里生物能源股份公司和麻疯树种植合作社联盟有成员/股东大会、董事会和管理层，这些成员定期举行会议。但是不同股东之间存在沟通问题，公司管理层和联盟之间沟通困难的问题逐渐显现。例如，用碳额度交易收入购买设备的行为无法得到种植者的理解，公司管理层和联盟领导层之间也对此问题存在分歧。联盟官员认为，公司很多决策都是自作主张，没有事先征得联盟同意。一个例子就是公司在没有提前知会联盟人员的情况下，派遣推广人员到村庄里，但是公司却拒不承认这一点。联盟反对此项行为，认为只有在与公司协商细节后才可以批准。双方的沟通矛盾在 2010 年 12 月 13 日的管理层会议记录中有完整地体现。甚至在项目发展阶段，会议记录还描述道，麻疯树种植合作社联盟还与库里克罗生物质燃料公司进行了有关股份规模的讨论，而这在当时本应该是一个十分明确的问题了。此外，联盟管理层及其成员之间也存在沟通问题。接受采访时很多成员表示并不了解项目情况。最后，研究中采访的一些旁观者和开发者感到马里生物能源股份公司不顾马里企业面临的挑战，非要将业务扩展到布基纳法索，暴露了其管理层多方开发绿色能源产业融资渠道的野心。作为回应，公司管理层解释了其在该地的投资是基于其他的因素：布基纳法索的农民在 2007 年 12 月参观了该公司在库里克罗的运营情况后，就要求公司参观他们的田地并设立子公司。在布基纳法索进行了尽职调查和可行性研究后，公司决定设立子公司，而主要的争论之一就是柴油价格。在马里，由于柴油价格受政府补贴而价格较低（630 西非法郎/升），而布基纳法索的价格却接近 800 西非法郎/升。因此，公司管理层预计，在为麻疯树设定高收购价的情况下仍然可以获利。

除这些局限之外，马里生物能源股份公司仍然潜力无穷。合作社联盟有很多能干的成员，谈判和管理能力不断提升，并致力于公司发展。经理是一位关注社会责任的商人，醉心研究寻求创新。由于经理对生物能源营销和碳交易市场的深入了解，该模式成功的几率大大提高，公司经理将不同合作伙伴整合在一起的能力，保证了公司可以战胜挑战取得成功。所以虽然有种种困难，生产者表示他们仍将参与到项目中，因为已经投入很多且有望获得收益。

5. 结论和可能的发展方向

本节讨论了马里农业投资的趋势、动力、法律框架和两个案例研究。该国在农林牧业生产上具有很大潜力。尽管面临调整资源为农业现代化融资的种种挑战，马里政府采取了很多措施来吸引私人（特别是外国）农业投资，接踵而至的大规模农业投资也在国内兴起，但是国内还未做好最大化收益和最小化风险的政策准备。例如，用于管理大规模投资的社会和环境影响的法律法规在执行上面临诸多挑战。

更重要的是，农业投资带来的大规模土地兼并潮处在一个矛盾多发、治理混乱的土地所有制下。在马里，土地所有制由两种管理制度构成，即由国家制定的成文法律制度和农村地区广泛存在的、各地之间差异较大的习惯权属法律制度。这两种制度大相径庭，特别是在习惯权属土地的所有者或收购者想要根据国家法律执行正式程序时。

尽管政府尝试整合不同的执行环境和所有制度，国家法律的很多条款特别是对于农村地区来说，仍然是不完整、无效力和不符合当地社会经济现实的。部分国家法律法规模糊不清，甚至执行混乱，导致冲突和滥用，这也威胁到土地所有制和土地治理的稳定。

实际情况是，多种压力激化了对高价值土地的竞争，引起国家和社区之间以及各个社区之间土地冲突。这些压力还对土地治理产生了负面影响，滋生了土地投机、权力滥用及腐败的空间，动摇了弱势群体土地所有权的稳定性。

尽管最近的土地收购整体上影响了马里土地，但各地区投资规模和数量以及收购情况差异巨大。在缺乏国家土地综合信息的情况下，趋势分析主要集中于尼日尔河办公室地区，这里有很多有代表性的案例。该地区是马里最具灌溉潜力的区域，并因此吸引了较多的投资。

由于尼日尔河办公室地区投资和农场的差异性，该区域可以看作为多种土地所有制的试验田，也是未来国家土地政策的发源地。该地区主要有两种农业投资类别：①有或没有从捐助机构获得支持的政府投资；②大规模投资者进行的私人投资（无论是国内还是国外，无论有无政府参与）以及小规模私人投资者或农场集团进行的私人投资。这两种类别又分别分为几个子类别。

最近，尼日尔河地区的所有项目都是政府融资的。在全球粮食和金融危机、私人农业投资兴趣不断上涨和生物能源迅速膨胀之后，该地区成为私人投资的聚集地。2004—2009 年，871 267 公顷土地分配给了投资项目，这一速度在 2007 年之后逐渐加快。这些土地是由尼日尔河办公室或者由中央国家进行分配，主要基于永久的（50 419 公顷）或者临时的（820 848 公顷）合同分配给大型投资者。他们覆盖的面积是殖民地时期灌溉区域的十倍。

投资者和政府之间的机构联系人（权威机构谈判方）、协定形式和内容都有很大差异。在执行中，法律条文和实际情况之间的差异也记录在案。一般来说，管理环境和社会影响的法律要求经常被忽略。"意向书"和实际租赁合同也全无战略规划。与周围分配给农户的土地相比，一些大型土地分配引起大家对公平性的质疑。

管理办公室和政府已经认识到土地管理面临的挑战。这反映三个方面：一是隶属于总理办公室、负责尼日尔地区综合发展的国务卿的设置；二是尼日尔河办公室法令的修改；三是取消未能按时完成可行性研究的投资者意向书。

　　此外，农业框架法的修订和马里土地所有制议会的审议都提供了改善本地区土地治理的机会。

　　尽管早期的研究很多都关注马里的农业投资，但这项研究主要关注两个优秀案例。一个是复杂的政府—私营—社区伙伴关系，涉及甘蔗种植园和加工厂，即马卡拉糖业项目。该项目有两个组成部分，种植部分包括建立 14 123 公顷带喷灌系统的甘蔗种植园，每年生产 148 万吨甘蔗；工业部分包括建立加工厂以生产 19 万吨蔗糖和 1 500 万升酒精，以及废热发电 30 兆瓦。种植园也涉及房地产和外延项目。多边银行的参与引进了国际社会和环境标准。与投资项目一起的是一项野心勃勃的开发项目。

　　第二项案例分析是在库里克罗的运营的马里生物能源股份公司，生产生物柴油供给国内市场。公司投资了加工设备，基于合同从当地农民手中收购麻疯树籽。也就是说，该项目不涉及用于种植的土地收购。农民将麻疯树和粮食作物混合种植。因此，项目是出于促进经济作物的目的，并未影响到粮食安全。农民由合作社组织起来，并在马里的分支机构中拥有股份，因而成为公司股东代表。

　　两个项目都是基于创新机构设计，都促进了对当地农民的包容和社会环境发展。尽管两个项目都处于初始阶段，但均很有潜力通过发展机会造福当地民众。在马里生物能源股份公司案例中，项目还为小农户增收提供了潜在来源。项目利润分享的原则可以在中长期减少贫困。项目还为减少水土流失提供了机会。类似地，马卡拉糖厂项目很有雄心，带来了多样的发展利益。从创造就业机会到加工能力开发，从为小农和当地企业创造机会到改善能源供应。

　　然而两个项目均面临很多挑战。在马卡拉糖业项目中，与马里政府签署合同的很多条款均过多地向投资者倾斜。但也注意到，2007 年协定中的保障条款旨在保护项目运行，而不只是外国投资者。同样，来自当地社区的反对和缓慢的执行进度都带来很多疑虑。在马里生物能源股份公司项目中，公司、合作社管理层及其成员之间存在沟通问题，还存在农业生产方面的问题，这均对项目的包容性和持续性构成挑战。两个案例都表明，尽管模式设计中融入了包容性，实际执行起来还是困难重重，不能一开始就过度乐观。

　　对于马里这样的国家，对农业投资的兴趣既代表着重要的机会，也构成了很多挑战。因此，在地方和国家层面解决影响土地管理的挑战是至关重要的。必须采取措施填补土地所有制管理和农业投资之间的差距，加快农业法律框架条例的落实。该法律要求政府制定农村土地政策以保障当地土地权利，加强法律合规的监测和保障。这些特别适用于环境和社会影响评估以及管理计划相关规定。最后，还要加强与土地相关的决策问责制度。国家层面，政府尝试创建一个论坛，使得公民可以将其关注反映给政府和决策者。当地的土地管理也可在地方政府层面采取类似安排—从当地政府机构到尼日尔河办公室，通过分散各政府部门。

除改善土地管理之外，还可采取其他措施解决大规模土地收购的问题。土地分配必须经过当地所有者自由决策和事先知情的同意，这个要求超越了现有法律规定的听证机制。与公司签订的投资合同必须明确指出土地收购须取得当地所有者的同意。必须保证将不同法律规定融合在一起时，农业投资政策具有连贯性和全面性。国家必须规定土地收购面积上限。土地租赁合同，现在是标准化的（30 年和 50 年期，可续签，尼日尔河办公室辖区），应该根据投资项目量身定做，根据经济活动的性质和土地规模签订。当地土地所有者最多得到一次性补偿，但此外还应该考虑土地所有者的股权参与，以保证进一步分享项目利润。超过一定规模的土地分配必须由国会批准，所有的合同都必须公开。政府机构和投资者的谈判能力还有待加强。

更为根本的是，必须考察更大范围的农业投资。农户已经显示了其投资能力。在尼日尔河办公室辖区，有合作社为成员收购土地的先例。例如，尼耶塔联盟获得 300 公顷的租赁合同以供 100 名农民使用。尼日尔河办公室辖区农业生产绝大多数来自小农，但是他们所有的土地却随着人口增长不断缩小，其所有权也并不稳定。国家农民协会正在寻找途径以帮助农户获得新土地（例如和大规模投资者一样类型的合同）。同时还为土地权利受到威胁的成员提供法律支持。这些尝试应该得到鼓励和支持。

▌参考文献

Adamczewski A.，**and Jamine**，**J-Y**. 2011. 'Investisseurs libyens'，in *Le Monde Diplomatique*，September.

African Development Bank，2010. Etude relative à l'établissement d'un bilan des ressources en eau au droit de la zone de l'Office du Niger，Interim report，March，Annex 1.

African Development Bank，2009. Markala sugar project，Executive Summary of the Action Plan for the Resettlement of the Population.

African Development Bank，2009. Markala sugar project，Executive Summary of the Environmental and Social Impact Assessment.

AW，**D.**，2005. Rapport de Mission de 《L'étude préliminaire pour la mise en valeur des 100 000 ha de terres dans la zone ON，mises à la disposition de la CENSAD par le Gouvernement du Mali》，FAO，August.

Bélière，J.-F.，Coulibaly，Y.，Keita，A.，Sanogo，M. K.，2003.《Caractérisation des exploitations agricoles de la zone de l'Office du Niger en 2000》，Ségou，URDOC/ON Nyeta Conseils.

Brondeau，F.，2011. "L'agrobusiness à l'assaut des terres irriguées de l'Office du Niger (Mali)"，*Cahiers Agricultures*，20（1-2）.

Club du Sahel et de l'Afrique de l'Ouest/ OCDE，2011. Investissements et régulation des transactions foncières de grande envergure en Afrique de l'Ouest，Synthèse rapport de recherche，http：//farmlandgrab. org/post/ view/19599.

Cotula，L.，2011. *Land deals in Africa*：*What is in the contracts?* IIED，London.

Coulibaly，C.，2006. "L'Office du Niger en question. 1902-2002：Cent ans de vicissitudes"，Les cahiers de Mande Bukari，No. 5.

Dave，B.，2010. *Mali，Office du Niger. Le mouvement paysan peut il faire reculer l'agro-business ? Interview in "Dynamiques Paysannes"*，No. 2.

Djiré M.，2007. Les paysans maliens exclus de la proprité foncière ；IIED，dossier N° 144.

Djiré，M.，and Wambo，A.，2010. Investissements agricoles et régulation des transactions foncières de grande envergure en Afrique de l〉Ouest，Draft Synthèse rapport de recherche，Club du Sahel，OCDE.

Diallo A.，and Mushinzimana G.，2009. *Foreign Direct Investment（FDI）in land in Mali*，GTZ.

Keita，A.，2003. Le phénomène des citadins paysans au Mali（Stratégie de création d'exploitation agricole moderne ou de spéculation foncière ?），Rapport de Recherche CLAIMS，Bamako.

Ministère de l'Environnement et de l'Assainissement，Partenariat pour le Développement du Droit et des Institutions de Gestion de l'Environnement en Afrique（PADELIA-Mali），Recueil de textes en droit de l'environnement au Mali，T. 1，Textes nationaux régissant l'environnement et les ressources naturelles，Bamako，2007. Ministry of Agriculture，2008，Donors Round Table，Mali：Orientations stratégiques et priorités d'investissement pour un développement agricole efficient et une croissance accélérée'，Bamako.

MLAFU，2010. Recueil des textes législatifs et réglementaires du Mali.

Office du Niger，2010. "Situation des attributions"，Ségou，Office du Niger.

Papazian，H.，2011. "Les investissements fonciers au Mali：état des lieux et perspectives des acquisitions foncières à grande échelle en zone Office du Niger"，Dissertation，Institut National Polytechnique，Ecole Nationale Supérieure Agronomique de Toulouse.

Schuttrumph，Bookkers，T.，Sangaré，A.，2008. Analyse du potentiel d'irrigation lors de la saison sèche dans la zone de l'Office du Niger，Rapport étude，KFW.

ULSPP，undated. Note d'information sur l'union pourghere de Koulikoro，ronéotypé.

（四） 塞内加尔：外国直接投资（FDI）的性质、 范围及对农业的影响评估[①]

1. 引言

20 世纪 60 年代早期以来，塞内加尔一直试图努力设计一套正确的农业发展政策，以促使本国迈入更快的经济发展道路，但该国一直以来始终依靠国外供给来满足其粮食安全需求。然而，还尚未看到政策所带来的明显效果。据官方统计，约百分之五十的人口失业，超过一半的人口是贫困人口，2009 年国内生产总值（GNP）增长预计仅达 1.5%。而且，该国 70% 的食物供给依赖进口，这一比例高于大多数撒哈拉以南的非洲国家[②]。水稻等主要粮食作物的进口依存度甚至更高，达到 90%。这里值得一提的是塞内加尔当局在 2008 年全球粮食危机时所面临的窘境。当时主要亚洲粮食出口国（泰国、巴基斯坦等）的粮食供应量下降引起许多粮食的国际市场价格暴涨。

为克服这些弱点，改变上面提到的令人震惊的经济增长趋势，塞内加尔必须从其农业部门着手加快改革其关键的经济部门，从而实现其可能的最高经济增长率——每年 7% 或更高。特别是为实现其养活 1 300 万人，尤其是目前已知的 250 万营养不良人口的目标，塞内加尔必须加快农业现代化发展。目前应将重点更多地放在解决土地相关问题上，加快农业企业改革，实现长期可持续发展。本节对该国吸引外国资源以帮助缓解这些弊端采取的主要举措进行了回顾和评价。

与其他非洲国家情况相同，由于高风险和许多商品价值链存在的缺陷，塞内加尔的贷款政策明显歧视农业。塞内加尔目前农业贷款占金融业总投资量的比重不到 5%。几乎没有贷款用于资本投资。贷款给农民、渔民和牧民是非常

[①] 本节来源于由联合国粮食及农业组织（FAO）区域办公室非洲处阿达玛·艾克伯格·库利巴利（Adama Ekberg Coulibaly）顾问提供的原始研究报告。

[②] 除另行指出外，本节引用的统计数据主要来源于：经济学人智库（EIU）的《国家概况》（2008 年）、美国中央情报局（CIA）的《世界各国纪实年鉴》（2009 年）网络版、经济合作与发展组织（OECD）的《非洲经济展望》（2009 年）中的联合国各项研究及其他外部出版物，这些报告中的大部分数据来自于国际组织或塞内加尔的政府机构。

少见的，总计不到贷款总量的百分之一。事实上，农业部门急需贷款：因此，尽管塞内加尔的金融部门非常有活力①，但外国投资仍至关重要。

塞内加尔的领导人非常明白，本国面临着持续贫困、粮食危机和总体经济竞争力缺乏等问题。2008年粮食危机后，政府回应"丰粮足食大会战"项目（GOANA）② 时指出，一个带有野心、以农业增长为主要目标的方案的及时实施需要投资，除了有限的可用公共财政资金外，还需要本国财力所不具备的持续大规模融资。以 2008 年 10 月至 2010 年为例，塞内加尔在执行"丰粮足食大会战"项目时，自己设定了生产 200 万吨玉米、300 万吨木薯、50 万吨大米、200 万吨其他谷物（小米，高粱和福尼奥米）、4 亿升牛奶和 60 万吨肉的目标。与此相对应，预计 2005/2006 至 2008/2009 生产季塞内加尔仅农业生产补贴需要 1 168 亿③西非法郎（CFA，塞内加尔货币）。对于这些方案以及振兴向日葵、芝麻、玫瑰茄、马铃薯和农业投入品等关键部门需要多少巨额资金支持，仍有待观察（世界贸易组织，2009）。

2. 塞内加尔 FDI 量的趋势

相对其他西非国家的竞争对手，塞内加尔在吸引 FDI 并建立有效 FDI 储备这方面做得并不好。2005—2008 年，塞内加尔 FDI 年均流入 3.17 亿美元，仅占西非 FDI 总量的 1.9 ％。这比加纳等西非国家登记的外国直接投资水平（5.8％）低。同期，塞内加尔的 FDI 存量为 1％，低于加纳（4.5％）和科特迪瓦（6.4％），其中固定资本形成总额水平更低。

2003—2009 年，塞内加尔投资促进局（APIX）共登记了 160 个重大外商投资项目（表 4 - 23），涉及 1 657 590 亿西非法郎。这些投资分布的领域并不均衡，其中农业 FDI 582 060 亿西非法郎（占投资总量的 35.1％）或者 58 个登记项目（占项目总量的 36.2％）；其次是农产品加工业和渔业，这是对外国投资者最有吸引力的两个部门，投资量分别占塞内加尔 FDI 总量的 36.2％ 和 31.25％，分别占登记投资项目总量的 25％。历年报告数据（表 4 - 24）显示，渔业作为一个经济子部门，其外商利益存在显著下降趋势。受自然资源日益枯

---

① 根据中央银行 2009 年第一季度数据，金融部门总存款约 38 亿美元，贷款总量徘徊在 340 万美元左右。自 2008 年第一季度开始，存款每年增长 13％，贷款每年增长 11％。

② "丰粮足食大会战"项目（GOANA）于 2008 年 4 月 18 日由塞内加尔国家元首启动。目标是实现"粮食主权"，与 2004 年（APIX，2009）通过的农业、林业和畜牧业框架法（Loid' orientation agro-sylvo-pastorale - LOASP）公布的目标一致。另请参阅 2009 年 4 月 12 日在网站（www.lesoleil.sn）上刊登的 2008 年 5 月 6 日发表的文章 "La GOANA est plus qu' une rupture"。

③ 1 美元＝494 西非法郎（2005—2008 年）。

竭影响，木材工业的 FDI 则一直保持稳定的水平。

2000 年，在塞内加尔实施 FDI 多元化战略前，其投资基本来源于法国。来自法国的 FDI 占塞内加尔投资总量的 90％。目前，塞内加尔的 FDI 主要来源于阿拉伯国家、马来西亚、中国、马里等特定非洲国家。值得注意的是，法国的地位正在下降，目前其向塞内加尔的外国投资量占塞投资总量的比例低于 50％[①]。

一些研究已经对塞内加尔的总体经济状况和在塞内加尔经营农业领域的外部条件和机会做了全面详尽的评估，认为有必要阐述影响塞内加尔总体竞争力的根本性环节和一些结构性瓶颈。本部分将尽可能地从这些结果中重点描述不足的方面，例如：

高文盲率： 从根本而言，塞内加尔的文盲率处于世界最高水平，其中女性文盲率约为 70％，男性接近 50％。安排女性从事不熟练和不健康的工作使得其忽略了超过其一半以上人口的生产力。

贫乏的基础设施： 塞内加尔基础设施，特别是农业部门的基础设施是完全不够的。事实上，如果没有警察的干预，卡车无法运输货物，"翻车"几乎使竞争性贸易不存在任何可能性。

不可靠的能源供应： 不可靠的电、水及灌溉系统供给仍然是阻碍外国投资尤其是对农业投资最严重的因素。即使在国家电网已覆盖的居民区和农场地区，电力成本也几乎占公司运营成本的 50％～70％。即便国家电网确实存在，它也不是可靠的。风险也依然存在，生产者仍不时面临缺乏能源，灌溉泵突然不能工作而丧失全部庄稼的高风险。

不友善的税收体系： 与其他西非外国投资对象国相比，塞内加尔在税收征管和相关税收制度方面的商业环境并不友善。

表 4－23　2003—2009 年各年在 APIX 登记的塞内加尔分部门 FDI 项目投资金额

单位：百万西非法郎

部门	项目数量	项目数量占比（％）	2003—2009 总投资量	2003—2009 总投资量占比（％）	2003	2004	2005	2007	2008	2009
农业	58	36.2	58 207	35.1	10 503.0	3 621.0	11 852.4	14 846.0	12 395.1	4 989.0
粮食	10	6.25	1 031	0.6	81.4	356.5	264.9		94.5	233.8
农产品加工业	40	25	80 082	48.3	27 643.7	2 984.8	16 072.7	15 244.7	14 190.9	3 944.7
木材业	3	1.8	447	0.2			73.0	200.0		174.0

[①]　数据来源于塞内加尔国家投资促进和大型工程署（APIX），2009 年。

（续）

部门	项目数量	项目数量占比（%）	2003—2009总投资量	2003—2009总投资量占比（%）	2003	2004	2005	2007	2008	2009
畜牧业	9	5.6	3 372	2.0	515.0	148.2		633.0	1 926.0	150.0
烟草业	40	25	22 620	13.6	1 868.3	5 286.2	6 689.6	4 558.0	3 699.2	518.2
总计	160	100	165 759	100						

来源：塞内加尔国家投资促进和大型工程署（APIX）。

表4-24　2003—2009年各年在APIX登记的塞内加尔分部门FDI项目数量统计

单位：个

目标子部门	项目数量	投资总额	2003	2004	2005	2007	2008	2009
农业	58	58 207	8	6	14	9	15	6
粮食	10	1031	1	3	2		1	3
农产品加工业	40	80 082	5	8	14	3	6	4
木材业	3	447			1	1		1
畜牧业	9	3 372	2	1		3	2	1
烟草业	40	22 620	4	4	15	9	5	3
总计	160	165 759						

来源：塞内加尔国家投资促进和大型工程署（APIX）。

　　一般而言，塞内加尔的税收机构和制度也是很不友好的。人们发现，其税务部门对落实国家税收法律规定持不合作态度。例如，与其他竞争对手相比，塞内加尔的税收机关需要大约一个半月多的时间来处理种种税收相关问题，见表4-25至表4-27。

表4-25　塞内加尔最大的管理性负担——税收

税目	计税基数	每年纳税申报数	所需评估时间（小时）
企业所得税	应缴税利润	3	120
增值税（VAT）	营业额	12	450
工资税	就业人数	12	96
退休缴款	就业人数	12	96

（续）

税目	计税基数	每年纳税申报数	所需评估时间（小时）
社会保险缴款	就业人数	12	96
合计			666

来源：经济观察，经济投资报告（http://www.economywatch.com/doing-business/paying-taxes.html）。

表 4-26　2009 年塞内加尔与非洲和 OECD 国家税收负担对比

项目	塞内加尔	非洲国家	OECD 国家
报酬（个）	59	38	13
时间（小时）	666	312	211
利润税（%）	14.8	21.2	17.5
劳动税和贡献（%）	24.1	13.2	24.4
其他税收（%）	7	32	3.4
总税率（利润的百分比）	46	66.7	45.3

来源：世界银行商业网站（http://www.doingbusiness.org/ExploreEconomies/economyid=164）。

表 4-27　塞内加尔商业附加税

税目	计税基数	税率
利息税	利息收入	15%
广告税	广告额	浮动
合同印花税	合同数量	2 000 西非法郎（固定）
保险合同税	保险费	浮动
土地税	土地租金	5%
财产税	财产租金	5%
营业税	营业场所的租金	差别税率
车船税	发动机排量	50 000 西非法郎（平均）
燃油税	燃料成本	包含在燃料价格中

来源：经济观察，经济投资报告（http://www.economywatch.com/doing-business/paying-taxes.html）。

塞内加尔对纳税申报和交税不当等行为的唯一惩罚方式是交纳罚金。没有人因为税务欺诈或腐败而进监狱；简而言之，必须改变整个税收体制来重建纳税人[1]信心。

（1）塞内加尔并不存在可付得起的农业保险计划，用以防御投资者在参与其国内最主要的农业生产模式——自给型农业时面临的风险。

（2）卡萨芒斯（Casamance）地区的动乱。投资者可以察觉到卡萨芒斯地区叛乱引起的不战不和的环境，这也是影响稳定投资环境的一个风险。

（3）土地不安全。土地所有权和使用权的不确定性是阻碍该国投资尤其是农业部门投资的一个特殊因素。

（4）不灵活的劳工法。塞内加尔僵化的劳工法在农业企业的所有者中间是臭名昭著的。例如，由于终止合同存在一定的难度，经常导致企业所有者更倾向于雇佣无需签署合同的短期员工，而不是聘请签约劳工。

（5）腐败。据美国国际发展署（USAID）[2]的报告，塞内加尔商人、民间社会团体和政府均存在严重的腐败。值得注意的是，塞内加尔这一现象表现的相对严重。

（6）不明确的竞争政策。政府还必须面对一些利益相关者的关注。这些利益者一直报告众所周知的破坏糖、大米和小麦粉等一些主要食品部门商业环境的持续反竞争行为。

3. 塞内加尔投资的制度、监管和政策框架

自 2007 年以来，塞内加尔为自己设定了 25 年内成为新兴国家的目标。这是有关"加速增长战略"（AGS）[3]的主要驱动力。这一战略旨在使塞内加尔实现 7％～8％ 的年均经济增长率，同时，每年公共和私人投资占 GNP 的 30％。下面将分析塞内加尔政府（GOS）已经实施的一些主要 FDI 相关措施，首先从贯彻落实这些政策的主要授权机构的建立入手进行阐述。

3.1 加速增长战略办公室

政府的农业战略由"丰粮足食大会战"项目（GOANA）主导，加速增长战略项目和农业部、加速增长战略办公室及塞内加尔国家投资促进和大型工程

---

① 来源于美国国际发展署（USAID），2009 年，第 89 页。

② 来自于 2009 年美国国际发展署（USAID），"塞内加尔商业法和农业体制改革特征（Ag-CLIR）"，2009 年 9 月。

③ 加速增长战略（AGS）由两个部分组成，一是国际一流商务环境的建立，二是生长诱导集群的促进（农业和农产品加工业、海洋和水产养殖产品、纺织业、电子信息和及远程服务、旅游、文化产业和工艺产品）。

署等主要机构负责实施。

3.2 塞内加尔投资促进局（APIX）

吸引外资在塞内加尔开展业务的中央机构是国家投资促进局。该机构主要负责解决以下问题：

（1）改善塞内加尔商业环境。

（2）促使塞内加尔成为投资对象国。

（3）研究和确定国内外投资者。

（4）跟踪投资合同和项目评估。

为实现这些目标，塞内加尔政府为潜在目标投资者[①]提供了一些激励措施。这些措施可在国家投资促进局官网[②]上查询，在塞内加尔的投资法典中也有体现。这一主要的国家法律在 2004 年通过，此后修订了若干次。

3.3 塞内加尔投资法典

正如塞内加尔投资促进局网站所概括的，这个法典根据投资规模、投资者等级和地理位置详细说明了税收和关税免除情况。有专门旨在鼓励潜在农业企业在塞内加尔经商的措施。投资法典中值得注意的一些条款包括：

（1）免除关税（3 年）。

（2）暂停缴纳增值税（3 年）。

（3）税款减除：符合条件的投资税减 40%；减税期 5 年；应缴税利润减 50%。

（4）如果投资可以满足创造就业机会或者距离塞内加尔首都达喀尔的位置较远等一些条件，豁免期可延长至 5 年或 8 年。这意味着在达喀尔大区域外的外国投资将获得更长的豁免期。这是塞内加尔与加纳激励外国投资采取的相同措施，目的是指导更多的新兴投资者向更需要就业机会和项目的内陆地区投资。

塞内加尔也有旨在激励那些愿意专门针对农业领域投资的公司的措施。为了获得下列政策的支持，公司必须证明其产品的 80% 用于出口：

（1）外籍工人无名额限制录用。

（2）资本货物免税进口。

（3）免除车辆关税。

（4）免除包括土地税和股息所得税等各种税收。

---

① 列表中所有可能的激励机制是相当复杂的，可以查阅 www.investinsenegal.com。注：仅在法国。有针对大公司、超过一定水平的投资以及在本国欠发达地区的投资进行的一些奖励机制。

② www.investinsenegal.com。

（5）免除公司文件的登记或修改登记。

（6）款项自由地流入和输出国内，但应受西非经济与货币联盟洗钱法约束。

这些特征虽然非常具有吸引力，但与加纳、科特迪瓦和尼日利亚等其他外商直接投资竞争对象国相比也没有太大不同。而且，这些竞争国除了上述优势，还具备包含但不限于更大的市场规模、更好的基础设施、更有利的农业商业环境、更有活力的自由区等优势。塞内加尔邻近进出欧洲和美国的主要口岸和机场，除了这个不容置疑的地缘优势外，该国别无选择，只能更加积极地吸引外国投资者投资西非。塞内加尔修订自由区计划是开始改革的一个很好的例子。

3.4　塞内加尔特别经济区

在自由区制度建设方面，塞内加尔政府也建立了一个管理塞内加尔所有特别经济区的权威机构，办理区内的营业执照和登记。

该机构是一个受理公司成立、注册和营业执照手续申请的一站式窗口。该机构还提供包括在区域内为公司提供营业场所、为外籍居民递送工作和居留许可证等一系列更宽范围的服务。作为总理和所有部委在专属经济区的代表，该机构享有市政当局的权力。然而，塞内加尔一直没有特别积极主动地发展并利用特别经济区，如需要政府集中服务的工业领域（公用事业、许可和关税等），如加纳已经成功实施的对出口导向企业的税收优惠政策。最近采取的措施将自由贸易区的激励政策替换为企业出口加工区（EZFE）计划，目标是为区域内的企业减税并提供免税进口。

除了目前并不活跃[①]的原达喀尔自由工业区（ZFID），或许值得重提的是，2007年塞内加尔政府与迪拜杰贝阿里自由区（JAFZA）签署了8亿美元的协议，用于达喀尔综合经济特区（DISEZ）的成立、建设和运行。达喀尔综合经济特区是在达喀尔之外的一个授权投资的特别经济区。该项目在2010年签署时期望能创造30 000个就业岗位。鉴于在加纳章节所讨论的，加纳经济的各个领域均可以感受到自由区的影响，这些成果几乎与加纳在这方面取得的成绩无法比拟。

3.5　投资条约

正如前面对加纳情况的讨论，塞内加尔也与对西非发展商业关系感兴趣的各国签署了一系列投资条约。其中包括1990年与美国签署并经美国国会批准的双边投资条约。这一条约为投资者提供了"最惠国待遇"、在征用情况下采

---

① 虽然设在自由区的公司仍继续享受优惠待遇，但自1999年后该自由区不再发放新的牌照。

用国际公认的补偿标准、资本和利润自由转移和争端解决程序等。

塞内加尔也与法国、瑞士、丹麦、芬兰、西班牙、意大利、荷兰和日本等国家签署了类似的投资保护协议。它也是世界贸易组织（WTO）、非洲知识产权保护组织（OAPI）和世界知识产权组织（WIPO）的成员，这表明它有足够的法律手段，用以解决投资者关注的资本投资保护和知识产权保护等敏感领域的相关问题。正如前面讨论的，这些法律手段是减少所有来自投资者东道国或本国风险的重要保障措施，但该种激励也是其他外商直接投资竞争对象国通常采取的措施。因此，塞内加尔需要超越其刚刚修订的投资方案以示与其他竞争对手的不同。这意味着塞内加尔应采取一种综合完整的政策，不仅包括农业投资及投资政策，同时也应包括其他重要领域的政策（国家善治、基础设施、竞争、贸易、研发、土地和水政策），这些政策都是制约其全球竞争力的核心因素。目前，政府已采纳这一观点，更多地从确定与土地相关的机构所扮演的角色入手，将重点放在塞内加尔与土地相关的问题上。

3.6　塞内加尔土地和税务总局（DGID）

塞内加尔土地和税务总局是其经济金融部最有影响力的土地相关管理部门之一，它主要负责管理国家的税收政策。该部门也代理负责税收和管理所有被列为国家遗产（DN）的土地。DN 是塞内加尔更为复杂的领域之一，需要从感兴趣的外国投资者的角度简要说明如何确定、商谈、评估和安全登记国家遗产及国家遗产中土地的可获得性。

3.7　存在责任冲突的地方层面的土地办公室

塞内加尔在其 10 个地区分别成立了土地办公室，其中包括土地测绘局、土地保护局（CF）和土地区划局（BD）等 3 个代理机构，负责向土地和税务总局汇报。这些分支机构是国家而不是地方政府的分支机构。

3.7.1　土地测绘局

土地测绘局的任务是调查、绘制地图并确定财产界限。它并不涉及土地分配或签发许可证。但它的确负责土地的细分，这个问题是像塞内加尔这样人口快速增长的国家所面临的越来越大的挑战。

3.7.2　土地保护局

土地保护局是负责登记个人所有土地和公寓的办公室，是在土地测绘局调查和最终决定前负责批准土地细分的部门。

3.7.3　土地区划局

土地区划局是负责土地区划并直接管理国家土地的办公室。希望更换投资地的投资者必须在这里提交申请。

3.8 负责实施 1996 年塞内加尔当地政府法典的当地政府实体

1996 年，塞内加尔公布了一个新的地方政府法典，目的是为当地政府所承认的地区、市和农村社区权力部门的运行提供法律基础。在塞内加尔政府分权计划的背景下，一系列包括国家、公共和政府土地的管理和使用等传统上一直由国家掌握的权利，也移交给了指定的地方政府，但没有配套的财政资源。该计划已经创建了一个中央、地区和地方三个层面的政权体系，这与现有的国家、地区、部门、基层市镇和村庄五级国家政府管理操作系统并不匹配。这看似复杂，尤其是当涉及有关土地纠纷时。在实践中，不同分支和部门之间可能产生土地权利纠纷。然而，在生产了大部分农产品的农村社区，地方政府往往比中央政府部门的权力大得多。乡村委员会是农村社区层面行使最高权力的部门，而像基层市镇长和村长之类的国家官员的权力仅限于记录和收税。

3.9 乡村委员会的特殊权力——分配和收回可用的农村土地

乡村委员会（RC）负责免费向必须在乡村社区生活和可以有效利用土地的受益人分配土地。任何分配到土地的自然人或法人将在一个不确定的时期获得这份生产资料。他们去世后，如果继承人继续保持该土地的生产性用途①，则可以继承这些分配的土地。潜在土地投资者获得土地需遵循的主要政策步骤，包括确认、收购和注册土地用于农村经济用途等（表 4－28）。投资者必须通过十个主要步骤，还有一些被省略的附加步骤。例如第九个步骤，按规定，应由土地登记部门（土地测绘局）绘制土地地图，该任务应由公共土地测量师完成，但目前往往是由私人土地测量师代替。简而言之，有太多的土地相关步骤和机构需要简化。而且，如果顺利地完成土地注册过程，必须具备足够数量和素质的土地测量师。由于 1986 年以来，塞内加尔取消了培训这种熟练劳动力的计划，土地测量师的不足问题经常成为注册的障碍。由于缺乏土地测量师，测量经常由完全没有经过培训的个人来完成，造成了地图不具备法律效力但还在使用的现象。而且，测量师有时缺乏开展测量工作所需的专业设备。因此，塞内加尔应促进像 PAMOCA②之类的项目，该项目试图处理解决土地不安全问题的一些先决条件。不幸的是，PAMOCA 项目于 2009 年 12 月暂停，而且没有任何推进的预期。在接下来的项目③中也没有任何体现。

---

① 根据 1964 年的法律规定，"生产性用途"的定义应由每个区域的长官来定义，但这似乎从来没有完成过。"发展"由什么构成等此类问题是由当地委员会决定的。

② 一个欧盟和亚洲开发银行（ADB）资助的土地项目，旨在绘制一个带卫星图像和当地记录的交叉索引的全国地图，同时为塞内加尔各 cadaster 办公室提供培训和设备，并协助政府制定政策。具体见网站 www.devex.com/ 和 www.aps.sn/ aps.php 中的项目说明。

③ 源自美国国际开发总署（USAID），2009 年。

表 4 - 28　2009 年塞内加尔乡村委员分配土地遵循的主要步骤

步骤	具体做法
1	寻求符合项目目标和范围的合适的项目地点
2	会见相关乡村社区（PRC）长官
3	向相关乡村社区（CRC）提交一份正式申请
4	成立土地测量委员会（SLC）
5	在测量评议得到乡村委员会（RC）同意后，联系乡村社区（CRC）
6	确定界标位置
7	获取由乡村委员会、地方长官和次长官颁布的评议证书复印件
8	一向目前土地所有者支付补偿
9	一如果投票通过的话支付界标费用
10	土地测量员开展土地地图绘制工作
11	开始土地准备工作

塞内加尔土地登记主要的执行机构

·法院

·塞内加尔政府

·乡村委员会

·土地办公室，包括 Cadastre、Conservation、Foncier 和 Bureau de Domain

来源：塞内加尔国家投资促进和大型工程署（APIX）。

3.10　塞内加尔当前的土地政策

塞内加尔的土地利用法律框架复杂，包括殖民地时代制定的条款和这 10 年期间颁布的若干法律。这方面最重要的是塞内加尔的土地法，该法是 1964 年关于国家遗产的法律，它废止了传统土地使用权和大部分国有化土地。根据这项法律，国家独立拥有并负责管理国内所有的土地。如上所述，国家领土分为四类：城市区域；专用区域；由政府控制的发展区域；和目前对农业种植最重要的农业生产区域。

国家遗产土地占全国总领土的 95％，而且大部分被称为农村地区。这些农村土地大多数是在国家独立后由当地政府掌握。但按照独立后的法律，目前它们受制于国家土地法等共同法律体系。依据法律，领土包括一个农村社区所有的居住、农业生产、牲畜饲养和林地及其可能扩展所需的土地。每块领土的边界通过法令确定，通常由乡村委员会管理，并在当地长官和中央政府当地代表监督下建立。这与农村社区的边界一致，而且边界内的土地只是一个发展空间，并不是一个法律性的经济资产。同样的，土地不属于任何人，并不构成任何财产的一部分，因此土地没有法定的所有者，因为如果每个人都拥有，那么就没有人拥有。这种权力赋予乡村委员会在当地分配和收回土地并监控其使用的职权。从理论上讲，乡村委员会可收回地块有两个理由：不符合分配条件尤其是不符合生产使用要求的土地授权，在此情况下土地无偿收回；或者是为了社区利益，在这种情况下，如果可行的话，应分配给土地所有人一块类似的土地，尽管在大多数农村社区这是不可能的。

为实施上述权利，塞内加尔成立了三个独立的部门来管理土地所有权：

（1）私有地产，主要是殖民体制下形成的财产，这些地产由于城市扩张和现代经济发展而迅速增长。

（2）公有土地，国家有选择的权利，允许地方政府拥有或使用的土地资产，主要是由不包括农业土地的公共建筑或公用设施的相关土地组成。

（3）农村土地，其中大部分受国家土地法制约，并由国家政府机构强制执行。

上文概述的土地所有和控制体系通常被认为是制约农业现代化的一个因素。这表明，塞内加尔政府特别关注这些问题，并将迅速采取措施改革国家土地政策。

3.11　塞内加尔法庭上的与 FDI 相关的土地纠纷

正如预期的那样，该土地管理系统并不是没有引起纠纷。毫无疑问的，塞内加尔法院每年接收一大批土地案件。例如，每年达喀尔地区土地纠纷案件估计约占当年当地法院 20% 的工作量，而据估计，圣路易丝地区占三分之一至一半，考拉克地区约占一半。在这些法院，常见的案件类型包括边界纠纷、土地使用权纠纷、由乡村委员会裁决产生的纠纷以及土地使用权占有的纠纷。乡村委员会的判决有时会有悖于法律，这种现象是非常普遍的，因为有时这些判决并不是基于无可争议的法律条款。塞内加尔目前尚未建立完善的法律实践或框架，如涉及乡村委员会和外国投资者的土地销售和租赁范本合同。令人吃惊的是，外国投资者在不与其他相关方适当协调的情况下，轻而易举地转让了5 000公顷的大片土地。

此外，本文提到的上述土地相关问题还可以交由一个委员会成员，或一组委员会成员裁决，而不是仅仅由委员会整体裁决。要克服这些障碍，需要从技术和财务方面着手提高乡村委员会等所有土地相关实体的能力。

塞内加尔的法律制度被认为具备处理上述各种土地纠纷问题的技术能力。但对贫困的农民而言，事实却似乎并非如此。正如在加纳，据报道，法院工作效率很低，而且不是一直或足够可靠地允许每个人，特别是穷人得到其服务。这主要是因为很少有穷人能支付得起高收费、交通费用和成本。

　　虽然塞内加尔目前的土地制度可能看起来效用并不大，但其具有一个优点，即避免转换为简单、不能充分保障穷人利益的纯收费所有权制度。这种纯收费制度已经加速了最肥沃的土地向富裕农民、企业家和土地生意人集中，这将导致贫穷农民变为失地租户和佃农，或者成为流入城市的人群。

　　同样让人震惊的是，这里所提到的办事处或代理机构面临着资金不足、人员不足和设备不足的问题。因此，要高度重视财政问题。没有充足的资源，这些关键实体如何完成他们的任务还有待观察。不出所料，如果假定表 4－28 中众多工作步骤都要完成的话，包括土地登记在内的土地相关工作将是一个最慢的操作过程；这对尝试做这一工作的人而言，是一个众所周知的主要压力来源。

4. FDI 对塞内加尔农业的经济、社会和环境影响

　　塞内加尔已经面临着严重的结构性经常账户失衡问题，这个问题在过去 10 年已经恶化，目前每年超过 10 亿美元。同期，受进口不断增加影响，结构性贸易失衡问题也不断恶化，2008 年商品进口额约 51.7 亿美元。同时，令人鼓舞的是，从 2001—2008 年的金融业务账户可以看出直接投资呈现增长趋势。这说明外国投资者在帮助塞内加尔改善其整体国际收支平衡方面做出了积极贡献。贸易平衡是这些贡献的另一个很好的例证。

4.1　FDI 和贸易平衡相关影响

　　如下文即将阐述的，塞内加尔在过去 10 年已经出现了结构性贸易失衡，2008 年贸易逆差达 29.19 亿美元，比 2001 年国家开始强调外汇严重不平衡问题时增长了 586%。外国投资者已经积极参与了一些主要用于出口的农业生产。园艺产业是一个投资方向，塞内加尔大领域（Grands Domaines）公司（GDS）和索卡斯（SOCAS）等名列前茅、众所周知的非传统产品出口商都投资了园艺产业。由于 2000—2005 年期间塞内加尔非传统产品出口显著增加，这促进了同期出口收入增长。过去 10 年，塞内加尔的番茄出口量每年以平均 40% 的速度增长，2008/2009 年度出口量达到 1.8 万吨。同期，杧果出口量也显著增长，2008/2009 年度出口量几乎是 1999/2000 年度的 9 倍（图 4－8）。这种令人鼓舞的形势对国家从花生和渔业等传统出口转向多元化产品出口非常有利。

　　毫无疑问，从投资者宽领域的各种生产、加工、出口和销售活动中获得的税收收入，在一定程度上改善了政府财政账户中所示的结构失衡问题，见表4－29。

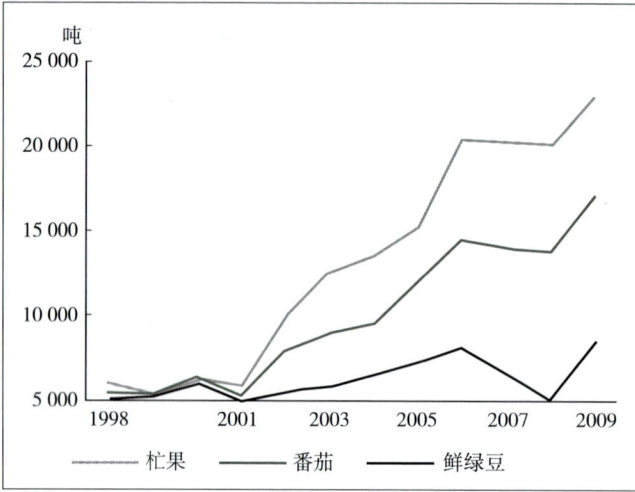

图 4-8 1998—2009 年塞内加尔特定非传统出口产品出口趋势
来源：塞内加尔农业部园艺处。

表 4-29 2005—2011 年塞内加尔政府收入和财政平衡情况（GDP 占比）

单位：%

指标	2005	2006	2007	2008	2009	2010	2011
中央政府收入	20.9	21.4	23.4b	22.5	20.0	21.7	22.5
中央政府支出	23.6	27.4	27.2b	27.5	24.6	25.8	25.1
中央政府平衡	−2.7	−6.1	−3.8b	−5.0	−4.7	−4.1	−2.6

来源：塞内加尔国家投资促进和大型工程署（APIX）。

4.2 FDI 对包括粮食安全在内的塞内加尔农业部门的经济影响

有相当数量的 FDI 相关企业活跃于塞内加尔的食品行业。这些企业的投资活动表明，塞内加尔 FDI 涉及农业生产和服务等广泛领域，并为该国一些高品质、新鲜及加工食品的供应做出了积极贡献。同时，FDI 相关企业创造了大量就业岗位，改善了收入分配水平的不均衡，提高了部分利益相关者的购买力水平。假定这些工作岗位真的可以实现跨食品的供应链，那么塞内加尔外商在农业生产系统的直接投资可以说具有非常积极的作用。这些作用是公司多样性经营和出口导向的自然结果。

下面将要讨论的番茄产业是目前已知的唯一的所有参与者在互利安排的基础上进行运营的产业。这个产业成功吸引了数十亿西非法郎的外国投资，提高了新鲜和加工番茄的生产水平。有足够的证据证明，这种模式有利于提高和稳定农场收入或出口收入。毫无疑问，增加包括政府在内的各种番茄利益相关者购买力意味着对可获食品的更大需求，因此提高了食品行业的供给水平。

此外，随着番茄价值链的提升，在塞内加尔河谷投资农村土地，用于生产高质量新鲜番茄以供应附近的番茄加工厂，将有利于改善收入分配水平。这说明番茄生产等相关活动不仅对外国相关投资者，同时也对包括生产商、服务提供者、银行、政府机构等更宽范围的其他利益相关者都是一个有利可图的风险投资。值得一提的是，番茄是塞内加尔唯一的各参与者已成功达成包括农场出场保障价格在内的明确协议的食品产业，这些协议将有助于确保实现所有参与者共赢。

4.3 FDI 对农产品加工业的影响

研究表明，流入塞内加尔的 FDI 基本上是针对包括农产品加工业在内的正规现代化部门。正如下面的数字所显示，FDI 在农产品加工领域的积极参与将促进该产业部门发展。以 2009 年前 7 个月为例，与其他大多数工业部门相比，农产品加工业的生产水平显著提高，约同比增长 9%。食品部门数据显示，增长趋势最强的是植物油产量、谷物和食糖加工量。这些令人鼓舞的成绩是因为 2008/2009 年度塞内加尔花生和谷物的丰收。

上面所提到的最近的发展趋势令人鼓舞；然而，值得一提的是，蔬菜和花生油的产量和出口量等主要指标始终低于 2006 年水平。综合考虑农业部门，FDI 流入对目前登记部门的总体影响低于预期。一个例外是由小农经营驱动的一些部门促进了国内生产总值的增长（图 4 - 9），而渔业、畜牧业、狩猎、工业和农产品出口导向型养殖、林业和伐木等关键子部门对国内生产总值并无充分贡献。

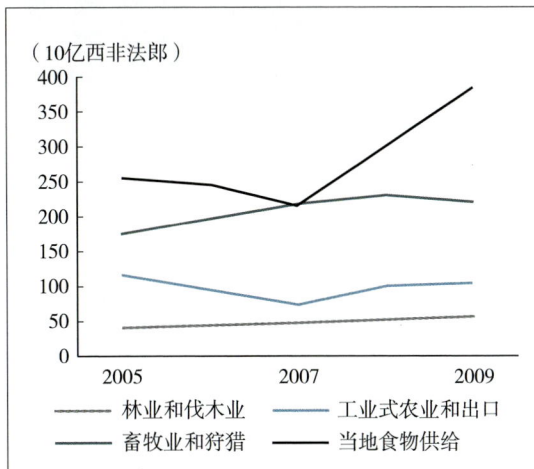

图 4 - 9　2005—2009 年特定经济行为对塞内加尔 GDP 的贡献

　　从另一个角度来看，目前塞内加尔的整个现代部门最好地利用了外国投资者，2008 年增值了 16.314 16 亿美元。这与新兴的单个银行家从 2008 年的银行产品①中取得的收益具有一定的可比性：如南非的标准银行集团（约合6 504万美元）、尼日利亚第一银行（约合 1 547 万美元）。图 4 - 9 清楚地显示了与其他部门相比，国内导向的小型食品生产者对国内生产总值的贡献情况。图 4 - 9 还说明，尽管提供了所有的吸引 FDI 的措施，工业和出口导向行为对该国经济产出的影响依然十分有限。上述情况表明，塞内加尔应彻底审议已建立关系的外国投资者或农业企业行为，并在适当的背景下，仔细评估每一个投资者或农业企业给国家带来的收益相对于他们花费的成本是否平衡。

　　上述提到的相对较差表现可以归因于一些对整个塞内加尔经济造成负面影响的结构性困难或技术效率低下问题。最近塞内加尔的一项研究结果显示，由于技术效率低，鱼类和肉类生产投资者相对于最优产出估计会损失 52％（图 4 - 10）。由于技术效率低下，能源、纺织品和服装以及粮食加工等关键子部门相对于最优产出水平也将分别减少50％、21.1％和7％。

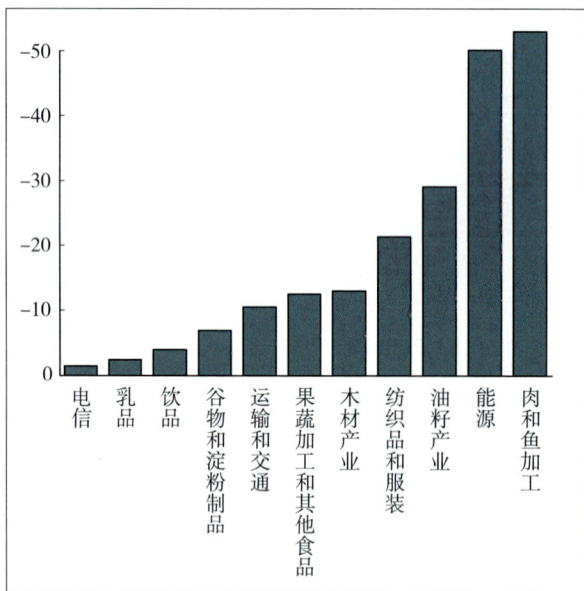

图 4 - 10　塞内加尔特定子部门的技术低效水平

来源：塞内加尔经济研究和预测局（DPEE），2009 年 9 月数据。

注：在假定劳动力和资金投入条件下，预估的产出水平低于最优产出水平。

---

　　①　南非标准银行集团（65.04 亿美元）、尼日利亚第一银行（15.47 亿美元）、国际经济银行多哥分行（8.26 亿美元）。参见非洲第一银行的 2008 年独家排名，2009 年 10 月第 22 号。

　　FDI 对农业部门以及下文将讨论的目前登记的包括技术转让和研发等在内的一些关键战略领域的相关影响有限，上述不佳表现可以为这一现象提供一些解释。

4.3.1　塞内加尔番茄产业的技术转让和创新

　　科技进步对农业发展至关重要。研究表明，农业生产率的提高与农业研发的投资和政策导向紧密相连（Alson，Pardey and Smith，1999）。通过创新发展农业对减少农村贫困至关重要，就像绿色革命对一些新兴亚洲经济体的作用一样。在亚洲，研发水平的提高主要用于支持增加创新、提高生产力和增加盈利能力，这对提高一个经济体的竞争力、促进更多出口和减少进口有很大的影响。塞内加尔的农业和食品工业还没有出现这样的创新，番茄行业就是一个恰当的例子。

　　虽然许多塞内加尔农产品产量水平令人鼓舞，但仍低于其他国家可达到的水平。例如，众所周知的可以提供最好的工作和农场经营框架的番茄工业，1998/1999 至 2007/2008 年度收益率平均仅增长 1%，2007/2008[①] 年度每公顷产量达到 21 万吨，这表明，番茄产量的增长主要归因于播种面积的扩大（图 4-11 至图 4-13）。塞内加尔索卡斯公司（SOCAS）对包括该小农在内的下游养殖运营商的技术转让和相关溢出影响有限，这需要参与者认真重视这些问题。

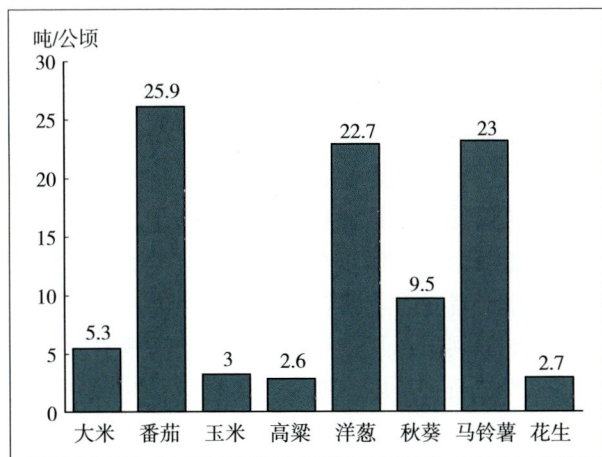

图 4-11　1998—2008 年塞内加尔各农产品的单产水平（吨/公顷）
来源：塞内加尔人口统计局（ANSD），2009 年。参见 www.ansd.sn.

---

　　① 比 2005/2006 年度达到的每公顷 35 吨低 40%。

（吨/公顷）

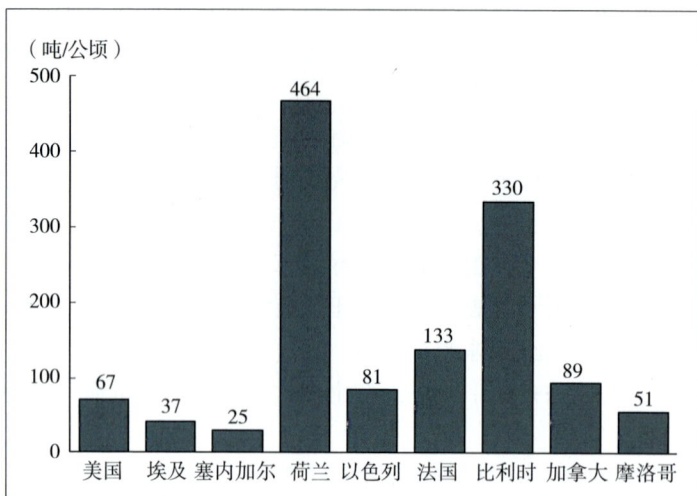

图 4 - 12　2000—2005 年各国番茄平均单产水平（吨/公顷）
来源：联合国粮农组织数据库（FAOSTAT），参见 www.fao.org。

4.4　FDI 对塞内加尔番茄产业的社会和环境影响

下面的案例说明了外商在番茄产业的直接投资对当地经济产生的一些积极的社会影响和扶贫开发机会，同时强调一些随之而来的新风险。

4.4.1　在塞内加尔创建一个双赢的订单农业模式——以 SOCAS 为案例

自 1995 年起，SOCAS 开始成功实施订单农业计划①，番茄产业的成绩从塞内加尔其他农业产业中脱颖而出。SOCAS 公司主要采用在塞内加尔河流域种植的新鲜番茄生产番茄浓缩物用于本地销售和出口（插文 4 - 6）。这些番茄是在 SOCAS 公司与 1.2 万番茄农场签署的特别订单农业协议下种植的。正如前面所讨论的，这一协议促进了新鲜和加工番茄产量的快速增长，改善了包括小型番茄种植者②和政府在内的所有利益相关者的社会和经济条件。

这个框架帮助小生产者在农业信贷资源稀缺的条件下生产番茄。此外，该协议也带来了一些其他福利，尤其是对农民而言。这些收益包括改善农村创收机会和稳定性以及减少番茄收获后的损失。事实上，与 SOCAS 并没有故意兼

---

① 这个"成功案例"主要是由于番茄种植者和加工商之间的紧密合作促成的。此次合作开始于 1995 年设立的协商框架——全国番茄产业合作委员会。这个管理全行业的决策体包括番茄种植者、加工商（SOCAS）、供应商、贸易商、消费者和政府服务代表，其中番茄种植者和加工商是最活跃的成员。该委员会干预农业信贷的谈判和管理。塞内加尔三角洲土地利用发展公司（SAED）担任秘书处。SOCAS 和种植者根据合同一起工作，合同规定了付款条件以及新鲜番茄的农场交货价格。

② 经济利益集团（GIE）。

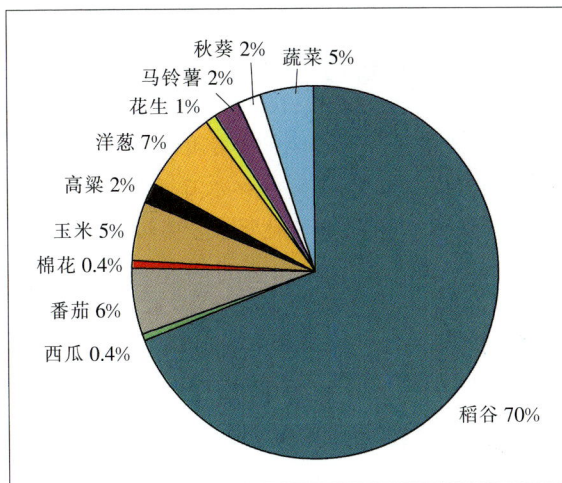

图 4 - 13　1998—2008 年塞内加尔主要农作物种植面积结构

来源：塞内加尔人口统计局（ANSD），2009 年。参见 www. ansd. sn。

并此前的小型番茄生产者，而是努力垂直整合其食物供应链，并使其符合目前全球食品市场新兴的严格的食品安全标准。

2008/2009 年，预计番茄产业生产了 80 万吨番茄，其收入在当地经济中发挥了重要作用。然而，值得注意的是，SOCAS 的这个产出水平被认为超出了其吸收和加工处理能力。这些发展强调了需要增加投资以提高加工能力，从而创造新的就业机会，同时进一步减少收获后的损失，解决依靠优质番茄为生计的农场数千人的贫困问题。从上述现有数据可以看出，塞内加尔番茄种植面积占国内耕地的 6％。如果通过土地收购交易、土地出让金或土地转让等任何形式剥夺小型生产者的这些土地，会对有关地方社区产生长远和毁灭性的社会和经济影响。这表明，塞内加尔需要快速应对上文讨论的 FDI 和土地改革有关问题。这些结论对数以百万计的水稻、玉米、高粱、洋葱、花生、棉花、马铃薯、水果和蔬菜等其他作物的小型生产者同样适用。

上面所提的农业经营模式的优势，包括订单农业安排等，并不是普遍采用的规则，而仅仅是一个例外。由于这种制度安排在包括塞内加尔一些邻国在内的非洲其他国家农业领域是一个非常常见的特征，因此值得研究。下面将集中讨论 GDS 农业经营模式和为什么不鼓励这种模式。从长远来看，为更有利于保证穷人发展，非常有必要在小农社区和农业企业间建立信任关系。

插文 4 - 6　建立可靠的农业经营模式——
以塞内加尔 SOCAS 公司为例

1965 年，桑塔纳可（SENTENAC）集团的法国子公司开始在塞内加尔河流域试验生产新鲜番茄以满足塞内加尔日益增长的番茄酱需求。当时该集团已在包括塞内加尔在内的西非地区生产小麦、玉米和小米面粉、动物饲料（家禽和家畜）及其他食材。公司由莫林斯桑塔纳可（Moulins SENTENAC）和所卡斯（SOCAS）两个农工子公司构成，后者于 1970 年开始生产番茄酱，建立了第一个日加工新鲜番茄 200 吨的番茄加工厂和一个一季产量为 3 000～4 000 吨的新鲜番茄试点农场。

自此，SOCAS 将目光投向土地和水资源丰富的塞内加尔河流三角洲圣路易斯（Saint-Louis）附近地区的塞沃内市（Savoigne）和达喀纳市（Dagana），在那里生产新鲜番茄加工番茄浓缩物、番茄汁和干番茄。正如 SOCAS 公司最初设计的，公司和政府免费给番茄种植者提供必要的技术支援并保护当地产业发展，计划到 1987 年与约 1.2 万番茄农民签署合同，生产出满足当地需求的番茄。SOCAS 按照该合同以保障价格购买了其所需的全部高质量新鲜番茄。1998—2007 年，这些新鲜番茄成功地由 SOCAS 公司选定的小农户种植，其种植面积平均为 2 685 公顷，目前这些小农户已经成立了农民组织。这使得番茄产业成立了第一个代表全产业利益的董事会。每年董事会都会在确定新鲜番茄农场出场价格和所有相关服务提供者报酬前，开会讨论行业面临的全部问题。

SOCAS 公司雇佣了包括农学家和质量控制专家在内的约 300 名长期员工，并在收获季节雇佣 1 000 个兼职人员，每年需支付薪酬 12.2 亿西非法郎。该公司的销售额也对减少众所周知的政府财政预算问题做出了贡献。

2007 年，SOCAS 公司在 2 700 公顷的土地上生产了 1 万吨番茄浓缩物，满足了当地消费和出口需求。同年，其营业额达到了约 120 亿西非法郎，使得该公司成为撒哈拉以南非洲地区番茄酱生产的龙头企业。该公司的生产部分依靠公司的种植、收获、包装、冷藏、储存和运输设备。这些设备包括先进灌溉和化验室设施，共花费了约 110 亿西非法郎投资，从而使该公司可以加工约 10 万吨新鲜番茄，或 1.8 万吨番茄浓缩物来满足当地消费需求。

该公司还实行多元化农业和产业化经营，将生产领域扩展到包装材料

（罐等），在塞沃内市建立了先进的包装品生产工厂。除了生产一些罐头蔬菜、洋葱苗和香料植物外，目前约出口600吨新鲜青豆和300吨干番茄。

4.4.2　在塞内加尔农业建立持久的农业经营——以GDS为案例

与许多其他非洲国家尤其是肯尼亚和加纳不同，塞内加尔很少有订单。与这些国家之间的主要区别似乎在于，GDS等塞内加尔的多数出口农业企业，更倾向于按照严格的质量控制程序自己种植作物，尤其是当产品质量和食品安全标准变得尤为重要时。

对于杧果等当地市场上可以买到的季节性出口产品，出口商可以更简单和更容易地从可靠的生产商那里现场采购，以满足他们的产品需求，而无需与小型种植者签署订单。但对于其他产品，许多塞内加尔境内的农业企业认为，小型农业生产者目前的总体状况使他们难以成为可靠的高品质农产品供应商。提高小型农业生产者的技术、财务和管理技能，从而帮助他们成为负责任和可靠的供应商，需要大量投资、精力和资金，这使合同采购具有较大的吸引力。

近期分析显示，这种情况经常发生在塞内加尔非传统出口产品上。GDS选择不采用订单农业模式，以满足其法国母公司政策。在这方面，值得一提的是，全球良好农业规范（GAP）、可追溯性和农药最高残留限量等更严格和不断变化的欧盟食品质量和食品安全要求，已经逐渐成为影响包括许多发展中国家的小型生产者在内的很多出口商的一种贸易壁垒。

小规模农业生产者的总体供应能力较低，这是导致企业通过建立自己的农场来垂直整合其生产环节的另一个原因。GDS农业经营模式（插文4-7）和长期来看有利于穷人的SOCAS模式形成鲜明对比。从长远来看，GDS模式被认为会增加而不是消除贫困，因此不应该鼓励。所以塞内加尔投资促进局应出台一项政策，评估这种大型农业经营项目，看看如何最好地留住包括小型农业生产者在内的有兴趣投资农业经营的负责任的投资者，同时在塞内加尔创造可持续的农业经营企业。

从可获取的数据来看，经验表明，愿意在塞内加尔农业和食品工业投资的外国投资者更倾向于保持对公司资金更大的控制力，而不是与当地合作伙伴进行农业合资经营。正如上面提到的，仅有57％的外国投资者在塞内加尔投资促进局进行了登记，这意味着他们认为合资是一种进入塞内加尔农业的有效的商业战略，而在加纳投资促进中心登记的占68％。与加纳相比，塞内加尔的农业结构调整率较低，这表明外国投资者更倾向于信任加纳而不是塞内加尔的商业伙伴。因此，塞内加尔需要促进完善本产业的公司治理，从而营造一个更加值得信任的环境。

插文 4-7 建立可靠的农业经营模式
——以塞内加尔 GDS 公司为例

2001 年，一个名为塞内加尔哥莱德都曼公司（GDS）的法国子公司开始在塞内加尔投资生产番茄。该公司此前从事粮食生产并在一些欧洲、非洲和拉丁美洲国家成立了分销子公司。2006—2007 年收获季结束后，GDS 公司新鲜番茄出口量占塞内加尔新鲜番茄出口总量的 99%。该公司的樱桃番茄产于土地和水资源丰富的塞内加尔河流三角洲圣路易附近地区。

GDS 公司故意兼并了小型农业生产者，努力垂直整合供应链。该公司番茄的生产完全依赖于公司的种植、收获、包装、冷却、冷藏储存和运输设备。

GDS 公司在塞内加尔河流三角洲建立了加工站，用以处理和加工新鲜蔬菜。同时，它也投资于高科技生产，包括机械和电脑滴灌，通过应用滴灌技术使用肥料及灭虫产品。这些技术和所需的改良种子、肥料和植物检疫投入都是从欧盟进口的。

4.4.3 塞内加尔小型农业生产者失去肥沃耕地的风险增加

像森林和渔业等塞内加尔其他递减的自然资源一样，随着土地需求压力不断增长，耕地也正在成为一种稀缺的生产性投入（图 4-14、图 4-15）。塞内加尔土地密度为每公顷 3.3 人，相对于科特迪瓦（1.1 人/公顷）、加纳（1.9 人/公顷）和尼日利亚（1.2 人/公顷）等可能的 FDI 竞争对象国而言，是土地最为稀缺的国家之一。

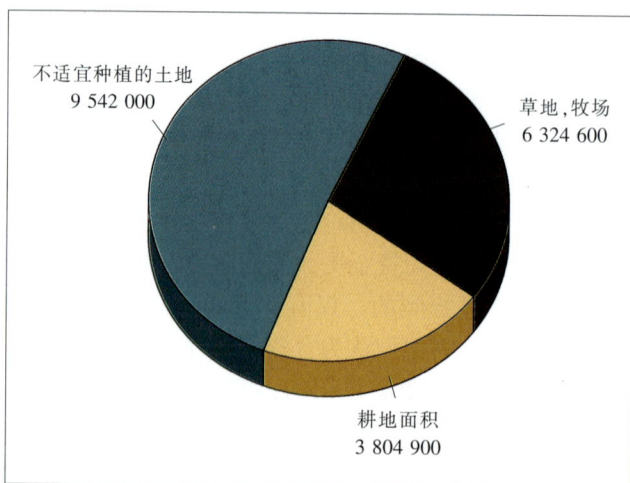

图 4-14 2008 年塞内加尔可获得的总土地面积（公顷）

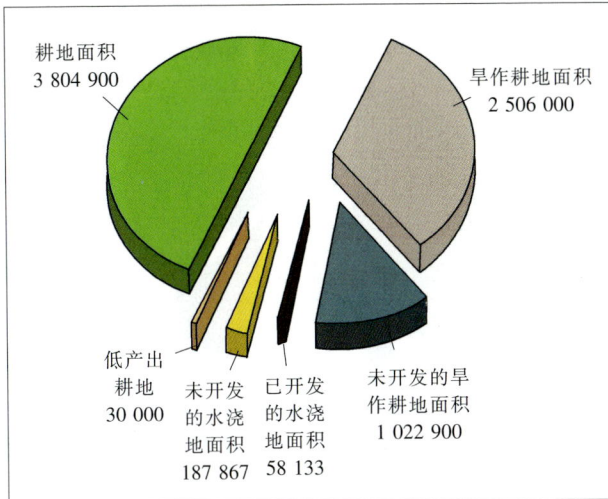

图 4-15　2002 年塞内加尔可获得的耕地面积结构（公顷）

　　塞内加尔没有免费不通过申请即可获得的附带产权的土地，这表明，需要通过采取土地测量措施来认真处理长期存在的土地使用权问题，从而解除这个众所周知的 FDI 相关约束。2002 年，塞内加尔拥有超过 380.49 万公顷的可耕种土地面积，其中 24.6 万公顷是可灌溉的，需要在土地非常紧张的情况下将剩余的可灌溉土地分配给各种未来用途或目的。这成为潜在投资者和小型农业生产者面临的更为关键的敏感问题，尤其是在实施"丰粮足食大会战"项目后，可以确定大部分耕地面积将会释放。事实上，有很多可能扩大生产的 FDI 公司需要可靠和适当的土地用于投资。在这方面，最近一个评估塞内加尔商业环境的全球研究表明，其所调查的大约 30% 的公司或机构认为（插文 4-8），获取土地是投资者在该国面临的最困难的障碍之一[①]，见图 4-16、图 4-17。

　　这些结果表明，未来获取日益稀缺的土地资源将面临更多竞争。目前该国较差的法律和法规执行力以及乡村委员会较差的管理共同为土地使用权问题形成更多的腐败创造了有利环境，穷人未来将面临失去他们目前所耕种的肥沃土地的风险将增大。

---

　　①　非洲竞争力报告，见塞内加尔部分的报告，世界经济论坛，网址：www.weforum.org。

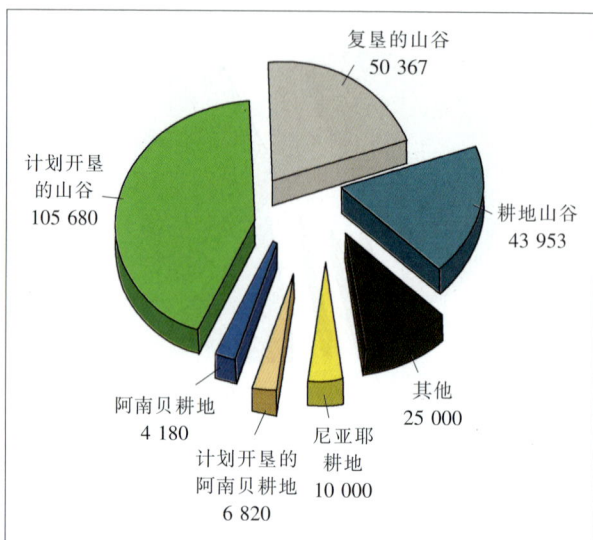

图 4 - 16　2007—2008 年塞内加尔灌溉土地面积结构（公顷）

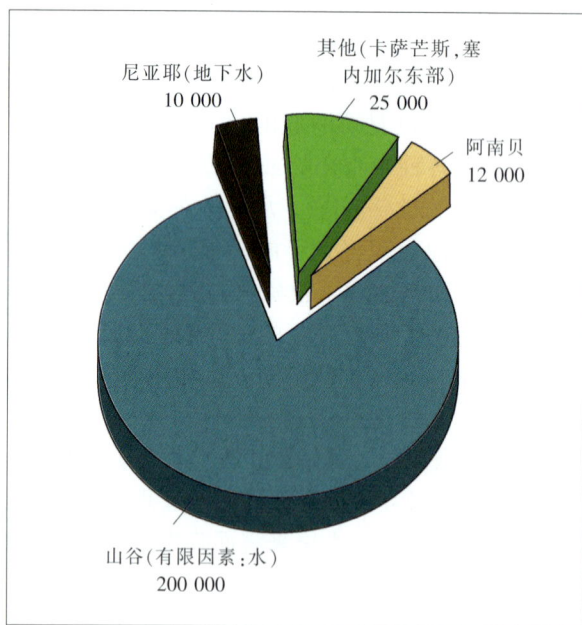

图 4 - 17　2008 年塞内加尔可获得的灌溉土地面积（公顷）

5. 结论和建议

　　塞内加尔应采取适当的经济政策以促进建立在可持续生产基础上的可靠的

农业企业投资，从而在农业领域创造更多持久的遗产。

正如许多在塞内加尔河谷（SRV）地区创立的以农业为基础的农业投资一样，其目标是增加农业产出。过去10年该地区新鲜番茄生产平均估计需要占用2 653公顷的森林。2007/2008年，塞内加尔河流域地区的新鲜番茄种植总面积达3 267公顷，另外52 862公顷土地种植了主要粮食作物。在塞内加尔河谷、尼亚耶（Niayes）、卡拉曼科（Calamanco）和纳比（Nambe）等地区，在保护好环境的条件下，塞内加尔现有主要食品生产结构中扩大粮食产量是不可能的。

事实上，由于高人口增长率和大部分宝贵自然资源的持续减少，塞内加尔将面临更多环境问题。例如，在许多农村和沿海地区，由于塞内加尔河流域或尼亚耶地区过度使用肥料和疏于管理，土壤肥力和生产力停滞或下降。在过去10年中，暴雨已经显著下降（数量下降35％），同时雨季有所缩短、下雨频率降低。塞内加尔的土壤也高度退化①，尤其是种植大米的土壤。

值得一提的是，该国已几乎用尽其所有的自然森林资源。事实上，塞内加尔仅保留了约60万公顷的森林覆盖面积以适应该国可能的气候变化影响。国家投资促进局应更加注重吸引那些负责任企业的农业投资，为了维持该国脆弱的生态系统，应给予RRR②行动应有的重视。

根据前面讨论的生产水平，SOCAS是最有可能抓住西非等粮食市场需求增长机会的塞内加尔公司之一。2007年，番茄全世界进口量估计为585.5万吨或69亿美元。大约每吨价值1 184美元，相比番茄的农场出场成本是有利可图的。利用好这些现成的优势，塞内加尔必须改进近期全球商业环境和竞争力评估报告中提到的有关政策，使它们更加透明和具有竞争力。这些政策包括涉及食糖、植物油和番茄的国家竞争政策。没有必要来干预国内投资者的竞争，否则这些投资者将不会充分重视公司治理、创新和研发等重要问题。

正如一些研究已经指出的那样，包括番茄产业在内的塞内加尔农业经营部门存在不健全的企业治理文化，这被认为是因为实际经济效益和社会效益良好带来的。这个部门与公众共享的主要农业经营信息缺乏，这应该由SOCAS等农业企业领导人来面对。毫不奇怪的是，在其公司自己的网站上没有任何关于该公司经济底线之类的共享资料；这一点需要改变。

国家投资促进局应促进塞内加尔农业企业部门的信息及时披露，从而以客观的方式提升对主要可持续发展指标的评估。应包括：

---

① 土壤被认为缺乏 P_2O_5、K_2O、MgO、S、Zn 和 Cu 等营养。

② 再栽培、再利用或回收森林基础资源。

插文 4-8 一个塞内加尔河谷地区 有前景的 FDI 水稻项目

一些潜在利益和相关风险

塞内加尔计划实施一个沙特-塞内加尔水稻开发项目，如果所涉及的投资者成功地克服一些遗留的项目障碍，则将减少 2015 年塞内加尔对世界大米市场的依赖度。这些推动力主要来自塞内加尔和沙特阿拉伯的私人投资者，目标是在当地生产 100 万吨稻谷，其中 70% 将出口到沙特阿拉伯。这个水稻项目将在塞内加尔河左侧实施，涵盖约 30 公里宽、800 公里长的区域。该项目从达加纳（Dagana）、波多尔（Podor）、马塔姆（Matam）和巴克尔（Bakel）等四个区域精心挑选出所需地块。众所周知，这四个地区的稻谷生长季横跨六月至十二月。如果项目付诸实施，至 2015—2016 年共需占用 119 583 公顷土地面积，同时六月至十二月将实现双季种植，但也跨越了炎热的淡季。

塞内加尔每年大米需求目前估计将达到 90 万吨，使得其成为塞内加尔消费最多的主食品种。该国的大米供应传统上大约 70 万吨大米从世界市场进口，其他 17.5 万吨由国内生产供给，其中 70% 来自塞内加尔河谷地区。

根据可获取的数据，该项目计划为所有参与者带来一定利益。据初步估计，这些利益包括 5 年后开始每年有超过 1 000 亿西非法郎等值外币的收益。据估计，5 年需花费约 5 810 亿西非法郎（在没有国家补贴的情况下），财务计划结构如下：塞内加尔以土地股权置换形式支付 10%；沙特以现金形式支付 90%。

该项目预计内部收益率约 39.7%，实际使用的效益成本率为 2.26，5 年时间收回本金。据说该项目需要 66 435 公顷塞内加尔河流域绝对安全的可耕地。该项目的投资者根据直接收入，每年平均投入 541 760 亿西非法郎，用于该项目前 5 年的运作和加强与各服务供应商的伙伴关系（生产商、相关农村社区、当地的咨询公司和承包商）。该项目发起人还计划采用强度更大的种植方法，即同期分别花费 219 330 亿西非法郎和 545 850 亿西非法郎来使用磷酸盐和尿素。

根据计划，该项目带来了一些新的可观效益以及现实风险（社会和环境等）。这包括增大了使最肥沃的土地留在小型农业生产者手中的压力。

（1）治理和管理。这些因素包括健全的企业管理的经营规则、透明性、价值和道德准则。例如，包括 SOCAS 在内的受审查的农业企业，除了其他方面的考虑，应建立基本的产业管理框架。

（2）利益相关者参与。这个因素强调了利益相关者参与公司可持续发展过程的问题。例如，公司可以通过召开会议和与利益相关者的交流，给他们提供可持续发展（环境、社会和经济）、绩效、原则和政策方面的信息。例如，这可以通过定期完成报告并在公司共享网站上公开（如有）来实现。

（3）环保重点包括环保工艺改进及环保产品/服务发展。这个因素强调了公司利用自然资源生产自己的商品和服务的问题。它也涉及农业企业在其产品或服务开发中制订足够的环保准则。例如，这些农业企业应在其网站上交流他们如何设计新产品来改善他们的环境、社会和经济影响。以番茄产业为例，SOCAS 公司审查和设计新的番茄产品及相关服务时，应说明它是如何使得涉及的主要供应商，特别是小型农业生产者实现最高的产量。

（4）注重当地经济增长和社会发展。这个因素强调了农业企业在其经营的社区内获取经济利益的同时，应承诺对经济发展做出贡献。例如，以番茄产业为例，SOCAS 公司应足够透明地在其网站上标明其如何支持社区发展和能力的提升，从而创造财富。这又延伸到给农村劳动力提供公平的工资和福利的承诺。包括 SOCAS 等被审查的农业企业也应说明其如何创造财富以及他们的资源如何在其服务的食物价值链上分配。

（5）社区发展。这个因素强调了公司对社区社会发展的承诺。以番茄产业为例，SOCAS 公司在其网站上除了标明其他内容外，还应标明帮助小型番茄生产者成为自主企业的基本需求项目所需的投资。

（6）人力资源管理。这个因素强调了农业企业应向跟他们签署劳动合同的管理层、员工和农业劳动者承诺提供安全和优质的工作环境。例如，包括 SOCAS 在内的塞内加尔农业公司应该在其网站上公布，他们的工作时间、加班费支付方法以及相对于国家的平均水平，各自产业工资制度的公平度。特别是像 SOCAS 这样长期存在的农业企业集团，他们应该说明其过去 100 年里将番茄农民群体整合成公司股东所付出的努力。

近年来，为扩大其 FDI 规模，塞内加尔还根据其竞争优势领域实施了一些改革措施，但并不是很成功。这项政策最近才开始初显成效，这使塞内加尔成为仅次于布基纳法索和加纳，成为 FDI 增速排名第三和 FDI 存量排名第四的西非发展中国家。尽管如此，该国的外国投资仍相对滞后于加纳和科特迪瓦，2002—2008 年，其 FDI 流入和 FDI 存量仅分别占西非经济体的 1.9％和 1％。各部门从投资中的获益并不均衡，在农业分部门内，种植业约占 35％的注册农业项目或投资。

FDI 传统上来源于法国，但这种情况正在改变，阿拉伯国家、马来西亚和中国等一些新兴亚洲投资者，对在塞内加尔获取能源和征用或租赁种植农作物所需的土地机会表示出兴趣。刚才提到的 FDI 的行业差异在不同地域中也存在。因此，对主要投资农业的投资者而言，塞内加尔河谷地区的灌溉土地仍然是最有吸引力的投资区域。

土地使用权不确定和技术效率低下等各种瓶颈，也抵消了塞内加尔为促进更多的农业 FDI 所做的显而易见的努力。尽管目前塞内加尔有很多土地相关机构在运行，但政府尚未成功地以透明的方式简化土地收购或租赁过程。传统的观点认为，塞内加尔的土地和水资源丰富，有利于从事任何盈利的农业活动。与其相悖，目前塞内加尔尤其是其河谷地区剩余的资源在加速萎缩。这表明，未来土地问题将非常敏感，尤其是对生计高度依赖于农业收入的小生产者。目前，塞内加尔没有无争议的可用于销售或租赁的大片土地。这意味着需要迅速解决目前该国普遍存在的土地使用权无保障问题。为有助于成立土地银行，从而显著提高塞内加尔农业部门的 FDI 流入水平，塞内加尔应优先考虑为最有前途的投资项目（PAMOCA，自由区计划）在指定的外国投资区域提供持续的资金支持和强大的政治扶持。一般而言，包括农业部门在内的许多塞内加尔经济部门都可以感受到 FDI 带来的有利影响。尤其是本节前面系统讨论的番茄产业和自由区计划，其目标是阐述特定 FDI 的相关经济、社会和环境影响。

流入塞内加尔的 FDI 有助于缓解包括粮食不安全在内的各种结构性失衡，然而同时也引发了新的关注：可预见的越来越多的小型土地使用者丧失其赖以生存的土地的风险，以及逐步暴露的更多气候变化的影响。虽然 FDI 的结果令人鼓舞，但迄今为止仍远低于许多其他方面的预期，即由于没有足够的技术转让和整体技术效率低下导致的持续农产品产量差距。

本研究显示，合资对部分外国投资者而言，是一种进入农业部门的首选模式（占在国家投资促进局登记的 FDI 项目的 57%）。研究结果表明，番茄部门作为其中一个最赚钱的农业部门，有良好的公共政策和公司治理制度，将在减少贫困和粮食安全方面做出很大的成绩。而且，SOCAS 公司的经营模式也表明，外国投资者在塞内加尔仍有有利可图并可以创造财富的投资机会。而同时他们也要接受对自己做出的经济、社会和道德承诺的检查。存在一个实现公司经济效益最大化，同时可以减少包括小型农业生产者在内的所有利益相关者风险的双赢的解决方案。调查结果还表明，需要超越目前已建立或传统的农业模式（种植者和订单农业计划），建立更多的如农民所有权模式等创造性安排，从而使小型农业生产者有机会在公平交换安排下使用土地。这将有助于他们在食品供应链创造增加值中保持和分享一个更大的份额。

最后，FDI所带来的好处是可以将塞内加尔等国的利益最大化并将其所带来的风险最小化，但这需要以透明的方式及时采取适当的体制和政策措施，以使当地的条件与全球能源、粮食、金融和碳市场中产生的机会相适应。

（五） 赞比亚：农地投资和 农业包容性经营模式①

1. 简介

本节内容分两部分。首先介绍赞比亚大规模农业投资的相关政策框架和发展趋势，随后详细分析两个农业投资案例项目：卡利亚（Kaleya）小农有限公司（Kascol 公司）和姆彭戈韦县（Mpongwe）发展公司（MDC 公司），后者在 2006 年自动清算，其名下农场被 ETC 生物能源公司和另一家投资者收购。在调查进行过程中，ETC 生物能源公司又把这些农场出售给了一家名叫赞比亚牛肉（Zambeef）的公司②。尽管已经清算，在被赞比亚公司登记管理部门撤销登记前，MDC 公司一直存续到 2011 年 7 月 20 日。这两个案例项目并不属于过去几年国际特别关注的农业投资潮。事实上，这两个案例项目都是 20 世纪 70 年代到 80 年代初，赞比亚政府和英联邦发展公司（CDC）的合资项目，只是最近几年才被私有化。CDC 的介入刚好证实了这两个案例项目启动之初的发展定位。正因有这样的发展背景，加上这两个案例项目的执行时间比较长，这项研究能对农业投资项目的长期发展经验有更深入的认识，能给国际上有关农业投资得失的激烈争论提供参考。

尽管历史背景相似，这两个案例项目也有着明显差异。Kascol 公司是在赞比亚南部省的马扎布卡县（Mazabuka）开展经营的一家农业公司。这家公司坐落在马扎布卡县的主要城镇——马扎布卡镇以南 8 公里的农场，只生产糖料甘蔗一种产品。Kascol 公司生产的甘蔗均出售给赞比亚糖业公司。以这些甘蔗为原料生产的食糖在赞比亚国内外市场都有销售。根据赞比亚糖业公司最近的年报，该公司食糖产量的 62% 出口到欧盟，余下的在当地销售（《赞比亚糖业公司 2011 年年报》）。而据赞比亚糖业公司经理提供的信息，该公司生产的

---

① 本节以 Fison Mujenja、农村网络（RuralNet Associates）公司为 FAO 撰写的调查报告为基础进行分析。

② 本节将同时引用姆彭戈韦县（Mpongwe）发展公司和 ETC 生物能源公司的名字。涉及 2007 年以前发生的事实时使用姆彭戈韦县发展公司，涉及 2007 年以后发生的事实时使用 ETC 生物能源公司，当某些事实跨越 2007 年前后时使用姆彭戈韦县发展公司。

食糖还出口到其他一些非洲国家。Kascol 公司于 1980 年开始运营，公司拥有 4 314.9 公顷土地，其中 2 265.3 公顷已开垦并用于种植。Kascol 公司的甘蔗生产由两种模式组成：一是公司自行种植，一是将公司的土地以订单农业的方式外包给他人种植。Kascol 公司通过 99 年的长期租约得到土地，并将其中大约 1 000 公顷转租给 160 户外包种植者，转租合同的租期为 14 年，可以续租。该公司还允许外包种植者参股及拥有自己的董事会代表。外包种植者联合组织拥有 Kascol 公司 13％的股份，另一家县级糖料甘蔗种植协会拥有 25％的股份。

　　ETC 生物能源公司（以前是 MDC 公司）在赞比亚铜带省（Copperbelt）的姆彭戈韦县经营着 46 874 公顷的土地。这些土地由 3 个农场组成，每块农地的租期都是 99 年。4451 号农场（Nampamba 农场，22 921 公顷）和 4450 号农场（Chambatata 农场，12 490 公顷）用于种植业，而 5388 号农场（Kampemba 农场，11 463 公顷）被当做牧场。这 46 874 公顷的土地中，有 10 661 公顷已经开发，3 000 公顷有灌溉设施。该公司种植多种作物，而且每年的种植种类不尽相同。最近一个生产季，公司种植了小麦、玉米、大豆、稻米、混合豆类、大麦和麻疯树。尽管种植种类多样，一些传统作物（小麦、玉米、大豆）却是公司自成立之初就开始持续种植的。这些传统作物所享有的"待遇"也有所不同，小麦是唯一灌溉种植的作物，而大豆和玉米仅靠雨水生长。近年，公司开始种植冬玉米，并为其提供灌溉。两个案例项目所在的位置及两个区域的人口相对增长率，如图 4－18 所示。

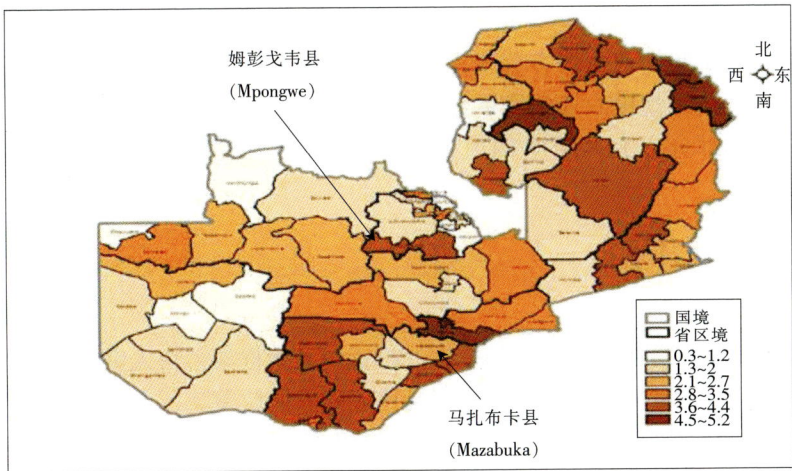

图 4－18　案例项目所在地：姆彭戈韦县和马扎布卡县
来源：根据《2010 人口和住房普查报告》加工而成。

1.1 研究方法

本节的研究方法包括走访公司管理层、普通员工、村落居民和其他利益相关方。在 MDC 公司，研究团队与不同的利益相关方开展了面对面的半结构化座谈。这些利益相关方包括 MDC 公司管理层、姆彭戈韦县议会、一位在 20 世纪 70 年代主持过土地租用谈判的前议会成员以及姆彭戈韦县居民。同时，研究团队还与 MDC 公司租用的部分土地拥有者和管理者以及某位酋长（本节中称为"N 酋长"）所辖村落的居民进行了集中的小组讨论。Kascol 公司的研究团队也采取了类似的方法，包括与公司管理层开展面对面的半结构化座谈，与两个外包种植者组织（包括男性和女性成员）进行集中的小组讨论，以及和一位 20 世纪 80 年代早期就把农场租给 Kascol 公司使用的农场所有者后代进行了座谈。团队同时还分别在赞比亚糖业公司和一家名为布鲁克斯兄弟（Krookes Brothers）的甘蔗种植园与两位赞比亚糖业公司管理层代表进行了座谈。除此之外，团队还开展了对农场和农场基础设施的实地调研。

1.2 研究的局限

可得数据有限以及信息不够连贯等因素对研究结果的全面性和深入性造成一定影响。研究的两个案例项目均涉及私人企业，而这些私人企业并不愿对公众披露自己的相关信息。比如，ETC 生物能源公司就对研究团队在该公司的采访对象做出了限制。两家公司的存续期不是很长，所以研究团队难以对其长期表现和作用进行详细的分析，只能将注意力集中在公司的当前表现上（同时尽量考虑公司的发展历史）。因为调研时间有限，团队开展座谈的次数也受到了限制。

本节以下四部分的内容分别是：第二部分分析赞比亚整体国家环境、政策框架和近期大规模农业投资的趋势。第三部分讨论农业投资项目的设计和落实。第四部分研究两个案例项目的社会经济学成果。第五部分总结研究成果。

2. 国家环境背景

2.1 政策框架

本部分重点分析赞比亚大规模农业投资的政策框架。首先阐述有关土地所有权和使用权的政策，接着简要介绍赞比亚的农业政策。

2.1.1 土地政策和实践

赞比亚国土面积大约为 75.2 百万公顷，其中 12%（也就是 9 百万公顷）是可耕地（赞比亚政府 2002 年数据）。在 9 百万公顷中，仅有 1.7 百万公顷已经开垦（赞比亚政府 2009 年数据）。这 1.7 百万公顷就是赞比亚的农作物种植总面积，包括自给型或生计型种植和商业种植。

　　根据赞比亚法律（1996 年第 20 号《土地法》，《赞比亚法典》第 184 章），赞比亚所有土地均由总统管辖。总统代表赞比亚人民永久地掌管这些土地。因为历史原因，赞比亚土地分为两类：另一类是在习惯权属地区内的土地，简称习惯权属土地，另一类是国有土地（也叫王室土地）。习惯权属土地是外国殖民者根据 1928—1964 年《赞比亚（托管地）法令》项下的"赞比亚（国有土地储备）法令"划分和保留给赞比亚原住民村落的土地。据估计，赞比亚 94％的土地都属于此类。必须指出，赞比亚各类公文，包括《土地法》中对"习惯权属土地"这一名词的使用均具有误导性。根据 1928—1964 年"赞比亚（国有土地储备）法令"划分出的许多所谓"习惯权属土地"至今早已不是最初意义上的习惯权属土地了。这种误导性的表述还进一步导致将"习惯权属土地"与"因习惯占有取得使用权的土地"相混淆，该问题将在下文详述。

　　余下的 6％是国有土地。这类土地是欧洲殖民者为特别用途所保留的土地（Roth et al，日期不详）。同样的，在描述赞比亚目前土地状况时，延用这一名词也会产生误解，即误将租赁使用的土地面积直接等同于国有土地的面积。该问题也将在下文详述。正如 Banda（2011）所说，习惯权属土地往往是地力差、基础设施差或者地力和基础设施都不佳的低生产潜力土地。国有土地则多为交通和通信等基础设施较好，能吸引到开发当地资源所需的各种技术和投资的区域。

　　赞比亚存在两种获得土地使用权的方式：一是因习惯占有取得土地的使用权，二是以租赁取得土地的使用权。在一定程度上，这两种方式正呼应了上文描述的两种土地类型。因习惯占有取得使用权的土地由其传统的所有者，也就是当地酋长控制。酋长管理这些土地时适用地方习惯法，但有个前提，就是习惯法与国家制定法（比如 1996 年《土地法》）不相冲突。酋长是习惯法的执行者，依其管理自己所辖村落的土地。

　　习惯法是不成文的法律，而且各地习惯法均不相同，它根植于不成文的习惯和风俗。据估计，赞比亚 94％ 的土地属于因习惯占有取得使用权的土地（赞比亚政府 2002 年数据）。但是，这种说法是不准确的。如上文提到的，它混淆了概念，将因习惯占有取得使用权的土地的面积直接等同于习惯权属土地的面积。事实上，如今对习惯权属土地的使用权也可能来自租赁，这种情况时有发生。这证明因习惯占有取得使用权的土地已经减少了。

　　习惯占有是绝大部分赞比亚人，尤其是农村地区最为熟悉的土地使用权获取方式。如果一个赞比亚人属于某个酋长所辖村落的居民，他就可以凭此无偿占有和使用该村落土地。不过，当村落酋长认为一个居民违反了本村落的风俗和习惯时，就有权收回他占有和使用的土地。这就构成了此类土地使用权的不稳定。研究团队通过实地调研发现，这是姆彭戈韦县"N酋长"所辖村落居民们最担心的一个问题。居民们在小组讨论时反映，有时酋长会从他们那里拿走土地给从别处新来的人。

租赁取得使用权的土地适用成文法，允许续租，最长租期99年。有些官方口径（如《2002年减贫战略文件》）认为，这类土地占赞比亚土地总面积的6％，而正如习惯权属土地认定存在的问题一样，这种将租赁取得的土地面积等同于国有土地面积的算法并不精确。如上文所述，国有土地是在赞比亚殖民地时期，根据1928—1964年"赞比亚（国有土地储备）法令"确定的概念，之后沿用下来。赞比亚在1964年独立后，并没有重新确定国有土地的范围，所以国有土地依旧占赞比亚土地总面积的6％左右。现在的实际情况是，通过租赁占有的土地既可以是国有土地，也可以是保留地或者托管地，后两者组成了习惯权属土地。因此，现在被租赁使用的土地面积不可能与6％的国有土地面积对应一致。

租赁土地一般用于住宅、商业、工业和农业用途。赞比亚国内主体和外国主体都有权租赁赞比亚土地，但根据1996年《土地法》规定，外国主体要取得土地租赁权必须满足以下要求：如果外国主体是个人，要成为赞比亚共和国永久居民并且是法律认可的投资者；如果外国主体是公司，它应根据赞比亚《公司法》注册，并且外国投资者在公司发行股中的占比不得超过25％。

国土资源部代表总统行使土地转让的权利，国有土地和习惯权属土地都可以被转让。当总统批准转让习惯权属土地时，土地使用权的获得方式就从因习惯占有变为租赁（插文4-9）。从某些方面讲，将土地使用权性质从习惯占有获得转为租赁获得是有益的，因为习惯占有获得所有权的土地很难得到成文法保护，经常被酋长，有些甚至被政府滥用权力处置。

实际上，如果一个居民习惯占有某块土地的使用权，不管其实际占有了多长时间，甚至宣称所有，只要总统没有将这块土地转让给他，他对这块土地都没有官方认可的法律权利。如果转让行为令土地使用权性质从习惯占有转为租赁，则居民需要向政府（国土资源部）缴纳地租，成为土地的承租人。土地使用权性质的转变还剥夺了酋长对土地的控制。

插文4-9　赞比亚土地转让程序

赞比亚国土资源部是负责土地管理的行政机构。由于国土资源部没有县级执行机构，所以国土资源部委任地方政府代表土地专员处理所有土地使用权转让申请，并初选合适的土地承租人。县政府对土地承租人只有建议权而没有决定权，其建议有可能被国土资源部土地专员采纳，但也有可能被拒绝。

国有土地转让程序包括：

土地认定。不论是城市还是县城，进行土地认定都是当地或者省级规划部门的责任。完成土地认定后，规划部门要根据《城乡规划法案》规定对土地各种用途进行规划。规划部门完成土地认定和规划后，应将规划提交给国土资源部土地专员，审查土地的可用性。

土地划拨。土地测量和编号后，当地地方政府会在新闻媒体和其他公开媒体上公布待申请土地的情况，邀请开发商填写固定格式表格，通过地方政府向国土资源部申请土地使用权。地方政府收到开发商申请后，要筛选出最合适的申请人并书面建议给国土资源部，还要详细写明选择这些申请人的理由，并附上完整的委员会会议记录。国土资源部土地专员会考虑这些建议，并最终决定是同意还是否决。如果委员会认为建议将对其他申请人不公平，或者损害国家利益，或者与公共政策不符，就会否决这些建议。

转让习惯权属土地的程序完全不同。只要按照既定程序申请，任何因习惯占有取得土地使用权的人都可以将它转化为不超过 99 年的租赁使用权。若因习惯占有获得使用和占有土地的权利，或者使用和占有某块土地超过 5 年，就可以向土地所在地的酋长申请。酋长将审查申请，并最终决定是否同意。如果酋长拒绝了申请，应通知申请人和国土资源部土地专员，并在固定格式的表格上说明拒绝理由。

来源：根据赞比亚国土资源部材料改编。（http：//www.ministryofl-ands.gov.zm/index.php? option＝com ＿ content&view＝article&id＝60&Itemid＝87，2011 年 12 月 20 日）

习惯权属土地转化为租赁土地的程序非常繁琐，转化后租赁土地的居民需要向政府支付地租，而且土地契约的概念对当地人来讲是非常陌生的，所以大多数习惯权属土地上的居民不会申请租赁这些土地。在他们看来，这些土地本来就是属于他们（或者他们祖先）的，因为在赞比亚建国之前他们就已经长期生活在这些土地上。正因为这种认知，当政府从他们手中拿走地并租赁给外来投资者时，很容易引发当地居民的不满。

赞比亚政府有权将习惯权属土地转化为租赁土地，但该国却没有相应的制度将租赁土地重新转为因习惯占有获得的土地，这就令上述问题更加激化。正常情况下，这种制度安排不会造成大问题。但是，赞比亚情况特殊（该国大部分农民无法负担以租赁方式获取土地），土地使用权的单向转化不但会给当地带来挑战，还可能成为潜在的紧张因素。大多数赞比亚农民从事的是自给自足的生计型农业，这种类型的农业生产力低下，其产出往往仅够其自家消费，农民的资金非常有限。以租赁形式取得土地需要向政府交地租，而从事生计型农业生产的赞比亚农民根本无法负担这些地租。所以，如果大规模地将习惯权属土地转为租赁土地，并提供给小部分能够负担地租的人，就等于剥夺了大部分穷人的生存手段，势必引发社会紧张。

不论是 Kascol 公司所在的马扎布卡县还是 MDC 公司所在的姆彭戈韦县，都是 90% 以上的土地为习惯权属土地。姆彭戈韦县根本没有所谓的王室土地（现在称为国有土地），马扎布卡县的情况也极为相似。也就是说，现在这些被租赁使用的土地都是习惯权属土地（由殖民者留下的保留地和托管地组成），其使用权性质是从习惯占有土地转变而来的。这里所说的国有土地和习惯权属土地都是最初设定的概念：国有土地指殖民者当初为自己的特殊用途保留的土地；习惯权属土地指殖民者给当地原住民保留的托管地和保留地。前面已经阐述过，尽管习惯权属土地法律上讲是由总统代表赞比亚人民掌控，但具体的土地还是要由村落酋长代表村落进行管理和处置。对习惯权属土地，可以依据《土地法》，遵循特定的程序将其使用权性质由习惯占有转化为租赁，而酋长的许可是实现转化的重要环节，尽管酋长做出的决定并不永远都以村落居民利益为优先。

MDC 公司取得土地使用权的过程就充分体现出酋长的重要性。MDC 公司目前使用的土地在 20 世纪 70 年代被几位酋长控制，本部分将其中两位分别称为酋长 N 和酋长 L。当时这些土地都是林地，附近居民在林中打猎和采摘野生产品。1976 年，赞比亚政府通过农业部找到 N 酋长，告诉他政府需要他的某片土地做农业商业种植。N 酋长将政府工作人员介绍给以习惯占有方式取得和使用着该片土地的一户居民。该户居民中有一位当时在议会任职，他将土地使用权转让给了帮 MDC 公司进行土地征用的农业部。

时至今日，租用习惯权属土地的程序也是一样的。除了那些已经签署租赁协议的土地，习惯权属土地使用权的转变离不开酋长的许可。经过与所辖村落居民磋商，酋长将决定是允许还是拒绝将自己管理的土地转变为投资使用。在实践中，政府会积极协助投资者获取习惯权属土地的使用权。

根据 1995 年《投资法》，赞比亚建立了投资中心，为农业和非农领域投资提供服务。后来这个中心和其他若干政府职能部门合并，成为现在所知的赞比亚发展署（ZDA）。

赞比亚发展署的一项重要职能就是协助投资者获得土地，包括建立种植区。政府鼓励酋长们为经济发展的目的将土地使用权转让给投资者。成千上万公顷土地被酋长们转让给了投资者，其土地使用权性质要么已经转化为租赁，要么正准备转化为租赁。

与 MDC 公司不同，Kascol 公司取得马扎布卡县土地以前，这些土地就已经被转化为租赁土地了。而 MDC 公司在 20 世纪 70 年代通过转化习惯权属土地使用权性质后得到了姆彭戈韦县的土地使用权。所以，Kascol 公司取得土地时，这些土地已经被指定用作商业种植经营用途，其中有部分已经被开垦成了农地。类似的，在得到最初的南庞巴（Nampamba）农场之后，MDC 公司又进行了扩张，其扩张过程中得到的土地，也有不少是早已将使用权性质转化为租赁，并已开展商业经营的（如 Nchanga 农场）。转让这些租赁土地主要是卖家和买家之间的私人事务。不过，即使是在这种私人事务性质的土地转让中，政府也倾向于协助"大投资人"拿下土地使用权，Kascol 公司和 MDC 公司就都得到了这样的协助。在 Kascol 公司取得土地的过程中，政府劝说三个拥有土地使用权的农民将土地转让给 Kascol 公司。尽管出让土地的农民对 Kascol 公司给的转让金表示满意（正如一位农民的孙子所说的那样），但因政府大量干涉，很难说清这次土地使用权的转让是否真是买卖双方"你情我愿"的。

2.1.2　农业政策

目前，赞比亚农业的根本目标是建立自给自足和出口导向的农业，增加农民收入，保证粮食安全。农业对赞比亚经济增长贡献巨大，而且有很好的包容性，在消除贫困方面有巨大潜力。赞比亚对出口导向型农业的重视，说明该国农业生产重点正从玉米向具有更高价值、可出口的作物转移。赞比亚此前的农业政策倾向鼓励玉米生产。如果政府只重视玉米生产，就可能忽视其他农产品的基础设施建设和社会服务投入，尽管这些农产品回报效果可能并不比玉米差，但长此以往终将损害农业产业的整体利益。从这个角度来讲，目前鼓励农业生产多样化的政策更有利于赞比亚的农业产业发展。

自 20 世纪 90 年代开始，赞比亚农业政策持续向市场自由化方向发展，包括取消对受价格控制的玉米和玉米制品的消费补贴。赞比亚新的农业政策致力于鼓励农产品和农业投入品的进出口，在过去 15 年，其政策着力点集中在：①提高农产品市场自由化；②加强贸易和定价政策自由化；③整合并简化土地使用权获得制度（《减贫战略文件 2002》）。当前赞比亚农业政策的目标有四个：第一，为实现以下目标而制定和实施的政策及项目：支持农作物多样化，支持畜禽业和渔业发展，提高农作物和畜禽业生产能力，维护水土资源的可持续发展，包括发展林业和农林间作，适应和减缓气候变化影响以及发展其他环境友好型农业体系；第二，建立公平的农用地使用权获得机制；第三，建立可预测的、规范化的市场和贸易政策，强化公私合作与对话；第四，推动私营部门加大对农业生产、投入和产出品市场、作物加工和增值环节以及畜禽和渔业的投资，拓展公私合作的途径（《赞比亚政府 2011 年报告》）。

尽管赞比亚政府将多种经营作为政策目标并多方引导，但该国生产者依旧表现出对玉米种植的偏好。这也可以理解，因为玉米是赞比亚的主粮。2001/2002 年度，赞比亚经历了严重的玉米短缺，世界粮食计划署（WFP）拟向赞比亚提供转基因（GMO）玉米援助，却因健康和环境原因被该国谢绝。这一决定也迫使赞比亚政府重回提供玉米补贴的轨道，启动定向的肥料支持项目（PSP），2009 年更名为农民投入品支持项目（FISP）。FISP 项目是促成过去 3 个生产年度赞比亚玉米连续丰收的原因之一。赞比亚政府还成立了粮食储备局，从小规模农户手中收购玉米。政府采取这一措施的主要原因是：赞比亚在自由化政策高潮期撤销了国家控制的农产品营销公司，而私营公司没有及时补上被撤销的国有公司所留下的市场空缺。

除了个别成功案例，赞比亚农业还远没实现欣欣向荣的愿景。赞比亚只有不到两百万公顷土地被开发成为耕地，该国还有很巨大的农业潜力需要被开发和释放。政府也在努力鼓励和吸引对这些潜力领域的农业投资。为了达到吸引投资的目的，赞比亚投资法中为投资人设立了一般性保障措施：净利润和清偿债务可以自由转移回国；保护投资（包括基于市场价的充分征地补偿）；赞比亚发展署提供协助与服务（如落实用水、电力、交通和通讯设施与服务；落实投资移民身份；帮助获得在特定领域开展营业所需的许可和授权）。此外，该国还实行下列税收激励政策：

（1）在最初开始使用的两年，用于耕作、农业加工和旅游业的工具、机器和厂房设施享有每年占支出费用 50% 的损耗折旧补贴。

（2）大部分采矿业和农业用固定设备进口免税。

（3）对公司农业经营收入仅收 10% 的公司所得税。

（4）农业经营中的整地、水土保持、钻孔、架线、勘察和节水等环节支出享有 100% 的费用补贴。

（5）种植咖啡、香蕉、柑橘等作物的资本支出享受 10% 的费用补贴。

（6）农业改善补贴——用于改善提高种植效率的资本支出，在支出发生当年可享受补贴。

（7）公司开始运营的 5 年，以农业经营为来源分发的红利可以免税。

（8）乡镇企业最初运营的 5 年，可免征税费的 1/7。

（9）根据 2006 年《赞比亚发展署法》，如果公司经营的是该法列出的重点领域业务，则最初 5 年享有零税费待遇；之后 6~8 年享受 50％的税费减免待遇；9~10 年享受 25％的税费减免待遇。

2.2　大规模农业投资发展趋势

长期以来，赞比亚的经济主要依靠采矿业，特别是铜矿，但是各时期的政府也均对农业予以重点关注。20 世纪 70 年代，国有企业掌控着赞比亚经济，私人部门投资所起的作用微乎其微。这一趋势源于 1968 年的经济改革以及随之而来的政府对经济控制的强化。政府鼓励赞比亚人民回归土地，并通过国有农场和全国农产品销售委员会（NAMBOARD）积极、直接地参与农业生产与营销。在这种背景下，政府实际上是大规模农业项目的主要投资者。

Kascol 公司和 MDC 公司都是这一政策取向的结果。赞比亚发展农业投资的主要目标是提高农产品产量，保证全国及区域主粮自给，以及为涉农工业提供原材料（《赞比亚政府年 1979 报告》）。因为政府的政策目标是主粮自给自足，所以大规模投资的方向主要是谷物和畜牧业。MDC 及其关联公司，位于姆彭戈韦县的 Munkumpu Ipumbu 农场和 Kampemba 牧场，最初就都是为保证主粮自给而成立的。Kascol 公司则是将提供涉农工业原材料作为主要任务而启动的大规模农业投资的范例。

随着 20 世纪 90 年代赞比亚从指令型计划经济变为市场经济，土地的投资趋势也开始转变。农业政策改革的重点之一是提高农业自由化，以及推动私人部门在农业投入、产出品的产销领域发挥更大作用。国有企业被私有化，私人投资也得到极大鼓励。

通过将英联邦发展公司（CDC）股权从 50％增加到 70％，曾经由赞比亚政府和 CDC 公司共有的 MDC 公司实际上已经被出售给 CDC 公司。赞比亚政府保留的 30％股权，本计划转给私有化的信托基金并公开募股，但没能照计划进行。至 2005 年，CDC 取得了公司 100％的股权。令人意料不到的是，2006 年 MDC 公司便自动清算，并将资产出售给多家公司，其中最主要的是 ETC 生物能源公司。

赞比亚政府在 Kascol 公司的股权主要由赞比亚发展银行和赞比亚糖业公司拥有，当后者 1995 年被英国糖业巨头泰莱（Tate and Lyle）收购后，Kascol公司也被私有化了。

近些年，对赞比亚农业的私人投资还在增长。根据赞比亚发展署的数据，2000—2009 年的 10 年，赞比亚合同投资总额呈现增势，从 8 343 207 美元增长到 315 027 378 美元（图 4 - 19）①。

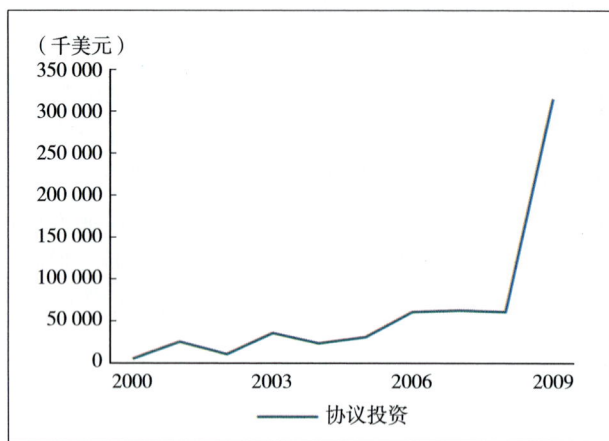

图 4 - 19   2000—2009 合同投资总额
来源：赞比亚发展署。

　　这个投资总额统计中，既包括那些新成立公司的投资，也包括现有公司的扩大投资。从数据分析发现，农业投资大部分用于收购现有农场。举例来说，这个投资总额统计中，包括印度裔公司投资的 ETC 生物能源公司收购 MDC 公司资产的 59 648 687 美元。这是 10 年内第二大合同投资额的投资。投资总额统计中，还包括丹麦投资者所有的索瓦特（Somawhe）不动产有限公司收购 MDC 公司穆克巴（Munkumpu）农场的 14 060 000 美元。

　　2001 年，ETC 生物能源公司把自己名下的农场和相关资产出售给了赞比亚牛肉（Zambeef）公司，售价 47 390 000 美元。Zambeef 公司是一家生产、加工、批发、零售牛肉、鸡肉、鸡蛋、牛奶、乳制品、面粉、面包、食用油和饲料的公司，销售市场遍布赞比亚和西非其他国家。能不能因为曾被外国投资者控制的公司正逐渐被赞比亚本国企业收购，而断定赞比亚农业投资已经出现重要的新发展，只基于一个案例就做出结论还为时尚早。

　　需要特别强调的是，尽管农业投资的新趋势是购买或者扩大现有的农场，但也不是没有例外案例。研究团队注意到，也有部分投资是用来兴建新农场的。不过这种用于新建的投资主要发生在生物能源领域。由于近年来石化能源价格急剧上涨，导致投资商对生物能源投资十分积极。但是，自 2010 年开始，对生物能源作物，尤其是麻疯树植物的投资明显减少乃至停

----

① 这个数字仅代表取得投资许可时许诺的投资额（合同投资额），与实际投资额可能有差距。

滞。毫无疑问，石化能源价格的下降令种植麻疯树在经济上不再具有吸引力。这很可能是 ETC 生物能源公司 2011 年出售姆彭戈韦县农场的原因。ETC 生物能源公司在曾经的咖啡园中种植了 500 公顷麻疯树，还一度计划将种植面积扩大到 12 000 公顷。因为石化能源价格下降，这一计划没有得到实施。

投资商青睐购买现有农场和企业的原因很多，其中最重要的是，清理未开垦的土地费用高昂。据测算，清理 1 公顷未开垦土地需要花费 900 美元，以此推算，投资者如果开垦 1 000 公顷将要花费将近 100 万美元。另外一个可能影响投资决策的因素是，投资者不愿将资金投向未经实践验证的经营计划。主要管理非洲农业投资基金的英联投资（Actis）公司就把投资集中于已建立的企业，对未开发地区的启动型项目不感兴趣。

另外还有一个原因值得关注：大部分新投资均集中在具有公路或者铁路的区域，这些区域对商业性种植具有传统吸引力。这些区域内也有未开发使用的土地，但哪怕只有其中小部分被真正使用着，这些"好"土地也早已被各种商业实体所占有。这为投资者对已有农场进行注资、扩建和升级提供了必要的基础。赞比西畜牧和种植有限公司总经理 Graham Rae 曾讲过，"当我们开始投资赞比亚的时候，赞比西畜牧和种植有限公司名下的土地中，只有 100 公顷是开垦过的。但我们改变了这一状况，我们现在已经开垦种植了 4 000 公顷土地，而且还有进一步扩大的空间"（Armitage，2011）。赞比西畜牧和种植有限公司参与了赞比亚近期一项重要的商业性农业投资项目。赞比亚大多数从事商业性种植的实体手中都有未开发或者开垦的土地。只要有资金投入（以及生产需求），就有进一步扩大种植的能力。Kascol 公司和 MDC 公司占有的农场也有这样巨大的扩产潜力。

还有一种新趋势正在显现：赞比亚政府认识到，限制商业性农业发展的一个重要原因是基础设施落后。因此，政府已经启动一项土地发展计划，对土地进行确权划分，并提供公路、桥梁、电力、水坝、学校和医疗中心等必要的基础设施和社会服务。一系列农场土地（表 4 - 30）已经被此项目认定，全部是待开发的土地。如果这项计划成功，用于新建农场的投资有可能增加。这些地块中的大部分正被赞比亚居民认购。这些土地能否发展为成熟的商业性农场，这还有待实践检验。

此外，大批赞比亚农民开始意识到，如果酋长继续将土地转让给外来的商业实体，自己可能面临失地的风险。因此，他们未雨绸缪地想通过法定程序从他们的酋长那里获得土地。目前，大部分此类土地还没有被商业实体所租赁。不过，对农民来说，如何获得开发这些土地的资金是个挑战。

表 4 - 30 供商业性农业开发地块

地块名称	所在省	所在地区	规模（千公顷）
那杉达（Nasanga）	中部（Central）	塞伦杰（Serenje）	155
库鲁万（Kalumwange）	西部（Western）	卡奥玛（Kaoma）	100
鲁艾娜（Luena）	卢阿普拉（Luapula）	卡万布瓦（Kawambwa）	100
曼斯亚（Manshya）	北部（Northern）	姆皮卡（Mpika）	147
麦克兰格/鲁玛（Mikelenge/Luma）	西北（North-Western）	索卢韦齐（Solwezi）	100
穆萨喀什（Musakashi）（SADA）	铜带（Copper-belt）	穆富利拉（Mufulira）	100
穆库（Muku）	卢萨卡（Lusaka）	卡富埃（Kafue）	100
斯玛格（Simango）	南部（Southern）	利文斯敦（Livingstone）	100
马斯潘韦（Mwase-Phangwe）	东部（Eastern）	隆达济（Lundazi）	100

3. 农业投资项目的设计与实施

3.1 农业投资项目的起源和发展概述

MDC 公司和 Kascol 公司代表了两种不同的项目运营模式。Kascol 公司的运营模式中包括合同种植、租佃种植和共有等多种形式。这一模式是随着时间推移逐步形成的。一开始公司主要的运营模式是合同制——租佃制种植，后来逐步发展为允许小规模外包种植者享有股权。MDC 公司的经营则意图带动农村发展。MDC 公司直接开发大型种植园，不与小规模农户进行合作，也没有建立让低收入群体享有股权的机制。MDC 公司对地方发展的贡献主要体现在：为一个贫困人口比例为 80% 的区域提供就业机会；提高该地区财政收入；为公司雇员及附近一些地区的城市居民提供粮食安全保障。此外，通过塑造一个成功案例以及说服政府加大对当地基础设施的投资，MDC 公司为当地吸引更多农业投资创造了条件。

Kascol 公司和 MDC 公司这两个投资项目都被认为具有双重功能性，既可以让投资者得到合理回报的商业机会，也为所在区域发展和推动当地人口脱贫创造重要机遇。Kascol 公司的成立基于对市场需求的把握。市场对食糖产品的需求不断扩大，所以赞比亚糖业公司各食糖加工厂对加工用甘蔗原料的需求随之明显增加。最初与赞比亚政府合作的投资者，尤其是（英国）巴克莱银行（一家以追求利益为目的的私人银行），看中了这个可能实现投资利益最大化的商业机会。英联邦发展公司（CDC）和赞比亚发展银行也是项目的投资人，它们除了对项目发展有除经济收益外的其他明确目标，促成了 Kascol 公司建立外包种植机制。MDC 公司的成立，则是赞比亚及周边地区对农产品需求的不断增加提供了投资机会。然而,对于公司的创始投资人(赞比亚政府和CDC)来说,MDC公司成立的目的不仅是获取商业利益,也要为地方提供发展机会。公司名称就是这个项目定位的体现。

Kascol公司和MDC公司这两个项目体现了赞比亚通过发展大规模农业公司实现农业现代化的愿景。这两个项目符合赞比亚的农业发展策略:第一是提高农产品产量,实现全国和区域的主粮自给自足,为农工业提供原料;第二是增加农村就业和收入机会,应对农民向城市转移问题(赞比亚政府第三个国家发展计划,1979年)。两个项目的设计均考虑了上述发展策略。两个项目都是农业投资项目,而且所在地都是农村。在Kascol和MDC公司建设中,赞比亚中央政府都直接、积极参与。首先,赞比亚政府是两个公司的投资人。其次,政府参与了Kascol公司从农民手中取得土地的谈判。在姆彭戈韦县酋长们向MDC公司转让土地的过程中,政府也起了推动作用。如前所述,Kascol和MDC公司最近都已实现私有化,体现了国家政策向自由化和私有化方向的转变。Kascol公司的私有化还让当地农民协会得到了公司的股权,我们将在下文中详细分析这一发展历程。

3.2 私有化的影响

在赞比亚经济自由化发展的大环境下,私有化从1992年开始起步。赞比亚经济自由化的起因是,自20世纪70年代国家经济出现了明显下滑。经济自由化的主要目标就是遏制经济下滑,而私有化成为实现这一目标的重要手段。根据Cheelo和Munalula(2005)报告中对世界银行研究的引证,赞比亚私有化目标包括:

(1)减少政府对企业经营的直接参与。

(2)减少因直接参与企业经营带来的行政负担。

(3)将官僚机构对企业运营的影响最小化。

(4)减少从公共资金中基本建设和补贴的支出。

(5)促进市场竞争提高企业运营效率。

(6)鼓励多种股权所有制形式共同发展。

(7)促进资本市场发展。

(8)刺激国内外投资。

(9)促进新的资本投资。

为了实现上述目标,包括Kascol和MDC公司在内的大量国有企业实现了私有化。如上所述,私有化的一个直接目的是要提高企业运营效率。这一目标引起了社会广泛兴趣,赞比亚也试图准确地评价私有化企业的绩效表现。这方面最严谨的研究团队之一就是Cheelo和Munalula(2005)。他们使用模型,利用经济计量的方法来评估私有化对企业绩效表现的影响。研究团队得出了三点结论：第一，与此前相比，私有化后，企业在运营效率、资本投资（对土地、建筑、厂房和机器的投资）方面都有明显提高；第二，私有化进程对企业营业额和盈利表现的正面影响比所有权的改变（也就是私有化本身）更有意义；第三，至少在短期内，私有化对企业的雇工数量有消极影响。

Kascol 和 MDC 公司的私有化进程是否能够证明上述结论呢？私有化对Kascol 公司的影响并没有那么明显。因为早在私有化进程开始之前，出于各种现实原因，公司的股权就掌握在私人手里。事实上，这家公司根本不属于需要实现私有化的国有企业。前面已经说过，政府并不直接拥有 Kascol 公司的股权，之所以说该公司在某种意义上也是国有公司，完全是因为有两家政府控制的经济实体——赞比亚糖业公司和赞比亚发展银行共拥有 Kascol 公司 50%的股权。所以当赞比亚糖业公司私有化时，对 Kascol 公司的管理经营影响不大。而 MDC 公司的情况就不同了。这家公司成立时是赞比亚政府（GoZ）和CDC 的合资企业。私有化前，政府掌握 MDC 公司 60% 的股权（Kaunga，时间不详）。私有化后，大量资金被投入该企业，一个大规模扩产计划也在筹备中，不但计划新开发 5 000 公顷的土地，还会投大量资金用于固定设备购置。

有证据证明，MDC 公司是 CDC 投资组合中最有活力的农业投资。1996—1997年，MDC 公司的盈利超过了赞比亚联合铜矿公司（ZCCM）。劳动就业方面，没有数据显示公司私有化后雇工数量有大幅度削减。这也许是因为私有化不久，公司就启动了扩产项目，需要更多的劳动力。1996 年，一些年轻的大学毕业生被该公司雇佣（包括笔者本人）。他们大都被委以中层管理职务。1998 年，MDC 与一家新成立的磨粉企业——姆彭戈韦县磨粉公司，以及另一家 CDC 所有的农场（Munkumpu-Ipumbu 农场）合并。合并并没有影响这些企业的雇工数量。但是，同年随着其本身实现私有化，CDC 提高了对投资项目的经济收益门槛，MDC 开始面临困难。

2000—2003 年，随着 CDC 经营战略的改变，一批农业资产被公司出售（Tyler，日期不详），其中包括赞比亚的南佳（Nanga）农场和优克（York）农场，但是 MDC 公司并没有受到影响。这说明，尽管有所考虑，CDC 并没有立刻放弃这项投资。CDC 所有权性质变化对 MDC 公司造成连锁反应，公司内部雇员开始表现诸多不满，认为公司管理有问题。2006 年，MDC 公司终于走到了自动清算的地步，其资产被出售。两家新公司，ETC 能源公司和索玛瓦（Somawhe）不动产有限公司成为 MDC 名下农场的新所有者。尽管 ETC 能源公司承诺注资，但这些农场的雇工数量还是大幅下降。

要评价私有化对公司绩效的影响，的确很难排除市场自由化大背景的影响得出单独结论。认定私有化对公司绩效有影响，就等于认定公司的所有权和控制权形式对其绩效有决定作用。尽管所有权和公司绩效表现的确有关系，但对赞比亚的研究还不足以明确这种关系到底多重要。此外，世界银行对私有化影响的研究认为，"由于可以优先购买被私有化的公司（主要被持有公司少部分股份，并签有管理合同的外国投资者购买），因此私有化对其绩效表现影响并不明显"（Serlemitsos and Fusco，2003 年，第 6 页）。应该说，MDC 公司和 Kascol 公司的发展都证明了这一论断。

综上所述，经济自由化进程对公司绩效表现的影响很可能比公司本身私有化对其绩效表现的影响更大。至少对 MDC 公司来说，短期内是这种情况。比如，公司的发展定位是出口，这对其业绩表现就产生了积极影响（Serlemitsos and Fusco，2003）。另一方面，因为自由化推动经济开放，竞争势必更加激烈，对那些完全依赖国内市场的私有化公司而言，这对其绩效表现反而产生了消极影响。

3.3　如何在投资项目中兼顾当地低收入群体的经济利益

本部分将讨论如何在投资项目中兼顾当地低收入群体的经济利益，解决这一问题的核心是建立包容性商业模式。

联合国开发计划署（UNDP）对包容性商业模式做出了界定，要求其"在价值链的各环节，有低收入群体作为需求方的客户或者消费者，或者/和作为供应方的雇工、生产者或者企业主"（UNDP，2010）。包容性商业模式的目标不是要求企业施舍，也不是纯粹的推行企业社会责任（CSR），而是要在一个低收入群体市场拓展商业机会，在此过程中，既要给社会中的低收入群体提供切实的利益，又要让投资者取得足够的投资回报。要衡量一个投资项目对低收入群体的包容程度，需要考虑四个指标，即：所有权（指企业对核心资产的所有权，如土地和厂房的控制权）；话语权（指是否有参与企业管理的机会）；风险（指是否分担企业生产、经营和其他风险）；收益（指项目的成本和收益分配等）（Vermeulen and Cotula，2010）。

3.3.1　所有权

Kascol 和 MDC 两家公司的所有权结构有相似之处，但也存在差别。两家公司创始之初时所有权结构很相似。Kascol 公司的初始所有权人包括赞比亚政府（通过当时还是国有企业的赞比亚糖业公司拥有 Kascol 公司 25％股份；以及通过 20 世纪 70 年代以国会法案成立的发展融资机构——赞比亚发展银行）、英联邦发展公司和巴克莱银行。MDC 公司初始所有权人包括赞比亚政府和 CDC，双方各持 50％股份。如前所述，政府直接参与了这两家公司成立，这反映了当时政府主导性的政策取向。

英联邦发展公司在两家公司建立过程中的全面参与，证明其建立目的在一定程度上是服务于国家经济发展和扶贫任务的。

CDC 是英国的开发金融机构（DFI），目前属于（英国）国际发展署（DFiD）。自 1948 年建立之初，CDC 就承担了帮助贫穷国家实现经济发展的任务。一般来说，在 CDC 对一个项目投资后，当项目企业发展壮大到足以脱离CDC 支持而独立运行时，CDC 就会撤出对该项目的投资。举例来说，当 1995年赞比亚私有化机构（Zambia Privatization Agency）宣布 CDC 公司购得穆库（Munkumpu）农场和康贝巴（Kampemba）牧场时，CDC 这一运营方式再次得到证明（赞比亚私有化机构，日期不详）。但 CDC 最终解除了和 Kascol 以及 MDC 公司的资金关联。

研究团队调研发现，Kascol 公司的外包种植者普遍相信，CDC 的股份最终将出售甚至赠送给他们。这可能是外包种植者对 CDC 从已经成熟的项目中撤资行为的误读。事实上，当 CDC 从 Kascol 公司撤资时，它选择的方式是以市场价格出售自己的股份。外包种植者只能通过从银行贷款购买其中一小部分股份（13％）。然而，外包种植者得以在 Kascol 公司拥有股权，这与 MDC 公司的情况已经有重大区别，因为没有低收入群体有机会得到 MDC 公司股权。

Kascol 公司的外包种植者通过一家信托基金——卡莱雅（Kaleya）小农户信托基金来获得股份。这一信托基金属于观察点投资控股集团（View Point Investment Holdings）的一部分。除了信托基金，集团还有两家公司，即纳兹比（Nzimbe）有限公司和 Kascol 咨询公司。这 3 个集团机构共拥有 Kascol 公司 50％的股份，均购自 CDC 和巴克莱银行。赞比亚发展银行一直持有 25％的股权。

Kascol 公司另外 25％的股份掌握在马扎布卡县甘蔗种植者协会手中。该协会由向赞比亚糖业公司供应原料甘蔗的种植者组成。甘蔗种植者协会的主要职责是帮助马扎布卡县甘蔗种植者提高甘蔗产能和产量。该协会通过赞比亚糖业公司提供的捐赠得到 Kascol 公司的股份，这些股份原属于赞比亚糖业公司。赞比亚糖业公司这样做的目的，可能是要加强与甘蔗种植者的合作，保证公司所需的原料甘蔗供应。卡莱雅小农户信托基金的 13％股份加上马扎布卡县甘蔗种植者协会 25％的股份，使得当地小农户拥有公司相当份额的股份。赞比亚糖业公司对原料甘蔗需求极大，可以收购马扎布卡县当地生产的所有甘蔗，所以当地甘蔗种植者之间（比如 Kascol 公司外包种植者和该县其他种植者之间）是没有竞争的。不过，当地只有唯一一家收购商，也可能造成不利于作为供应方的甘蔗种植者的状况（参考被学者大量引用的迈克尔·波特五种竞争力模型）。

Kascol 公司和 MDC 公司的重要区别之一是前者有专门的外包种植机制，

而后者没有。Kascol 公司通过长期租赁合同取得的 4 314.9 公顷土地中，有 1 000公顷又外包出租给 160 个外包种植者（合同农民），外包租赁合同的租赁期长达 14 年。每个种植户能得到平均 6.5 公顷的土地。Kascol 公司租赁来的土地只有大约一半（50％）已经耕种。另一半土地中，有些为岩石区域，不适合耕作。更重要的是，对 Kascol 的调研表明，是否有水进行灌溉是决定开发土地面积的重要因素。加工设施（农场半径 10 公里以内的加工厂）均属于赞比亚糖业公司所有，Kascol 公司把自己生产的甘蔗全部卖给赞比亚糖业公司。

3.3.2　话语权

个体或者集团参与企业管理的程度体现为其对企业战略和/或运行决策的控制及影响能力。外包种植者以及其他低收入群体在企业决策中的影响力取决于他们在价值链中的地位，即他们是股东、供应商、生产者、雇员还是消费者，以及企业所认定的他们对企业生存和发展的意义。

由于 Kascol 公司的低收入者群体同时是其价值链中的股东、供应商/生产者和雇员，他们的利益在董事会层面可以得到体现。卡莱雅小农户协会的主席是董事会成员，董事会是企业最高的决策机构。卡莱雅小农户协会是一个致力于协助农户发展生产和保护外包种植者利益的生产者组织。不过，外包种植者也反映，该协会在代表小农户利益方面做得还不尽如人意。尤其是为小农户争取甘蔗生产所得利益方面，他们并不满意。外包种植者认为，他们销售总额的 55％交给公司，而他们从公司收益中分得的份额与他们的贡献不匹配。由于马扎布卡县甘蔗种植者协会也在公司董事会有代表，种植者的利益要求应该可以得到充分考虑。

但是，事实可能不这样理想。由于马扎布卡县甘蔗种植者协会的其他成员都是规模较大、独立的商业生产者，直接与赞比亚糖业公司（买家）进行交易，所以该协会在董事会的代表可能更倾向于保护较大商业生产者的利益，而不是小规模的外包种植者的利益。小规模的外包种植者是无法与赞比亚糖业公司直接交易的，因为这种方式的交易成本对赞比亚糖业公司来说太高昂。而且，外包种植者们是根据与 Kascol 公司签署的合同进行生产的。所以，尽管有董事会代表，小规模的外包种植者并不能参与 Kascol 公司的日常管理，只有在公司决定采购用于外包农场的重要投入品时，外包种植者才有机会通过投标过程发表意见。为了在董事会层面更好地处理小农户和公司管理层的日常合作，公司聘用了常设的小农户关系专办员，其职责就是处理和小农户的关系，在小农户和公司管理层之间建立沟通桥梁。

相比之下，MDC 公司在董事会层面没有体现低收入群体利益的代表，低收入群体也很少参与公司决策。低收入群体在公司的角色只有一个，就是雇员。从来没有来自低收入群体的雇员能够得到公司的管理层职位。

综上，低收入群体在 Kascol 公司比在 MDC 公司拥有更多的话语权，因为在 Kascol 公司，他们是股东、生产者和雇员，参与价值链的众多环节，而在 MDC 公司他们只是一般的雇员。尽管低收入群体在 Kascol 公司也很难参与日常管理，但他们在董事会的代表能向公司高级管理者产生影响，哪怕这种影响可能受到上述因素的制约。此外，Kascol 公司非常依赖外包种植者的劳动，因为他们生产的甘蔗在公司出售给赞比亚糖业公司的甘蔗总量中占近50％的份额。这势必有利于提高外包种植者对公司的影响。

3.3.3　风险

风险包括可能发生的资产损失以及创收潜力损失。很明显，这也与个人或者集团在创造价值的过程中做出的贡献以及从中得到的收益有关。而个人或者集团在价值创造过程中的贡献，取决于其在价值链中的角色，取决于其是股东、供应商/生产者、雇员还是消费者。在 Kascol 公司，低收入群体既是雇员和生产者也是股东，所以他们承担的风险比 MDC 公司雇佣的低收入群体要大，因为后者只扮演雇员一种角色。在 Kascol 公司，小规模的外包种植者面临失去资产和创收减少的风险。而在 MDC 公司，低收入群体只面临失去工资性收入的风险。风险的强度（以及它发生的可能性）决定了是否需要建立风险管理机制。在 Kascol 公司，因为风险强度和可能性更高，小规模外包种植者与公司管理层合作建立了一整套风险管理机制，即进行作物保险。Kascol 公司以自己的名义为食糖生产区域（包括小规模外包种植者的农场）提供了单一作物保险计划。外包种植者允许公司从他们的甘蔗销售收入中扣除一小部分作为保费。而在 MDC 公司，除了按照法律规定为职工退休金计划缴纳法定数额外，并没有专门用来保护低收入群体资产的安排。根据赞比亚 2005 年 27 号法令《退休金计划法规（修正案）》，退休金计划是指"除了人寿保险合同外的其他任何计划或者项目，不论是以生效的成文法形式还是其他形式，授予公民在退休、死亡、离职或者法律规定的其他情况发生时，可以根据其年龄、工作时间、收入水平等获得收入的权利。"退休金计划是公民在失业、死亡（受益人为在世的亲属）和退休时还能得到收入的保障计划。这个计划不针对工资收入下降的风险。此外，MDC 公司也有一般的作物保险政策。

3.3.4　收益

在公平的条件下，收益和风险同样取决于个人或者集团在价值创造过程中的作用。但在现实中，收益却取决于多种因素。包括所贡献的生产要素供求关系，以及最终产品的供求状况等。Kascol 公司的投资项目是一个很有意义的案例。低收入群体在这个公司承担着股东、生产者和雇员多种角色。外包种植者的年度收益往往高于仅作为雇员参与公司生产的低收入者。Kascol 公司外包种植者在丰收年景的平均净收入是 15 000 000 克瓦查（3 167.40 美金），而参加工会的雇员工资是每年 3 657 120 克瓦查（772.24 美金）[①]。此外，因为拥有公司的股权，外包种植者还可以在公司分红时拿到红利。至今为止，外包种植者得到的所有红利都用来支付当初为了购买 CDC 和巴克莱银行股份所借的商业银行贷款。贷款再有 3 年就可还清。

同时，外包种植者往往比公司雇员更富有。研究团队发现，相比那些拿薪水的雇员，外包种植者的资产更多（有些甚至还拥有汽车）。不过，这里的雇员不包括已经达到管理职位的高级雇员。除了经济方面的回报，对低收入群体来说，心理层面的回报同样重要，这取决于个人的价值观。注重独立感的人，往往更愿意做外包种植者而不是公司雇员。至今没有一个外包种植者同时兼任公司雇员。有些外包种植者曾经是公司雇员，后来转为外包种植。那些留在公司做雇员的人往往更向往稳定、固定的工资收入，或者没有经济能力成为外包种植者。

3.4　成功条件和制约因素

Kascol 公司和 MDC 公司的发展过程中，既遭遇了某些不利因素，也得益于一些有利条件。本部分将从分析制约因素入手，之后也会分析有利条件。

3.4.1　投资收益率低

尽管投资农业可以获取利润，但相比投资其他经济领域，农业投资的收益率比较低。这也是 CDC 放弃 MDC 公司和其他一些在非洲农业投资的原因。投资者早已认识到农业不是一个高回报的投资领域。Tyler（日期不详）引用 1972 年 CDC 年报分析，"许多农业投资项目，尤其是涉及小农户的项目……都不得不被放弃，因为……（这些项目的）总体收益水平都不足以偿付投资的支出。"因此，农业很难吸引私人投资进入。Tyler（如上）引用 CDC2000 年年报中董事会主席的话讲，"尽管很不情愿，董事会不得不承认，很多曾令我们引以为傲的农业投资，如今都难以满足我们最低的收益率要求。因此我们已经大幅度下调这些项目对公司整体价值的贡献率，它们已经处于"待售"而非"持续经营"的状态。如果以赞比亚最大也是最成功的两家农业公司——赞比亚糖业公司和 Zambeef 公司为例来测算（刚好也和我们两个研究案例相关），赞比亚农业投资平均收益率在 10% 左右（表 4 - 31）。2010—2011 年，姆彭戈韦县农场的所有权新拥有者 Zambeef 公司的净资产回报率是 10.3%。赞比亚

---

① 研究团队无法获取没参加工会组织的雇员工资，在 Kascol 和 MDC 公司，他们都被认为是管理阶层员工。走访的对象也均不愿透露工资。

糖业公司是 Kascol 公司所生产甘蔗的唯一买家，其 2009—2010 年的平均收益率为 10%。而 2009—2010 年，卢萨卡市（Lusaka）一个新的购物中心项目拱形游廊的收益率高达 27%。

表 4-31　部分公司的资产收益情况

单位：%

公司名称	2010	2009	平均
赞比亚糖业（Zambia Sugar Plc）	13.1	7.5	10.3
赞比亚牛肉（Zambeef Products Plc）	14	6	10
阿卡德发展（Arcades Development Plc）	45	8	27

来源：公司财政情况报告整理。

　　将农业在个别年度的投资收益率与其他产业同期收益率相比，有时并不能准确地反映问题。举例来说，尽管农业投资的整体收益率不高，但 2006—2007 年，CDC 投资表现却不差，净资产总收益率分别是 12% 和 14%。因此，农业投资收益的问题是波动太大，这可能正反映了农业产业，尤其是国内外农产品市场的敏感性。

　　然而，随着全球食品价格上涨，农业投资可能呈现持续上升的走势。全球人口的增长可能带来对食品需求的增长，像赞比亚这样拥有待开发土地资源国家，也许能从农业投资中获取更大收益。

3.4.2　高经营成本

　　本文前面已经说过，赞比亚有大量可开垦的土地还没有被使用（除了当地人采摘野果和其他林产品）。但是，未开垦土地大都在基础设施很落后的农村区域，对这些土地的投资因此变得成本高昂且具有风险。由于存在交通和通讯设施落后、缺少银行等社会服务、缺乏农用物资供应商等问题，这些地区无法满足经营的必要条件，这大大提高了当地农业的经营成本。此外，投资这些未开发区域的投资者经常被迫投资建设那些与其本身核心业务并无直接关系的设施。举例来说，MDC 公司就不得不为维护道路和通讯设备投资，从而减少了公司的盈利。不仅如此，20 世纪 90 年代，因为到最近城市卢安夏（Luan-shya）的道路路况差，公司还不得不支付高昂的车辆保养和维修费。

3.4.3　甘蔗供应链中失衡的权力关系

　　Kascol 公司面临的问题体现了"众多生产者对应唯一需求方"时经常出现的弊端。马扎布卡县只有赞比亚糖业一家甘蔗收购企业，这就导致甘蔗供应链出现权力失衡。所有甘蔗生产者均依赖赞比亚糖业公司收购他们的甘蔗，这使糖业公司有权力控制甘蔗收购价格。Kascol 公司的外包种植者抱怨说，他们的甘蔗只能依照糖业公司定好的价格出售给糖业公司，根本没有议价权。

尽管有上述约束和阻碍，还是存在吸引投资商持续向 Kascol 公司和姆彭戈韦县的农场投入资金的积极因素。以下将分析其中最重要的积极因素。

3.4.4 优惠的投资环境

研究团队发现，自 20 世纪 90 年代初，随着赞比亚经济自由化进程的推进，该国建立了优厚的投资环境，这使得两个案例项目对投资者具有吸引力。上文阐述大规模农业投资趋势时已经分析了吸引投资者投资赞比亚农业的一些原因。随着赞比亚经济自由化的推进，MDC 公司得到了自行制定玉米和大豆售价的权利。当赞比亚基本贷款利率超过 50% 时，MDC 公司将产品出口并换得外汇。MDC 的国际客户包括大宗产品交易巨头嘉能可国际公司（Glencore International plc）和南非的欧塔比（Otterbea）国际公司。1996 年 MDC 公司所产的 3 788 吨大豆均出售给了 Otterbea 国际公司。

3.4.5 外包种植模式提供了相对较低的交易成本

一个常被提及的合同农业的缺点是涉及大量小规模外包种植者，因此交易成本高。但是，Kascol 公司找到了把交易成本控制在可接受水平的办法。首先，公司外包种植者在区域分布上比较集中，均在公司农场，这就为向外包种植者们提供必要服务和指导生产提供了便利；其次，外包种植者租赁 Kascol 公司的土地，这就使种植者更倾向于遵守合同条款，对种植者而言，因为不遵守合同而失去 Kascol 公司土地，这个代价太大了；最后，外包种植者生产出的甘蔗只有 Kascol 公司这个唯一的买家，他们只得按照合同将产品出售给 Kascol 公司，不可能偷偷卖给别的收购商。

4. 从社会经济学角度对绩效的分析

要评价两个投资项目的社会经济效益，受到难以独立归因的约束以及赞比亚可得数据有限的限制。但是的确有证据说明，两个项目对低收入群体及其环境产生了影响，这种影响既有积极的一面，也有消极的一面。下面的分析会对比分析投资前后的社会经济学效果。

4.1 投资之前的状况

由于两个项目启动至今已经过了很长时间，加上社会经济学核心指标数据缺失，研究团队很难精确地评估项目启动之初当地的经济发展水平，但可以进行概况描述。

20 世纪 70 年代，当两个项目还处于租地谈判阶段时，赞比亚是个很年轻的国家，它取得独立仅仅 10 年。赞比亚面临的困难之一是劳动力质量问题。这个国家当时只有很少的学校：1976 年它只有 2 743 所小学（大部分只教学到

4 年级）和 121 所中学。大学教育更是缺乏，只有 13 所培训教师的学校，14 所技校和专业学校，以及 1996 年成立的唯一一所综合大学。姆彭戈韦县（当时还是恩多拉市郊的一部分）那时只有 9 所小学，而马扎布卡县（Kascol 所在地）有 39 所学校（赞比亚政府报告，EdAssist 数据库，2002）。尽管如此，与姆彭戈韦以及其他很多区县相比，马扎布卡已经是个很富裕的县了。马扎布卡县位于赞比亚主要的铁路线（也是第一条铁路线）旁边。该县吸引了大批传教士和白人殖民者（主要是进行商业种植的农民）。Kascol 公司的核心区域开发，从之前的政府劳动力资源项目、传教士工作和商业设施开发（比如赞比亚糖业公司）中获益匪浅。到 1980 年，该区域已经建有好几所小学和中学了。分别是马扎布卡小学、圣哥伦布小学、康佳（Kaonga）小学，圣爱德蒙中学和马扎布卡女子中学。然而，当地职业培训中心却很少，只有赞比亚畜牧职业学校。60 公里以外还有一家农民职业培训中心，但是因为路途遥远，Kascol 公司开发区域内的农民不会考虑去这家培训中心。

当时开发区域内大部分农民都靠生计型农业和畜牧业为生。至今，赞比亚农村中还有 90％左右的人口靠务农为生（赞比亚中央统计局，2003），仅有 6.3％的农村人口获得了雇佣工资性收入（图 4 - 20）。以此推算，应该有 93.7％的人口依旧从事着独立的农业经营，不论是从事生计型农业还是商业生产。

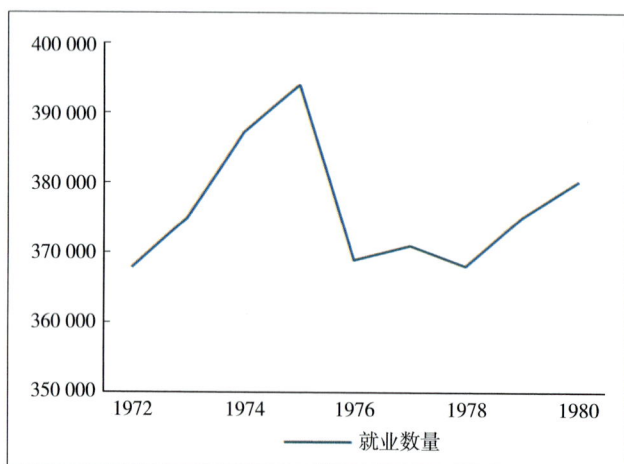

图 4 - 20　1972—1980 年赞比亚工资性就业增长
来源：赞比亚中央统计局，1986 年。

尽管赞比亚政府部门可以提供正式雇员职位（包括中央和地方政府），赞比亚独立后的 10 年中政府也陆续设立了一些有雇佣需求的半国有企业，但因为缺乏必要的教育和培训，几乎没有农民能得到这样的就业机会。Kascol 公司和 MDC 公司投资区域内的绝大多数居民都是农民。农民大部分只能作为劳力参加工作，劳力在赞比亚指没有技能的纯体力劳动者。当时，在 Kascol 公司所在的马扎布卡县，一些新的农业公司，尤其是刚刚兴建的赞比亚糖业公司，为当地农民提供了一些他们能够胜任的工作（砍甘蔗、办公室保洁等）。那些管理型和需要专业技术的职位则均由公司外派人员来做。与马扎布卡县相比，姆彭戈韦县的农民获得雇佣的机会就更少甚至没有。

1964—1973 年，赞比亚经济增长带动了工资性就业增长，之后 10 年里，该国就业形势却变得严峻。20 世纪 70 年代中后期，赞比亚工资性就业增长低于劳动力增长速度（赞比亚中央统计局，1986）。这段时间，赞比亚经济进入衰退期，主要原因是世界铜价下降、石油价格上升以及政府政策偏差。

4.2　对人民生计的直接贡献

根据 Scoones 的研究（1998），生计指依靠自身能力、资产（包括社会的和物质的资源）以及相关活动得以谋生。他还补充说，只有能够适应和应对压力及冲击，能够维持和提升能力，能够保有和增加资产，同时不对周围自然资源的基础造成威胁，才能说一项生计是可持续的。生计和雇佣两个概念往往被联系在一起。赞比亚劳动力调查（1986）对雇佣的定义是：只要一个人从事劳动，并且得到报酬、利益或者家庭收入，就可以认定他被雇佣。这里的雇佣是包括生计型农业生产的。所以，得到雇佣既可以指因为劳动得到工资性报酬，也可以指从事独立经营，产品由自身消费或者在市场销售（Scoones，1998）。

4.2.1　以支付工资的方式进行雇佣

Kascol 公司和 MDC 公司启动之初，赞比亚政策的重点之一是增加农村人口的就业和收入机会。这两个项目都被认为是实现该政策目标的具体措施。时至今日，Kascol 公司已经成为马扎布卡县最大的雇工企业，而 MDC 公司在姆彭戈韦县的农场也是该县最重要的就业岗位提供者。20 世纪 80 年代，Kascol 公司成立时，雇佣了 300 名固定雇员（既有管理岗位也有非管理岗位）。至 1999 年，公司固定雇员数跌至 78 名，之后维持这一雇工水平。雇员数量的大量减少源自公司所有权性质的改变。随着私有化的改变，公司进行了大规模改组，有一多半的雇员被辞退，剩下的雇员工资水平也有所下降。除了直接在农场从事劳动的雇员，Kascol 公司经营的诊所还雇佣了 4 名雇员。除了固定雇员，公司雇佣了 250～350 名季节性劳工，主要任务是在收获季砍甘蔗。这些临时雇工每年最多能得到 8 个月的雇佣，一年中有三分之二的时间可以拿到固定收入。Kascol 公司每公顷耕地需要的劳动力比例为 0.38，也就是说 100 公顷耕地要使用 38 个雇工。

2004—2007 年，MDC 公司每年平均雇佣 457 个固定雇员和 1 082 个季节性雇工。二者相加，公司每年平均雇佣 1 539 人。这个数字占全县工资性收入人口总数的 38%[①]。MDC 公司每公顷耕地需要的劳动力比例为 0.14，也就是说 100 公顷耕地要使用 14 个雇工，大大低于 Kascol 公司每公顷的用工数量。MDC 公司用工比例低主要归因于机械化程度高。研究团队进行调研时（2011年 7 月），MDC 公司雇佣有 520 名固定雇员和 1 200 名季节性雇工。

这种雇工规模以国际通行标准来看并不算大，但是对赞比亚而言，雇工规模已经很可观。近期世界银行等赞助了一项针对赞比亚的普查（Clarke 及其他，2010），该普查发现，即使是赞比亚认定的大企业，以国际标准来衡量也是很小的。赞比亚一半的大企业只有 51~70 名雇员，仅略高于国际上中型企业所要求的最少 50 名雇员的标准。因此，像 MDC 公司这样能够年雇佣 500名雇员的企业，以赞比亚标准衡量，绝对是提供工作岗位的大户。如果这样一个企业刚好像本文研究的两个项目一样，设立于农村地区，那作用更是举足轻重。

尽管如此，这种企业提供的就业机会与赞比亚庞大的农村劳动力数量相比依旧是很小一部分。2000 年，赞比亚农村劳动力数量达 3 165 151 人（赞比亚中央统计局，2003），占全国劳动力总量的 64%，这证明赞比亚劳动力在当时（也包括现在）都是以农村劳动力为主的。而前面已经反复提到，赞比亚农村人口中仅有 6.3%（大约 133 205 人）能够得到支付工资的雇佣性工作。

2005 年（因为该年有可比较的工资数据），参加工会的一般性 Kascol 雇员的最低工资是每月 704 711 克瓦查（206.28 美元），而季节性雇工每天最少可以得到 15 816 克瓦查（4.63 美元）[②]。同年，参加工会的没有专业技术的MDC 公司雇员的工资是 300 000 克瓦查（87.81 美元）。举例来说，Brian2005 年在 MDC 公司做中央灌溉系统操作员，每月可以挣 370 000 克瓦查（108.30 美元），而作保安的 Peter 每月可以挣 300 000 克瓦查（87.81 美元）。尽管从事农业劳动的人总被认为收入低，但他们的工资却都高于 2005 年赞比亚雇员平均薪酬 293 621 克瓦查（85.95 美元），远远高于赞比亚在农业领域就业人员的平均工资 105 426 克瓦查（30.86 美元）（赞比亚中央统计局，2005）。

目前，参加工会的 Kascol 公司雇员的最低工资是每天 15 238 克瓦查

---

① 以 2000 年姆彭戈韦县总人口 64 371 人（中央统计局，2000），同年赞比亚农村工资性收入人口比例 6.3%（普查数据）为依据估算。

② 汇率为 3 416.34 克瓦查兑 1 美元（赞比亚银行，2005 年平均数）。

（3.22 美元），每月 304 760 克瓦查（64.35 美元），不及 2005 年工资水平一半①。管理层对大幅度削减雇员工资的解释是，工资确定方式已经从企业自行确定转为参考全行业水平。前者可以在公司内部由谈判决定，而后者则要在全行业范围确定一个标准。MDC 公司（现在是 Zambeef 公司的姆彭戈韦县农场）雇员的工资水平也基本相同。参加工会的雇员的最低工资是每月 419 000 克瓦查（88.48 美元），与赞比亚法定最低工资持平。而从数据判断，Kascol 公司付给非管理性岗位雇员的工资已经低于赞比亚的法定最低标准了。上文已经说过，研究团队走访的所有对象都不愿透露管理层工资。

4.2.2　公司雇佣的对象

不论是 Kascol 公司还是 MDC 公司，管理层雇员都来自本地区以外。本地农民从事的主要是低专业技能的工作。而因季节性雇工需求量很大，本地劳动力难以满足，两家公司经常从外县招人。在 Kascol 公司，大部分季节性雇工（工作是砍甘蔗）都来自其他赞比亚区域，尤其是西部省。项目启动之初，这一趋势就很明显。当地人（马扎布卡县本地人）从事的传统工作是放牧，对砍甘蔗这样的工作兴趣不大。后来，因为疫病导致牲畜数量减少，一些当地人也开始从事砍甘蔗的季节性工作。MDC 公司的情况类似。公司种植咖啡时总要从外地招用采摘咖啡豆的雇工。2011 年，公司有 121 名来自本地的固定雇员（一共有 518 名固定雇员），而大部分季节性雇工都是本地人（姆彭戈韦居民）。

一项在粮农组织（FAO）的支持和国际环境发展研究所（IIED）指导下的关于雇员性别的研究发现，尽管 Kascol 公司曾在有空缺职位时鼓励妇女申请职位，但在决策层面并没有专门实施性别平等政策（Wonani，新闻报道）。在公司的 78 名固定雇员中，只有 8 名女性，占总数 10%（表 4 - 32），在外包种植者那里情况要好些。27% 的小规模外包种植者是女性，尽管她们大部分可能是在最初的男性外包种植者过世后才继承了农场。

4.2.3　直接雇佣之外的其他机会

如上文所说，Kascol 公司与 160 名外包种植者签订了甘蔗供应合同。每个外包种植者的年销售额达 60 000 000 克瓦查（12 669.6 美元），减去化肥和农药成本（平均 26 000 000 克瓦查，5 490.29 美元）、水费（12 000 000 克瓦查，2 533.98 美元）以及交通等费用，每个外包种植者还能剩余 15 000 000 克瓦查（3 167.40 美元）。甘蔗的收益变化较大，如果收成不理想或者甘蔗价格不好，外包种植者的收益就没这么多了。当外包种植者的收入不足以支持他/

---

① 汇率为 4 735.74 克瓦查兑 1 美元（赞比亚银行，2010 年平均数）。

她度过一年中剩下的日子时，Kascol 公司会给其提供"预付"（一种贷款）1 000 000克瓦查（211 美元）。甘蔗收购价格是赞比亚糖业公司来定的，公司定价会考虑多种因素，包括国内外市场对食糖的需求。

表 4-32　公司女性雇员数量和职位

职位	数量
管理会计	1
农业管理培训	1
人力资源助理	1
环境安全技术	1
护士	1
秘书	2
地区经理	1

外包种植者还可以依靠他们的股权从公司分红，尽管如前文所述，这些收入至今都用来偿还银行贷款了。正如前面提到的，外包种植者的收入一般高于挣工资的 Kascol 公司雇员且生活更富足，心理优越感更强。除了种植用于出售的甘蔗，每个外包种植者还有大约 0.5 公顷土地用来居住和种植主粮（玉米）供家庭食用。Kascol 公司的经营模式还对那些向 Kascol 公司供应农用物资和投入品的本地供应商，以及向它的下游企业——赞比亚糖业公司提供物资的供应商产生了影响。160 名外包种植户中，男性（73%）多于女性（27%）。岁数大的农民在外包种植户中占绝大多数，为数不多的年轻人都是在父母年纪太大或者过世后接手农场经营的。

MDC 公司对当地居民的生计贡献主要通过支付工资来实现。公司通过其他途径对当地居民生计产生的影响很有限。事实上，除了雇佣当地没有专业技能的劳动力，MDC 公司的投入要素都来自姆彭戈韦县之外。所以，当地居民很难以投入要素供应者的角色参与 MDC 公司的价值链。此外，MDC 公司所有产品均销售给姆彭戈韦县之外的企业客户，所以当地居民也无法作为价值链中的消费者享有其负担得起的农产品。

对比 Kascol 公司和 MDC 公司的模式可以发现，允许低收入群体在企业价值链中参与程度更高（作为股东、供应者、劳动力）的企业，其对当地居民生计的贡献程度要大于只允许低收入群体以雇佣方式参与价值链的企业。

4.2.4　生产率、技术转让和技能培训

两家公司均提供技术培训，但均仅针对直接参与公司生产经营的农民。

Kascol 公司为其外包种植者提供了甘蔗种植、农场管理和公民素质等方面的培训，还组织关于外包种植者健康问题（比如 HIV/AIDS）的讲座或者研讨。MDC 公司/ETC 生物能源公司仅对自己的雇员进行培训。然而，公司认为，通过雇佣当地居民作季节性雇工，公司实现了专业技术的传播。本研究很难找到确实的证据证明公司这一观点。不过的确有研究发现，那些参与季节性雇佣工作的小农户，其生产力要高于那些没有参加此类工作的小农户（FinScope 中小微企业研究，2008）。

4.3　对粮食安全的影响

由于缺少生产和价格趋势数据，研究团队无法量化评估两个投资项目对当地粮食安全的作用。不过，鉴于粮食安全的两个核心指标是充足的粮食供应及粮食可获得性，也就是买得到和买得起粮食，两个项目在保证其雇员、外包种植者和城市居民的粮食安全方面应该是有明显作用的。前文已经详细分析过，两个项目都让当地低收入群体获得了取得现金收入的机会，这些现金收入可以被用来购买粮食，也就满足了粮食安全中可获得的要求。MDC 公司在保证附近的铜带省城镇的粮食安全方面也有明显作用。尽管研究团队无法得到 MDC 公司的玉米产量数据，但从县级玉米总产量数据中，可以大概推算该公司的产量。举例说，1996/1997 年度，恩多拉市（Ndola）郊区，也就是 MDC 公司所在地[①]的玉米产量占铜带省玉米产量的 80%（表 4-33）。换句话说，一个县的玉米产量几乎等同于全省的玉米产量。

2004/2005 年度的数据是按生产者规模来分类来统计玉米产量的，更能说明 MDC 公司的贡献。姆彭戈韦县大规模农户生产了铜带省玉米总产量的 45%，在全省是生产水平最高的（表 4-34）。

表 4-33　1996/1997 年度铜带省玉米产量估计

县	预计产量（吨）	份额（%）
奇利拉邦布韦（Chililabombwe）	2 876.76	5
钦戈拉（Chingola）	1 338.12	3
卡路（Kalulushi）	1 725.21	3
基特韦（Kitwe）	496.08	1
卢安夏（Luanshya）	2 006.28	4

---

①　从 2000 年起，随着区县名称及边界调整，MDC 公司的所在地转变为姆彭戈韦县，文中也一直这样使用。

（续）

县	预计产量（吨）	份额（%）
穆富利拉（Mufulira）	2 249.28	4
恩多拉农村（Ndola Urban）	42 410.34	80
合计	53 102.07	100

来源：中央统计局粮食生产预测普查。

表 4 - 34　2004/2005 年度铜带省玉米产量估计

县	农场规模	预计产量（吨）	份额（%）
钦戈拉（Chingola）	大	9 708.89	9
钦戈拉（Chingola）	中小	1 081.04	1
卡路（Kalulushi）	大	770.35	1
卡路（Kalulushi）	中小	1 524.24	1
基特韦（Kitwe）	大	453.86	0
基特韦（Kitwe）	中小	1 743.99	2
卢安夏（Luanshya）	大	68.4	0
卢安夏（Luanshya）	中小	6 741.56	6
马萨里（Masaili）	大	2 765.93	2
马萨里（Masaili）	中小	8 094.12	7
姆彭戈韦（Mpongwe）	大	51 761.8	45
姆彭戈韦（Mpongwe）	中小	14 224.89	12
穆富利拉（Mufulira）	大	307.8	0
穆富利拉（Mufulira）	中小	1 534.44	1
恩多拉（Ndola）	大	510.2	0
恩多拉农村（Ndola Urban）	中小	6 379.9	6
共计		113 943.25	100

来源：中央统计局粮食生产预测普查。

4.4 对公共收入和基础设施建设的作用

Kascol 公司向赞比亚国土资源部支付了土地使用费（地租），平均为 130 百万克瓦查（大约 27 450.83 美元，汇率是 4 735.74 克瓦查兑 1 美元）。公司每年还会向水务管理局交 68 百万克瓦查（14 358.90 美元）。公司土地使用费、水权费和税都直接交至中央政府。地方政府每年收取 40 百万克瓦查（8 446.41 美元）的汇率和宣传费。地方议会还会对在本地广告牌上面做的广告和其他媒体宣传收费。图 4 - 21 展示了 Kascol 公司 2010 年所缴纳各种公共费用。

ETC 生物能源公司，从另一方面讲，因为和赞比亚共和国政府签署了投资保护协议，因此享受了免税期。具体来说，就是该公司对赞比亚投资的前 3 年（从 2007 年起算），不用向政府缴税。不过，ETC 生物能源公司还是要缴纳土地使用费的，表 4 - 35 展示了公司的缴费情况。

ETC 生物能源公司也要为水权缴费，2010 年缴纳了 43 442 000 克瓦查（9 173.22 美元）。根据图 4 - 22 显示，公司最大的公共税费支出为土地使用费。ETC 生物能源公司每天的用水量为 102 000 立方米，水权费用是根据下面的标准按级缴纳的：

（1）用水量不超过 500 立方米/天：5 000 克瓦查（1.06 美元）/天。

（2）超过 500 立方米/天，超过的部分：2 克瓦查（0.000 4 美元）/立方米。

（3）注册费：2 000 克瓦查（0.42 美元）。

从 2010 年的数据分析可以看出，相比而言，尽管两个公司中 Kascol 公司规模较小，但它对赞比亚公共收入的贡献却比 ETC 生物能源公司大。当年，Kascol 公司对公共收入的贡献总额为 155 836.26 美元，而 ETC 生物能源公司仅为 5 355.89 美元。以每公顷耕地计算，Kascol 公司的贡献是 68.79 美元，而 ETC 生物能源公司仅为 5.92 美元（表 4 - 36）。两家公司对公共收入的贡献差别主要来自 ETC 生物能源公司享受的免税期。这是赞比亚政府为吸引投资采取的税收优惠政策。ETC 生物能源公司 2007 年进入赞比亚，从 2006 年自动清算的 MDC 公司手中购买了资产，所以符合享受这个税收优惠政策的资格。由于没享有税收优惠，MDC 公司在 2006 年之前对公共收入的贡献应该比 ETC 生物能源公司多。

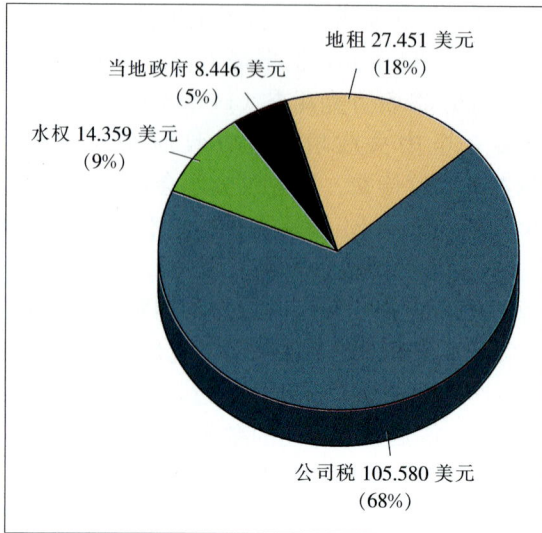

图 4-21 2010 年 Kascol 对公共收入贡献

来源：Kascol。

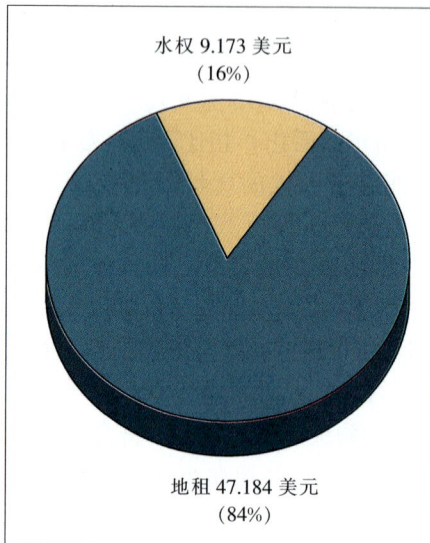

图 4-22 2010 年 ETC 公司对公共收入贡献

来源：Kascol。

表 4 - 35　ETC 生物能源公司年土地使用费（2010）

农场	土地使用费（克瓦查）	土地使用费（美元）
哈马塔塔（CHambatata）	61 044 860	12 890.25
南庞巴（Nampamba）	105 044 960	22 181.30
卡帕巴（Kampamba）	57 359 860	12 112.12
共计	223 449 580	47 183.67

来源：ETC 生物能源公司。

表 4 - 36　2010 年两公司对公共收入贡献比较

	土地使用费	缴税	水权	地方政府	共计（美元）	比例（每公顷） 对已开发土地	比例（每公顷） 对全部土地
Kascol	27 450.83	105 580.1	14 358.9	8 446.41	155 836.26	68.79	36.12
ETC	47 183.67		9 172.22		56 355.89	5.29	1.20

来源：两个公司所提供的数据。

　　两个公司均为自己的业务开展和雇员需求提供了基础设施建设和社会服务。Kascol 公司为雇员提供了 316 套宿舍，还设立了一家诊所。诊所为公司雇员和外包种植者服务。公司在自己农场区域内开设了小学，并为住在区域外上学的孩子提供到学校的交通。公司挖了 9 口水井，为公司雇员和外包种植者的居所供水。Kascol 公司还在公司农场区域内建设了道路和灌溉设施。这所有的基础设施和服务均不对与公司无关的第三方开放。

　　ETC 生物能源公司养护了当地政府建设的一条通往本公司的公路，除此之外，该公司没有投资其他基础设施建设项目。不过公司为自己的雇员提供房屋，还设立了 5 家诊所。医生会隔周到诊所坐诊。MDC 公司存续期间，诊所的数量一度达到 7 家，但是 ETC 能源公司接手后关闭了两家。公司高级和中层经理在位于基特韦市（Kitwe）的，一家私人诊所享受专门的保险计划。但是其他雇员不享受如此的福利。公司还建有容纳 330 名学生和 15 名教师的学校。在 MDC 公司存续期间，曾建立了两所学校，但其中之一已经和南庞巴（Munkumpu）农场一起被出售。学校对公司雇员免费。公司为固定雇员提供住房，住宿区域有基本的社会服务（超市、商店、酒吧等）。

4.5　对社会和环境的影响

　　尽管农业被认为是有益和有希望的社会活动，它还是会带来一些社会和环境成本。这一问题在研究评价农业投资整体影响时往往被忽略。至少在赞比亚，这是一个真实存在的问题。20 世纪 80 年代，在组建 Kascol 公司和 MDC 公司时，政府并没有评价它们的社会和环境影响。事实上，在项目存续的整个时段，也没做过专门的社会和环境影响测评。出现这种问题的原因之一是，在项目建设初期，甚至是现阶段，赞比亚还没有能力开展涵盖大部分农业投资项目的，具有一定规模的环境影响评价活动的能力。项目建立之初，赞比亚还没有建立专门管理环境问题的机构——环境管理局（ZEMA）。赞比亚环境委员会管理了有关环境影响评估、空气污染、水源养护、杀虫剂和有毒物质管控（PTS）、水污染、危险垃圾管理以及臭氧层破坏物质管控（ODS）等各种问题。

目前，两家公司均宣称自己符合赞比亚环境管理局的环境标准。但事实上，它们都向空气、土壤和水源中排放有害物质。此外，两家公司清理土地的行为也可能给当地生态系统带来潜在的不利影响。提到排放问题，两家公司都是化肥使用大户，而它们使用的化肥难免通过水流、渗入、蒸发等方式从农场扩散到其他地方。MDC 公司还大量使用化学除草剂，施药方式为喷洒，化学物质很可能被吹散到农场外的大面积区域并损害大气层。还有一个与此相关的问题也不容忽略。那就是如何处理用过的农药桶和其他有毒物质。如果是简单丢弃，有毒的容器将给周边地区带来重大危险，因为周边农民可能把它们拿走用于储藏水和食物。

Kascol 公司还通过在收获时燃烧甘蔗秸秆污染大气层。它每年都这样做，已成为颗粒悬浮物（烟雾）和氮氧化物（NOx）问题的重要来源。此外，有些环境问题可能不会由赞比亚环境管理局直接处理。举例说，German 等（2010）研究发现，工业规模的生物燃料原料种植会通过森林砍伐等方式对环境产生不利影响。以此推断，ETC 生物能源公司大规模种植麻疯树的行为也会造成森林砍伐，从而影响环境。从资源角度讲，大量取水灌溉肯定会对水资源产生影响。Kascol 公司和 MDC 公司都是灌溉大户，尽管难以量化它们到底对水资源造成多大影响，但灌溉 2 000 公顷土地对水资源产生的压力绝对不小。

从积极方面讲，姆彭戈韦县的农场采用免耕法是保护环境的做法。Kascol 公司也是 7 年才耕一次地。姆彭戈韦县农场不烧甘蔗秸秆，这种方法比刀耕火种的方式更利于环境保护。赞比亚大部分农场依旧采取刀耕火种方式。

社会影响方面，由于已经过去太长时间，很难评估两个投资项目刚开始时，失去土地对当地农民的影响。不过当公司从当地即有的商业体或者土地所有者手中通过交易取得土地时（上文），并没有出现非自愿出让土地和转移安置的情况。在公司取得姆彭戈韦县农场所在土地时，这些土地是无人占有的。尽管附近的村落对这些土地拥有所有权，但村民仅在这里采摘林产品。如上所述，只有占有土地的家庭表示同意，南庞巴（Nampamba）地区的这些土地才能出让给 MDC 公司。

　　然而，尽管最初把土地出让给 MDC 公司时，周围村落的农民没有什么意见，但他们越来越意识到，公司租赁区域的扩大已经导致当地可得土地越来越少。地区人口架构的变化加剧了土地紧缺性：过去 30 年，姆彭戈韦县的人口增长速度是整个铜带省最快的（赞比亚中央统计局，2011）。除了 MDC 公司占有的土地，一些大的商业农场也让土地紧缺更加突出。比如，当地一家叫大农场（Dar Farms）的农场，就占用着 76 000 公顷的土地①。

　　考虑到姆彭戈韦居民中仅有一小部分得到了工资性雇佣，绝大部分还要靠自给自足的生计型农业谋生，因此，土地紧缺仍是一个需要重视的问题。对于没有工资收入的居民来说，土地是他们最重要的资产。越来越少的可用耕地威胁着当地居民最重要的谋生资源。这已经引发了投资企业和当地居民之间的矛盾。MDC 公司与所谓的"入侵者"之间就土地展开的纠纷就印证了这种矛盾。从 2003 年开始，这些"入侵者"就开始侵犯 MDC 公司租用的土地。一开始，采取这种行为的人主要是从 MDC 公司和城里退休的人，后来，一些本地村民也开始参与这项活动。当公司发现这些"入侵者"后，就以独立普查的方式来确定自己农场的边界。事实证明，"入侵者"的确侵占了公司租用的土地，但他们拒绝离开，并起诉 MDC 公司。赞比亚最高法院最后判定 MDC 公司胜诉，即便如此，要让所有"入侵者"离开公司土地并不容易。最后公司做出妥协，允许部分"入侵者"留在公司农场的边缘区域，另一些则离开了农场。在研究团队与 N 酋长所辖村落居民的座谈中，居民已经表达出对大规模农业投资公司的敌意，原因就是土地变得越来越稀少。那位在 MDC 公司成立之初在议会供职的代表，现在是 N 酋长村落的居民，表示自己后悔在 20 世纪70 年代把土地出让给 MDC 公司，并希望拿回土地。MDC 公司也清楚当地居民因土地压力对公司的不满，正考虑实行一项外包种植者计划，通过把农场分包给当地居民进行种植来解决问题。

　　一些居民还因为土地问题对酋长产生了不满，认为酋长为了获得投资商给予的礼物而不断把土地出让给这些外来人，根本不考虑本村落居民的利益。村民说，酋长根本不想让他们获得（受法律保护的）土地租赁使用权。参加卡塔

---

　　① 土地紧缺是结构性问题，姆彭戈韦县还有很多没有开发的土地，但是它们远离公路，所以投资者和村民都不愿意开垦。

塔莫（Kantatamo）市场座谈的居民说，"要想获得土地权利很不容易，因为酋长拒绝给我们（申请土地租赁使用权的村民）申请表格，害怕因此失去对这些土地的掌控权。"居民们所说的掌控权是指酋长拥有的，将村里土地出让给外来投资者的权利。一旦村民获得法律保护的土地租赁使用权，酋长就不能随心所欲地出让土地了。

那位曾经任职于议会，声称自己在20世纪70年代将土地出让给MDC公司的代表的发言很说明土地紧缺带来的问题。他说："如果我听说南庞巴（Nampamba）（农场）关门了，我会非常高兴，因为我们就可以拿回曾经属于我们的土地了。"但事实上，（根据赞比亚现在的法律）居民们想拿回那些已经被租赁出去的土地几乎是不可能的。

由于无法得到足够土地，很多人可能变得贫困，尤其在农业投资项目不足以提供足够多的工资性雇佣岗位时。年轻人受的影响尤其突出，因为他们得到土地的机会非常有限，而在组建家庭后，他们要背负的供养负担会加重。在这些地区，因为很难找到可供开垦的土地，刚成立家庭的年轻人只得从自己父母手中得到小块的土地，前提是他们父母有足够的土地来帮助他们。

另一方面，MDC公司却将大量土地闲置不用。公司的农场中仅有22.7%土地被开垦。正因为农场外的土地越来越稀少，农场内土地却一直闲置，才使上文提到的"入侵者"做出侵占公司土地的行为。双方已经就这一问题在法庭上展开较量，ETC生物能源公司获得了胜诉。而在现实中，公司不得不时常应对周围村落居民的敌意行为，如有意破坏公司的设施等。公司一位高级经理暗示，卢安夏（Luanshya）监狱里大部分罪犯的罪行可能都与骚扰MDC公司相关。如上所述，MDC公司的妥协做法是允许部分"入侵者"待在公司农场边缘土地上，并相信他们会在公司真正使用这些土地时离开。另一种可能的解决方法是，把这些"入侵者"转变为租地或者外包种植户。

除了与当地村落居民争地将导致土地稀少外，投资项目还可能给当地带来其他不利影响，不过这些影响无法在本研究中尽述。比如，Kascol公司雇员在走访中提到过，灌溉用水不够限制了土地开发面积，这意味着当地水资源也变得紧张。要证明这个问题是否存在以及它给周围居民带来怎样的影响，还需要进行更多研究。

5. 结论和建议

本节分析了赞比亚两个已经实施了几十年的大规模农业投资案例项目。MDC公司在20世纪70年代创建，Kascol公司在20世纪80年代初创建。尽管评估两个项目成立之初对当地农民生计的社会经济学影响（比如失去土地在当时的影响）比较困难，但足够长的实施期却为研究团队更加全面地了解农业投资的长期影响和经验教训提供了可能。

在对案例项目的分析中需要时刻谨记的是，一直到最近被私有化之前，在它们的大部分存续期，两个项目都致力于实现经济回报之外的社会发展目标。这使得它们与近期非洲正在展开的，通常所讲的"圈地热潮"有本质区别。两个公司私有化之后出现的裁员和降薪更能说明这种区别。这是单纯追逐利益回报的投资项目和追求确定的社会发展效果的项目之间的巨大差别。

在两个项目中，都有一些关键因素对项目的最终成型起了重要作用。在Kascol公司的案例中，启动阶段以来的重要因素是各领域的专业人才整合和各个股东提供的资源。赞比亚糖业公司和英联邦发展公司（CDC）带来了生产和管理方面的专业人才，而两家银行给新公司提供了金融资源。CDC在起始阶段承担了重要的管理职责，提供了专业的管理人才，而且还通过专业的管理决策降低了投资组合的风险，从而降低了该项目获得足够的商业吸引力所需的投资回报率，使该投资项目对私人投资者更具吸引力。

对MDC公司而言，CDC的全面参与也是初期成功的关键因素之一。CDC不但为MDC公司注资，还提供了管理人才。姆彭戈韦县充足的降雨和肥沃的土壤也是成功的关键。公司建立在一个蓄水层上，提供了宝贵的灌溉用水来源。由于公司生产能力较强，有余力和动力投资道路等基础设施，从而减少了交通成本。目前的公司管理层（即ETC生物能源公司管理层）认为，公司的收益率依旧可以令股东满意。尽管MDC公司于2006年自动清算，但其实它并没有亏损或者存在资金流问题。公司自动清算的唯一原因是无法满足当时的大股东，也就是CDC提高后的收益率门槛。CDC选择让MDC公司自动清算，而不是直接作为盈利企业出售，背后的原因可能是分别出售MDC公司资产比把公司整个出售更赚钱。

以赞比亚的标准来衡量，两家公司都是雇工大户，但其提供的雇佣职位总量与赞比亚农村劳动力数量相比微不足道。两家公司都遭遇过减薪的压力。尽管它们提供了专业技能型职位，但因缺乏教育和培训，贫困的农村劳动力只能得到技能要求低、薪水少的职位。这些情况都让研究团队反思，什么样的方式才能最有效消除农村地区的贫困问题。从这项研究得到的信息可以看出，那些通过多种方式，尽量与当地农村人口建立积极经济联系的投资项目，对改善当地农民生活水平的作用最大。

更具体地说，允许低收入群体作为生产者来参与供应链，以及作为股东来参与决策与分红的投资模式，比单纯给低收入群体工资性雇佣的模式更加有效。与那些单纯的雇员相比，在Kascol公司的运行模式中，那些参与外包种植计划的外包种植者能得到更高的收入、更富裕的生活和更好地心理感受。公司共同所有权的模式允许当地农民协会拥有股权，给予低收入群体得到附加红利收入并参与公司管理的机会。以生产者身份参加供应链和作为公司股东参与经营也意味着更大的风险。因此，需要建立必要的风险控制机制，特别是建立作物保险制度来降低风险。

另一方面，农村有价值土地的紧缺问题越来越突出，导致那些建设大型种植园的农业投资项目面临持续增长的压力。在赞比亚那些对外来投资者最有吸引力的地区，比如水资源丰富且土地肥沃的地区，这一问题尤其明显。姆彭戈韦县就面临这样的挑战，商业开发带来的土地压力越来越大。赞比亚土地所有权构成比较复杂，正式的法律权利和习惯权属土地权利相交杂，也令土地矛盾更加突出。即使是那些已经实施了很长时间的投资项目，也会遇到"入侵者"和诉讼等土地权属带来的问题。

Kascol 公司和 MDC 公司均没有完全开发所租用土地的全部生产潜能。在土地资源紧缺，投资者占有大面积土地却不开发的情况下，把这些闲置土地通过合同农业方式出租给当地农民，更具经济合理性。这样做的另一好处是可以缓和当地低收入群体对大规模投资者的敌意。前文已经说过，在增长的人口和经济压力下，MDC 公司现在也在考虑是否可以通过外包公司土地的方式来解决当地农民对公司土地的"入侵"问题。

本研究已经证明，大规模农业投资可从三个方面对贫困人口产生积极影响：首先，提高全国的国内生产总值（GDP）；其次，直接给部分低收入群体提供收入；第三，完善社会服务。然而，大规模农业投资也可能令低收入群体失去最重要资产——土地，给他们带来冲击。

建议：

（1）鉴于贫困问题主要来自农村，农业投资的确具有提高就业和收入的巨大潜力；但是，农业投资的成本高昂，商业收益率低。此外，即使有农业投资，当地的低收入群体因为缺乏必要教育和培训，也只能得到低工资的职位。要解决农村贫困问题，政府需出台促进包容性农业投资的政策。对农村基础设施的投资应被摆在首位。政府还需在推进农村人口教育，尤其是农村成人教育、职业教育等方面加倍努力。

（2）与以往一些有关私有化效果研究，如 Cheelo 和 Munalula（2005）结论一致，研究团队发现，私有化后，企业雇佣数量和工资水平会下降。如果私有化后的农场面积没有明显扩张，则极可能发生裁员。伴随着企业私有化后效率的提升，必须制订配套扩产计划来提供新的岗位。这就要求投资者按照投标过程中承诺的合同投资额向企业注资。而且，政府对投资者履约的有效监管和督促落实必不可少。

（3）整体而言，赞比亚的耕地资源很丰富，但在一些地区，贫困人口难以得到这些耕地资源。政府出台的土地和投资政策需要兼顾农业投资需求和贫困农民的利益。在土地出让给投资者前，政府必须认真评估目前和未来当地人口的土地需求水平。要考虑到人口增长给土地需求带来的变化。最理想的状态是，在进行村镇开发规划时，充分考虑农村地区特殊的条件和情况。随着农业投资和人口增长，赞比亚需要把土地利用规划扩展到农村。酋长拥有高度土地处置权的制度，在一些地方已证明并不合适，在维护村落居民利益方面，酋长们有时并不可靠。

（4）投资者往往占有大量土地，但并不完全开发利用它们。在一些地区，这人为造成了土地资源紧缺。投资者应该仅被允许得到它们在合理时间内可以开发利用的土地。剥夺贫困人口的土地使用权，在经济上和社会上都是不负责任的行为。政府要主动保护贫困人口利益，监督投资者，禁止投资者获得那些它们未来很长一段时间都不会开发利用的土地。政府应该形成整套机制，仅允许投资者得到它们在合理时间内可能开发利用的土地，如果多占用土地又没有按照承诺开发，应将土地收回。

（5）在 Kascol 公司和 MDC 公司创建之初，有一个共同的关键成功因素，就是英联邦发展公司（CDC）的参与。CDC 以相对较低的投资收益门槛给两公司提供了资金和管理方面的专业人才。尽管 CDC 并不是真正意义上的发展援助机构，它的确给贫穷国家的发展提供了援助。它向那些被私人投资拒绝的最不发达国家和产业投资，向不具备吸引力的低收益率项目投资，向风险过高或者太偏远而不受私人投资青睐的项目投资。只要 CDC 的收入足以清偿债务，英国政府并不要求它取得更高盈利（Tyler，日期不详）。在发展有商业利益又有包容性的农业投资模式时，有战略目标的发展援助可以发挥重要作用。

（6）允许低收入群体作为生产者来参与供应链，以及作为股东来参与决策与分红的投资模式，比单纯给低收入群体提供工资性雇佣的模式更加有效。在那些将消除贫困作为政策核心的国家，这一结论可为通过有效政策干预，促进低收入群体持股和参与供应链提供重要参考。集体行动比个体行为有效，因此，低收入群体通过信托方式行使集体股权比每个人拥有很少一点股权的方式更有效。

（7）尽管涉及大量小规模农户，Kascol 公司区域性集中的外包种植计划将交易成本控制在可接受范围内。公司的做法是将所有外包种植者均集中在公司土地上。尽管 Kascol 公司的外包种植者数量有限，但这个案例可以证明，只要安排得当，从商业利益角度而言，合作模式也是可行的。Kascol 公司的做法还为研究小农户作为股东和生产者参与投资过程的可能性提供了范例。希望研究中得到的经验教训能对南半球有关农业投资政策的辩论提供参考。

（8）本研究面对的最大难题之一是数据不足，这与研究对象的选择有直接关系。两个公司均是没上市的私人公司，财务数据不公开。如能找到上市公司进行定量研究，成果将更有意义。遗憾的是，赞比亚几乎没有上市的农业公司，公司很少公开财务数据。采集私人企业数据的一大问题是信息保密。这些私人企业的管理层大都要求提供给研究团队的信息不得公开，也希望对本人身份保密。相比研究一两个公司，如果能在研究中纳入更多企业，信息保密工作要容易很多。由于从小规模农户那里收集数据信息不涉及保密，这对大规模农业生产外部性开展定量研究会很有意义。大规模农业企业囤积和闲置大量土地给当地造成的经济成本和其他一些深远经济影响，这同样值得好好研究。个人拥有大量土地的也应涵盖在内。赞比亚已经出现个人囤积大量土地的趋势，这进一步加重了当地土地短缺现象。

大规模农业投资的经济回报往往是不可知的。下一步可以研究非洲农业投资的回报情况，研究中可以调查开展大规模农业项目的成本。此外，对比研究农业企业和其他行业企业的表现，研究农业股权的资本来源等问题也会很有意义。

▌参考文献

Banda，C. T. 2011. *Institutional，administrative，and management aspects of land tenure in Zambia*. Retrieved October 2011，from http：//dlc. dlib. indiana. edu/dlc/bitstream/ handle/10535/7622/ Institutional，% 20administrative，% 20and% 20 management% 20aspects%20of%20land% 20 tenure%20in%20Zambia. pdf

Central Stastical Office. 1990. *1990 Census of Population and Housing*. Lusaka.

Cheelo，C.，& Munalula，T. 2005. *The Impact of Privatization on Firm Performance in Zambia*. UNZA.

Clarke，G. R.，Munro，J.，Pearson，R. V.，Shah，M. K.，& Sheppard，M. 2010. *The profile and productivity of Zambian Businesses*. GRZ，Zambia Business Forum，FinMark Trust and the World Bank.

Cotula，L.，& Vermeulen，S. 2010. *Making the most of agricultural investment：A survey of business models that provide opportunities for smallholders*. London/Rome/Bern：IIED/FAO/ IFAD/SDC.

Cotula，L.，& Vermeulen，S. 2010. *Making the most of agricultural investment：A survey*

of business models that provide opportunities for smallholders. London/Rome/Bern：IIED/FAO/ IFAD/SDC.

CSO. 2003. *2000 Census of Population and Housing*. Lusaka.

CSO. 2004. *2004 Living Conditions Monitoring Survey*. Lusaka：Central Statistical Office.

CSO. 2011. *2010 Census of Population and Housing Preliminary Results*. Lusaka：Central Statistical Office.

CSO. 1986. *Country Profile*. Lusaka：Central Statistical Office.

CSO. 1986. *Labor Force Survey*. Lusaka：Central Statistical Office.

George，G.，& Bock，A. J. 2011. The Business Model in Practice and its Implications for Entrepreneurship Research. *Entrepreneurship Theory and Practice* ，35（1），83－111.

German，L.，Schoneveld，G.，Skutch，M.，Andriani，R.，Obidzinski，K.，Pacheco，P.，et al. 2010. *The local social and environmental impacts of biofuel feedstock expansion：A synthesis of case studies from Asia，Africa and Latin America*. Retrieved October 2011，from Cifor InforBriefs.

GRZ. 2011. *Agriculture Statistical Bulletin.* Retrieved October 2011，from http：// www. countrystat. org.

GRZ. 2009. *Economic Report*. Lusaka：GRZ，Ministry of Finance and National Planning.

GRZ. 2002. EdAssist Database. Lusaka：GRZ，Ministrty of Education.

GRZ. 2002. *Poverty Reduction Strategy Paper*. Lusaka：GRZ.

GRZ. 2011. *Sixth National Development Plan*. Lusaka：GRZ.

GRZ. 1979. *Third National Development Plan* . Lusaka：National Commission for Development Planning.

Kaunga，E. C. undated. Retrieved February 2012，from Privatisation：The Zambian Experience：http：//unpan1. un. org/ intradoc/groups/public/documents/aapam/ unpan028227. pdf.

Leonard，R.，& Cotula，L.（Eds.）. 2010. *Alternatives to land acquisitions：Agricultural investment and collaborative business models，IIED/SDC/IFAD/CTV，London/Bern/Rome/Maputo*.

Roth，M.，Khan，A. M.，& Zulu，M. C.（n. d.）. *Legal Framework and Administration of Land Policy in Zambia*. Retrieved October 2011，from http：//www. aec. msu. edu/fs2/zambia/resources/ Chapter1. pdf.

Scoones，I. 1998. Sustainable Rural Livelihoods：A Framework For Analysis. *IDS Working Paper 72* .

Serlemitsos，J.，& Fusco，H. 2003. *Zambia Post-Privatization Study*. Washington DC：The World Bank.

Tyler，G. undated. *Background paper for the Competitive Commercial Agriculture in Sub-Saharan Africa Study*. Retrieved 2012，from http：//siteresources. worldbank. org/IN-TAFRICA/ Resources/257994－1215457178567/CCAA ＿ Colonial. pdf.

UNDP. 2010. *Business Solutions to Poverty-How inclusive business models create opportunities for all in Emerging Europe and Central Asia.* UNDP Regional Bureau for Europe and the Commonwealth of Independent States.

Wonani，C. in press. *Gender dynamics of large-scale investment including inclusive business models in agricultural land：the case of Kaleya smallholder company limited（Kascol）.*

ZPA. undated. *Bound copies of press releases.* Lusaka.

ZPA. undated. *Zambia Privatization Agency Bound Copies of Press Releases.* Unpublished.

ZSC. 2011. *Zambia Sugar PLC Annual Report 2011.* Mazabuka：Zambia Sugar PLC.

第五章

综合结论[①]

　　本书的研究结论证实，在被调查的相关国家，农业领域的外国投资呈日益增长的趋势。尽管由于缺乏详细的数据难于精确量化，但资源寻求型的投资是增长的主体。虽然呈现日益增长的趋势，但流入农业领域的 FDI 占总 FDI 的份额与其他领域相比仍然较低。几乎在所有被调查的国家中，流入农业的 FDI 占总 FDI 的份额均低于 5%，其中大部分国家甚至低于 2%。

　　尽管由于案例研究法本身的局限我们不能得出一般性的结论，但案例研究提供了农业外国投资对东道国和地区产生的各种影响（经济影响、社会影响和环境影响）。在分析的各种情况和投资模式中，农业外国投资所产生的影响存在巨大的差异。观察到的影响非常多样，这些影响依赖于以下我们将要讨论的各种因素。农业投资产生影响的时间可能很长，可能需要几十年之后才会完全显现出来。

1. 农业 FDI 对东道国的影响

　　在国家层面上，研究发现了 FDI 有助于提高农产品产量和单产的一些证据。在加纳，一个单独的跨国公司的投资预计将大幅提高加纳棕榈油的产量。在乌干达，递尔达（Tilda）有限公司引进了新的大米品种，这使其大米产量在过去 10 年里几乎翻番。

　　一些案例研究表明，FDI 投资的作物品种多样。在塞内加尔，FDI 提高了优质新鲜水果的产量。研究发现，当一些国家的农业外国投资是瞄准出口市场时将获得更高的出口收益。例如，由于农业 FDI 的流入，加纳非传统农产品

---

①　本章由 FAO 贸易和市场部的 Pascal Liu 撰写。

（如水果和蔬菜）的出口收益在 2000—2009 年增长了 4 倍。在塞内加尔也观察到了农业 FDI 的正面效应，其杧果出口量快速增长。这些发现与 FAO 所做的另一研究的结论一致，即在埃及和摩洛哥，外国投资的农业生产项目对农业出口具有极大的积极效应。例如在摩洛哥，外资公司对早熟番茄出口到高端的西欧市场做出了贡献。研究表明，FDI 有助于增加附加值。在一些案例中，外国投资促使企业采用更高的标准。目前，已经有大量标准被企业采用。其中，部分是与产品相关的标准，而另一部分是生产和加工过程的标准（如乌干达使用了 ISO 9000 系列标准和全球良好农业规范标准）。得到广泛认可的自愿性标准认证，能够增加农民和出口企业的市场准入机会和提高附加值。

就业创造通常被认为是农业国际投资带来的好处，特别是在绝大多数穷人居住的农村地区。本研究考察了这一效应，2001—2008 年，农业 FDI 为加纳创造的就业岗位估计超过 18 万个，而在乌干达，农业领域的 11 个跨国公司在 2009 年创造的就业岗位估计有 3 000 个。这些发现补充了 FAO 的另一个研究，即 2000—2008 年，农业 FDI 为苏丹创造了超过 6 500 个就业岗位。除了上述影响外，一些被调查的项目预期在将来会产生很高的就业创造效应。

国内相关研究表明了技术转移的混合影响。有一些采用新生产技术的正面例子，如塞内加尔的番茄出口产业，以及采用改良的作物品种，如乌干达引入了新的大米品种。在一些涉及种植外包计划和订单农业的投资项目中，小农要么通过项目投资者组织的正式培训，要么通过在项目农场工作获得新技术。但是，研究表明，实际的技术转移很少达到投资者号称的水平。

部分投资促进了新基础设施的发展或者已有基础设施的改善（如道路、仓储设施和冷库），其方式要么是投资者直接投资，要么是按投资合同要求，由政府建立基础设施。然而，在许多案例中，新基础设施仅限于投资者使用，当地人不能使用。

研究分析了投资对环境的负面影响，主要是由于投资者集约化的生产对自然资源产生了更大的压力。土地和水资源的集约化使用可能导致土壤退化和水源枯竭。有一些地方层面的证据表明，由于投资活动导致了森林覆盖率降低和生物多样性减少。这些负面效应通常是由于投资前缺乏适当的环境影响评价，在项目执行过程中缺乏有效的环境管理系统。在一些案例中，环境影响评价流于形式，不能评估项目的全部风险。但也有一些投资项目采用了环境友好型的技术（如滴灌技术和加纳 ITFC 建立的有机农场）。

最后，数据表明，投资者对已有的企业以渐进的方式进行投资改造所获得的收益高于新建企业，新建企业的风险最大。在不知名的地区建立非常大的农场和对相对较新的产业（如生物质燃料产业）进行绿地投资风险太大，不推荐作为农业发展的战略。

2. 农业 FDI 对当地的影响

研究表明，FDI 的一个主要的短期利益是创造就业，但这种就业创造有很多局限。首先，投资项目创造的新岗位不全部都是可持续的。在一些案例研究中，项目在初始阶段是劳动密集型的，但后来变得越来越依赖机械化，因此减少了未来对劳动力的需求。与此类似，农场种植的作物类型的改变也会减少工作岗位数量，因为一些作物的劳动密集程度较低。第二，新工作并不总是由当地人干，劳动力可能来源于其他地方甚至海外。第三，如果新工作替代了之前的工作和自谋职业的工作，就业创造的净效应就更加有限。除了纯粹的就业数量外，新工作的质量也很重要。例如，用低技能和低工资的工作岗位替代了独立的小规模农场主会威胁到当地粮食系统的可恢复性和可持续性。

农业 FDI 对当地经济的其他正面影响包括：农民可以通过向项目核心农场出售产品获得更高的价格，当核心农场把部分劳务（如整地、除草）分包给当地居民时，又能产生收入创造。此外，当在投资项目中打工的小农把其务工收入投资于自己的农场以提高生产力时，也可以带来正面的外溢效应。

尽管研究发现了农业 FDI 对当地影响的实质性证据，但很难得出一般性的结论，因为这些影响依赖于多种因素，其中商业模式和当地状况至关重要。

3. 商业模式的重要性

研究分析了对当地农民包容程度不同的多种商业模式。这些模式包含了从最典型和最简单的模式，即当地农民成为项目的打工者（外资公司为了建立大农场并购了农民的土地），到更加包容但仍然很典型的模式（种植外包计划和订单农业），再到更加创新的模式（种植外包的承包者同时也是企业的股东）。

案例研究表明，当投资涉及大规模土地并购时，不可能对当地社区产生正面效应，特别是当并购的土地此前正以某种方式（包括非正式的）被使用时。证据表明，这种投资的危害远大于收益，其唯一的经济利益是创造就业（但也存在一定局限性，上文已讨论过）。

另一方面，在管理能力欠缺的国家，大规模土地并购普遍存在风险。许多发展中国家并保护当地居民权利的必需的法律或程序机制，无论这些机制是正式的还是非正式的。在与外部投资者签订合约时，当地居民的权利、生计模式和福利很少得到充分的考虑。土地交易普遍缺乏透明度，这为腐败创造了机会。在那些政府和地方当局有权分配集体土地的情况下，土地产权缺乏清晰界定，土地分配交易缺乏透明度，武断的决策将损害当地居民的利益，并阻碍经济发展。合法（即便政府并不拥有全部土地，也拥有大部分土地）和合理（当地居民感觉他们世世代代所使用的土地就是他们自己的）之间的差距将使当地居民面临被剥夺土地的风险，导致投资者和当地居民发生争执。事实上，许多土地交易都是闭门谈判的，并没有咨询当地居民的意见和考虑他们的利益问题。

研究发现的负面社会影响包括替代小农（通常都没有得到充分补偿甚至一点补偿都没有）、牧民失去牧场和当地居民失去收入。总体而言，对生计的负面影响是因为减少了可获得的资源，这可能导致社会动荡。在柬埔寨的经济土地特许项目中，村民突然之间丧失了进入附近森林的权利，因为项目投资企业在森林外设置了隔离栅栏。在很长一段日子里，他们失去了采集木材和非木质林产品（如草本植物和浆果）的权利，而这原本是他们家庭收入的重要组成部分。

这些负面影响引起了当地居民的反对甚至对投资者采取了敌对行动，这并不令人感到吃惊。在上述柬埔寨的案例中，当地居民强烈抗议投资者，使得地方政府不得不介入。在加纳的 ETC 生物能源案例中，当地居民损坏了公司的财产。在加纳的太阳能收获有限公司的项目中，村民火烧公司的麻疯树种植林就是因为他们普遍认为公司占用了他们的土地，损害了他们的利益。

研究表明，即使大规模土地并购交易透明，符合相关规定以及交易的土地尚未使用（正式或非正式地使用），也会产生问题。在赞比亚 ETC 生物能源项目的案例中，土地购买完全透明，严格遵从法律程序。ETC 获得的土地多年来一直属于一家商业公司，因此不存在当地居民土地被剥夺的问题，在交易时村民也没有表示反对。但是，大规模的土地交易助推了土地价格上涨，而由于人口增长当地土地变得越来越稀缺。ETC 持有超过 4.7 万公顷的土地，但实际使用的土地不到这一面积的四分之一，其余土地均闲置。由于日益增长的人口和商业压力，已经用完了可耕作土地的村民侵占了公司的闲置土地。公司向法院上诉并胜诉，但这使得一些村民产生了敌对情绪。有报道说，公司的财产遭到了蓄意损坏。

这些情况表明，即使从投资者的角度来说，大规模土地并购也可能不是最获利的模式。尽管东道国可能给予价格或租金优惠以及退税，但交易成本通常也很高。土地对农村人口来说是如此重要的资产，他们迟早会和投资者发生利益冲突。因此，对投资者来说，更加有效的方式是不与当地农民发生冲突，相反，应该提供给当地农民他们缺乏的东西，如金融资本、现代科技、管理经验、营销技能和商业诀窍等。研究发现，如果在投资项目的初始阶段，当地居民并没有积极参与，那投资项目的设计是有问题的，也容易失败。

4. 包容性的商业模式

鉴于大规模土地并购具有上述影响，因此，也有一些与之不同的商业模式与之并存。这些模式中涉及小农，让小农保留自己土地的所有权。在这些模式中，当地农民和当地社区的其他成员是积极的合作伙伴。存在多种当地农民参与程度不同的商业模式，典型的模式如订单农业、管理合同和种植外包计划，更加创新的模式如外国投资者和当地农民合作的合资公司。本研究的一个主要目标就是收集这些模式对当地社区和经济发展影响的证据。案例研究发现了它们对当地经济产生的正面影响。这些影响包括种植外包的增值和创造更高的收入。在赞比亚的卡利亚小农有限公司（Kascol）的案例中，参与公司种植外包的当地农民比那些只在该公司打工的农民获得了更高的收入和更好的生活状况。参与塔马利水果综合公司（ITFC）的种植外包计划的加纳农民的案例中，我们也得到了类似结果。他们报告的收入比当地农场 300 美元的年平均收入要高出很多，而且还在继续增长。在归还了 ITFC 贷款后，他们的目标收入是 2 000 美元，超过当地平均收入的 6 倍。对赞比亚 Kascol 的研究发现，种植外包承包者获得的平均净收入是该公司工会雇员平均工资的 4 倍。此外，种植外包承包者比雇员拥有更多的资产。

研究分析了不同包容程度的商业模式。最具包容性的模式是给予承包公司种植外包的当地农民公司股权。Kascol 和马里生物增碳剂公司（MBSA）采取了这种模式。持有公司股权使得农民协会在公司管理、生产和营销决策中具有发言权。这提高了当地农民的项目所有者意识，同时也增加了他们承担的经济风险。这也可能使得当地农民产生不现实的预期，在项目的初始阶段可能会失望。在项目执行的第一年，MBSA 和 Kascol 的股东没有获得收益或者收益很少。

此外，所考察的包容性商业模式成功地引入和传播了新技术。由于新技术成本低，适合小农（如加纳杠果幼苗灌溉管道的使用），这使得技术能够比较容易地在更多的农民之间传播。引入的新生产方法增强了生产力，其中一些生产方法促进了农民之间（如在同一组工作的农民）的合作，因此增强了当地社区的生产能力。包容性的商业模式强调持续提高和实践培训。农民不再被视为被动的培训接受者，而是课程改进的反馈者和潜在的培训者。包容性的商业模式使农民扮演了培训同行的角色。例如，MBSA 项目建立了农民田间学校，培训了大量的农民种植麻疯树。

一些包容性的商业模式帮助农民获得了出口所需的标准认证。例如，加纳 ITFC 项目帮助它的种植外包承包者获得了欧盟有机农业标准认证和全球良好农业规范标准认证。通过有机认证，农民获得了进入欧盟市场的机会，欧盟市场是世界最大的有机食品市场，农民生产的产品在欧盟可以获得更高的价格。与此类似，全球良好农业规范认证使农民可以进入发达国家市场的几个大规模的零售链。因此，成功的包容性项目能够帮助发展中国家的小农进入国际价值链，提升他们产品的价值。农民生产的产品在项目的初始阶段不是直接进入国外市场的，而是通过外国投资公司出口。但是，通过这种合作，农民了解了出口市场的需求，得到了营销技能，在长期发展中就逐步具备了直接出口的能力。

研究表明，在包容性商业模式中，投资者（单独或与合作机构一起）为当地居民提供了大量的公共产品和服务。这包括提供住房、医疗和教育。例如，在 ITFC 案例研究中，它与非政府组织一起为老师修建了住房设施、修葺了学校，并提供了课本、营养均衡的校餐和干净的饮用水。此外，它还提供了医疗培训、预防山火、保护生物多样性和当地珍稀树种以及草药采挖。在 Kascol 公司的案例研究中，公司提供了医疗培训。值得注意的是，提供公共产品并不是这类模式的独有特性。有几个大种植园和房地产项目也为当地居民提供了医疗、水或者学校。它们的差异主要是包容性的项目中，当地居民对所提供服务具有优先选择权以及在管理中具有更大的发言权。

除了这些实实在在的好处以外，包容性商业模式也对经济和社会发展产生了其他重要的正面影响。其中包括增强了农村人口的自尊，使得外包种植承包者比务工者表现出更高程度的满足感、积极性和归属感。被调查的包容性项目均支持当地社区组织，特别是农民协会和合作社。它们强化了现存的农民协会，如果不存在此类机构，它们将促使当地农民努力组建一个此类组织。例如，ITFC 项目和合作机构（包括食品和农业部）在塔玛利促进了有机杧果种植协会（OMOA）的建立，该协会有 1 200 个成员。从这个意义上说，包容性商业模式有助于制度资本的形成。这些是企业扩张和当地经济增长的重要资产。缺乏有效的农民组织是一个限制撒哈拉以南非洲农业发展的主要因素。

但研究表明，尽管包容性商业模式比大规模土地并购，使当地经济发展潜在受益更大，但并不能保障可以实现预期的利益。更加重要的是，预期的正面效应在短期内不可能实现。一些评论者趋向于把包容性商业模式描绘成农业投资两难困境的理想解决方案。但是研究揭示了一个复杂的景象，它们仅能找到获取预期利益的有限证据。时间因素至关重要。一些投资项目执行时间不到 5 年。鉴于农业投资回报的时间很长，显现它们的全部效应还为时过早。时间将提供包容性商业模式对当地经济发展影响的更多证据。

此外，包容性商业模式在初始阶段面临巨大的挑战和高额的成本。在第一年不可能获利，这影响参与项目的本地农民。例如，由于没有产生利润，MB-SA 尚未给农民股东支付股息，而在 Kascol 公司的案例中，股息用来支付外包种植承包者购买公司股票的银行贷款。在 ITFC 案例中，农民需要 14 年才能从他们的杧果园中获得全部收入（尽管一些农民已经得到了有限的收入且收入逐步增长）。需要较长的时间主要有两个原因：一是林业作物在进入安全生产前需要好几年的时间；二是种植者需要在第一年偿还公司贷款。企业在启动阶段不能获利并不奇怪：发展中国家的农业投资需要相当长的时间以及大量的资本和技术专长，其投资回收期显然较长。

在包容性商业模式的案例中，这些特点与高额的交易成本（因为有大量的本地参与者）糅合在一起。一些外包种植计划可能包含成百上千的小农。他们受教育水平通常低于商人，更不用提还有语言障碍。即使使用一门共同的语言，交流问题也会影响项目的发展。这些问题通常发生于投资者和当地社区之间，但也会发生在社区内部，特别是发生于社区领导者（通常认为代表社区利益的人，但在项目中也可能发生利益冲突）和社区其他人之间。

研究表明，即使在包容性商业模式的案例中，通常也有一个人（或者一群人）推动项目前进，这是由于他/她的特殊知识、背景、经验和与项目的联系。值得注意的是，在项目初始阶段需要强有力的领导者，他们对项目推进具有重要作用，但他们后来可能会成为社区更大程度参与和利润再分配的障碍。当地精英攫取项目利润仍然是可能的，尽管其可能性低于外国投资的典型模式。

为了克服这些限制，包容性投资模式在初始阶段需要强有力的外部支持（公共机构和私人机构的支持），以保障预期收益的实现。在 Kascol 公司的案例中，英联邦发展公司（CDC）作为股东至关重要。CDC 提供的资金所要求的投资回报低于普通商业贷款人要求的水平。它也参与了项目的设计和管理，并且在管理中带来了所需的大量专业技能；另一个大股东赞比亚食糖公司提供了农业生产的专业知识和当地知识。在 ITFC 案例中，杧果生产项目得到了大量私人和公共机构的支持，包括荷兰非政府组织，加纳农业部、非洲发展基金、联合国发展计划和世界银行。与此类似，MBSA 在马里得到了国际捐赠者和非政府组织的支持，荷兰皇家热带研究所（KIT）是它的主要股东。

必须牢记的是，这些把谈判实力差异巨大的参与者联合在一起的伙伴关系，以及对农民组织持续的支持是项目运转的关键。

促成因素的出现对决定商业模式的成功与否至关重要。能有效和真正代表当地农民利益的农民组织的存在当然也是一个促成成功的重要因素。农民组织的内部管理、决策机制和运转方式将决定它能否成功地与投资者谈成一笔好的交易并获得可持续的增长。从长期来看，虽然在初始阶段民主决策会延长决策时间，但成员的有效参与、民主决策和利润再分配的农民组织可能更加容易成功。这是达成共识和信任所付出的代价，中长期而言，它将成为一笔宝贵的财富。

当地具有技术知识、作物种植经验、发展眼光和接触决策制定者的农民领导者的出现，是另一个重要的促成因素，MBSA 案例说明了这一点。具有眼光的领导者是先锋和推动者，能促使当地社区产生深刻的变化。他们的作用在项目初始阶段是具有决定性的。但是，任命和更换领导者的民主机制应当有效。如果强有力的领导者控制项目的时间太长，可能在长期中最终会成为发展的障碍，因为他们会阻碍外国投资者和其他社区成员的沟通。

投资者和当地农民之间的合约安排至关重要。但是，农民没有公平合同条款谈判所必需的技术和法律知识。讨价还价能力的差异通常会使交易不平衡，使投资者获得的好处远大于当地社区和东道国。当地政府只能提供有限的帮助，因为他们通常也和当地农民情况类似，没有足够的专业知识。在一些案例研究中，独立第三方（如发展机构，马里案例中的非洲发展银行）的干预对提供所欠缺的知识和提高当地社区的讨价还价能力非常有效。

5. 影响的其他决定因素

研究表明，尽管商业模式的类型是一个主要的决定因素，但模式本身并不足以保证产生正面的效果。农业 FDI 对当地社区、当地经济发展以及在更大范围内对东道国经济的影响，也受其他因素的强烈影响。

5.1　良好的治理

东道国的良好治理制度即便不是最重要的决定因素，也是一个主要因素。法律法规的质量和适用性、能否有效执行以及投诉和赔偿机制的存在是至关重要的因素。土地所有权制度、法律法规和清晰的产权可以确保投资者和当地居民安全地获得土地。存在与投资、农业、水资源、自然资源使用相关以及与农业生产部门相适应的管理法规，包括这些法规的有效执行也很重要。良好的治理、法律规则、问责、透明、关系和睦、社会稳定、没有腐败和当地居民的参与都有助于投资项目的可持续发展。

相反，失败的投资项目或者对当地社区和环境产生负面影响的投资项目通常是治理不良的结果。存在能够有效审核投资方案、改善设计方案、包含本地股东和有效执行法规的国家制度也很重要。当地政府监管和执行投资合同的能力也是重要的因素，这包括当地政府机构纠正失灵、调解和解决冲突机制的能力。

5.2　当地状况

投资所在地的社会和经济状况是一个重要的决定因素。完善的基础设施和受过良好教育的劳动力增加了项目成功的几率。组织化水平高、邻里团结、合作、成员积极参与决策制定、具有相对较高的教育水平和技术知识的社区容易与投资者谈成更有利的交易。因此，投资协议将更加平衡，反对项目的可能性更低，项目成功的可能性更高。

当地民间社会组织的能力特别是农民组织的能力发挥着重要作用。良好运转的当地农民组织可以成为外国投资者的巨大资产。它使投资者的技术、资金和管理知识与当地资产（特别是土地和水资源等自然资产）、技术和知识相互补充，创造双赢的合作关系。

5.3　当地股东的参与

项目中当地民间社会组织的积极参与，特别是当地农民组织的积极参与是项目成功的关键因素。这一点在包容性商业模式中已经进行了详细讨论。

5.4　项目制定和谈判过程

投资项目的谈判、设计和规划过程也非常关键。过程透明、包容、参与度高、民主和有项目档案的项目更容易成功，容易产生可持续的投资结果，即使这些特点可能会延迟初始阶段的决策。

5.5　投资合同的内容

投资合同条款将决定项目合作各方之间的关系、各自承担的责任、决策的制订以及收益和风险。投资合同通常都非常笼统和模糊，这需要非常具体和可执行的条款。特别是合同应当明确投资者将为当地社区带来哪些利益（如创造就业岗位的数量，建立什么类型的基础设施和提供哪些培训）。

5.6　投资者的基本情况

投资公司的基本情况，即它的管理和专业技能、作物生产经验和它的优先目标（例如，投机、长期发展和长期财务回报）对投资结果具有重要影响。在Kascol 公司案例中，在项目初始阶段，CDC 对它所提供的资金，愿意接受低于平均财务收益的回报，这有助于项目的成功。当地项目经理与当地社区保持良好沟通的能力以及与项目成员建立伙伴关系的能力非常重要。

5.7　第三方的支持

第三方公正有效的外部支持是一个重要的促成因素，特别是在包容性商业模式的案例中，上文已经详细讨论过。如果第三方要发挥有效支持的作用，仅有良好的意愿并不够，还应当具有相关的经验、技能和知识。

5.8　生产系统和作物的类型

外国投资对当地经济的影响也依赖于投资者选择的生产系统和作物。依赖大量进口投入和进口装备的生产系统不可能为当地经济创造后续联系。相反，其他系统会大量使用当地投入。如农业生态农场和有机农业就是例子。投资者选择的作物也很重要。咖啡、水果和蔬菜之类的作物比工业原料作物更容易让小农参与。

第六章
结论和建议[①]

可获得数据证实，2007 年以来，流入发展中国家农业和食品部门的 FDI 显著上升。尽管农业 FDI 水平在 2009 年达到高峰之后有所下降，但 2010—2011 年仍然高于 2003—2007 年的平均水平。FDI 的流动具有区域模式的特点，除非洲外，区域内的流动大于区域间的流动。FDI 流入农业和食品部门的份额在 2006—2008 年几乎是 2000—2005 年的两倍，但仍远低于其他经济部门，其中 2006—2008 年不到 5％。大量的农业 FDI 直接流入了食品制造部门，而初级农产品生产在 2006—2008 年占农业 FDI 的份额不足 10％。由于缺乏详细数据，初级农产品部门外国投资的近期趋势难以跟踪。

本书的案例研究提供了农业外国投资对东道国和当地社区产生多种影响（经济、社会和环境影响）的一些证据。所观察的影响非常多样，研究也阐明了决定农业投资成功和失败的多种因素。总之，尽管案例研究方法的内在限制使其难以得出一般性结论，但它们的发现与其他研究的发现一致。

1. 大规模土地并购

在过去 4 年里，许多分析人士、发展机构、非政府组织和媒体集中于一种特定类型的初级农业投资，即大规模农业土地并购。这种关注是由于土地并购会产生许多经济、政治、社会和环境影响，特别是当土地被外国人并购或者并购是为了外国人时。由于估计方法的差异，各种来源的数据对外国公司获得土地的面积估计差异极大。通过交叉核查的更加可靠的数字并不像媒体头条报道的那么高。但是，这些数字也确实表明了过去几十年以来，外国资本在发展中

---

① 本章由 FAO 贸易和市场部的 Pascal Liu 撰写。

国家农业的投资显著上升。更加重要的是，外国投资者获得的土地是最好的土地，土壤质量好，高产潜力大，灌溉条件好，离基础设施和市场近。由于大多数外国投资项目都瞄准了出口市场或者生产生物燃料，这可能对低收入缺粮国的粮食安全造成威胁，特别是如果这些项目替代了为本地市场生产的粮食作物的话。农业外国投资项目对粮食安全的净效应也依赖于项目所产生的额外收入，项目的可持续性以及它在当地经济中的布局。

大规模农业土地并购将带来其他不利影响，特别是在那些缺乏良好治理、法律规则、透明度和土地产权不清晰的国家。负面影响包括对小农的替代、牧民失去牧场、农民的收入损失以及生计不能得到保障。更普遍地说，对当地生计的负面影响是由于减少了可获得的资源，这可能导致社会分裂。有证据表明，并购也会对环境产生不利影响，特别是会造成自然资源如土地、水、森林和生物多样化退化。案例研究表明，当出现了上述不利影响后，当地居民会反对这种项目，有时甚至会转化为占领部分土地或损坏项目公司财产之类的敌对行动。这种反对迫使投资者涉入耗时耗钱的法律诉讼，提高了交易成本，降低了投资回报。在土地需求较大的地区，当外国公司仅使用了很少部分其获得的土地时，负面效果可能会更加糟糕。

尽管大量的研究论述了发展中国家大规模土地并购的负面效应，但它对东道国特别是在短期和对当地的好处的证据却非常少。主要的好处似乎是创造了就业，但其创造就业的可持续性也存在不确定性。在部分项目中，工作岗位的数量随着时间而减少，在任何情况下，工作岗位的数量都低于投资者起初宣布的数量。项目所创造就业的质量和谁从项目中受益也存在不确定性，因为管理层岗位通常都被公司派来的人员或者其他地方的人而不是当地居民占据。在一些项目中，即使一些低技能的工作岗位也主要由非当地的人占据。FDI给发展中国家带来的另一个可能的收益是技术转移。在大规模土地并购的案例中，技术转移的效果是复杂的。非常明显，相对于投资的其他效应来说，在评估技术转移的效应时，需要考虑时间的长短。可能由于投资的时间太短，技术转移还没有发生或者没有观察到。

总之，研究表明，在土地权利不清晰和不稳定的国家，大规模土地并购投资通常其带来的负面影响大于当地社区所获得的微弱的利益，特别是在短期。当获得的土地是以前当地居民使用的土地时（无论是正式的还是非正式的方式在使用），这种情况更可能发生。因此，应当避免并购已经使用的土地来建立新的大农场，应考虑其他投资形式。即使从投资者的角度来看，不包含土地控制权转移的商业模式也可能会获利更多。

2. 包容性的商业模式

研究表明，让当地农民积极参与并把土地控制权留给当地农民的投资项目容易对当地经济和社会发展产生积极影响。成功的项目融合了投资者（资本、管理和技术）和当地农民（劳动、土地、传统技术和当地状况的知识）二者之长。这种融合能够提供产生双赢结果。把土地控制权留给当地农民的商业模式激励了农民投资改善土地。由于主要的农业投资来源于农民自己，这些模式更容易提高发展中国家的农业投资水平。包容性的商业模式也在项目执行甚至管理中，给予农民发言权。在一些案例中，农民也是股东，因此他们也是商业项目的联合所有者。这些特点使得包容性商业模式比土地并购更容易实现可持续发展。

但是，包容性商业模式的好处不会立即显现。时间因素至关重要。本质上，包容性商业模式涉及更多的利益相关方，因此项目达成共识需要时间，决策制订较慢。特别是在初始阶段交易成本很高。应把它们视作必要的投资，在长期中能够产生更高的回报。但是，大多数公司需要相对快速的投资回报，它们的时间框架也与当地经济发展不一致。为了确保预期收益能够实现，需要投资者一开始就提供较长时间的"耐心资本"。这种投资者通常来源于公共部门（如政府、开发银行和主权财富基金）或非盈利部门，但诸如"影响力投资者"和"社会投资者"等一些私人公司也开始从事长线投资，它们的数量在增长。

包容性投资模式高额的交易成本和它们各不相同的本质使得它们在开始阶段非常脆弱。在项目启动阶段要面临启动成本高、进展缓慢和缺乏切实收益的高风险，投资者和当地参与者可能会变得气馁，放弃项目。这种状况增加了误解、怀疑和不信任的可能性。因此，包容性投资模式需要独立的和有能力的第三方的大力支持，这样的第三方可以发挥诚实的调解人的作用，促进投资者和当地社区的合作。本书调查的包容性商业项目获得了许多机构的大力支持，如政府机构、外国开发机构、非政府组织和多边银行。

此外，也需要增强对当地农民组织能力的支持，以便它们能够成为外国投资者更加稳固的商业伙伴。支持机构能够帮助农民组织提高讨价还价的能力，创造更加公平的竞争环境。对农民组织领导的培训将帮助他们在谈判中更好地代表他们的成员，使他们与组织成员更有效地交流，采取有效的管理措施和促进组织内部的民主决策。

研究表明，虽然存在多种类型的包容性商业模式，但没有一种模式可以在所有情况下都能成为农业发展的理想解决方案，即不存在通用的模式。不同的状况需要不同的模式。当地经济和社会因素包括社区的组织水平、当地机构的力量、农民的技术水平和农民组织的有效性将决定哪种模式最可能成功。在那些农民不能或者不愿意建立组织的地方，订单农业可能是最合适的模式。相反，在那些合作传统很强和农民组织非常有效的社区，给予农民资本份额的外包种植计划，或者外国投资企业与当地农民合作建立合资公司，可能是最合适的选择。决定商业模式能否成功的其他因素包括国家法律和制度框架，投资合同的特定形式和条件，投资者的经验、技巧和动机。

显然，当地农民对利益和风险有一个权衡。他们参与程度越高，享受的利益越大，失败时承担的风险也越大。因此，他们参与的程度应当与他们所在的组织的力量相对应。农民组织力量较弱时应避免直接承担他们没有能力管理的责任和风险，但可以设计降低风险的战略和工具（如作物保险）。外部援助能够帮助农民组织发展这样的机制。外部援助也可以在项目初始阶段承担部分风险责任，在农民组织变得强大之后再逐渐把责任回转给农民组织。

3. 国际指导

在决定外国投资对当地经济影响的众多因素中，本国农业投资的法律和制度以及土地权属最为关键。但在发展中国家，上述因素通常不足以确保农业可持续发展，特别是在具体执行上。发展中国家的政府和当地机构需要政策建议、能力建设和技术援助方面的支持。可以从近年来已经通过的国际协议中获得有用的指导。特别是在经过多国政府、民间社会组织和众多公司3年的协商后，世界粮食安全委员会（CFS）在2012年5月通过了《国家粮食安全框架下的土地、渔业及森林权属负责任治理自愿性指导方针》（简称VGGT）①。VGGT作为一个参照，对改善土地、渔业和森林权属的治理提供指导，以实现全球粮食安全这一中心目标。在执行指导的过程中会出现一些具体问题。其中之一是要处理农业投资问题。另一个重要的国际公认的工具是《FAO食物权利自愿性指导方针》②。

此外，CFS正准备启动一个咨询程序，讨论增强粮食安全和营养的负责任农业投资的发展和更广泛的所有权原则。预计来源于该咨询的原则将获得国际认可，并作为农业投资指导。它们将参照VGGT并在VGGT的基础上建立。咨询将结合多种现存的工具，包括尊重权利、生计和资源的负责任农业投资自愿性指导方针（PRAI）③。PRAI由FAO、IFAD、UNCTAD和世界银行

---

① http：//www. fao. org/nr/tenure/voluntary-guidelines/en/。

② www. fao. org/righttofood/publi _ 01 _ en. htm。

③ www. responsibleagroinvestment. org。

共同组建的跨部门工作组 IAWG 制定，作为各国政府在制定本国政策、法律法规、国际投资协定谈判和单个投资合同中可能的参照框架。PRAI 是一套总体原则，需要转化成更加具操作性的指导。为此，IAWG 与选定的发展中国家的政府、外国投资者和民间社会组织一起进行项目试点。项目的结果将通报给 CFS 咨询组。

4. 建议

4.1　对农业投资影响的进一步研究

尽管案例研究结果指明了方向，但应避免得出一般性的结论，这有几个方面的原因。首先，案例研究法不能获得全部样本，具有内在的局限性。一些观察到的变化可能是其他因素而不是投资引起的。另一个原因是时间框架问题。许多研究分析了最近的投资，但投资的全部影响可能要在投资发生多年以后才会显现。从长期看，项目结果可以彻底改变。最后，因为各地情况不同，很难对不同项目的结果进行比较。到目前为止，一些研究机构和发展机构对 FDI 的影响进行了案例研究。但是，比较它们的结果和得出一般性的结论并不容易，因为研究使用了不同的分析框架。需要对农业投资影响的各种研究方法进行标准化。

有人建议本领域的研究机构应当形成一个适用于所有研究的分析框架。他们应当在可获得的研究结果的基础上，以商业模式为切入点形成不同的研究类型。形成一个共同的研究框架应以投资发展指标框架为基础，该框架由联合国贸发会议开发，用来评估投资对发展的影响。该框架包括投入产出分析（产业上下游联系）以及多种类型的影响指标如就业、经济增加值和可持续发展等指标。投资发展指标框架可酌情增加一些世界农业监测（World Agricultural Watch）所用的分析工具，如农场指标和/或当地层面的指标。FAO 和法国国际农业研究中心（CIRAD）共同合作的世界农业监测就是用来监测农场/当地层面的结构变化，以及评估这些变化对可持续发展的三个维度的影响。必须对更多的研究结果进行综合分析。应当考虑使用反事实的方法。为了获得投资在不同时空的全部影响，共同分析工具应当考虑不同地域的投资规模和投资时间的长短，在宏观和微观两个层面考察投资项目在长中短期所引起的结构变化。

案例研究并没有发现 FDI 对粮食安全影响的充足证据，尽管这是当前对资源寻求型的农业外国投资争论的一个根本性问题。缺乏结论性的发现可能是因为所调查的绝大多数投资都是近期发生的，由于投资时间太短而无法评价它们对粮食安全的影响。为了评估投资模式对男性和女性的不同影响，需要更多基于性别差异的分析。

研究识别了大量决定投资影响的因素。需要对这些因素进行分类，并评估各种因素在不同情况下的重要性。

我们较少了解大规模农业投资的金融收益。未来的研究应当考虑分析发展中地区特别是撒哈拉以南非洲地区农业企业的金融收益。这类研究中应当包含大规模农业经营的成本，也应当对农业企业与其他部门企业的投资收益进行比较研究。

本书研究的主要对象是农业外国投资。但很难将外国投资和本国投资完全割裂开来，因为它们通常相互交织和互相补充。目前的分析应当拓展到各种形式和各种来源的农业投资，应包含投资金额远高于外国投资的本国投资。在对"土地掠夺"的国际争论中，担忧主要集中于外国投资者的作用。这很容易通过外国投资对国家主权、国家粮食安全和其他政治敏感问题的影响来解释。然而，在大多数发展中国家，大型本国投资者获得了比外商更多的土地，并没有证据表明本国投资者在并购中更加尊重当地社区的权利和利益。因此，对大规模土地并购的研究和争论应当更加系统地将本国投资者纳入其中，并给予它们与外国投资者类似的关注。

更加重要的是，在发展中国家，农民的投资占农业投资的主体，这对确保粮食安全发挥着至关重要的作用。小规模农场的农民和他们的家庭既是农业投资的基本来源，又是粮食不安全的可能受害者。因此，小规模农场的投资和家庭农场的投资，应当成为提高低收入缺粮国农业投资研究的焦点。

4.2 促进农业可持续发展的投资政策

为了利用 FDI 带来的机会并使它的风险最小化，发展中国家的政府应当确保管理土地权属与农业投资的政策、法律法规一致且相互支持，避免出现漏洞和相互矛盾。这需要一个连贯的和综合的农业投资政策，从而把分散在不同政策和法律中的条款整合起来。国家土地所有权制度必须是清晰的和可解释的。政府应当遵循 VGGT。土地的租赁期限应适合投资项目的经济特性，要考虑项目位置、租赁面积大小、商业模式和经济活动。政府应当考虑设置土地并购面积上限，应当主动保护贫穷和弱势群体的权利，要确保投资者不能多年空置他们所持有的土地。土地管理机制应当到位，投资者只能在一个合理的期限内使用分配给他们的土地，如果他们没有遵守约定的发展计划，政府可以收回土地。

土地分配合同应当公开，以确保透明和群众监督交易的公平性。应当增强与相关部门，如水资源管理部门的协调，以便国家政治框架和制度框架有利于农业可持续发展。

此外，需要强化制度能力措施，以监督和执行现存的法律法规。必须强化机制，促进对土地分配决策制定的问责。土地的分配应当对当地土地所有者免费、优先和知情同意。一般的咨询已经包含了法律监管影响评价研究，但这远远不够。为了进行更加有意义的环境和社会影响评价，应当设置精确的要求和标准。在进行影响评价时，各利益相关方应广泛参与。评价报告应由当地有资质的机构进行审核。与公司的投资合同应当非常清晰地标明，任何土地并购都需要征得当地土地所有者的同意。

更一般地说，改善治理、增加透明度和强化问责以及完善各部门的法律规则将提升 FDI 对当地和东道国的积极影响。

除了保障有利的环境之外，政府应当采取积极措施，提升当地土地所有者和农民在投资项目设计和执行中的参与程度。经济合理的项目在决策过程中让本地参与者发挥更加积极的作用和给予他们话语权，这样的项目更受大家欢迎。金融参与即给予本地参与者股份，可以促进他们更好地共享项目利益。可以通过综合的信托基金的形式联合持股促进当地参与者的合作。当地参与者更高的参与程度意味着项目成功将获得更高收益，项目失败将承担更多风险。因此，应当设计降低风险的机制，尤其是在项目初期。东道国政府应当激励投资者在项目中通过租金或者税收折扣等方式涉及当地居民。政府当局应当监督和强化与投资者的合同执行，提供独立有效的沟通机制和争端解决机制，支持真正代表当地利益相关方的组织发展，尤其是农民组织，提高它们的能力。

更一般地说，政府应当使用前文提及的国际指导工具。

此外，农村基础设施投资应当优先。政府也应当为农村社区提供更多的教育投资，包括职业教育和技术推广。

最后，尽管超出了本书的范围，但政府应当牢记，FDI 只占农业总投资的很小份额，本国政策应当更加侧重于本国投资，尤其是农民的投资，因为农民是农业投资的主体。

4.3　提高支持的有效性

研究表明，就外国投资对当地发展产生的正面影响而言，东道国和当地的治理即便不是第一重要的因素，也是最重要的因素之一。为发展中国家政府、农民组织和其他利益相关方提供援助的组织，应当大力支持强化东道国和当地的治理体系。在设计支持项目前，它们应分析东道国政府和当地民间社会组织在能力建设、政策建议和技术支持方面的需求。它们应当为发展中国家的政府提供指导，包括分析投资方案和做出明智决策方面提供实际帮助。为了实现这一目的，它们可以为发展中国家的政府官员设立专门的技术援助机构和培训项目。技术援助机构可以培训当地咨询人员，使他们以后可以为当地提供咨询。这些培训后的当地咨询人员可以帮助政府制定 FDI 方面的政策，以增加小规模家庭农场的投资、改善农民的生计和提高本国的粮食安全水平。他们可以为政府和主要的参与者，尤其是小规模生产者提供咨询，从而制定此类政策。此外，还应当提供政府机构与投资者的合同谈判能力。

此外，提高当地社区、农民集团和其他民间社会组织对项目的分析能力，以及他们与投资者和政府的谈判能力也至关重要。通常情况下，信息和权力是不对称的。必须营造一个更加公平的竞争环境。当地社区必须清楚自己的权利。在考虑投资项目时，应当为当地社区提供法律援助。需要各个层次的培训、能力建设、技术建议和援助。

发展组织应当支持多个层面的包容性谈判进程，特别是政府和投资者的谈判、政府和当地社区的谈判、投资者和当地社区的谈判以及当地社区内不同利益相关方之间的谈判。它们应当帮助发展中国家的政府制定农业发展战略，重点是使投资能够实现可持续的粮食安全和支持家庭农业。农业发展战略应当与农民集团、其他真正代表民间社会多种利益集团的组织一起合作制定。

支持项目应当建立机制，从而调和东道国和当地社区的发展目标与投资者的商业目标。战略性目标发展援助在促进农业投资的商业和社会的包容模式上，能够发挥重要作用。总体而言，通过在项目执行和设计中为投资者提供激励，以为当地社区产生可持续的利益，缩小投资者和当地社区及东道国目标之间的差距是可能的。

发展组织需要提高关键投资者（如工业领袖企业和商业精英）对农业投资及他们自身商业利益重要性的认识。吸引他们执行和制定如负责任的农业投资原则等指导工具，可能有助于促进这些指导工具被采纳和提升关键投资者的主人翁意识。相对于其他公司，他们能够成为负责任农业投资的最好倡导者，这将加速指导工具的传播和认同。

在发展组织的支持下，政府应当设计风险管理工具，降低农业外国投资带给当地农民组织的风险。风险管理战略应适合当地组织的发展水平。

为了可持续发展，支持项目应当促进和支持形成多方参与的合伙关系。尽管各国的经济和制度发展水平、农业面临的挑战的本质决定了公共部门和私人部门各自的角色在不同地方会有所不同，但他们的角色是互补的，不能相互替代。成功的农业投资战略必须由政府、投资者和农民合作完成，在合作中各负其责。

4.4 更加积极地发挥民间社会组织作用

如果当地农民和土地持有者积极参与农业投资项目，那么该项目可能更有益于当地经济和社会发展。为了获得成功，包容性的商业模式需要当地组织的有效参与。应咨询当地组织，并与他们商谈项目的详细安排，包括前文讨论过的利益共享。此外，当地非政府组织应积极帮助提升社区公民的权利意识，让他们学会如何行使这些权利。他们应当通过对企业和当地政府投资的方式，加强对社区权利的更好认知。

当地非政府组织应密切监控当地社区和投资企业的潜在冲突，保持记录并通知公众。当项目给当地社区带来了困难或损害了自然资源，他们应发挥检举人的作用，引起当地政府和东道国政府的注意。为了更有效地代表他们成员的利益，这些组织应建立一套程序，从而确保本组织以民主和有效的方式运行。他们的管理应当透明，并对所有成员负责。组织应代表当地社区发声，必须确保在决策过程中给予那些容易被忽视的妇女、青少年、失地农民和流动工人发言权。

图书在版编目（CIP）数据

发展中国家的农业外资：趋势及影响：来自案例研
究的证据／联合国粮食及农业组织编著；刘武兵等译
.—北京：中国农业出版社，2017.3
ISBN 978-7-109-22529-9

Ⅰ.①发… Ⅱ.①联… ②刘… Ⅲ.①发展中国家—
农业投资—外商直接投资—研究 Ⅳ.①F313②F831.6

中国版本图书馆 CIP 数据核字（2016）第 318919 号

著作权合同登记号：图字 01 - 2017 - 0645 号

中国农业出版社出版
（北京市朝阳区麦子店街 18 号楼）
（邮政编码 100125）
责任编辑 郑 君 刘爱芳
文字编辑 张雯婷
————————
北京中科印刷有限公司印刷 新华书店北京发行所发行
2017 年 3 月第 1 版 2017 年 3 月北京第 1 次印刷
————————
开本：700mm×1000mm 1/16 印张：25.5
字数：532 千字
定价：135.00 元
（凡本版图书出现印刷、装订错误，请向出版社发行部调换）